大学专业概论系列丛书

总主编 ◎ 涂善东 房鼎业

大学专业概论（2）

主 编 ◎ 房鼎业

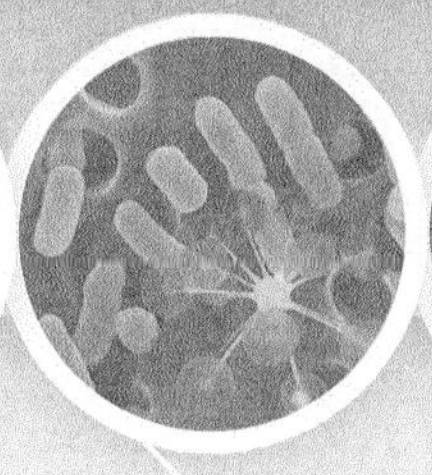

化工 生工 材料

華東理工大學出版社
EAST CHINA UNIVERSITY OF SCIENCE AND TECHNOLOGY PRESS
·上海·

图书在版编目(CIP)数据

大学专业概论(2)/房鼎业主编. —上海:华东理工大学出版社,2012.9(2016.7 重印)
ISBN 978-7-5628-3359-8

Ⅰ.①大… Ⅱ.①房… Ⅲ.①高等学校-专业-介绍-中国 Ⅳ.①G649.28

中国版本图书馆 CIP 数据核字(2012)第 185666 号

大学专业概论系列丛书

大学专业概论(2)(化工、生工、材料)

主　　编 / 房鼎业
策划编辑 / 徐知今
责任编辑 / 赵子艳
责任校对 / 张　波
封面设计 / 裘幼华
出版发行 / 华东理工大学出版社有限公司
地　　址:上海市梅陇路 130 号,200237
电　　话:(021)64250306(营销部)
(021)64252750(编辑室)
传　　真:(021)64252707
网　　址:press.ecust.edu.cn
印　　刷 / 江苏凤凰数码印务有限公司
开　　本 / 787 mm×1092 mm　1/16
印　　张 / 20
字　　数 / 485 千字
版　　次 / 2012 年 9 月第 1 版
印　　次 / 2016 年 7 月第 4 次
书　　号 / ISBN 978-7-5628-3359-8
定　　价 / 36.00 元

联系我们:电 子 邮 箱 press@ecust.edu.cn
官 方 微 博 e.weibo.com/ecustpress
天猫旗舰店 http://hdlgdxcbs.tmall.com

華東理工大學出版社
客户端扫码进入天猫旗舰店

本书编委会

主　编　房鼎业

编　委　张海涛

辛　忠

沈本贤

张嗣良

张惠展　欧阳立明　俞建瑛　赵　健

刘少伟

周达飞

唐颂超

倪礼忠

元以中　田晓慧

序

华东理工大学原名华东化工学院，其办学历史可以追溯到 100 多年前的南洋公学和震旦学院，是 1952 年全国高校院系调整时由交通大学（上海）、震旦大学（上海）、大同大学（上海）、东吴大学（苏州）、江南大学（无锡）等校的化工系合并组建而成的全国第一所以化工特色闻名的高等学府。1956 年被定为全国首批招收研究生的大学之一。1960 年被确定为直属教育部的全国重点大学。1993 年更名为华东理工大学。1996 年学校进入国家“211 工程”重点建设行列 。1997 年上海市参与学校共建共管。2000 年经教育部批准建立研究生院。2008 年获准建设“985 优势学科创新平台”。今天学校已发展成为特色鲜明、多学科协调发展的研究型全国重点大学。

多年来，学校以“培育英才，服务社会；注重过程，勤奋求实；协调发展，特色鲜明”作为办学指导思想，面向社会需求，不断深化教育思想、教学内容、教学方法和课程体系的改革，教学质量居全国高校前列。学校以培养“厚基础、强实践、高素质、具有创新精神和国际视野的社会英才”为目标，重视对学生全方位的培养，取得了一系列显著成果：拓宽的专业口径，扩大了学生的学术视野；强化的基础理论教学，夯实了学生的理论基础；全面的工程教育，提高了学生的工程实践能力；精选的教学内容，扩大了学生学习的自主权；因材施教的教学方法，发挥了学生的个性；“注重过程”的教育思想，增强了学生的综合素质；“研究型教学”的实施，培养了学生的创新能力。

纵观世界高水平大学的教学，大多十分强调基础教育与专业教育的结合，不少专业均在大学一年级增设了专业导论课程。为深化教育改革，我校从 2008 年来采取了一项重要教学改革措施，即在大学一年级开设专业概论课程，以促进大学一年级学生对本门学科或相关学科有一个整体的认识。尤其是在中学期间，学校缺乏对大学学科设置的介绍，学生对专业的内涵知之甚少，进入大学后，对所选专业在思想上和心理上准备不足，虽有学好专业的愿望，但却不知从何着手。

本丛书是配合大学专业概论课程而编写的教材。编写本书的目的是为了使一年级大学生了解专业学科，给学生一把入门的钥匙，可使学生主动叩开大学学习之门，发挥学生在大学时代学习的主动性、积极性和创造性，成为大学时代学习的主人。大学的学科覆盖范围虽然很宽，几乎包括所有产业部门和社会部门，因此要求大学毕业生有很强的适应能力，但大学是按专业培养学生的，每个专业都有自己的培养目标，对知识结构、能力结构和综合素质有特定的要求。大学生进校后应该了解本专业学生毕业后干些什么，本专业学生在大学里学习什么、怎样学，本书正是针对学生们的需求而组织编写的一套介绍专业概况的教材。

本书分为5个分册,第一分册介绍我校理学院、化学与分子工程学院、药学院的10个专业和1个专业方面,第二分册介绍化工学院、生物工程学院、材料科学与工程学院的12个专业,第三分册介绍机械与动力工程学院、信息科学与工程学院、资源与环境工程学院的12个专业,第四分册介绍工商管理学院、法学院的12个专业,第五分册介绍外语学院、艺术设计与传媒学院的13个专业。对每个专业阐述了以下内容:本专业在社会发展与国民经济中的地位与作用,本专业所依据的自然科学学科或社会科学学科的研究内容和发展趋势,专业的培养目标与培养模式,本专业学生的知识结构、能力结构与素质要求,本专业的课程设置与教学内容,本专业学生在大学学习阶段要注意的问题等。

本书组织了我校有经验的教师编写,其中有国家级教学名师和上海市教学名师,有我国高等学校相关专业教学指导委员会成员,有我校相关专业的学术带头人,有相关专业所在系的系主任,他们对所从事的专业都十分熟悉,对国内相关专业的发展非常了解。他们把长期的积累和教学见解写成文字,所撰写的专业概论内容丰富,实例生动,素材详实,数字具体,深入浅出,针对性强,肯定对学生了解专业有所帮助。

时代在发展,科学技术日新月异、突飞猛进,为了适应社会的发展和科学的进步,为了适应高等教育国际化的要求,我们希望大学生们在了解国家需要、专业要求的前提下,在进入大学这一新的起点上,勤奋求实、励志明德、刻苦钻研、努力奋斗,一步一个脚印,在人生的道路上谱写新的篇章。

本书主要供一年级新生了解所学专业和相关学科之用,也可供高中毕业生高考选择志愿时参考,同时对大学高年级学生和研究生了解相关学科专业也有帮助。由于编写时间较紧,在编写内容上难免有疏漏之处,敬请读者指正。

大学专业概论系列丛书　总主编

涂善东　房鼎业

前　言

人类的现代文明可以说是建立在工程技术上的文明，人类在工程领域的成就，如发电技术、石油化工技术、计算机、高性能材料、医疗技术、飞机、电视、电话、图像技术等，改变了我们赖以生存的世界和我们的生活方式。进入21世纪，我国国民经济快速发展，同时也面临着全球性的能源与环境问题，为此培养一大批能综合应用现代科学理论和技术手段、懂经济、会管理，兼备人文社会科学知识和生态环境意识的高素质工程技术人才是十分必要的。面对人类共同的问题和国家的需求，华东理工大学以"工程为人人、人人知工程"为理念，倡导全面工程教育，致力提升中学生、大学生和社会公众对工程技术专业的认识。对广大意欲进入大学深造的高中毕业生和刚跨入大学校门的新生而言，选择好专业，了解工科专业的内涵，对确定今后人生努力的方向，也是至关重要的。目前的中学教育，一般均缺乏对大学学科的介绍，尤其是对工科诸专业的了解甚少，中学生往往很难从任课老师和家长方面得到指导。而大一新生因此对所选专业在思想和心理上一般均准备不足，既有学好本专业的愿望，又有对专业的困惑。

为了使刚进大学的一年级学生尽快了解专业，我校在大学一年级开设了专业概论课程，本书是配合大学专业概论课程而编写的教材。编写本书的目的是为了使一年级大学生了解专业，给学生一把专业入门的钥匙，能主动去打开大学学习之门，发挥学生在大学时代学习的主动性、积极性与创造性，成为大学时代学习的主人。

大学一般按专业培养学生。我国大学本科工科专业按主干学科设置，每个专业都有共同的基础学科，都覆盖着多个产业部门，都有着相当宽的专业面，如化学工程与工艺专业以化学工程学为主干学科，其专业范围涵盖了无机化工、有机化工、石油化工、能源化工、精细化工、高分子化工、生物化工等整个化学相关的工业领域，其他专业也是如此，每个专业的毕业生都有很强的适应能力。大学生进校后，迫切要求了解本专业的毕业生干些什么，本专业的学生在大学里学习什么，怎样学，本书正是针对学生们的需求而组织编写的一本介绍专业概况的教材。

本书按专业分章，共介绍了我国工科10个不同类型的专业的概况。对每个专业阐述了以下内容：本专业在社会发展与国民经济中的地位与作用；本专业所依托的工程技术学科的研究内容与发展趋势；本专业的培养目标与培养模式；本专业学生的知识结构、能力结构与素质要求；本专业的课程体系与教学内容；本专业在大学学习阶段要注意的问题等。

本书编委会组织了我校有经验的教授们编写，其中有国家级教学名师和上海市教学名师，有我国高等学校相关专业教学指导委员会成员，有我校相关专业的学科带头人，他们在国内教育界和工程技术界是知名的专家，他们对所从事的专业十分熟悉，对国内相关产业的发展非常了解。他们把长期的积累和教学见解写成文字，所撰写的专业概论内容丰富，实例生动，素材详实，数字具体，深入浅出，针对性强，肯定对学生了解专业有所帮助。

时代在发展，科学技术在突飞猛进，近年来为了适应科学技术的进步，为了适应工程技术的发展，为了适应国际接轨的要求，我国的高等工程教育正努力培养基础扎实、专业面宽、知识面广、工程能力强的应用型、复合型、创新型高级工程人才。我们希望大学生们在了解国家需求、专业要求的前提下，在进入大学这一新的起点上，刻苦钻研，努力奋斗，一步一个脚印，在人生的道路上书写新的篇章。

本书主要供一年级大学新生了解大学专业之用，也可供高中毕业生高考选择志愿时参考，同时对大学高年级学生和研究生们了解相关专业也有帮助。由于编写时间较紧，在编写内容上难免有疏漏之处，敬请读者指正。

编者

2012 年 6 月

目　录

1 化学工程与工艺

1.1 化学工业的战略地位

化学工业的发展给予人类的恩惠是无限的。化学工业在建设和谐社会中的作用是极为重要的。

当前，世界人口的不断增长、能源供应的日益紧张与环境受到严重污染已经成为急需解决的三个严重问题。人类必须为不断增长的人口提供食品、服务和住房，必须为生存和发展提供更多的能源，必须为不断提高的生活水平提供新材料、新产品，必须为自身的健康提供大量的药品，必须为解决环境污染问题作出巨大的努力。这些问题的解决，与化学工业有着紧密的关系。这些问题的解决，意味着化学工业在国民经济与社会发展中有着重要的战略地位。

1.1.1 化学工业与人类文明

人类与化工的关系非常密切，在现代生活中，我们几乎每时每刻都离不开化工产品，从衣、食、住、行等物质生活，到报刊、电视、文化、艺术、娱乐等精神生活，都离不开化工产品。有的化工产品在人类发展史上起着划时代的重要作用。有些化工产品的开发、生产和应用，甚至代表着人类文明进入了一定的阶段。

1. 化工——产业革命的基础

化学工业从其形成之初起，就为工业部门提供必需的基础物质。化学工业是产业革命的重要基础，担负着重要的历史责任。18～19 世纪的产业革命时期，手工业生产发展为机器生产，社会化的大生产方式开始了，这正是化学工业形成之时。应对产业革命的急迫形势，吕布兰法制碱等技术应运而生，铅室法硫酸形成生产规模，解决了产业革命时期纺织、肥皂、玻璃等工业对酸、碱的要求。同时，随着炼铁、炼焦工业的兴起，从煤焦油分离出芳烃，从电石制备乙炔，基本有机化工得到发展。也就是同一时期，合成染料、化学合成药物等相继问世，轮胎所需的橡胶、炸药所需的硝酸纤维素相继投产。早期的化学工业为纺织工业、电力工业、冶金工业、机器制造业的发展提供了必需的原料和辅助产品，促进了工业发展历史上产业革命的成功。

20 世纪初期，一方面，用哈伯-波施法高温、高压、在催化剂存在下合成氨取得成功，后来实现了工业化，氨氧化制造硝酸投产，使大量硝化物质出现，使得炸药工业迅速发展，炸药的能量提高了几十倍，解决了战争之需要；更重要的是在矿山、铁路、桥梁等民用爆破工程上得到了充分应用。另一方面，石油炼制与加工、煤化工发展速度很快，石油炼制中的催化裂化、催化重整等技术先后出现，使汽油、柴油、润滑油的产量增长速度突飞猛进；与此同时，石油加工中丙烯水解制异丙醇技术工业化，烃类裂解制备乙烯和丙烯的工艺相继开发成功，这就使基本有机化工产品的生产建立在石油化工雄厚的技术平台上，从而为各工业、交通部门提供了大量有机原料、燃料、溶剂和助剂。所以人们用石油化工中乙烯、丙烯的生产能力与技术水平，作为一个国家石油与化学工业发展的标志。

2. 化工——农业发展的支柱

长期以来，人类的粮食、食品与衣着来源主要依靠农业。在农业生产中单位面积产量的真正提高有赖化肥和农药的使用。实践证明，农业的各项增产措施中，使用化肥、农药的作用最大。随着煤化工、天然气化工、石油化工的蓬勃发展，合成氨和尿素生产已实现大型化，化肥产量在化工产品中占有很大比重。高效、低毒农药的使用，保证了农作物免受病虫的危害。现在氮、磷、钾复合肥料和微量元素肥料的开发、粮食作物与经济作物专用肥料的开发，昆虫生长抑制剂等专用农药的工业化，进一步满足了不同作物、不同土壤结构的要求。近年来，开发了多种高效、低残留、低毒的新农药，特别是仿生农药每亩土地只需用几克，不易污染环境，已经投入了生产。生物农药是新型农药研究中的一个活跃的领域。现代农业还需要应用大量的塑料薄膜，用作温室育苗。温室培育蔬菜作物，可明显提高产量，并可一年四季提供绿色蔬菜，现正在大面积推广。

3. 化工——战胜疾病的武器

中国的中草药来自动植物或主要矿物，其加工过程是化工中的分离技术，经浸制或浸取处理，使中草药中具有药性的有效成分浸取出来才能作为药物。19 世纪末至 20 世纪初，化学合成药物中的解热镇痛药阿司匹林，抗疟药阿的平等研制成功至投产。这些化学合成药物成本低、浓度高、疗效显著，使化学工业中的制药工业成为人类健康的保护神、人类战胜疾病的武器。20 世纪 30 年代，人们用化学分析方法，确定水果和米糠中维生素的结构，人工合成出维生素 B_1、B_2、C 等，解决了从天然物质中提取的维生素不够的矛盾。20 世纪中叶，磺胺类药物投产，青霉素的发现和投产，取得惊人的治疗效果。链霉素、雷米封等的投产战胜了肺结核病，使这一威胁人类健康的恐怖疾病结束了蔓延趋势。一系列抗病毒疫苗的投用，有效地控制了天花、鼠疫、伤寒等瘟疫的传播，使危害人类安全和健康的灾害得以控制。现在疫苗依然是人类与病毒性疾病斗争的有效手段。随着各种临床化学试剂和各种新的药物类型的出现，人类的健康有了强有力的保证，寿命正在不断增长。

4. 化工——提高生活质量的保证

“化分化合，依自然律；巧夺天工，为民造福”(董必武为上海吴泾化工厂投产题词)，化工向人们提供了丰富多彩的产品。化工向人类提供了大量无机非金属材料(玻璃、水泥、陶瓷、搪瓷和新型无机材料等)、聚合物材料(塑料、化纤、橡胶等)，用于制造各种制品供人们使用。化工还向人类提供了多种专用化学品、特种化学品，这些专用化学品、特种化学品产量很少，但效益十分明显，附加值高，使人们生活水平不断改善。精细化工中的染料、涂料、颜料、表面活性剂、化学试剂、助剂、催化剂、胶黏剂、信息记录材料，与人们的生活有密切的联系。目前，借助了各种专门和特种材料，特别是信息材料，人们的视野已经拓展到宇宙空间、海洋深处、人体内部，以及物质结构深处，为揭开宇宙奥秘和提高人类的物质文明和精神文明，提供了保证。

1.1.2 化学工业简介

1. 化学工业的范围

化学工业，又称化学加工工业，其范畴视各种具体情况而有所不同。广义地说，化学工业泛指生产过程中化学方法占主要地位的制造工业。因为这些工业都是经过反应过程实现原料向产品转换的生产部门，故也称过程工业。但通常采用狭义的定义，把金属、建筑材料、纸张、皮革、食糖和食用化学品等的生产均列为独立的工业部门，或者归入其他工业部门，而不包括在化学工业之内。在化学工业的范围中，如果着眼于化工产品，则通常包括无机化学工业、基本有机化学工业、高分子化学工业和精细化学工业，它们分别生产无机物、基本有机化工原料、聚合物和精细化学品。如果再考虑到原料来源和加工特点，还有石油化工、煤化工、天然气化工、油页岩加工等，这些部门可概括为燃料化工(在这个概念中有时也把石油炼制工业包括在内)。至于农林化工和许多无机矿物的化学加工，则可分别归属于基本有机化工和无机盐工业，后者当然属于无机化工范畴。在化学工业各部门之间，由于原料与产品的关系，而存在着相互依存和相互交叉的关系。例如：合成气是燃料化工的产品，又是无机化工(如合成氨)和基本有机化工(如甲醇)的原料；乙烯、丙烯等大量石油化学品，都是基本有机化工原料，也分别是聚乙烯、聚丙烯等聚合物的单体；二氧化钛既是无机盐工业的产品，又是颜料化工的产品；硝酸铵既可用作化肥，也可用作炸药；聚丙酰胺既是高分子化工的产品，又是一种油田化学品、水处理剂，后者都属于精细化学品，等等。这说明化学工业所属部门的划分不是绝对的，它依划分的角度而异，也随着生产的发展阶段和各国情况的不同而有所变化。

另外，从产品的市场特点来看，可分为大宗产品、大宗专用产品、精细化工品和特殊化学品。例如：硫酸、苯、氧气等属于大宗产品，它们的生产量大、规格统一，且是通用的产品。大宗专用产品，例如炭黑、聚乙烯等也是大量生产的，它与大宗产品的不同之处，在于它们是专用产品，可以根据要求改变产品的技术性能，因此其市场价格是按质论价。精细化学品，例如医药、化学试剂、助剂、感光材料等，一般产量较小，多采用间歇方法生产，并且一种产品可以使用不同的原料和生产流程，甚至同一设备当改变条件时即可生产另一种产品。特殊化学品也属于精细化工品范围之内，它仅作某种特殊用途，例如水处理剂、饲料添加剂、金属表面处理剂、造纸用化学品、皮革用化学品等。

2. 化学工业的特点

化学工业与其他工业相比，主要特点是：

(1) 原料、生产方法和产品的多样性与复杂性是化学工业独具的特点。化学工业可从不同的原料出发制造同一产品。同一原料制造同一产品还可采用许多不同的生产路线。一个产品有不同的用途，而不同产品有时却可有同一用途。一种产品往往又是生产别种产品的原料、辅助材料或中间体。这些关系错综复杂，因而原料来源、技术、设备和市场等方面的变化，既要互相适应，又可以有很大的选择余地。从这个意义上说，化学工业是一个具有多功能和灵活性很强的工业。各化工生产厂都力求其产品的产率高，副产品得到充分的利用。因此，对原料的纯度、辅料的配比、反应器的结构、工艺条件(包括浓度、压力、温度等)的优化、产品的规格(如粗品、工业品、化学纯、试剂纯、光谱纯等)的控制都有比较严格的化工标准。尤其生产过程是在密闭的装置中进行的，无法从外面观察物料的运动和变化，只能依靠化工仪表的指示而加以调节，故必须加强化工生产管理和化工过程控制。

(2) 化学反应伴随着能量的变化，在生产过程中或是吸热反应或是放热反应。因此，化学工业是一个耗能多(高能耗)的工业，也是节能潜力很大的工业，现代化学工业十分重视能量的充分利用，并降低成本。工厂内管道纵横，反应器连接换热器，加热管与冷却管并列，成为化工厂的外观上的特征。其实换热器的设计,过去曾强调减少传热面积以减少投资,现在为了有效利用能源,即使增加设备投资,也要尽可能地减少温差,尽可能地提高能量利用效率。

(3) 由于化学工业的复杂性,往往需要多学科的合作,使现代化学工业成为一种知识密集型的生产部门,集中了多种专业的技术专家和受过良好教育及训练的操作管理人员,有自己的科学研究机构从事新产品和新技术的开发,并由专门的科技情报系统及时获取市场和科学技术信息。化工情报与化工研究和开发、化工基本建设、化工设计结合成整体,促进了化工科学技术的发展。近年来,表现在对化学反应工程和新型材料等方面的研究不断取得成果,反应器的设计和制造日臻完善,越来越多地利用催化、高温、高压等技术以强化生产。例如,压力可从高真空至几十兆帕,温度范围可从零下几十摄氏度至零上数百摄氏度,以至上千摄氏度。尤其在现代化工生产中,大多数反应过程要借助于催化剂的作用,催化剂的品种越来越多,其作用有些是广谱的,有些是非常专一的。例如:合成氨厂里,不仅合成氨原料气的制备、净化、压缩和氨合成等过程,要用高温、高压设备(许多设备用蒸汽透平驱动),主要设备必须大容量、单系列,要求长周期稳定操作。又如石油化学工业,其加工深度不断发展,生产方法、单元过程、分离技术和催化剂日新月异,加工产品愈趋多样化。化工机械结构日益复杂,对化工材料的要求也日益提高。

(4) 知识的密集性还导致资金密集。化学工业的技术装备程度高,所需投资多。并且化工厂产品的更新极为迅速,除电子工业、航天工业外,各国用于化学工业研究开发的投资都是最多的。

(5) 化工环境保护是化学工业发展中产生的重要问题之一。环境污染,影响了人们的健康,危害了生态平衡。各国为了防止污染,相继制定了环境保护法,对化学工厂的原料贮运,生产过程中产生的滴漏、废气、废液、废渣,以及对跑、冒、滴、漏现象的处理,产品的包装和贮运,都相继严格地规定了技术规程和标准,所需要相应的投资常达建厂投资的10%～20%。化学品的生产常伴有副产品,从经济和环境两方面考虑,现代化学工业要求把副产品,甚至废弃物都要充分利用,方能立足。

3. 化学工业原料和资源

化学工业可用的原料很多,主要有以下几类:

(1) 矿物原料　有煤、石油、天然气以及多种无机化学矿,如硫铁矿、磷矿等。化学工业发展初期,煤是氨、染料、煤化学产品和有机合成产品的主要原料。直至20世纪40年代后,由于石油生产的发展,以石油和天然气为原料生产化学品,所需的设备投资和产品成本都低于以煤为原料的生产,许多国家的化学工业都改变了原料路线,因此石油和天然气已成为世界化学工业的主要原料。近几年由于石油价格飙升,各国对以煤为原料生产化工产品非常关注。

(2) 生物原料　包括农业中的粮食、农产废料及林业中的木材加工副产物,历史上许多有机产品是从农业原料加工取得的(如乙醇、糠醛等)。但石油用作化学工业原料后,因其价格优势和来源充足,在世界范围内逐渐取代了农业原料。虽然现在生物化工部门在一定程度上恢复了农业原料的使用,但就整个化工生产来说其比例是不大的。

(3) 水和空气　水作为最便宜和最丰富的溶剂,广泛用于化学工业,水也是工业制氢气的原料,同时大量用于洗涤,并作为冷却介质和锅炉给水。海水则因其溶有大量无机盐类,是工业上提取镁、溴、碘和许多有用元素和金属的原料。至于空气,则是工业用氮气、氧气及稀有气体的来源。

4. 化学工业优先发展的六大领域

根据世界化工产业技术发展趋势，结合行业现状，按照“有所为，有所不为”和“重点跨越”的方针，“十二五”化学工业确定以下优先发展领域：农用化学品、新型煤化工及天然气化工、化工新材料、精细化工、氯碱工业和化工装备。

(1) 农用化学品　农用化学品研发重点是开发和推广化肥和农药以及与化肥相关的化工原料矿生产过程中的工艺技术及装备。其中氮肥工业将重点发展具有自主知识产权的新型煤气化技术、新型净化技术、节能型氨合成技术等；磷肥工业将开发大型磷复肥生产技术、磷肥生产过程中的循环经济技术以及低品位磷矿石综合利用工业化技术；钾肥工业以开发大型氯化钾、硫酸钾、硝酸钾生产新技术和盐湖提锂等综合利用技术为主。

发展农药是农业稳产增产、提高农产品品质和劳动生产率的关键措施。“十二五”期间重点发展的农药品种有：替代高毒有机磷杀虫剂新品种和地下害虫防治剂，用于水果蔬菜的新型杀菌剂和病毒抑制剂，适应水用轻型耕作的除草剂和新型旱田除草剂。

(2) 新型煤化工及天然气化工　发展新型煤化工和天然气化工必须集中精力突破煤焦化、煤气化、煤液化等关键共性技术，通过技术集成和工程放大，建设一批具有自主知识产权的高技术产业化示范工程，形成具有中国特色的以洁净煤技术为支撑，以现代煤化工和天然气化工为基础的碳一化工新兴产业。将重点开发煤焦化技术、以煤气化为核心的“多联产”技术、大型天然气蒸汽转化成套技术等；推广多喷嘴对置式水煤浆气化技术、多元料浆加压合成技术和甲醇生产技术。

(3) 化工新材料　化工新材料对国民经济特别是高技术领域及尖端技术有重要作用。其在“十二五”发展的重点是：开发和实施通用塑料改性技术、工程塑料的产业化和高性能化技术、高性能子午线轮胎工业化技术、大型合成橡胶及橡胶助剂产业化技术、功能高分子材料、氟硅新材料和新型无机功能材料等。

(4) 精细化工　发展精细化工是实现化学工业结构调整的重大战略之一。当前及今后一段时期，应以不断实现精细化工产品的功能化、高性能化、专用化、高附加值化和规模化为目标，满足相关行业的需求。精细化工技术开发和产业化的重点是：功能涂料及水性涂料、染料新品种及其产业化技术、重要化工中间体绿色合成技术及新品种、电子化学品、高性能水处理化学品等。

(5) 氯碱工业　氯碱工业产品种类多，其下游产品达到上千个品种，具有较高的经济延伸价值。“十二五”氯碱工业将围绕降低能耗和实现规模化、精细化，重点开发和推广离子膜法制碱国产化技术、扩张阳极与改性隔膜应用技术、聚氯乙烯改性和聚合工艺优化技术，以及以氯气、氢气为原料的下游产品的生产技术等。

(6) 化工装备　“十二五”期间，我国将增加重大技术装备开发研制的投入，大力开发研制自主知识产权的化工装备。尽快将具有我国自主知识产权的粉煤气化、甲醇低压羰基合成醋酸、甲醇制烯烃技术等先进技术转化成生产力；进一步加大工程子午线轮胎成套装备的研制工作；研制开发一批先进化工装备，提高我国化工生产技术水平。

1.2 化学工程学科概述

在现代汉语中，化学工程(Chemical Engineering)、化学工艺(Chemical Technology)、化学工业(Chemical Industry)都简称化工，化学工程是一门“科学”，化学工艺是一门“技术”，化学工业是一个“产业”，它们有不同的含义，但又关系密切，互相渗透。“化工”这个词已经成为一个总的科学门类、技术门类、知识门类和产业门类的代名词。

本节介绍化学工程这个一级工程技术学科的研究内容、研究对象和研究方法。

1.2.1 化学工程学科与化学工业的关系

化学工程是研究化学工业和其他过程工业(Process Industry)生产中所进行的化学过程和物理过程的共同规律的一门工程学科。这些工业包括石油炼制工业、冶金工业、建筑材料工业、食品工业、造纸工业等。它们从石油、煤、天然气、盐、石灰石、其他矿石和粮食、木材、水、空气等基本的原料出发，借助化学过程或物理过程，改变物质的组成、性质和状态，使之成为多种价值较高的产品，如化学肥料、汽油、润滑油、合成纤维、合成橡胶、塑料、烧碱、纯碱、水泥、玻璃、钢、铁、铝、纸浆等。化学过程是指物质发生化学变化的反应过程，如柴油的催化裂化制备高辛烷值汽油是一个化学反应过程。物理过程系指物质不经化学反应而发生的组成、性质、形态、能量变化过程，如原油经过蒸馏的分离而得到汽油、柴油、煤油等产品。至于其他一些领域，诸如矿石冶炼、燃料燃烧、生物发酵、皮革制造、海水淡化等，虽然过程的表现形式多种多样，但均可以分解为上述化学过程和物理过程。实际上，化学过程往往和物理过程同时发生。例如催化裂化是一个典型的化学过程，但辅有加热、冷却和分离，并且在反应进行过程中，也必伴随有流动、传热和传质。所有这些过程，都可通过化学工程的研究，认识和阐释其规律性，并使之应用于生产过程和装置的开发、设计、操作，以达到优化和提高效率的目的。

上述工业生产的共同特点是，从实验室到工业生产特别是大规模的生产，都要解决一个装置的放大问题。生产规模扩大和经济效益提高的重要途径是装置的放大，以节省投资、降低消耗、减少占地、节约人力。但是，在大装置上所能达到的某些指标，通常低于小型试验结果，原因是随着装置的放大，物料的流动、传热、传质等物理过程的因素和条件发生了变化。这种起源于放大过程的效应，长期以来被笼统地称作“放大效应”，它包含了很多已查明或未查明的物理因素(或称工程因素)的影响。化学工程的一个重要任务就是研究有关工程因素对过程和装置的影响，特别是在放大过程中的影响，以解决关于过程开发、装置设计和操作中的理论和方法等问题。它以物理学、化学和数学的原理为基础，广泛运用各种实验手段，与化学工艺相结合，以解决工业生产问题。

1.2.2 化学工程学科的研究内容

化学工程包括单元操作、化学反应工程、传递过程、化工分离工程、化工热力学、化工系统工程等方面。

(1) 单元操作　构成多种化工产品生产的物理过程都可归纳为有限的几种基本过程，如流体输送、换热(加热和冷却)、蒸馏、吸收、蒸发、萃取、结晶、干燥等。这些基本过程称为单元操作。对单元操作的研究，得到具有共性的结果，可以用来指导各类产品的生产和化工设备的设计。化学工程学科诞生初期，对化学工程的认识虽只限于单元操作，但却开拓了一个崭新的领域和出现了一些从事崭新职业的化学工程师。这些化学工程师不同于以往的化工生产工作者，他们经历过化学工程这一专门学科的训练，故有能力使化工生产过程和设备设计、制造和操作控制更为合理。直到今天，各个单元操作的研究还是有着极为重要的理论意义和应用价值，而且为了适应新的技术要求，一些新的单元操作不断出现并逐步充实进来。

(2) 化学反应工程　化学反应是化工生产的核心部分，它决定着产品的收率，对生产成本有着重要影响。尽管如此，直到20世纪中叶，在单元操作和传递过程研究成果的基础上，在各种反应过程中，如氧化、还原、硝化、硫化、磺化等发现了若干具有共性的问题，如反应器内的返混、反应相内传质和传热、反应相外传质和反应器的稳定性等。对于这些问题的研究，以及它们对反应动力学的各种效应的研究，构成了一个新的学科分支即化学反应工程，从而使化学工程的内容和方法得到了充实和发展。

(3) 传递过程　是单元操作和反应工程的共同基础。在各种单元操作设备和反应装置中进行的物理过程不外乎三种传递：动量传递、热量传递和质量传递。例如，以热量传递为基础的换热操作，聚合釜中聚合热的移出；以质量传递为基础的吸收操作，反应物和产物在催化剂内部的扩散等。有些过程有两种或两种以上的传递现象同时存在，如气体增减湿等。作为化学工程的学科分支，传递过程着重研究上述三种传递的速率及相互关系，连贯起一些本质类同但表现形式各异的现象。

(4) 化工分离工程　20世纪中叶，在化学工艺与化学工业的发展推动下，一类以质量传递为主要理论基础、用于各种均相化混合物分离的操作构成了化工分离工程。常用的分离操作可分为平衡分离过程和速率分离过程，前者有蒸馏、吸收、萃取、吸附、浸取、离子交换等分离过程和设备，后者有膜分离、超滤、渗析、场分离等过程与设备。

(5) 化工热力学　也是单元操作和反应工程的理论基础，研究传递过程的方向和极限，提供过程分析和设计所需的有关基础数据。因此，化学工程的学科分支也可以分两个层次：单元操作和反应工程较多地直接面向工业实际；传递过程和化工热力学较多地从基础研究角度，支持前两个分支。通过这两个层次使理论和实际得以密切结合。

(6) 化工系统工程　随着生产规模的扩大和资源、能源的大量耗用，使得早先并不显得很重要的问题逐渐突出起来。例如能量利用问题，设计和操作优化问题，在大型生产中都十分重要。由于在化工过程中，各个过程单元相互影响，相互制约，因此很有必要将化工过程看作一个综合系统，并建立起整体优化的概念。于是系统工程这一学科在化学工程中得到了迅速的发展，也取得了明显的效果，形成了化工系统工程。它是系统工程方法与单元操作和化学反应工程这两个学科分支相结合的产物。为了保持操作的优化，过程动态特性和控制方法也是化学工程的重要内容。

1.2.3 化学工程学科的研究方法

由于化学工程对象的复杂性，使得简单解析方法在化学工程研究中往往失效，因此也形成了自己的研究方法(化学工程研究方法)，其中有些方法并非首创。

(1) 早期的研究方法　化学工程初期的主要方法是经验放大，通过多层次的、逐级扩大的试验,探索放大的规律。这种经验方法耗资大、费时长、效果差,人们一直努力试图摆脱这种困境。但是时至今日,对于一些特别复杂、人们迄今知之甚少的过程,还不得不求助于或部分求助于此法。

(2) 20 世纪初的研究方法　相当盛行的是相似论和因次分析,其特点是将影响过程的众多变量通过相似变换或因次分析归纳成为数较少的无因次数(无量纲)群形式,然后设计模型试验,求得这些数群的关系。用这两种方法归纳实验结果,甚为有效。

对于反应过程,逐级的经验方法沿用了很长时间。由于不可能在满足几何相似和物理量相似的同时满足化学相似条件,用无因次数群关联实验结果以获得反应过程规律的思路归于无效。

(3) 20 世纪 50 年代以后的研究方法　直至 20 世纪 50 年代,才在化学反应工程领域中广泛应用数学模型方法。这一方法的影响波及化学工程的其他分支,使研究方法得到了一个革新。但即使采用这个方法,实验工作仍占重要地位,基础数据要依靠实验测定,模型要通过实验得到鉴别,模型参数要由实验求取,模型可靠性要由实验验证。

各种化学工程研究方法的基础是实验工作,不论采用哪一种研究方法,都应力求使实验工作有效、可靠和简易可行。各种理论、各种方法以及计算机的应用,目的都是为使实验工作更能揭示事物的规律,更为节省时间、人力和费用。在上述方法的应用中,多方面体现了过程分解(将一个复杂过程分解为两个或几个较简单过程)、过程简化(较复杂过程忽略次要因素而以较简单过程简化处理)和过程综合(在分别处理分解了的过程后,再将这些过程综合为一)的思想。

1.2.4　化学工程学科的重要作用

现代工业生产的规模常要求一套装置的年产量达数十万吨或更高。这些装置必然面临大量的工程问题,而且指标稍有下降,就会带来很大的经济损失。

科学技术的进步,时时刻刻在创造新的产品和新的工艺。但这些新的产品必须借助工程的手段才能实现工业生产,新的工艺要有经济和技术的合理性才能取代原有工艺。

装置大型化和新产品、新工艺工业化的问题都属于化学工程的研究范围。化学工程在国民经济中的重要作用是十分明显的。

例如将大量烟气中的硫、氮氧化物等有害组分脱除后再排放,在实验室达到要求后,进而要在工业规模中实现大量烟气的净化,就必须考虑大规模净化的经济性和可行性,着眼点与实验室研究有很大不同。

又如化工生产中,要求十分纯净的产品作为原料,如高分子化工中常要求聚合前单体的杂质含量在百万分之几(ppm)数量级。对于实验室工作来说,这一点并不一定困难,而且小实验也不要求提纯的经济指标。但是要求大型生产装置在低耗和设备简易可行的条件下做到这一点,却是一个完全不同的课题。这种课题的解决,有赖于单元操作的研究。假使在实验反应器中确定了优选的温度、浓度和反应时间,获得了满意的效果。而在放大过程中,由于流动的不均匀性,物料在反应器中的停留时间(反应时间)出现不均匀,偏离了优选的反应时间。由于反应热效应,大装置中因传热的限制而出现的温度不均匀,使反应温度偏离了优选温度。温度的不均匀必然导致浓度的不均匀。这些效应引起大装置中整体效率下降,产品成本提高,甚至可能因此失去工业价值而不宜于生产。这个例子说明了化学反应工程研究的作用和意义。

另一个例子是工业生产中为适应各过程的需要，时而需要加热，时而需要冷却。在实验室中能耗指标并不重要，但大生产就必须考虑热量的合理利用，应尽可能使加热和冷却相匹配，尽可能利用低温位热能。如何合理利用热量，如何合理安排众多的设备，这一课题，是无法用实验方法解决的，而是通过化工系统工程的研究解决的。

上述数例说明生产大型化后人们对化学工程知识的迫切需要。化学工程的成就已能在相当程度上解决这些问题。

1.3 化工与高新科技的关系

科学技术是第一生产力。当代科学技术正在日新月异地发展，生物科学与技术、信息科学与技术、材料科学与技术、新能源科学与技术等已经崛起，推动着化学工业前进的步伐，使化学工业扩展到一系列新的研究领域和生产领域，形成一系列新的学科分支，形成一系列新的产业群体。这场新科技革命已经对化学工程科学和化学工业产生深远的影响，为化学工程学科内容和化学工业的产业结构带来巨大的变化。

化学工程作为一级工程科学技术学科，不断与各个高新科技领域结合形成新的边缘、交叉的学科。化学工程与生物化学、微生物学结合形成生物化学工程；化学工程与材料物理、材料化学结合形成材料化学工程；化学工程与电子学、微电子学结合形成信息化学工程；化学工程与环境化学、生态学结合形成环境化学工程；化学工程与能源化学、资源化学结合形成能源、资源化学工程等。化工已经与生物、物理、信息、环境、能源等产业水乳相融，在人类社会不断发展中担任重要的角色。

1.3.1 生物技术与化学工业

化学工程学科与生物化学、生物学结合形成了生物化学工程。生化产品的生产一般由“上游”、“中游”、“下游”组成，“上游”是菌种的培育与优选，“中游”是生物反应过程，“下游”是生物分离过程。生物化工中的“中游”、“下游”是化学工程的研究内容。生物化工工艺的进步推动了生物反应工程与生物分离技术的发展，许多新型反应器（如发酵、酶合成、细胞培养、基因重组反应器）和新型分离方法（如膜分离、饱和层析、超滤、超临界分离）都是由于生物化工产品生产的需要得到发展的。生物化工产品主要用于医药、食品、营养品、保健品和化妆品等方面，与农业的关系也很密切。人类对这些领域的需要推动了生物化工的发展，自然也推动了化学工程学科的发展。

生物技术作为高新技术正在显示出巨大的经济潜力和社会效益，有着诱人的前景。目前，世界各国都将生物技术产业作为新型产业加以培植，化学工业正在不断吸收和融入生物技术的新成果，形成生物化工新工艺。当前，世界上许多著名化工企业，如美国的杜邦公司、孟山都公司、道化学公司，德国的赫司特公司，英国的 ICI 公司都投入了大量人力和资金从事生物技术在现代化工中的应用研究，并取得一系列令人瞩目的成就。

在化石能源紧张的情况下，生物质能源具有重大意义。用农副产品如粮食、秸秆、含纤维素的废液通过发酵法，生成乙醇代替汽油，在我国已实现了大规模产业化。利用海水中的蓝藻和绿藻的光合作用将水分解为氢,利用产氢菌或氢化酶连续制氢,具有诱人的前景。生物技术对于节约化石能源也有重大意义。目前的氢能生产需要消耗数亿吨煤、石油和天然气,而日益增多的人口对粮食、化肥的需要有增无减,利用生物技术提高豆科植物的固氮能力,并将其赋予其他作物,可以节约大量的化石能源。

微生物发酵制化学品的前景越来越具有吸引力。发酵与生物工程在化学工业中的应用,可以使原来在高温高压下进行的反应在常温常压的温和条件下进行,从而大大节省能量。许多化学品,如乙醇、丙醇、丁醇、醋酸、柠檬酸、酒石酸、富马酸、丙酸等都可以用微生物发酵法生产。世界上几种主要氨基酸都是用自然界分离出来的菌种发酵提取,目前,使用细胞融合技术对菌种加以改造,形成新的遗传工程菌种,用于糖氨酸、赖氨酸、三门冬氨酸等的生产中。

生物技术融入化学工业,引起了生物反应器、生物传感器、大型微生物分离技术的快速进步。生物反应器主要是固定酶、固定细胞的反应器,在现代化学工业中,用固定化生物反应器取代常规的发酵反应器制备化学品已取得成功。生物传感器在化学工业中的应用,主要用于对混浊酸发酵液中反应产物的有机化合物、氧、氨等进行快速灵敏的分析,并测定温度、pH值、黏度、浊度、液位、压力、浓度、流量等工艺参数。大部分生物分离技术,主要采用超滤、压渗、电渗、层析、电泳、凝胶过滤等,对有活体存在的生物化工产品进行有效分离。

生物技术在生物农药的开发中有着广泛的应用。生物农药已克服化学农药的缺点,国内外已开发成功大批产品,投入工业化生产,包括防治农作物病害的井冈霉素、多抗霉素等,防螨虫的阿佛霉素等,除草用的双丙胺等,植物生长调节剂用的赤霉素等,都是利用微生物代谢次生物质开发的农药。

生物技术在化工环境治理,特别是工业污水处理中应用前景广阔。生化处理方法是工业污水处理的重要方法之一,即利用微生物类分解污水中的有害物质。为了满足工业废水中不同杂质的处理要求,人们正在从自然界中寻找新的分解菌种,采用新的生物工程技术,以求更有效地净化工业废水。

化学工业正适应高新技术发展的新趋势,利用化学化工与生物学、微生物学的血缘联系,综合运用化学、化学工程学、生物学、微生物学,推进发酵工程、酶工程、细胞培养工程、基因重组工程,改革传统工艺,发展新一代产品,做大做强生物化工产业。

进入21世纪,生物化学工程正向生命化学工程发展。21世纪生物和制药领域的发展有赖于化学化工在以下方向上的进步:了解生命科学,包括脑和记忆的科学;开发药物以挑战生命极限,治愈瘟疫等疾病;开发更好的方法使药物控制到靶位;研究个人基因变化对特定药物的反应;发明无生物排异性的材料用于器官移植;开发食品加工与保藏中的新技术与绿色功能新食品。未来20年,对生命现象的本质和基本过程的研究将进入一个定量和系统整合的阶段。生物化工的主要研究方向有:生物信息学、生命过程的化学机理、生命过程模拟、生命体系合成、生物结构与其设计、生物催化反应与优化过程等。

1.3.2 材料技术与化学工业

化学工程学科与材料物理、材料化学结合形成了材料化学工程。聚合物材料的理论基础是聚合反应工程、高分子传递过程和黏性物流体力学。无机非金属材料的理论基础是无机合成化学与化学工程学。21世纪初多种新材料将会在材料化学工程理论指导下问世并直接投入应用，例如纳米材料中超细催化剂的实际投用，医用材料中新型人造血管、人造心脏、牙齿与骨质材料的临床使用，智能材料与记忆材料的开发，新型仿生材料的突破，有机高分子组成的分子器件的研制，国防与航天上耐高温、抗低温、呈高压材料的投用等，都需要化学工程理论的指导和参与。

材料是工业的基础，现代新型技术的兴起以新型材料作为支柱，作为主导。新材料的突破往往会开创高新技术发展的新局面。目前，新物料的研制、开发、生产已成为化工科技和化学工业的重要组成部分。

新材料的研制、开发和应用推动化学工业向前发展取得突破的例子很多，美国杜邦公司用于电解食盐的离子交换膜和孟山都公司用于气体分离的中空纤维膜已广泛用于工业装置。美国、德国、英国、日本等国多个石油与化工公司正大力发展微电子化工材料、新型陶瓷、纳米材料、耐高温材料、高分子材料、生物材料，国外化工新材料转向高性能比、多功能化方向发展，已进入一个金属、高分子材料、陶瓷材料与复合材料多元利用的时代。化学工业与材料科学工程结合，不仅有重大的现实意义，而且有深远的战略意义，目前世界各国均把化工新材料作为重要发展领域。

1. 功能高分子材料

功能高分子材料所具备的功能一般可分为化学功能、物理功能与生物功能三类。

具有化学功能的材料主要有高分子分离膜、螯合聚合物、高分子催化剂、高分子清洁剂、高分子稳定剂和生物化学材料等。其中高分子分离膜有离子交换膜、透析膜、微孔过滤膜、超滤膜、气体分离膜、渗透蒸发膜和液体膜等，可用于氯碱工业、合成氨工业、石油化工、钢铁冶金工业与海水淡化等领域。螯合聚合物可选择性吸附金属离子，用于海水提铀、回收废金属、清除有害重金属等领域。高分子催化剂具有较高的活性与选择性，稳定性高，容易回收，已引起广泛关注。高分子清洁剂用于防静电、防油、防水、凝絮有害物质等。高分子稳定剂是具有抗氧、阻聚等功能的高分子，使高分子材料不易发生转移或抽提现象。

具有物理性能的材料主要有导电高分子材料、超导高分子材料、介电高分子材料、磁性功能高分子和光学功能高分子等。导电高分子材料用于半导体元件及静电复印领域。超导高分子材料在电子、医药、能源发展中有重要作用。介电高分子材料有很好的成型加工性、柔韧性和耐水性。磁性功能高分子具有强磁性。光学功能高分子用于光加工、光导纤维、光记录材料方面，已实用化。

具有生物功能的材料主要有在人体内使用的人造器官材料和治疗用的送药及器械材料。人造器官材料要求生物学条件（无毒、无异物反应、抗血栓等）和力学条件（机械强度和耐久度），制成的人工器官已临床使用的有人工肾、血管、心脏瓣膜、关节、骨、喉、牙等，正在开发的有人工心脏、肺、肝脏等。

2. 高性能复合材料

复合材料是用不同种类的材料组合而成的新型材料，它具有所选用材料的优点，克服单一材料的不足。复合材料的问世，使材料技术从原来不可设计进入可设计的新阶段，为材料的研制和使用提供了更大自由度，从而可满足各领域对材料的特殊要求。

碳纤维是一种性能优异、用途广泛的高性能复合材料，应用于航空、航天、油漆、石油、电子等多个领域。金属基复合材料具有比强度高、比刚度大、耐高温、良好导电性和导热性等优点，可用于航天飞船、导弹、卫星等尖端领域和民用领域，展示了强大的生命力。芳纶相对密度小、强度高，在航天飞机、电缆、光缆、高钢子午线轮胎等方面得到综合利用。

3. 贮氢材料

发展高密度贮氢材料是开发利用氢气的有效手段，这种材料具有很强的“吸氢”能力，使用时只要适当升温，就可释放氢气。贮氢材料可以使氢气密度提高千倍，接近液氢的密度，达到很高的产氢效率，而且操作简单，运输方便，无危险性。日本研制出锆-镍合金、钛-铜合金以及非晶系合金作为贮氢材料，其吸氢-放氢次数可达 100 次以上。

4. 高温工程陶瓷材料

新型高温无机陶瓷材料包括氧化锆、氧化铝等氮化物，碳化硅等碳化物；并由它们在高温下烧结而形成的新型无机材料。高温无机陶瓷材料可以在 1 200℃高温下长期工作，具有抗热震、高耐磨性等特殊性能。这些高温无机陶瓷材料可用于制造燃气轮机叶片、汽车发动机部件、绝热操作的内燃机等，可用于国防等部门。

5. 超导材料

超导材料是发展超导技术的先导，已产业化并进入使用的超导物料有铌钛合金、铌锡合金和钒镍合金等。目前，各国正瞩目较高温乃至常温下的超导材料的研制，开发成功后，将会引起如同半导体一样的新科技革命。

1.3.3 环境技术与化学工业

化学工程学科与环境科学与工程结合形成了环境化学工程。绿色化工是环境化学工程的研究重点，绿色化工的研究目的是在化学工程理论的指导下，通过开发和改进化学工艺过程及相应的工艺技术，降低和消除副产物或废弃物的生成，最大限度节约资源，保护和改善环境。绿色化工研究围绕着原料、化学反应、催化剂、反应介质和产品展开，包括使用无害无毒原料和溶剂，开发高合成效率的反应，及高选择性的“原子经济”反应，利用可再生资源合成化学品，进行安全可靠的环境友好型产品的分子设计等。

未来环境化学与化工面临许多挑战，例如了解大气、土壤、湖泊、河流和海洋既复杂又相互作用的化学世界，为生态环境保护政策的建立提供科学依据；从各个层面上研究物质与环境相互作用的关系，对产品在生态系统中的分布状况和作用做出真实可靠的评价。

目前有机化工原料绝大部分来源于石油和天然气，而以植物为主的生物质资源是一个可再生的巨大资源宝库，利用可再生生物质资源已成为绿色化学的重要研究内容。利用生物质资源制造的化学品如药物、特殊化学品、生化试剂在数量上已达数万种，但规模一般较小，不足化学品年生产总量的 2%。近年来，国内外在这方面已取得突破。

废弃物的回收利用不仅可以根治环境污染，而且能够缓解资源危机。源于化学品的大量废弃物主要为废塑料、纤维和废溶液。回收废塑料、纤维等高分子聚合物产品和废溶液中的单体一直是化学家和生产企业的理想。美国、英国等工业界已经实现了对废弃高分子聚合物的生物法和催化转化法的闭路循环利用。

1.3.4 新能源技术与化学工业

化学工程学科与石油化学、煤化学结合形成了能源与资源化学工程。20 世纪化学工程理论的发展推进了石油加工、石油化工与煤化工的大型化、现代化和自动化。石油与天然气的深度加工、清洁燃料油品的供应仍是当前能源化工的重要问题。煤化工中新型气化工艺和气化炉的开发，煤制合成气的先进工艺，煤的直接或间接液化制液体燃料，以煤为原料的“煤、电、气、化”多联产系统的开发等都涉及一系列化学工程问题。此外，还有新能源开发中的化工问题。如燃料电池中的制氢与贮氢，再生能源、生物质能源的利用都属于能源与资源化学工程的前沿研究课题。

化石能源消耗量迅速增长和储量面临枯竭是世界性命题，在这一领域化学家面临诸多挑战：开发更加稳定和廉价的能源材料及方法；应用改进的膜、催化剂、电极和电解液；开发实用、低廉、更稳定的燃料电池；开发用于氢气制备、分配、储藏及运输的材料、工艺；研究集中安全处理核电厂的放射性废物的方法；开发能量产生及分配新工艺，实现温室气体或有毒物质的零排放。

洁净煤技术是旨在减少污染和提高效率的煤炭加工、燃烧、转化和污染控制等一系列新技术的总称，它使煤作为一种能源达到最大限度对潜能的利用同时释放的污染物最少，达到煤高效、洁净利用的目的。这是当今世界煤化工的主流方向，更是我国能源与经济、环境协调发展的根本出路。

石油是关系到国民经济发展和国家安全的战略性资源。应根据清洁汽、柴油生产的要求，利用计算机分子模拟、原位表面结构表征、瞬时反应等现代方法，形成汽、柴油绿色化的科学基础，进一步加强绿色化途径和化学基础等导向性基础研究。开发新型高效催化剂，建立基于原子经济反应的绿色催化过程，特别要注重对重质和劣质原油的深度转化中的重大催化反应过程。

可再生能源不但是重要的后续能源，而且对生态环境有保护作用，它的利用可实现经济效益和社会效益的双赢。国际上许多国家和组织的预测表明，本世纪中叶可再生能源在一次性能源消耗中将超过50%。生物质能、太阳能和氢能等是我国可重点发展的几个方向。

1.3.5 信息技术、控制技术与化学工业

化学工程学科与电子学、微电子学结合形成为微电子化学工程。微电子工业的发展离不开化学工程学科的贡献。

微电子化工材料有20多个门类，全部是化工材料、化工产品。半导体基材有硅晶片、砷化镓、陶瓷基片等。光致抗蚀剂有电子束抗蚀剂、X射线抗蚀剂、粒子束抗蚀剂、紫外光与深紫外抗蚀剂等。超大规模集成电路用的试剂包括无机试剂、有机试剂，对纯度与洁净度都有非常严格的要求。高纯超净特种气体及金属有机化合物的品种多、质量严格。微电子化工气体、液体、固体掺合剂有数百个品牌。此外，微电子化工材料还包括各种封装材料，镀覆化学品、各类浆料、各类液晶、胶合剂及层间绝缘木、表面保护膜等。

微电子化学工艺中，化学气相沉积、镀覆一体化技术、先进封装技术、超微元件绝缘、超纯气体制备与超纯有机化合物制备均为精细化工工艺。

化工生产过程复杂多样，想要在高效生产优质产品的同时，兼顾过程的安全性、可靠性、稳定性等因素，就必须依靠先进的控制技术。目前，许多切合化工生产实际的比值控制、均匀控制、选择性控制、阀位控制、超弛控制、串级控制、前馈控制、推断控制、纯滞后补偿控制等方法

已经普遍使用,在计算机与网络系统使用后,上述方法都能有效地在实际工业生产中取得良好效果。

化工自动化检测仪表和自动控制系统,随着电子技术、微处理器、网络通信技术及软件技术的不断发展,测量传感器的二次信号处理与变换,从模拟信号转变成数字信号,精度有了很大的提高。

计算机控制工业生产过程的另一自动化工具是可编程逻辑控制器(PLC)。PLC 在化学工业中的间歇化学反应、聚合反应、精馏过程、注塑机、干燥、结晶、调和、产品分装过程等有着广泛的应用。

最近 20 年,基于网络控制系统的开发研究十分活跃,特别是现场总线控制系统,国际上已有各种成熟可用的产品,我国也有一些引进并用于化工生产过程。

DCS、PLC 和现场总线控制系统这三种计算机自动控制工具,在技术和应用领域上各有自己的特色和优点,在今后一段时间内,它们之间将会并存并互相补充。

21 世纪计算机、网络已深入到社会生活的各个方面,化学工业想要保持自身的竞争力,就要能够提供更低的价格、更新的产品和可靠的服务,因而,化工生产过程将必然不断融合先进的过程控制技术和信息技术。

国际上经过 20 多年的研究和开发,基于模型预测的多变量最优控制技术已经成为一种标准的控制技术。大量实践证明,这是一种投资少、见效快的先进技术。如今化工自动化技术已从单回路控制发展到整个单元或整个生产流程的整体协调控制,这一技术完全可以用来稳定控制整个生产过程的自动化工具。

为了充分利用企业内部的各种资源,及时进行优化配置与调控,提高竞争能力,各个企业都积极加快自身的信息化建设。学术界也提出了各种解决方案,例如五层结构的 CIMS、三层结构的 MES 以及 ERP 等,许多国外自动控制公司都推出了相应的总体解决方案,有的还提出了智能炼厂方案等。

目前企业界对于自动化配置需求强烈。国外普遍的做法是根据企业实际要求,运用计算机、网络和有关的软件,解决科学化、最优化的管理和控制问题。企业综合自动化的任务,首先必须建立完善的基础自动化和信息获取系统,其次是深入了解现代化企业的实际运行规律,再运用计算机和网络等技术为企业解决实际的问题。

随着计算机、网络通信和传感器技术的广泛普及,控制在工业生产活动和人类生活中扮演着核心作用。控制通过测量系统当前的状态来反馈修正系统的行为,从而确保系统达到期望目标。

加强控制、计算机、通信和网络技术一体化的研究,包括网络化、分布式系统建模和新的控制原理、方法、工具,以及可靠的嵌入式实时软件等是今后控制技术的主要研究方向。同时,要运用运筹学、随机统计等学科知识进行决策控制理论研究,针对化工企业的运行规律和特点进行应用性开发研究。

1.3.6 化学工业发展的几项关键技术

化学工业要实现可持续发展,必须依靠一系列关键技术的介入与实施:新物质合成与制造、新催化技术、计算化学与产品工程、新分离技术、工业生物技术、纳米技术、微化工技术、动态模拟技术、自动控制与信息技术、清洁生产与节能技术等将从各个方面对传统的化学工业进行改造与提升。

1. 新物质合成与制造

几乎所有重要产业对特殊功能分子都有着强烈的需求，因此，新型功能分子的设计与合成是化学工业与化工的核心研究领域。有用新物质的创制是化学化工学者钻研的永恒主题，它不仅可以带动整个学科的发展，还可以使一个国家彻底摆脱对国外产品和技术的依赖。

21 世纪新物质的合成与制造面临的挑战是：自组装成具有重要性质的有序体系的新物质；揭示分子的运动规律，预测新分子的生态影响，用以指导新物质分子的创造；开发物质合成、制备、转化的新策略和环境友好的新化学体系，实现新的特定结构分子功能体系的可控设计和制造；设计高效、环境友好、能耗低的生产工艺等。

原子经济性、绿色合成、高效清洁生产是新时期化学化工发展的重要内涵。基本有机化学品是现代化学工业的重要原料，我国目前的生产工艺大多是 20 年前国外开发出来的，因此必须探索新的原子经济性合成途径，开发以绿色化学为基础的清洁生产工艺。

2. 新催化技术

催化技术是化学工业中最重要的关键性技术之一。据统计，60%以上的化学品、90%的化学合成工艺均与催化剂的使用有着密切关系，具有优势的催化技术已成为当代化学工业发展的强劲推动力。"十二五"将要重点发展的新催化技术有炼油催化技术、精细化工催化技术、合成氨工业催化技术、碳一化工催化技术、高分子聚合物催化技术、纳米催化技术、生物催化技术、光催化技术以及催化新材料等。

3. 计算化学与产品工程

新的功能分子被发现和确定后，通过产品工程技术向人类提供最经济的产品是实现这些物质价值的必然途径。产品工程的挑战是使集约化的化工厂能高效、安全地生产所需产品，并对环境产生最小的副作用。资源循环利用是产品工程的新理念，可以通过设备强化、过程集成和系统工程的方法实现。

作为真正的绿色化学，计算化学已经能够对很多化学体系、化学现象及化学反应提供准确的、较为全面的描述与解释。计算化学可以辅助反应分离试剂的选择、药物的分子设计、工艺流程筛选和大系统优化，不仅节约研究时间，而且降低资源消耗。目前的挑战是研究各种化合物结构和性能的关系，为新药物、农药、材料的开发提供依据；预测反应结果、设计高效催化剂、构筑高效反应体系等。

新型高效化工过程装置可提高产品质量、降低成本。过程集成实质是反应-分离多个单元操作的综合，是物质循环利用的技术基础。对有些难以达到原子经济性的反应，分离是提纯产品的唯一手段。有待进一步开发的高效分离技术为：环境友好的中药和天然物的超临界提取、大孔树脂吸附分离、高效层析分离、膜分离、结晶、特种绿色溶剂萃取等。

4. 新分离技术

几乎任何一项化工生产都离不开分离技术。分离技术及分离设备水平对产品质量、产品成本、能耗有重要影响。分离技术包括范围很广，"十二五"期间新分离技术开发创新的重点是：开发石油炼制、石油化工、大宗有机化工产品生产过程的精馏技术；酯化、酯交换、皂化等过程的催化精馏技术；工业气体净化分离、化工废水处理的膜分离技术；热敏性化工产品分离的分子蒸馏技术;精细化工生产过程的超重力技术;无机盐、化肥、纯碱生产的高效结晶技术等。

5. 工业生物技术

把化学工程与生物技术结合起来形成的生物化工技术是工业生物技术的重要组成部分,也将是化学工业新的发展方向。生物催化技术是生物化工技术的核心,目前应用生物催化技术生产的有机化工产品很多,主要有生物能源、生物材料、有机酸、氨基酸、功能食品添加剂等。

6. 纳米技术

纳米技术在化工领域的应用主要有:具有纳米增强增韧等新功能、多功能的纳米复合材料,具有目标特性的纳米结构材料以及纳米催化剂等,这些材料主要用于橡胶、材料、农业、医药、涂料、纤维、化妆品及环保等领域。

(1) 橡胶领域 将纳米材料填充到聚合物基体中,把有机聚合物的柔韧性好、易于加工等优点与无机填料的强度和硬度高、耐热耐老化性好、不易变形等特点进行优势互补,结合纳米粒子特有的纳米效应,开发出超轻、超强的多功能结构与杂化材料。

北京化工大学等单位通过科学的无机颗粒设计与合成、独特的颗粒表面和高分子界面设计、独创的母料法纳米分散技术以及创新的复合材料加工工艺,实现了纳米颗粒在塑料树脂机体中的纳米级分散,从而创制出纳米无机粒子与聚合物复合的一系列低成本高性能纳米复合材料,用于包括汽车内饰件、聚乙烯薄膜、农用地膜、降解塑料、家用器件等在内的广阔领域。

(2) 催化剂领域 利用纳米颗粒及空心纳米介孔新材料的特性,制备纳米光催化材料、纳米结构负载异形催化材料、纳米分子筛结构催化材料等,可以控制反应速度,优化反应路径,显著提高催化效率,甚至使原来不能进行的反应也能进行。

(3) 涂料领域 在涂料中添加纳米材料如纳米 SiO_2、TiO_2、钛粉、Fe_2O_3、ZnO 等,可以大幅度提高涂料产品的悬浮稳定性、流变性、耐水洗刷性、抓持力、光洁度、对比度、抗老化性和涂膜的表面硬度及自洁能力,用于制造出具有杀菌、防污、自洁的抗菌防污涂料、防紫外线涂料、吸波隐身涂料等各种功能不同的涂料。

(4) 医药、农业领域 用先进化学组装和集成控制技术,制备环境用纳米孔材料和药物缓释用特种结构纳米材料,可以控制药物释放、减少副作用、提高药效、减少药量等。

(5) 化工助剂及添加剂领域 纳米材料可以作润滑油添加剂,如用脂肪酸修饰的 ZrO_2 及 MoS_2 的纳米微粒具有非常好的润滑性及抗磨性;纳米氟化稀土及氢氧化稀土润滑油添加剂是一种低毒、低污染、性能优良的抗磨添加剂;超重力反应器制备纳米碳酸钙润滑油清洁剂与传统釜式法相比,物耗能耗明显减少,产品粒径分布窄,性能达到国际领先水平。

(6) 环保领域 利用纳米粒子的光催化降解作用,可处理化工污水。TiO_2 光催化剂能有效地分解室内外的有机污染物、氧化去除在大气中的氮氧化物和硫氧化物及各类臭气、可充分抑制或杀灭环境中的有害微生物等。

(7) 化纤领域 化纤中加入纳米材料是目前开发纺织类性能产品的主要方法。各种纳米改性合成纤维织物,具有抗紫外线、抗可见光、抗电磁波,以及通过红外吸收原理可以改善人体微循环等特征。

7. 微化工技术

采用微反应技术实现反应过程强化与微型化,可大大提高过程效率和安全性,将化工生产的危害降到最小。

微化工技术是一个多学科交叉的现代化工学科前沿，目前的微化工设备主要包括微混合器、微换热器和微反应器等，由于设备特征尺度的微细化，与传统化工设备相比，微化工设备具有高传递速率、易于直接放大、设备安全性高、易于控制、适应面广等优点，可实现过程连续和高度集成、分散与柔性生产。由于微反应技术具有强的传热和传质能力，可大幅度提高反应过程中的资源和能量的利用率。减小过程系统的体积或提高单位体积的生产能力，实现化工过程强化、微型化和绿色化。

20 世纪 90 年代初，微反应器首次面世，就迅速引起发达国家的研究机构和大公司的浓厚兴趣和广泛关注。

杜邦公司的中心研究室于 1993 年利用微电子加工技术制造了首个芯片反应器，用于生产甲基异氰酸甲酯和氢氰酸等有毒物质，预计该微反应器可年产 18 吨 MIC。德国政府也通过一系列计划的制订在加速推进微反应技术的实用化进程。日本政府在 2000 年制定的国家产业技术战略中已把微反应器技术列为新的化工技术之一优先加以资助，同时成立国家级的研究中心。美国则更多地关注于微反应技术在传统化学工业和石油化学工业以及国际安全领域的应用，如微能源和微动力系统、微型化学激光器、星载化工厂等。

预计未来 5～15 年，微化工技术将会在高效传热传质设备、精细高附加值化学品、基于微反应技术的新过程和分散资源就地转化以及国家安全所涉及的化学化工系统等领域得到广泛应用。

微化工技术的成功开发与应用将会改变现有化工设备的性能、体积、能耗和物耗，并会极大地拓宽它的应用面，将是现有化工技术和设备制造的一项重大突破，也将会对整个化学化工领域产生重大影响。

8. 动态模拟技术

生产条件、物料和装置发生的复杂变化使化工生产过程必须由过程的动态模拟来完成。在这种形势下，动态模拟技术应运而生，并在生产过程的操作优化方面显示出独特的优越性。从我国化学工业的现状和已有的成果来看，在推行计算机集成过程系统中，只有应用动态模拟的方法，对现有装置、测量和控制设备进行特殊要求并降低投资成本，才有可能走出一条低投入、高产出的路子。

国外化工过程模拟研究始于 20 世纪 50 年代中后期，发展略迟于稳态模拟。进入 20 世纪 80 年代后，化工过程模拟走向了成熟期，众多商业化的动态模拟软件纷纷推出，模拟计算的准确性、可靠性大大加强，应用范围不断拓宽，功能更加丰富，使用愈加方便。20 世纪 90 年代是化工动态模拟的深入发展期，这一时期，动态模拟得到了长足发展，新的模拟软件不断问世。

开发化工过程动态仿真系统是动态模拟技术的重要用途之一。化工生产过程的开、停车过程是极其重要的环节，要处理好这一环节，通常有两种思路，一是建立生产过程物理模型，但这种方法耗资、耗时，对于复杂系统建立物理模型难度很大。另外一种是采用动态模拟技术，首先建立准确描述过程行为的动态数学模型，借助计算机研究开、停车过程的动态行为，系统地探讨、分析开、停车过程的特性，从而指导开、停车过程的实施。其主要作用是：缩短开、停车时间，尽快达到稳定操作状态或安全停车；避免可能产生的误操作或事故；将不合格产品总量降低到最低限度；保证开、停车过程的正常进行。

在国外，动态模拟已经应用于先进控制系统的设计，并已经借此取得了极大的经济效益。

控制系统设计的关键是了解装置的动态特性,而装置的动态特性可以通过在线过程识别或者过程动态模拟获得,后者具有明显优越性。动态模拟的发展使得人们可以用计算机模拟代替现场动态测试。不仅可以节省大量资金,加快动态特性模拟数据的获取,而且对生产无任何干扰,从理论上讲,可以取得任何所需的数据。

9. 自动控制与信息技术

用现代电子技术、计算机技术、传感技术和自动控制技术改造化学工业,是促进化学工业技术进步,推动化工现代化进程,提高行业整体竞争力的有效途径。"十二五"发展的重点是:大型化工、石化企业的 ERP 技术;将化肥、石化和氯碱等生产过程的自动化科技成果加以推广应用,提高行业的自动化水平;开发完善、提高各种优化技术在企业管理、生产调度、生产运行等方面的应用。

10. 清洁生产与节能技术

实施节能技术和清洁生产技术,是发展化学工业循环经济,提高我国化学工业整体竞争力的重要措施。"十二五"优先发展的清洁生产和环保技术有:大宗化工产品及精细化学品清洁生产技术;高浓度难降解有机废水处理技术;固体废弃物的资源化技术;在节能方面重点开发和推广高效燃烧技术、高效蒸发和喷雾干燥技术、蒸汽冷凝水回收技术、热管技术、热泵技术等。开发和推广节能技术的重点行业有化肥、氯碱等。

1.4 我国化学工业的发展现状与趋势

1.4.1 化学工业在我国国民经济和社会发展中的战略地位

化学工业是我国国民经济的重要支柱产业之一。据中国石化协会的统计,我国石油和化工行业在近 5 年来实现了突飞猛进式的增长。全行业的增长率每年都保持在 20%以上。近一年主要经济指标为:工业总产值为 5.19 万亿元,比上年增长 21.8%,占全国国民生产总值的 20.67%;销售收入为 5.15 万亿元,增长 22.5%;实现利润 5 300 亿元,增长 21%。全行业固定资产投资实际完成 7 051.6 亿元,比上年增长 35.7%;进出口贸易总额为 3 197.9 亿美元,比上年增长 25.0%,其中进口 2 180 亿美元,增长 20.9%;出口 1 017.8 亿美元,增长 34.9%,实现了全行业经济平稳较快增长。

无机化学工业学科包含酸碱盐工业、化肥工业、硅酸盐工业等,服务于除以石油之外的矿物资源为原料的基础化学工业。其中酸碱盐工业涉及上千种工业化产品,按国际化学命名法分类有酸、碱、盐、单质、氧化物。以硫酸为主的无机酸产业目前总装置能力已超过 6 000 万吨/年,作为大宗化工原料用于生产磷肥、钾肥、氟化氢等。无机盐产业的代表产品是烧碱,作为氯碱行业的主导,全国 200 家氯碱厂总产量已超过 1 700 万吨/年,居世界之首。除酸、碱、肥、电石、无机农药及颜料外,其他无机化工产品都划归无机盐工业。无机盐工业的品种多、产量大、厂点多,总产能均居世界前列。2007 年,我国无机盐行业产品品种(规格)约 1 000 种,总生产能力超过 6 000 万吨/年,总产量为 5 000 万吨,总产量同比增长了 15%,行业总产值同比增加了 20%左右。无机酸碱盐工业的发展为化学工业及其他工业提供了最基本的原材料,其产品应用领域广泛,与人们的日常生活息息相关,在航空航天、信息、国防等高科技领域,都可以寻觅到酸碱盐产品的身影。

化肥工业是我国无机化学工业的重要分支。我国是拥有9亿多农民的农业大国。化肥生产量和消费量均居世界首位，且消费量还在逐年上升。2007年全国化肥产量为5 697.4万吨，同比增长10.2%。其中合成氨为5 158.9万吨，增长5.4%；尿素为2 485.6万吨，增长11.5%；磷铵为1 496.7万吨，增长20.7%；钾肥为2 499万吨，增长10.6%。氨肥是我国化肥行业的龙头产品，占化肥产量的60%以上，建设投资占化肥工业总投资的80%。目前，我国有大型氨肥装置29套，规模为30万吨，为合成氨总产量的40%。化肥工业总产值约占化学工业总产值的20%，对中国农业生产的贡献率约为40%，是保证中国粮食安全和农业基础地位的职能的重要条件。化肥工程技术的发展为我国以精耕细作为标志的传统农业向以农业化学为主导的现代农业转变提供了理论、概念和技术支持。其生产技术水平的每一次重大突破都为化工服务、指导化肥工业实践开创了新的局面。化肥工业技术的重要地位与其作为支农产业的战略意义是不言而喻的。

水泥是传统硅酸盐工业的产品，与钢材和木材并列成为三大建筑材料。它作为国民经济中的重要物资，是反映国家实力强弱和科技水平高低的重要产品之一。硅酸盐水泥的产量是国家每年公布的国民经济发展的重要指标之一。2007年硅酸盐工业的总产值达6 000亿元。先进陶瓷和人工晶体作为硅酸盐制备工程的新成员，其发展也备受瞩目。其中的人工晶体因特有的光、声、电、磁、热等功能复合效应在高新技术产业、传统产业改造和国防军工等领域占据着重要位置，是我国在国际高科技中占有优势的少数几个领域之一。

有机化学工业所涉及的有机化工产品种类繁多，其应用几乎遍布国民经济中的各个行业，除作为衡量一个国家或地区石油化工生产水平标志的乙烯产品外，其他基础有机化工原料在近年也经历了高速增长，我国甲醇产量为1 078万吨，增长41.9%，新扩建乙烯带动新增纯苯产能达47万吨/年，再加上重整和焦化苯回收增加的产能，纯苯产能达380万吨/年。2008年1～10月我国纯苯累计生产345万吨，同比增加2.1%。2008年1～7月我国精对苯二甲酸产能为1 275万吨，产量为1 030万吨，75%用于生产聚酯。乙二醇产能为208万吨，产量为172万吨，90%以上用于生产聚酯。硝酸铵产能104万吨，消费128万吨，60%用于生产腈纶。己内酰胺产量约30万吨，进口46万吨，其中60%用于生产锦纶。有机化学工业的发展带来了产品的繁荣，也为国民经济各个领域的发展提供了丰富的原料来源。

精细化学工业与工业、农业、国防、航天航空及人们日常生活有着极为密切的关系，是社会经济发展到一定阶段的产物，是世界化学工业竞争的焦点和发展的战略重点。精细化工包括了农药、染料、医药、涂料、表面活性剂、催化剂等传统的部门；也包括了食品、饲料添加剂，油田、电子专用化学品、功能高分子材料和生命科学用材料等新领域。其中，农药为有关国家经济命脉的农业保驾护航，对我国农业现代化的生机起到了有利的助推作用，近一年我国农药生产企业有500多家，产量达173.1万吨，居世界第一。商品化的产品有7 000多个，农药剂型几十种，出口85.62万吨，占国际市场的10%。染料最主要的消费市场是在纺织工业，中国的纺织工业在吸纳就业、平衡外汇与满足人们生活品质提高等方面发挥着巨大的作用，这都离不开染料工业的支撑，染料工业技术的进步为纺织品提升了附加价值，使之更具时代感，更加功能化，更加高档化，增加了我国纺织工业在国际贸易中的竞争力。近一年染料及有机颜料总产量为142.6万吨，占世界产量的40%，出口51.34万吨，占国际市场的20%。涂料为人们的生活增添了个性，极大地提高了人们的生活质量。2007 年我国涂料总产量 597.3 万吨，居世界第二位。新领域精细化工产品，如饲料添加剂、食品添加剂、表面活性剂、水处理剂、造纸化学品、皮革化学品、油田化学品、电子化学品、合成胶黏剂、高效催化剂及各类特色助剂和新型中间体等均是发展潜力很大的领域。目前，我国从事生产新领域精细化工生产的企业近 7 500 家、产能近 3 090 万吨、品种多达 12 500 个、年产值 2 900 多亿元。精细化工的发展，提高了化学工业的加工深度，促进了其他行业的优化升级，同时为这些行业带来了经济效益的提高。世界各国都将化学工业精细化作为战略决策。

电化学工业是化学工业的重要分支之一，主要包括电镀、电解以及腐蚀电化学过程与化工防腐蚀。电解工业是大宗化学品与有色金属的主要制造者，诸如烧碱、铝、铜、钠产能的快速增长得益于电解工业的技术进步。近一年仅电解食盐水制烧碱的产能达到了 2 181 万吨，占全球烧碱产能的 32.2%，年产值达 600 多亿元，居世界第一。10 种有色金属产量首次突破 2 000 万吨，达 2 360.52 万吨，同比增长 23.44%，已连续 6 年居世界第一。其中，电解铝产量为 1 260 万吨，净增产量为 320 万吨，占 10 种有色金属增长总量的 72%。电解行业的总产值占化工行业总产值的 35.65%。电镀同样是利用化学原理为材料表面提供保护层或改变表面性质，使其产品获得更加优异的性能，从而在化工、造船、电子通信、机械制造等许多行业中发挥重要的作用。

1.4.2 我国化学工程学科发展的展望与对策

我国的化学工业的国情特点为：首先能源结构为煤、天然气多，石油特别是优质石油少，且总体能源较为匮乏；其次，我国是发展中国家且人口总数多，生存与发展仍是需要着重协调的因素，环境形势较为严峻，可持续发展为重要目标；化学工业总体技术还较为落后，自主知识产权的新设备、新工艺较为缺乏，特别是大型整套工艺设备的建设需要依赖于国外；化学工业新产品的开发应用还较为滞后。

基于这样的现状，我国化学工业的重点发展方向为：节能、降耗、减排新技术的开发与应用，新能源、清洁能源的开发；成套装置技术、化工装置大型化以及自主知识产权；过程研究，包括过程创新、强化、设计、实现等基础理论和应用的研究等。具体由以下几个方面构成。

1. “低碳”经济与化学工程学科

目前我国能耗水平比国际先进水平高出 20%～30%左右，从整体情况来看，我国仍然是高投入、高污染的粗放型经济增长方式，由此决定了能耗水平还比较高，尤其是工业比重的提高带来了能源需求的大量增加。

因此，降低我国万元 GDP 的能耗水平，除了进一步优化产业结构，更重要的是提升能源利用技术水平和加强工业节能新技术推广，尤其是重化工业。重化工业主要包括石油加工炼焦及核燃料加工业、化学原料及化学制品制造业、非金属矿物制品业、黑色金属冶炼及压延加工业、有色金属冶炼及压延加工业、电力热力生产和供应等六个高能耗行业。燃料锅炉节能改造、能量(余热)回收利用、有害气体的脱除与减排、工业废水的处理与回收、能量系统优化与节能、降耗、减排技术的开发和应用显得尤为重要。这对化学工业发展提出了更高的要求。

同时，加强新节能环保材料、工艺、技术的应用；积极发展“静脉产业”，开发二氧化碳的捕获、埋藏与利用技术。“静脉产业”，即资源再生利用产业，是以保障环境安全为前提，以节约资源、保护环境为目的，运用先进的技术，将生产和消费过程中产生的废物转化为可重新利用的资源和产品，实现各类废物的再利用和资源化的产业，包括废物转化为再生资源及将再生资源加工为产品两个过程。发展静脉产业，能够促进经济和环境效益的双赢，体现社会进步的方向。“静脉产业”的正常发展需要完善的管理制度：首先要构建起完善的“静脉产业”发展制度框架。明确“静脉产业”在循环经济中的重要地位，制订“静脉产业”发展相关规划，直到良性有序发展。同时，要注意发展城市垃圾资源化产业，加强立法，规范不同参与者的经济关系和权利义务关系。综合运用财税、信贷、投资、价格等政策手段，采取一定优惠措施扶持“静脉产业”发展；同时要加大开发推广“静脉产业”新技术。引导企业、技术研究部门积极开展废物循环利用技术。针对特定类型的废弃物，组织相关企业和科研部门联合开发循环利用技术的研发。要对具有推广应用前景的技术给予专项经费支持，鼓励技术开发部门进行研发。具体实施中采取先试点、后推广的技术路线，选择经济基础和技术条件较好的区域建设以某类特定废弃物为主的再生工业园，针对特定类型废物进行循环利用技术应用研究，同时形成“动脉产业”、“静脉产业”园区互动发展机制；另外要加强宣传引导，带动全社会的参与。加大关于循环经济和静脉产业的宣传力度，动员社会各方面发展“静脉产业”。通过政策、基础设施、及时指导等措施，引导社会公众进行废弃物分类回收。鼓励社会中介机构和信息咨询机构开展“静脉产业”社会化服务，提高其社会化服务水平。这些新的历史要求和特点，决定了化学工业的发展，要建立在全面可持续发展的立场上，同时还要兼顾国家和地区的产业结构和资源、经济特点，并以经济发展和环境保护为准则，因地制宜地开展学科研究。

此外，全球气候变暖给人类的生存和发展带来了严峻的挑战。随着全球人口和经济规模的不断增长，能源使用带来的环境问题及其诱因不断地为人们所认识，不只是烟雾、光化学烟雾和酸雨等的危害，大气中二氧化碳（CO_2）浓度的升高带来的全球气候变化已被确认为不争的事实。从而“低碳经济”等新概念、新政策应运而生。低碳经济是以低能耗、低污染、低排放为基础的经济模式，是人类社会及农业文明、工业文明之后的又一次重大进步。低碳经济实质是能源高效利用、清洁能源开发、追求绿色 GDP 的问题，核心是能源技术和减排技术创新、产业结构和制度创新以及人类生存发展观念的根本转变。在我国，对“低碳经济”很重视，同时也采取了很多相对应的措施和对策，提出多元化发展，并将可再生能源发展正式列为国家能源发展战略的重要组成部分。不再提以煤炭为主。同时加快以集群经济为核心，推进产业结构创新；以循环经济为核心，推进节能减排创新；以知识经济为核心，推进内涵发展创新。需要从节能减排、低碳发展的内在规律出发，找到我国巨大社会浪费和环境污染的本源。必须摒弃只关注诸如建筑节能、煤的高效利用等“用”的层面的具体技术问题，而忽视“体”的层面存在的痼疾，比如消费拉动经济增长理论的负面影响、城乡空间布局、国民生活方式等方面存在的巨大浪费等。因此，创新思维、改变观念，坚持体用结合，从全局观、系统论的角度出发，正确认识并加快低碳经济的发展，成为化学工业发展的重要目标和方向。

2. “清洁能源”及煤的高效利用

新能源和可再生能源的发展是 21 世纪降低污染及温室气体排放的必然要求，也是化石能源的替代能源，主要包括常规能源的清洁利用，如煤的气化和液化；可再生能源如太阳能、风能、水能、海洋能、低热能、生物能的利用；以及新能源（如氢燃料）的开发。新能源应用如太阳能集成系统、太阳能热泵、生物质能源、燃料电池等。

煤炭液化是将煤转化为清洁的便于运输和使用的液体燃料或化工原料的一种先进的洁净煤技术，是解决我国石油紧缺的重要途径。煤的液化技术分直接液化和间接液化两大类。煤直接液化过程中的煤浆加氢反应器是煤直接液化装置的核心，其工况复杂，条件苛刻，所以其工程放大难度很大。超洁柴油：柴油深度加氢精制工艺是生产“零排放”超清洁柴油的可靠技术，其核心在于性能优良的高活性加氢精制催化剂的开发和研制，这就要求催化剂同时具有良好的加氢能力和氢解能力，以达到脱硫、脱氮和脱芳烃的目的。

可再生能源是最理想的能源，可以不受能源短缺的影响，但也受自然条件的影响，如需要有水力、风力、太阳能资源，而且最主要的是投资和维护的费用高、效率低，所以发电成本高，现在许多科学家在积极寻找替代利用可再生资源效率的方法，相信随着地球资源的短缺，可再生资源将发挥越来越大的作用。

3. 生物化工

现在生物技术是以重组 DNA 技术和细胞融合技术为基础，由细胞工程、基因工程、酶工程和发酵工程四大先进技术所组成的新技术群。目前，生物化工所涉及的主要领域是：生物催化、生化反应工程、基因工程和组织工程、细胞培养与发酵工程、酶工程与酶制剂、生物分离与工艺、生物制品、资源生物工程、能源生物工程、材料生物工程、环境生物工程、生物制药。

为了有效促进中国生物化工技术及产业发展，应重视下游开发和上下游的结合，优先发展支撑技术体系；发展生物化工产品要以市场为导向；重视技术资金投入及企业在生物化工产业发展中的作用；加强行业间的合作和技术经济信息交流；加强生物化工企业队伍建设，加速人才培养，建立高效生物化工开发体系；政府要制定促进生物化工产业顺利发展的政策和发展战略；建立合理的资金投入和融资方式及中国生物化工网络系统；企业和科研机构要积极与国外开展科技合作与交流，引进适当的先进技术，注重人才培养及必要仪器设备的引进。

随着基因重组、细胞融合、酶的固定化等技术的发展，未来生物技术不仅可以提供大量廉价的化工原料和产品，而且还将改变某些化工产品的传统工艺，甚至一些性能优异的化合物也将通过生物催化合成。生物化工的发展将有力地推动生物技术和化工生产技术的变革和进步，产生巨大的经济效益和社会效益，生机勃勃的生物化工前景广阔。预计未来将有 20%～30%的化学工艺过程会被生物技术过程所取代，生物化工将成为 21 世纪的重大化工产业。

4. 基础研究与工业化研究及过程研究和过程的多尺度

基础研究是指为获得关于现象和可观察事实的基本原理及新知识而进行的试验性和理论性工作，它可能不以任何专门或特定的应用或使用为目的，却是科学之本和技术之源。将基础理论研究，结合工业化设备和工艺过程，是化学工业基础研究的动力与核心。那么，基于这样的思路，化学工程研究必定导致多尺度范畴。

时空多尺度结构是指物质转化过程中浓度、压力、温度、流速等的非均匀分布，表现在时间上动态变化，空间上各点均存在差异，由此产生的效应是指这种结构的变化对过程反应、传递，进而对产品结构及性能产生影响，对其转化过程起着主要的控制作用。为保证系统内部物质转化条件满足工艺的要求，对化工过程的控制只能在系统或设备尺度范围进行，这些调控措施，通过对各种尺度的现象发生作用，最终对微观尺度的化学反应条件发生影响。因此，认识各种尺度的时空结构及其变化规律成为 21 世纪过程工程科学研究的焦点之一，也是过程工业发展的关键。目前，研究化学工程中的多尺度一般是从不同尺度的结构出发，大体上可以分为:系统尺度结构;设备尺度结构;聚团尺度结构;颗粒、液滴、气泡尺度结构;微尺度结构等。系统尺度结构不仅包括物态结构,更重要的是各种物料、温度、压力和流速的分布。在这个尺度上,通过改变物质流、能量流和动能流的分布和组合,使系统内各点尽可能达到最佳工艺条件,确保产品质量和减少污染排放。设备尺度结构排除各种物料、温度、压力和流速的轴向和径向分布。这种分布对物质转化影响显著,如在燃烧过程中径向不均匀可以有效促进混合,有利于温度分布均匀;而在石油催化裂化过程中,径向分布则会导致返混,严重降低转化率和选择性。化学工程中的放大效应多数是由于这种无法或难以预测而产生的。聚团尺度结构是指在各种各样的多相反应系统中,不同的"相"会分别聚集,形成非常复杂的自组织结构,这种结构对反应和传递性能影响很大。如分散状态和聚集状态相比,在所有条件相同的情况下,传递和反应性能差别很大。颗粒、液滴、气泡尺度结构是指每一个颗粒周围的流场差别很大,导致传质、反应条件的巨大差异。此外,当具有相同体积的颗粒、液滴或气泡,拥有不同的形状时,其传递性和反应速率也会差别很大。对尺度结构的研究包括:小尺度通道中由于表面张力作用形成的各种微结构,在微小空间中物态和热力学性质的改变,材料的构象和表面改性对性质的影响。

5. 微细化的过程和过程研究(微尺度)

现代工业包括化学工业朝着精细化和微细化的方向发展。微化学工程与技术着重研究微时空尺度内的卫星设备和并行系统中的过程特征和规律。开展微化工技术研究旨在增强化工过程安全性、促进过程强化和化工系统小型化,提高能源、资源利用效率,达到节能降耗之目的。主要包括微反应器、微尺度换热器、微氢能源系统、微混合技术、纳米材料的合成等。

微反应器是指流体流动通道特征尺度在数百微米范围的反应器。在微反应器内流体以微米级厚的薄层相互接触,可实现快速微观混合;同时流体与反应器壁间有很大的接触面积。可显著提高换热效率。对由混合、传递控制的反应过程,混合和传质、传热的高强度化能够显著提高反应速率,同时提高反应选择性。微尺度换热器,涉及一种微小尺度的换热设备。此种换热器不仅具有单位体积的传热面积高、热阻低、体积小等特点,而且与微型槽道换热器相比,有效地克服了微小槽道难以加工的缺陷,具有结构简单、加工方便,传热效果更好的优点。广泛应用于微电子工程技术,航天热环境控制,以及材料、生物等要求体积小、质量轻、换热密度高等的技术领域中。集微加工技术平台、微化学工程与技术的基础研究及应用开发于一体的完整的研发体系,在微通道换热器和微通道反应器的设计、制造、封装以及传递和反应等方面有了长足进展,为微化工系统的设计、工程放大等提供坚实的基础。在微氢能源系统、微混合技术、纳米材料的合成等领域也取得了很大的成就。

1.5 化学工程与工艺专业培养方案

1.5.1 化学工程与工艺专业的历史与现状

1. 历史

本专业名称"化学工程与工艺"在我国首次出现是 1996 年,国家教委教高[1996]14 号文件,《工科本科专业目录的研究和修订》对我国高校工科本科专业进行了比较大的调整。随着近代科学技术的迅速发展，学科间交叉、渗透和融合趋势日益明显，同时，我国社会主义市场经济的发展，对高校的专业设置和人才培养模式、规格提出了新的要求，为改变我国专业设置过细、专业面狭窄的不合理状况，国家教委提出将原有的化学工程、化学工艺、高分子化工、精细化工、生物化工(部分)、工业分析、电化学工程、工业催化、高分子材料及化工(部分)、生物化学工程(部分)等专业合并为“化学工程与工艺”专业。同年，全国高校正式开始以这个专业名称招收本科生。

化学工程与工艺专业名称出现的时间虽然不长，但实际上它所包含的相关专业大多是办学历史悠久、基础扎实的老专业。如化学工艺中的无机化工(原名无机物工学)、煤化工(原名燃料工学)都创建于1952年，有机化工(原名重有机合成工学、基本有机合成)和化学工程则分别建立于1955年和1957年，高分子化工建立于1958年等。这些专业培养出了一大批工程技术人才，在我国的经济建设中发挥了巨大作用，他们中不少人成为新学科、新技术的骨干。

2. 专业特色

化学工业是一个极富挑战性和创造性的工业领域，是以产品为导向的、典型的过程工业。现代化学工业具有技术密集、资本密集和人才密集的特征，因而对化工类人才的培养提出了更高的要求。化学工程与工艺专业就是为了适应新世纪化学工业的发展而设置的一个厚基础、宽口径、适应性强的大化工专业。

本专业具有两大特色:其一，专业口径宽，覆盖面广。研究领域涉及有机化工、无机化工、精细化工、日用化工、材料化工、能源化工、生物化工、微电子化工等诸多领域。技术成果直接应用于化学工业这个国民经济的主战场。服务对象遍及化工、石油、医药、能源、轻工、材料、生工、食品、环保等各部门。其二，工程特色显著，知识的可迁移性强。本专业以化学工程与化学工艺为知识结构的两大支撑点，并将两者有机地结合在一起。化学工程主要研究化工过程工程及设备的开发、设计、优化和管理，依托我校化学工程等领域的学科优势，解决过程工业的共性问题。化学工艺则研究以石油、煤、天然气、矿物、动植物等自然资源为原料，通过过程工程技术制取各种化工产品。这些过程工程技术，系统优化技术和产品开发技术，不仅在化工领域，而且在医药、材料、食品、生工等众多相关领域均大有用武之地。因而，本专业培养的学生具有较强的工程能力和工作适应性。

化学工程与工艺专业隶属我校化工学院化学工程学科，化学工程学科是“211”工程重点学科和上海市重点学科。化学工程与工艺专业(材料化学工程)以化学工程与材料加工为知识结构的两大支撑点，化学工程主要研究化工过程及设备的开发、设计、优化和管理，材料加工则研究天然或人工合成材料的成型加工和改性，将两者有机地结合在一起，可将化学工程放大技术、系统优化技术和产品开发技术，应用于材料加工等相关领域。化学工程与工艺专业(材料化学工程)依托化学工程重点学科并侧重于在材料加工领域的交叉渗透，培养既有材料加工知识背景又具有工程特色的化工专业人才，本专业培养的学生具有较强的工程能力和工作适应性。

1.5.2 化学工程与工艺专业的培养目标及要求

1. 培养目标

化学工程与工艺专业致力于培养德、智、体全面发展，适应新世纪祖国现代化建设需要，适应国际人才市场需求，具有高度社会责任感和道德修养，掌握化工生产过程与设备的基本原理、研究方法和管理知识，具有从事化工生产、研究、设计、开发和管理的工作能力，具有创新精神、求实作风、经济观点、环保与安全意识、应变能力、团队精神和国际视野的高级工程技术人才，完成化工工程师的基本训练。

2. 基本要求

(1) 系统地掌握本专业所必需的自然科学和工程技术方面的基础知识，受到工程设计和科学研究的基本训练，掌握科学信息的采集、表达、加工、分析方法，具有工程设计、实验研究等基本技能。

(2) 具有从事化工过程及产品的开发，化工设备的设计与放大，化工生产的管理与优化的能力，了解化工科技的发展趋势和应用前景。

(3) 较好地掌握一门外语，具备读、听、说、写的基本能力。通过国家英语四级考试和科技英语学位考试，并能较熟练地查阅外文文献。

(4) 具有较强的计算机应用能力，会利用计算机解决化工过程开发与设计中的工程问题，会获取和应用网上信息，达到学校规定的二级水平。

(5) 具有较强的自学能力、自理能力，并具备一定的组织管理能力，对工作有较强的适应性。

(6) 掌握体育知识和科学锻炼的基本技能，养成锻炼身体的习惯，身体健康，达到大学生体质健康标准。

1.5.3 学位及学分要求

本专业学生在学习期间必须修满专业培养方案规定的193学分(其中公共平台课程51学分，大类平台课程43学分，专业平台课程54.5学分，讲座平台2学分，创新教育活动3学分，实践性教学环节39.5学分)，同时每个短学期修满1.0～1.5学分，并达到《大学生体质健康标准》者准予毕业。在此基础上通过华东理工大学大学英语学位考试者授予工学学士学位。

1.5.4 课程设置

化学工业是以化学方法为主从事物质转变与生产的过程工业。化学工业的产品十分广泛，包括以无机酸、碱、盐和化肥为代表的无机化工，以烷烃、烯烃、芳香烃、醇、醛、酸、酮等为代表的有机化工，以合成树脂及塑料、合成橡胶和合成纤维为代表的高分子化工，以医药、农药、染料、涂料、日用化学品为代表的精细化工等。一些化学产品由于在国民经济中占有重要地位，或者产量较大，逐步形成了独立的工业部门，譬如炼油、煤转化、造纸、酿造、冶金、硅酸盐等材料工业。但它们仍与化学工业一样，均具有资源加工、物质转换的特征，均涉及以化学、物理学、生物学等物质科学为基础的物料流动、传热、反应、分离及能量传递等过程。同时，这些过程工业普遍存在着“场”、“流”、非线性和非定态等问题，存在着模拟放大与多目标优化的特殊要求。化学工程与工艺专业正改变以往仅为化学工业服务的传统，逐渐成为通用的过程工程性质的专业，成为与材料、生物、环境、微电子等高新科技产业最密切相关的工程专业。

因此，化学工程与工艺专业的教学内容应主要包括：(1)化学、物理学、生物学等物质科学基础；(2)数学及计算机科学基础；(3)物质流动、传热、混合、传质、反应、分离等过程原理及方法;(4)过程及其装备设计与控制的原理及方法;(5)过程系统分析与集成的原理及方法;(6)资源与产品链知识;(7)产业政策与法规知识。

化学工程与工艺专业的课程体系由公共平台课程(51 学分)、大类平台课程(43 学分)、专业平台课程(54.5 学分)、讲座平台(2 学分)、创新教育活动(3 学分)以及实践教学环节(39.5 学分)六个部分组成。

1.6 化学工程与工艺专业的人才培养模式与知识、能力、素质结构

1.6.1 化学工程与工艺专业的人才培养模式

高等学校深化教育改革的关键之一是人才培养模式的改革。所谓人才培养模式,就是人才的培养目标、培养规格与培养方式。培养模式决定了向社会输送的化工类高级工程技术人才的基本特征,集中体现了学校与教师的教育思想与教育观念。

高等学校这些年来一直在进行改革,并取得成果。但是传统观念影响下的高等教育仍存在不少问题。我们必须看到,狭窄的专业口径,局限了学生的学术视野;繁重的教学内容,剥夺了学生的学习自主权;肤浅的工程实践,影响了学生分析问题的能力;划一的培养规格,压抑了学生的个性发挥;老化的教学方法,抑制了学生的创新精神。因此,对化学工程与工艺专业人才培养模式的改革各校都正在进一步深化。

时代在发展,科学技术在进步,人才市场需求在变化。化学工程与工艺专业人才的培养模式应该适应科学技术的进步,适应化工企业的发展,适应市场经济的需要,适应国际接轨的要求。化工类高等教育必须加强基础,拓宽专业,融传授知识、培养能力、提高素质为一体,建立起面向 21 世纪的具有时代特征的化工类人才培养模式。

1. 拓宽专业范围,培养基础扎实、专业面宽、知识面广的人才

国家教委的新专业目录中,化工类已归并为一个专业——“化学工程与工艺”。我们非常赞同将专业范围拓宽,我们认为:首先,立足学科是划分专业的前提,一个专业要立足,首先看其学科特征,而不是行业特征,化工类不能按无机、有机、煤化工、石油化工来划分专业,化工类专业的基础课、技术基础课相同,只需设一个专业即可。其次,适应需求是划分专业的基础,对化工类而言,无论是大中型企业还是外资、合资企业,均以经济效益为杠杆,不分什么“无机”、“有机”,市场对化工类人才的需求是宽专业口径。第三,宽覆盖面是专业划分的依据,专业过细,学生适应性与应变性差,必须改变。化工类专业必须贯彻“拓宽专业面,加强适应性”的精神,专业设置由窄而专转变为宽而博,“化学工程与工艺”这一专业是符合这一要求的。

在前几年的教育改革中,各化工院系先将化学工程、无机化工、有机化工、煤化工、石油加工、工业化学等专业归并为“化学工程”与“化学工艺”两个专业,从 20 世纪 90 年代后期起又合并为“化学工程与工艺”一个专业,按宽专业口径模式培养学生。

根据对近年来化工类大学毕业生的调查,毕业生工作变动的频率较大,不再像 20 世纪五六十年代的大学毕业生在一个单位干几十年,“从一而终”。为了能使学生有适应工作调动的能力,基础必须扎实一些。不少毕业生还反映,在大学所学的专业课程大部分都忘了,或不一定用得着,真正派上用场的是那些基础课和基础技术课,特别是物理化学与化工原理两门课程

作用最大。我们在培养方案与教学计划中保证了基础课程的课时，缩减了专业课程的学时，课程教学中专业课程的学时控制在10%。

加强基础以后，专业教师还是大有作为的，可以开发专业方向模块课程，供学生选修，以拓宽专业面；可以结合自己的科研实践指导毕业环节，让学生通过毕业环节这一结合点了解本专业的研究方法和开发学生的创新能力。

2. 根据学生特点，培养学科型、开发型、应用型多种类型人才

学生的特点是不同的，有些学生经过中学、大学的学习或经过家庭、亲朋的熏陶，喜爱钻研科学，搞科学研究，做学问，当研究员；有些学生偏爱到企业去从事开发工作或管理工作，搞工艺与装备的改造与创新，当厂长，当总工程师。同时，社会的要求也是多样的，既需要一部分人潜心搞研究，成为化学工程领域的学者，也需要更多的人在各类企业中从事工程技术、工程管理工作。我们根据学生的特点，不拘一格育人才。

对不同类型的人才，课程设置有所区别：学科型人才在基础理论方面要加强，数、理、化的基础要扎实，但工程工艺课程可降低些要求，在大面积数学课的基础上，对非线性方程、最优化方法等要开课；在大面积物理课的基础上，开近代物理课程。开发型、应用型的人才在基础理论上只作一般性要求，但对工程工艺基础要加强，并应该创造更多与企业、与社会联系的机会。

对不同类型的人才，即使同一门课程的要求也要有区别：例如化学反应工程开出两种层次的课程，学科型读高层次，学分高一些，其他同学读一般层次，学分较低。化工原理实验、化工专业实验，学科型增加做一两次提高实验，由学生自己设计流程进行组装。

学科型人才是报考研究生的主要力量，特别是国家重点大学，研究生教育有重要地位，期望在大学学习阶段就能组织“预备队”，引导并采取切实措施使学科型的学生中有相当数量攻读研究生。

作为工科大学，面对企业仍然是多数学生的选择，所以开发型、应用型人才总是多数，他们是未来经济建设主战场的骨干，是新世纪我国化学工业的主力，他们绝不比学科型低一个档次，同样都是大学本科学士层次，他们在领导企业发展方面，在工程实践能力方面强于搞科学研究的学科型人才。我们要为未来我国的化学工业输送优秀开发型、应用型人才。

3. 改革课程体系，培养核心课程优秀、一般课程合格的人才

近几年来，为减轻学生负担，课时已经压缩，以化学工程与工艺专业而言，学制4年的总学时，在20世纪80年代约为3 000学时，在90年代初约为2 700学时，近两年已压缩为2 500学时。即使如此，因为不少教师还要加码，不少同学选修课过多，所以学生的学习负担仍然偏重。

化学工程与工艺专业四年中课程门类约有40余门，各门课程的性质、目的、作用是不同的，横向可按“基础”、“技术基础”、“专业”三类划分，化工专业的做法是加强基础，减少专业课程比例；纵向可按人文、数理、化学、外语、工程与工艺等系列划分，化工专业的做法是这几个系列四年不断线。而从支撑化学工程与工艺专业的主要框架来看，40余门课程中大概有10余门可称为核心课程，或称作主干课程。核心课程读好了，学生对这个专业学习的基本要求可视为已经达到。初步分析，化学工程与工艺专业的核心课程为：高等数学、大学物理、有机化学、物理化学、外语、化工原理、化学反应工程、分离工程、化工热力学、化工过程分析与开发、化学工艺学等。

核心课程对学生的要求应比一般课程高，如果学生对课程学习的课内、课外所用时间之比

平均为1∶1.5,那么核心课程应该达到1∶2,甚至1∶3,而一般课程可减少到1∶1,甚至1∶0.5。学生应该把主要精力放在核心课程上,达到“优秀”的目标;一般课程要放开一些,达到“合格”的目标即可。

无论核心课程还是一般课程都十分重视教学内容、教学方法和考试方法的改革。在教学内容的改革方面化工专业特别注意这样几个问题:一是重视基本原理,基本原理管用几十年,管用各个领域与各个方向;二是结合教师自己的科研实践与科技成果,联系教师自身实践往往讲课很生动,学生有兴趣,听得进,而且可以启迪学生的创新思维;三是把科技发展前沿与本课程有关的内容及时引入,使学生了解最新信息。核心课程的教学内容应做到“坚实”与“丰满”,一般课程的教学内容力求“骨架”与“前沿”。

在教学方法上化工专业重视启发式、讨论式与现代教学手段的引入。生动的课程教学不应是注入式。像数学、物理、化学、化工原理这种几百人的大课难以在课堂上进行讨论,但由于重视启发式,教师提出问题、分析问题,受到学生欢迎;若是几十人的专业课,适当采用讨论式,既活跃课堂气氛,又可在讨论中发现优秀学生。现代化教学手段,特别是多媒体课件CAI的引入,提高了教学效果,例如化工原理中一些比较难以想象的操作,在多媒体课件CAI中形象生动地显示出来,易于理解。

总之,在课程上,不强求学生门门课程平均用力,核心课程用力要大一些,一般课程用力可稍小一些,成为本专业“核心课程优秀、一般课程合格”的人才。

4. 发挥学生个性,培养具有自学能力与创新意识的人才

教改的深入,使我们越来越认识到培养学生个性特色、自学能力与创新能力的重要性。今天的高等工程教育,就是明天我国的工程技术,如果我们今天培养的学生只会“跟”、“背”、“抄”,明天我们的工业建设也只能是“搬”、“仿”、“套”,谈不到创新与发展。

要重视学生自学能力的培养。大学所学的知识是基础,接受教育实际上是一生的事,科技发展很快,发达国家很看重“终身”教育,“继续”教育,所以大学生要重视自学能力的培养。课程教学中要教学生自学的能力,有些内容干脆让学生自学解决。实践教学中要教学生发现问题的方法,让学生自己动手解决问题。学校图书馆是对师生开放的,有些学生读了几年书,竟然没有进过图书馆,这是不正常的,应该提倡学生去看参考资料,进图书馆,多读书。

要重视学生创新意识的培养,并初步具备创新能力。创新意识的培养贯穿在各个教学环节中:

课程教学——教师在上课时,重视启发学生的创新意识,数、理、化等基础课程中,不少原理、定律、定理的发现与论证,正是一大批科学家善于发现问题,创新思维的结果。教师结合自己的经验、结合自己的经历、结合自己的科研成果,启迪学生的创新能力。

实验教学——实验中会发生不少新现象,让学生去思考、去解释、还要组织一些创造性的开发型实验。

习题——设置基本习题与提高习题。基本型习题,即人人要做的习题;提高型习题,使学有余力的同学选做。还布置一些一题多解习题与无答案习题,实际是讨论式问题,让学生去思考、去创新。

课程竞赛——课程竞赛是一个好传统,它相当于在一般考试的基础上,让对该课程有兴趣的学生参加竞赛,可发现优秀人才。

专题大奖赛——搞一些与数模竞赛相似的大奖赛，专题大奖赛的题目不是一、两个小时就做得出的，要查资料，并进行创造性思维。鼓励与组织学生参加“三枪杯”、“桥梁设计”、“机器人”创造发明大奖赛、全国大学生发明选拔赛等活动。

毕业论文——毕业论文是学生综合知识和综合能力的体现，毕业论文的各个环节都要挖掘学生的创新思维，培养学生的创新能力。

研究生推荐——研究生推荐制度改革，一方面对课程成绩全面优秀的学生可免试直升，另一方面对成绩良好，但在某些方面特别优秀的学生也直接推荐直升。

5. 重视人文教育，培养有优良文化素质的工理文相融的人才

人文教育是工科学生素质教育的重要组成部分，是时代的要求。人文教育与专业教育之间主要是“懂事理”与“明物理”之间的关系。人文教育包括政治教育、德育教育、法律教育、文化素质教育与人品素质教育，还包括文学、社会学、管理学等综合知识和社会活动能力的培养。

根据几十年来从事科研与教育的实践，深感素质、品质、气质对一个高级工程技术人才的重要性。我在与学生接触的过程中特别强调“爱国”、“勤奋”、“道德”六个字。对大学生进行爱国主义教育具有重要意义，大学生是“高级知识分子”的预备队，工程技术是无国界的，但工程技术人才是有国籍的，大学生工作后的贡献，既是对科学技术与工程技术的贡献，也是对祖国的贡献。在任何时候都要热爱自己的祖国。教师应对学生进行“勤奋求实”的教育，要求学生在学习和工作上不懈怠、不敷衍、多思考、多学习，懒惰的学生成不了才，也出不了成果。道德教育也十分重要，道德教育是精神文明的中心问题，对大学生来讲，道德教育包括科学道德与职业道德，科学道德就是实事求是的精神，不弄虚作假，不抄袭他人；职业道德就是具有职业精神，对工作认真负责。

对大学生的文化素质有一定的具体要求：选修一些人文、社会、法律方面的课程；能写好论文、写好数据、写好文章；要了解中外名人、名著、名曲、名画；积极参加文化社团，积极参加社会实践活动。将人文教育贯穿于专业教育的始终，丰富学生的文化生活。

为了提高学生的文化素质，校园应有良好的文化氛围，学校应有一系列提高学生文化素质的措施，列入教学计划。应开设一系列人文（文学、历史、哲学、艺术）类选修课供学生选修，应组织好第二课堂的活动，支持组建大学生文化社团，应放映优秀电影，将高雅艺术团体引入学校演出，组织学生的影视评论、文艺汇演、课外阅读、名曲欣赏，应积极支持学生课外的文化活动与社会实践活动，应把三大节日（文化艺术节、科学技术节、体育节）搞得活泼、活跃。

6. 适应社会需求，培养化工与其他学科结合的复合型人才

学生是“商品”，社会是“市场”，商品要适应市场的需求，学生就应适应社会的需求。从毕业生进入人才市场接受招聘的信息来看，当前，用人单位对复合型人才最感兴趣，用人单位在考察人才时，比较欢迎“化工—外语”复合型、“化工—管理”复合型、“化工—商务”复合型与“化工—计算机应用”复合型人才，实际上就是欢迎“工—文”或“工—商”复合型人才。

为了培养复合型人才，各校已采取以下几种措施：

“双学位”——一部分学生可读双学位，在4～5年期间读两个专业，两个专业都可取得学位证书。双学位的学生不可能太多，用人单位应打破传统观念，将这部分学生视作研究生一样对待。

“二专”——相当数量的学生可读“二专”，即主修一个专业的同时，副修第二专业，读第二

专业的核心课程，毕业时在取得第一专业学士学位的同时，争取第二专业的副修证明。

“二专模块课程”——多数学生可选读第二专业的模块课程，虽然未能系统读二专所有课程，但对读了几门课程的学生学校也发“二专模块课程”证明。

还应鼓励学生进修其他专业的讲座，自觉与其他专业结合，这对今后的工作是大有好处的。

为了不影响主修专业的学习，二专的课程可放在假日进行。没有余力的学生读好一专即可，有余力的学生可在假日读二专课程。

化工类人才培养模式是高等教育改革中人才培养的核心课题，应从社会这个大系统和高等教育的基本规律来研究和认识这个问题。时代给我们这一代大学生一项任务——将自己培养成为具有坚实理论基础、宽阔专业知识、视野开阔、善于创新的综合素质高的复合型人才。

1.6.2 化学工程与工艺专业的知识、能力、素质结构

提高大学生的综合素质是大学培养目标的重要内容，也是21世纪高等工程教育改革的重要目标。

为适应新世纪对人才的需求，为适应化工科学技术和工程技术的发展，为适应我国加入WTO后与世界经济的接轨，我们必须更新教育观念，深化教育改革，确定新的人才模式，将传授知识、提高能力与增强素质三位一体，培养出富有时代特征、适应性强、综合素质优秀的创新人才。

衡量化工类大学生的综合素质应从其知识、能力和素质三方面考虑，本节介绍化工类大学生综合素质的内涵，并对进一步培养化工类学生的综合素质、特别是创新思维与创新能力提出一些观念。

1. 基础知识：化工专业人才应掌握的坚实理论和宽广的知识

知识是培养能力、提高素质的基础、载体和表现形式。当今世界知识经济已见端倪，经济与技术的竞争日趋激烈，在竞争中知识的作用越来越重要。一个优秀的高级工程技术人才必须掌握坚实的基础理论和宽广的专业知识。

(1) 丰满的公用基础

随着我国经济和教育的国际接轨，化工专业大学生的公用基础——外语和计算机的要求越来越高。外语和计算机是各化工院校目标控制课程，制定规定的目标，学生在学习期间根据自己的基础，选取不同等级的外语和计算机课程学习，只要达到规定标准即为达标。外语以前着重读和写，现在还要强调听和说，大学生应具有与外国人交流的初步能力。计算机有等级考试，对计算机的要求也越来越高，以前只需了解计算机的一般知识，现在还需强调运用网络知识。

(2) 扎实的理论基础

作为化工专业高级工程技术人才必须有扎实的数学、物理、化学理论基础。化工对数学的要求提高了，除一般高等数学知识外，还应掌握线性代数、概率、微分方程、最优化方法等工程数学知识。物理是传递过程的主要基础，也是分离工程和反应工程的基础，物理基础在化学工程学科发展中有重要作用，化工类大学生必须掌握扎实的物理学基础，并了解一定的近代物理知识。作为化工类工程技术人才还需了解各种物理测试仪器、装备和手段在化学工程科学研

究和化工生产中的应用。

对化工专业人才，化学基础十分重要。以物理化学为重点，改革工科类化学教学，使学生掌握坚实的化学基础。以前强调四大化学，即无机化学、分析化学、有机化学和物理化学，随着科技的发展，生物化学也应成为一门独立的化学基础课程。

(3) 牢固的技术基础

化工专业高级工程技术人才在化工单元操作(化工原理)、化工制图、化工机械基础、化工仪表与自动化等技术基础方面应有较高的要求。化工原理是化工专业大学生的最重要的技术基础课程，毕业生反映毕业后的工作过程中使用最多的是物理化学理论和化工原理知识，化工原理作为技术基础课程要使学生了解流体输送、传热、传质的基础理论，培养学生的工程能力，拓宽学生的单元操作视野。化工原理课程要介绍一些新的单元操作，特别是在高新技术领域，如生物化工、材料化工、环境化工中使用的新化工装备。作为工程技术人才，当然应具备对工程图的读图和绘图本领、对化工设备的设计和制造知识、对化工控制和自动化仪表的选型和使用知识。

(4) 宽广的专业基础

目前化工专业的本科专业目录只设“化学工程与工艺”一个专业，按照拓宽专业为“大化工”的要求，化工类人才必须掌握宽广的专业知识。以前专业面太窄，仅化学工艺就分为无机、有机、石油、煤、高分子、精细等专业，不适应企业的需要，当今化工企业按照社会需求已经向多产品的布局发展，所需人才应具备宽广的专业基础。所谓专业基础要宽广，是指在化学工程基本理论方面要掌握化工热力学、反应工程、分离工程、传递过程、系统工程等工程理论，也需掌握化工工艺中工艺流程的分析与合成，各类产品的生产流程特点和化工装备的工艺设计基础。作为一个产品的具体生产工艺是在不断发展和变化的，对学生没有必要讲得那么细，只需讲一些共性的工艺过程原理内容即可。

上面提出化工专业人才应掌握丰满的公用基础、扎实的理论基础、牢固的技术基础和宽广的专业基础，并非要求学生对所有课程花同样的精力。课程要分为核心课程和一般课程，核心课程占课程数的 1/3 左右，在核心课程方面必须对学生高标准、严要求，学生在核心课程上所花的时间应远大于一般课程。

2. 工程能力：化工专业人才应拥有的良好技能和实践能力

能力是知识的综合体现，是运用知识、发现问题、分析问题和解决问题的本领。高等工业院校培养的是高级工程技术人才。从培养目标来讲，能力培养，特别是工程能力培养应成为化工类大学生培养目标的重要内容。

(1) 自我发展能力

自我发展能力对今天大学生特别重要，大学里所学的东西不可能用几十年，具体知识会老化，新知识新技术新装备会不断出现，学生在大学里要学会自学，即具备自我发展的本领，以跟得上飞速发展的科学技术，否则毕业后几年就会落伍。所谓自我发展能力是指运用所掌握的基础理论，借助于各类专著、刊物和信息，不断扩展和深化知识，获取新的知识，吸取新的营养。我们应设置“方法论”讲座，请一些知名教授、专家主讲，讲他们在工作中是如何发现问题、分析问题，并提出解决问题的方法。

(2) 独立工作能力

要掌握分析与解决各类问题、特别是工程实际问题的能力，它要求化工类学生有发现问题的能力、分析思维的能力，和提出解决问题的办法。要能独立思考、独立工作，改变那种学习上依赖教师、生活上依赖家庭的情况。实验、实习和毕业论文要发挥学生的主动性，提倡自己的学习任务自己准备、自己完成，在各类学习环节中培养学生的独立工作能力。

(3) 工程实践能力

工程实践能力包括组织管理能力、工程设计能力和工程开发能力。化工专业学生要重视组织管理能力的初步培养，在大学里，要担任一些社会工作来提高组织管理能力，这样在工作中才能对组织指挥、交涉联络、合作协调、涉外洽谈打好基础。工程设计能力是化工专业人才的基本素质，在新产品、新技术、新装备的开发过程中设计是必要环节，要学会进行可行性论证，要能进行产品和工程的初步设计与组织施工图设计。工程开发能力是指能依靠科技进步提出新产品、新技术、新装备的开发设想和开发论证，为企业的发展作出贡献。

(4) 科学研究能力

化工专业人才要了解科学研究的基本规律，能设计实验流程和实验方案，能动手进行实验装备的安装和调试，能进行实验数据的测定和处理等。为了培养学生的科学研究能力，化工专业大学生的实验课程和毕业环节要得到良好的训练，实验要单独开课，并开设开发型实验。目前大学中的实验装置偏少，要努力进行实验室的改造与建设。毕业论文是科研能力培养中时间最长、任务最重的环节，学生要积极投入，提高毕业论文的质量。

上面提出化工专业人才应拥有自我发展能力、独立工作能力、工程实践能力和科学研究能力，一定要避免出现高分低能的现象，学生在接受知识的同时，应注重能力的提高。工作能力是技能，是本领，是衡量学生综合素质的重要因素。

3. 综合素质:化工专业人才应具备的全面素养和优良品质

对化工专业人才，除了知识和能力的要求外，十分重要的是要提高学生的综合素质，要使学生能适应不断变化的形势，应对各种复杂的情况，抓住机遇，迎接挑战，在今后的工作中做出成绩。大学本科教育是贯彻素质教育、培养创新人才的基础阶段，是终身教育的重要组成部分。化工专业大学生的综合素质大致可分为思想素质、文化素质、心理素质、业务素质四类。当然身体素质也是一个重要的因素，这里不对身体素质展开讨论。

(1) 思想素质

任何专业包括化工专业的专业人才都应该具有良好的思想素质。在政治思想方面，应具有正确的政治观、世界观；应热爱社会主义祖国、拥护中国共产党的领导；应有正确的政治方向，遵纪守法；应有不断进取的信念和为人类文明作出贡献的责任感。在健全人品方面，应尊重自己、尊重他人；应讲公德、讲道理；应遵守职业道德和做人的行为规范。在立足社会方面，应既有国际意识又有爱国精神、既有效率意识又能劳逸结合、既有环境意识又有可持续发展观念等。

(2) 文化素质

化工专业学生以往不太注重文化素质和修养，实际上文化素质非常重要。在基础文明方面，应做到认真、勤奋、诚实、守信、谦虚、谨慎、整洁、美观；在高尚情操方面，要选修一定学时的包括艺术在内的人文学科课程，参与课外文化艺术活动，增强美感体验，具有良好的审美观点和艺术追求；在社会活动方面，应积极参加社会实践活动，重视人际交流，具有良好的语言表达和文字表达能力。

(3) 心理素质

应保持乐观、开朗,能融于社会,易与别人合作和沟通;在学习和工作中,既要有竞争意识,又要有团结精神。在心理素质方面要有意志力的锻炼,能承受挫折和失败,要习惯于接受挑战,要乐于接受新鲜事物,要能适应环境变化,在工作中要有主动进取精神。

(4) 业务素质

除了前面所说的知识与能力结构外,化工专业人才的业务素质还包括:要有不断拓展自己知识的能力,今后的教育是终身教育,毕业后还需利用信息拓展自己的知识和领域,特别是高新科学技术领域的知识,以提高自己的水平和能力;要有创新思维和创新精神,不迷信书本和专家;要有广阔的兴趣和爱好,在总结前人工作的基础上,通过发散型思维和多向型思维进行创新。

4. 积极努力地将自己培养成综合素质优秀的创新人才

总的来说,化工专业人才的培养模式应该是努力培养综合素质优秀的创新人才,创新是民族的灵魂。当然,创新也应该是化工专业人才综合素质的灵魂。学生为了提高自己的创新思维和创新能力,应该重视以下几点:

(1) 转变观念

传统的观念必须转变。要树立新的成才观,不能以考试成绩为唯一依据来看待学生,成绩是重要的,但不是唯一的。在学校中,考试成绩特别优异的学生毕业后不一定有创新性;而那些在学习期间在某些方面有特别才能的学生,考试成绩未必最优。我们应不拘一格育人才,有的理论基础深厚应培养为科学型的人才;有的动手能力特强是应用开发型的人才,要根据学生的特点进行培养。我们还应对某方面特别突出的奇才、怪才,不能求全责备,而是发挥特长、自由发展。

(2) 营造氛围

营造氛围才能有利于培养综合素质强的创新人才。在学校和各学院要经常举办提高学生文化素质的各类活动,要经常举行学生的学术交流和报告,要使第二课堂和社会实践活动活跃起来,要有让学生体现自己创新思维和创新能力的场所,使学校的总体氛围对培养学生的综合素质有利。

(3) 设置环节

为提高学生的创新精神和能力,要设置多种创新环节;要改革考核与考试制度,考核方法多样化,例如在读书报告和课程竞赛中发现优秀人才;要鼓励与组织学生参加国内各种大赛,如数模竞赛、机器人竞赛、挑战杯竞赛等;要早为学生配备导师,早让学生进专业实验室参加科学研究;还可设置其他创新环节,这也需要教师对创新环节进行创新。

(4) 抓住重点

特别是要抓住培养优秀生这个重点,要组织优秀生班,在优秀生班中进行幅度较大的教改试点,如提前攻硕;要大幅度改革课程体系,使优秀学生在宽松的环境中更快提高。许多教师反映,今天学校内的不少年轻教授和博导,在大学学习阶段就已显露才华,他们的一些读书报告早就显露出光彩,因此,对今天大学生中的创新思维要加以鼓励和发扬,再过若干年,他们就会成为一代青年教授与专家。

1.7 化工人才面临的机遇与挑战

我们已进入21世纪,祖国的社会主义建设已进入“十二五”时期。当前,建立和谐社会、可持续发展的战略方针已深入人心,高新科技发展的汹涌浪涛已席卷神州大地。化学工业需要人才,化学工程的学科发展召唤人才。化学化工专业具有巨大经济效益,化学化工专业具有优厚的经济收入,化学化工专业是一种机遇,有巨大吸引力!同时,由于竞争机制引入人才市场,未来要靠青年学生今后的不懈努力,每个青年学生也面临严峻的挑战。面对着良好的机遇和严峻的挑战,青年学生要正确把握方向,了解形势,不懈努力,找到成功的途径,适应时代的要求。

1.7.1 机遇——化工高级技术人才的迫切需求

1. 战略需求与紧迫感

“十二五”期间,我国的石油与化学工业的发展将呈现新的特点:大部分石油与化工产品呈现越来越畅销的形势;资源型、耗能型产品供不应求;企业面临的资源紧张、能源紧张和环境压力的制约因素进一步突出。“十二五”发展的重点在石油化工、农用化学品、煤化工等领域,为国民重点产业配套的精细化工和专用化工产品、生物化工和环保型产品将成为新的热点。大型化工园区的建设将有迅速的发展。全行业在技术创新、实现清洁生产、节约资源能源、开展循环经济等方向将有新的突破。

“十二五”期间,我国石油与化学工业面临着紧迫的战略需求:国民经济的发展,人们生活的提高和和谐社会的建立对化工有强烈的需求,目前我国的化工生产还远不能满足需求;石油与化学工业在生产工艺上和制造装备上与发达国家还有明显差距,需要不懈努力,赶超世界先进水平;我国的石油与化学工业还需要追踪世界高新技术,还需要与生物、能源、环境、材料、信息等高科技进一步密切结合,进入国际技术前沿。

“十二五”期间,我国石油与化学工业发展的紧迫感也体现在人才的需求上。我国化工人才数量不足,近十多年来,虽然高等教育发展速度极快,高校学生人数增加迅速,但面对那么多的国有、民营、外资、合资企业,即使将化工高等院系的学生(包括硕士、博士生)分给各类化工企业,每个企业不过只能得到3~4个学生,实际上大学毕业生不可能全部进入化工企业,还有不少人要从事科研、教学等工作。我国化工人才质量有欠缺,在大企业董事长经理与青年学生的恳谈会上,企业老总们指出,当代大学生“不成熟”、“怕吃苦”、“自我评价过高”、“缺乏深入基层”等缺点,现有人才的质量不能满足企业的要求。

2. 化工人才的需求趋向

(1) 化工人才的专业目标

我国的石油与化学工业需要一大批基础扎实、经验丰富的高水平工程技术队伍。石油与化学工业的工程技术人才应承担企业生产管理、工程建设、技术改造、装备强化、自动控制、节能减耗、环境保护等工作,工程技术人员是化工企业专业技术人员的主体,应具备基础扎实的素质,需经过大学本科以上的教育培养。

我国的石油与化学工业需要一大批理论宽厚、专业深入的创新科研开发队伍。他们在石油与化学工业的研究院、设计院或大企业内部的研究设计部门工作，还有一些在科学院系统的研究院所工作，承担产品开发、工程开发等科研设计项目或化工应用基础研究。他们应掌握国际前沿动态，要把高新科技成果引入企业，他们应掌握宽厚的理论基础和深入的专业知识。在创新科研开发人才队伍中，还需要一批眼界开阔、有创新精神的技术带头人队伍，要具有大企业总工程师的水平。

我国的石油与化学工业需要一大批驾驭全局、勇往直前的企业管理队伍。我国的化工企业需要一批由企业家组成的经营者队伍，他们在推进企业国际化与现代化方向起主导作用。由于石油与化工企业知识密集，对企业家的要求很高，要具备驾驭全局、并与国际接轨的知识型企业家的素质。

我国的石油与化学工业需要一大批熟悉物流、国际营销的销售队伍。既懂化工专业知识，又懂物业流通的销售队伍对企业的发展至关重要。在今后一段时期内，我国的石油与化学工业建成一支精通物流、融入国际营销的销售队伍是一个重要的任务。

(2) 化工人才的结构目标

合理的能级结构：石油与化学工业是与高新科技密切结合的知识密集、技术密集型的产业部门，针对目前高级职称人才偏少的薄弱环节，要逐步提高高级职称人员的比例，且比其他劳动密集型行业要高。较为优化的能级结构是高级∶中级∶初级技术人员的比例为1∶2∶3，其中正高级专家占高级专家的比例为20%左右。

合适的学历结构：学历代表人们受教育的程度和知识拥有量。化工企业除了需要培养掌握职业技能的现代工人队伍，工程技术人员、研究开发人员、工程设计人员应具备大学本科以上的学历，总工程师、总机械师等重要岗位应具备研究生学历，大型企业的技术带头人甚至应具备博士学历。发达国家的石油与化工企业人才均拥有高学历结构，这样才能不断推动技术的进步。

优化的年龄结构：我国的石油与化学工业要加速30岁以下的年轻人才的充实和引入，形成以年轻人为主的年龄结构。目前企业技术人员，特别是高职称的技术人员趋于老化，急需更新。

优化的梯队结构：我国石油与化学工业的竞争力体现在现实人才的能力和潜在人才的实力上，目前需要花大力气培养高级专家，包括科学研究型、工程技术型和管理经营型的带头人。研究型的带头人的任务是新产品研制和新技术的产业化，形成具有自主知识产权的技术，成为行业的一流专家。技术型的带头人的任务是提高企业的生产技术水平，在工程建设、技术改造、产品扩能、装备强化方面做出创造性贡献。管理型企业家的任务是带领企业走向国际化，进行资本运作，资产重组，使自己的企业成为国内知名、国际上有一定影响的企业。

(3) 化工人才的适应性、通用性与配套性

化工人才对国际接轨的适应性：我国的石油与化学工业要走向世界，形成几个有影响的跨国公司，必须考虑人才的国际接轨。要有一批专业人才成为与国际接轨的跨国公司人才。跨国公司人才应掌握国内外化工行业发展，应贯通中西文化，应具有中国市场与国际市场的运作经验与策略，应通晓国际商务和WTO的运行规则，应有熟练的外语水平。如果我们的化工行业对人才的要求还停留在计划经济或停留在国内市场上，将阻碍生产力的发展。化工企业需要一批跨国企业家，需要一批与国际技术交流的国际型专家，需要一批在引进装置建设中起关键作用的高级工程技术人员，因此，我们要重视化工人才，尤其是高级专家对国际接轨的适应性。

化工人才对多种经济体制的通用性：我国的化工企业已经是国有、民营、外资、合资等多种体制并存、共同发展的大格局，一方面有中石化、中石油、中海油、上海华谊集团这样有影响的大企业集团，另一方面国外著名石油与化工公司，如美国杜邦、英国 BP、德国赫司特、巴斯夫、英荷壳牌等均已登陆我国，还有一大批内资与外资、台资、港资合资的企业，还有数十万个化工领域的民营生产企业与科技企业。它们都需要人才，化工人才应有对多种体制企业的适应性。今后的大学毕业生不会“从一而终”，据调查，在大学毕业后几年中“跳槽”转换工作岗位的占很大比例，化工人才要有对多种经济体制、多种性质企业的工作适应能力。

化工人才对科研、设计、生产等多领域的配套性。石油、化工、医药行业是“过程工业”、“流程工业”，在人才需求上需要几个配套：

第一个配套是科研、设计、工程、生产等领域的配套，要在化工行业形成中国专有技术，例如要创制一个精细化学品、专用化学品，开发一个新材料产品，首先是科学研究，在实验室形成成果，在中试放大中取得工业示范装置的工程数据；接着是工程设计，从可行性研究到初步设计，再到施工图设计；再接着是工程实施、设备制造、装备调试；最后才是生产运行，多个环节的技术人员必须配套，才能使科技成果产业化。

第二个配套是工艺、机械、自控、土建、环保各专业的配套，石油与化工装置的运行、检修、改造涉及多专业的配合。工艺工程师管工艺流程、操作指标、能量消耗等；机械工程师管设备改造、装备维护、设计检修等；自控工程师管仪表配置、自动控制、系统优化等；土建工程师管装置建设、厂房建筑、平台搭建等；环保工程师管三废治理、环境保护、生态平衡等；此外还有腐蚀与防护等专业，只有石油化工与精细化工领域相关工程技术人员的配套，才能使生产装置优化、有序运转。

第三个配套是工程技术与管理、财会、金融、物流、销售、经营、医疗、消防人才的配套，石油化工与精细化工行业与其他行业一样，人才配套才能使企业得以发展。

1.7.2 召唤——化工高级技术人才的优秀品质

1. 强烈的爱国热诚

古今中外，有作为的科学家与实业家都是爱国者。今天，发展我国的化学工业和化学工程科学技术，更需要青年一代加倍培养爱国感情。居里夫人因沙皇俄国奴役波兰而被迫侨居国外从事化学科学研究，当她发现一种新元素后，欣然命名为钋(Polonium)，即波兰的第一个音节，以纪念自己的祖国。我们的化工先驱肖旭东、侯德榜、吴蕴初，怀着无限的爱国热忱，用毕生精力奉献出一腔爱国之情，他们是我们学习的榜样。当今，时代发展了，对新一代化工人，虽然在思维方式、价值观念方向有所变化，但在爱国与对化工专业的责任心上则是共同的。

2. 坚实的基础理论

这是我们的化工前辈和一切有作为的技术专家们成功的重要素质条件。优秀的科学家和工程技术专家都非常重视基础的学习，大学时代应该刻苦学习，把基础理论学得好些、深些和透些。最基本的知识要非常熟练、运用自如。需知：坚实的基础理论与熟练的基本技能，是任何新的突破和探索的前提条件。

3. 勇于探索的精神

创新是民族之魂，有探索才能创新。我们走进了化工这块神秘的土地，应该让好奇、质疑、探索伴随一生。没有好奇，就没有疑问；没有疑问，就与探索、创新无缘。“打开一切科学之门的钥匙都毫无疑问是问号，伟大发现都应归功于好问，生活的智慧在于逢事都问个为什么”（巴尔扎克）。探索是科学技术的生命，是我们化学化工专业中须臾不可缺少的素质。

4. 勤奋求实的学风

除了思想的高度、知识的基础和探索的精神外，作为一个化工科学家和工程技术专家，还有一个重要的素质就是品德，就是对人对事的作风和品格。科学是真真实实的学问，成就任何事业，哪怕是一点点成功，都应该是诚实劳动的结晶。我们对科学和技术必须遵循实事求是的态度，树立勤奋求实的学风，拥有谦虚诚实的品格。

科学技术发展的大趋势是整体化、综合化，要求团队精神。今天的科研项目与工程技术项目不是一个人能承担的，集体性与合作性更为突出。国家颁布了“2006—2020 年中长远科学技术发展规划”，规划中列出了一大批能源、资源、生物、材料领域的优先发展领域，列出了一大批追踪世界科学技术的重要研究课题，这些都是国家级“大科学”、“大技术”攻关课题，这些项目的成功需要一群人，甚至一代人的努力，需要发扬团结协作精神。

5. 良好的职业道德

化工科学和工程技术人员的素质是在他们从事职业活动中表现出来的，因此，优秀人才应具有良好的职业道德。化工战线的广大科学与工程技术人员从长期的实际工作中总结出一些最基本的职业道德规范，作为共同的准则，已在许多企事业单位实行了。它包括 6 条内容，言简意赅，突出了行业的特点，便于实施与督促检查。这 6 条内容是：坚持原则；勇于献身；开拓创新；认真求实；团结协作；学术民主。随着这些道德规范的实施，并在实践中不断修改、补充、完善，必将对化工事业的发展和人才的成长起重要的保证作用和促进作用。

1.7.3 挑战——步入大学后尽快适应大学的学习和生活

带着对未来的美好憧憬，带着对成才的迫切期望，带着为祖国化工事业的发展奉献力量的心愿步入了大学化学工程与工艺专业，你已进入了培养高级科学与技术人才的摇篮，你迎来了人生中一个新的起点，你翻开了人生中新的一页。

步入大学后，要尽早了解大学教学的特点，要尽快适应大学的学习和生活，要尽快适应新的学习方式，养成新的学习习惯。

1. 课堂教学

大学课堂教学与中学相比，有很大的不同：大学的课时明显减少，一般每周上课时间只有 20 学时左右，课时减少，意味着课程进度的加快。大学课堂教学的组织方式与中学不同，大学里同一班级甚至同一寝室的同学上课不一定同步，上课的教室经常调换，一起上课的同学也经常调换。大学所学课程比中学多，课程的性质有必修课，也有选修课。大学老师上课的内容可能与教材相去甚远，教师可能按自己的观点在课堂上“滔滔不绝”地讲解。大学课堂教学与中学不同，一个重要的原因是两者培养人才的目标不一样，大学老师的上课在教授学生知识的同时，更多的是启发思路、指点方法。

学习环境的不同，需要大学生养成新的学习习惯，大学生在学习上要多一点自我约束、自我监督和自我检查，要养成自主学习的良好习惯，要主动上好每一节课，不能因为老师“管头管脚”少了，就放松要求。要养成预习的习惯，因为老师讲解速度快，预习显得很重要。要养成勤记笔记的习惯,因为老师讲解内容可能与教材不一样。要养成勤于思考的习惯,在老师与学生双向交流时,要主动思考和应答。要养成独立完成作业的习惯,有的作业是很难完成的,要通过难题训练提高对课程内容的理解,提高分析问题与解决问题的能力。要养成看参考书的习惯,以对课堂讲授内容进行必要的补充,并使自己的学习更深入、更全面、更扎实。

2. 考试考核

大学的考核分考试和考查两种,有的课程的考核,可能要求写一篇论文或读书报告、调查报告,但大多数的课程考核,采取的方式依然是考试。考试多数为闭卷考试,也有开卷考试和口试。这要根据不同课程的要求而定。

要取得优秀的考试成绩,首先要靠平时的学习积累,同时也要抓好复习这一环节。复习时,要注意以下几点:注意老师在复习课上提出的考试范围;要抓住老师复习课上的复习重点;要主动整理不懂的问题向老师答疑;要注意教材内容与笔记内容的结合。大学平时考试不多,课程考试往往集中在学期结束,所以考前要合理安排各门课程的复习,并注意劳逸结合。

3. 选修课程

大学生所学课程有必修与选修两类。选修课是加强基础与拓宽专业的课程,完成大学的学习,不仅要通过所有必修课而且也要选读好一定比例的选修课。对化学工程与工艺专业,必修课与选修课的比例约为 8∶2 左右。

大学中每学期开出的公共选修课有几十门甚至数百门,每个学生一般只选修 1～2 门。公共选修课的内容以人文科学中的文学、艺术、经济、管理等课程居多,这些公共选修课对培养工科学生文理互融很有作用。公共选修课的知识面较宽,体现社会热点,适应学生需求,不少公共选修课还与学校的课余活动,即第二课堂结合紧密。公共选修课一般集中在一、二年级,学生应根据自己的学习情况及具体时间和精力安排进行选修。

大学中的专业选修课一般以专业前沿知识为主,大多安排在三、四年级,学生可以根据自己对专业的了解及自己的专业主攻方向进行选择。

4. 实践能力

大学培养学生的实践能力,主要包括以下内容。

教学实验:对于化学工程与工艺专业的大学生,教学实验贯穿整个大学学习过程中。实验不仅能配合上课,巩固和验证所学理论知识,更重要的是能使学生受到基本实验技能的训练,养成严肃认真、实事求是的科学作风。化工类大学生要认真对待实验。

课程设计:化学工程与工艺专业学生的课程设计是重要的实践环节。化工原理、化工装备、化工工艺都设置有设计教学环节。学生应围绕设计的要求,收集相关资料,对化工单元操作、化工反应与分离装备、化工工艺过程进行设计。在计算技术发展迅速的今天,学会用标准设计软件(如 Aspen Plus、ProⅡ)进行过程设计也很重要。

教学实习:工科学生要面向企业,在大学学习过程中有 2～3 次下厂实习,包括认识实习、生产实习和毕业实习。在教学实习过程中要理论联系实际,多看多想多问,了解生产原理,熟悉生产操作,掌握生产技术,学会生产管理,为今后到企业工作打好基础。

欢迎您报考化学工程与工艺专业。欢迎您步入化工院系。选择化工,就是选择了一个既有重大机遇,又有严峻挑战的未来。祝你们在未来化工高级科学与技术人才的摇篮中茁壮成长。

2 轻化工程

2.1 轻化工程专业在人类社会发展中的地位和作用

2.1.1 轻化工程专业

轻化工程专业是1998年教育部本科专业目录调整后国内首次出现的高校工科本科专业名称。该专业是由原属教育部和轻工系统的制浆造纸工程、皮革工程和原属纺织系统的染整工程这三个工科专业转化而来，同时新增日用化工专业，构成轻化工程专业的四个方向。多年来通过不断的调整与融合，本专业内部基本形成了统一的教学平台。2008年在教育部高等学校轻化工程专业教学指导委员会全体会议上通过了将日用化工方向更名为添加剂化学与工程方向的动议，从而形成同一教学平台四个专业方向的格局，即制浆造纸方向、皮革工程方向、染整工程方向和添加剂化学与工程方向。

2.1.2 轻化工程相关行业在人类社会发展中的地位和作用

制浆造纸、皮革、纺织染整及添加剂与人类吃、穿、用密切相关，对改善人们生活、传播文明起到了巨大的作用。

造纸术是中国古代四大发明之一。中国甘肃省天水放马滩汉墓出土的西汉(公元前206年～公元23年)早期的纸，是现已发现的最早的纸。东汉时，公元105年，宦官蔡伦总结西汉以来的造纸技术并加以改进，开创了以树皮、破布、麻头、渔网为原料，并以沤、捣、抄等一套工艺技术，造出了达到书写实用水平的植物纤维纸，称为“蔡侯纸”。从此，纸逐步取代了竹木简和帛，成为主要的书写材料。造纸术到公元7世纪初期(隋末唐初)开始东传至朝鲜、日本；8世纪西传入撒马尔罕，接着又传入巴格达；10世纪传入大马士革、开罗；11世纪传入摩洛哥；13世纪传入印度；14世纪传入意大利，意大利很多城市都建了造纸厂，成为欧洲造纸术传播的重要基地，从那里再传到德国、英国；16世纪传入俄国、荷兰；17世纪传到英国；19世纪传入加拿大。造纸的发明与传播，使文字的载体成本得到了大幅度的下降，知识在平民中的普及得以实现，从而极大地推动了世界科技、经济的发展。造纸术的发明，不仅是书籍制作材料上的伟大变革，而且在人类文明史上具有划时代的伟大意义。

在现代社会，纸在文化、科学、工业、国防和商业等各个方面的发展进程中具有极其重要的作用，占有重要的地位。得益于造纸工业的发展进步，人类的各种知识才能得到更好的记载和保存，人类文明和悠久的历史才能得以传播，从而推动了人类科学文化和经济的不断进步和发展。因此，造纸工业是关系国计民生的重要产业，在国民经济中占有重要的地位。随着经济的

图 2-1 汉代造纸工艺流程图

图 2-2 现代造纸生产线

发展,科学的进步和人们生活水平的不断提高,纸和纸板的需求将日益增加,其应用范围不断扩大。纸和纸板除应用于印刷、书写和生活等方面之外,现已应用到电力、电子、电信、机械、建材、纺织、农业、食品、医药、军工和科研等诸多领域。随着特殊用途的需求,还开发了防水、防潮、防油、防锈、绝缘、隔离、耐热、耐压、过滤等多种用途的特种纸和纸板。纸和纸板被大量地作为包装材料,其比重约占总量的 40%,其用途和应用范围还在日益扩大。众所周知,纸还是人们重要的生活必需品,卫生纸、餐巾纸等家庭生活用纸的需求量正在迅速增长,使用范围更加广泛。因此,造纸工业的发展程度反映了一个国家经济发展和人民生活水平的程度,从某种意义上讲，也是一个国家的文明发展程度的标志。

纺织染整是一项历史悠久的传统加工技术，也是纺织工业中的一个重要组成部分。古代《周礼·札记》中就有“凡染春暴练”的记载。古人一般是用植物的色素进行染色，荀子《劝学篇》中“青取之于蓝而青于蓝”的“青”即是靛青染料，“蓝”指的是蓝草。一直到明朝末年，我国对纺织品的漂染能力都处于世界领先水平。从 17 世纪到 1830 年，也就是我国的明朝末年至清朝的道光年间，英国发生了历史上前所未有的科学革命和技术革命，实现了纺织的工业化。此后，英国人帕金发明了合成染料。1863 年，德国的霍夫曼向帕金学到了化工技术，在德国建立了有机实验室，两年后，德国的化工厂已经达到几千人的规模。染料工业的发展，为染整工业的发展奠定了坚实的基础。染整加工直接关系到人们的衣着和工业、军用纤维材料及设备，在国民经济建设中占有重要的地位。

20 世纪末，随着科学技术的不断发展，特别是信息技术的飞速发展，纺织工业已从过去的粗放型、劳动密集型产业，逐步转变成集约化、资本密集型产业。创造新的流行概念，预测、设计、推广高品位的产品，正日益成为国际纺织品市场竞争的焦点。鉴于此，传统古老的印染技术也必将围绕着全球竞争、技术革新、生态平衡、应变市场和成本控制等主体而展开。目前主要在全球范围内倡导应用的三 E 系统（Efficient 效能、Economical 经济、Ecological 生态）和清洁生产的四 R 原则（Reduction 减少、Recovery 回收、Reuse 回用、Recycle 循环）便是世界染整工业技术发展的主流。

皮革工业有着悠久的历史，它几乎是与人类文明相伴而生的。从出土文物可以考证，人类的祖先早在距今约五六十万年前就会用刮削石器与尖状石器剥取兽皮了，而在五至十万年前，就开始使用兽皮制品了。古埃及人在公元前 2 500 年左右也掌握了植物鞣革的技术。公元前 1 000 年，古希腊诗人荷马在其经典名著奥德赛中就提到皮革业，并称其为当时盈利最大的行业。这些都证明制革是人类最早的文明之一。

在我国，制革作为一门工业，在殷商到春秋战国时代即距今至少约 3 000～4 000 年前就已形成了。制革技术是皮革这种古老工业的支柱，长期以来是以小手工作坊方式继承下来。从周代后（公元前一千余年前），人们初步掌握制革、制裘技术，到 18 世纪，随着近代科学技术工业的进步，特别是化学工业的发展，开始有人对制革科学和技术进行研究，皮革工业才得到飞速发展。

19 世纪中叶，人们对革和毛皮的化学基础物质——胶原和角蛋白进一步的认识，特别是铬革鞣法的发现及应用，大大加速了制革工业的发展。20 世纪初期，随着各种制革化学品的研制成功，制革工业得到迅猛发展，许多国家逐步形成了大的制革工业体系，制革业也由原来的纯手工操作过渡到半机械化和机械化生产，制革生产技术及与之配套的机械设备制造和化工材料生产发展成为一种新兴的工业。皮革化工材料得到飞速发展，除了天然鞣剂和铬鞣剂外，还研制出多种合成鞣剂、助剂、加脂剂、涂饰剂等，制革生产渐趋现代化。20 世纪 80 年代末，制革、制鞋在机械化生产的基础上已部分实现连续化，有的还采用了微电脑和电子计算机自动控制技术。

现代科技日新月异，制革技术也紧随科技发展潮流步伐，融合了许多高新技术，创造出更加柔软、丰满、性能卓越的现代皮革。比如生物技术、纳米技术、信息技术和超临界二氧化碳技术等都能很好地服务于皮革制造。更重要的是人们越来越重视环境保护，绿色制革和生态制革呼之欲出,更多无毒、无害、性能优良的制革添加剂被使用,绿色环保的制革新工艺、新技术,比如制革循环技术、制革废弃物的高附加值利用、生物制革等使皮革的加工过程更加安全,皮革制品更加完美。

人类探索使用添加剂的历史悠久。自从开始定居生活,古人便为了保存采集和猎取来的食物,探索和使用各种物理和化学的方法。《诗经·小雅·信南山》中有讲腌瓜的诗句"疆场有瓜,是剥是菹"。这里的"菹"指的就是盐渍法,利用食盐溶液浓度大于细胞液浓度时,发生渗透作用,产生"渗透压"使植物和微生物生理脱水,来达到保鲜目的。在公元前 2 世纪,中国人就已经开始使用石膏作为凝固剂,给豆腐"点卤"。南宋时期,中国人用亚硝酸盐作"防腐剂",在制作腊肉时加入亚硝酸盐以抑制微生物生长,特别是防止食用者肉毒杆菌中毒。

添加剂化学是与食品、染整、皮革、造纸等同步发展的,这些行业的长足进步很大程度上取决于添加剂化学的发展。在制浆造纸方面,柔软剂、分散剂、吸收剂等的应用,使纸张有了各种各样的用途,为我们的生活带来了很多便利;在皮革方面,19 世纪中叶,人们对铬革鞣法的发现及应用,大大加速了制革工业的发展,各种皮革化学品被喻为制革的"点金术";在纺织染整方面,各种添加剂的应用,使衣着不仅保暖,而且时尚、舒适和具有个性,如防护皮肤免受紫外线伤害的遮阳伞和服饰、防止电子产品对人体辐射的防护服及服饰等,还有抗热、抗风、耐候性、阻燃、抗静电或阻隔化学品及杀虫剂的工作服和柔软、抗皱、拒油、拒水、抗菌透气的流行服饰等。

轻化工程专业所对应的制浆造纸、纺织染整、皮革、添加剂化学行业是国民经济中重要的基础工业和原材料工业。轻化工产品是国民经济各相关部门不可缺少的物质材料和人们日常生活的必需品。

2.1.3 轻化工程专业的建立与发展

轻化工程专业的制浆造纸方向可追溯到 1939 年成立的国立中央技艺专科学校造纸科。20 世纪 50 年代,我国高校专业调整诞生了我国制浆造纸工程的首批本科专业,使我国制浆造纸工程专业得以发展和壮大。1952 年,我国同时在天津大学、四川化工学院和华南工学院设立制浆造纸本科专业。20 世纪 90 年代,我国高校制浆造纸专业发展迅速,到目前为止,我国开设轻化工程专业制浆造纸工程方向的院校达 21 家,较好地满足了我国制浆造纸工业的人才需求。

我国最早于 1920 年在北京燕京大学化学系工业化学科,专讲制革,简称皮科。新中国成立后,1952 年,四川化工学院制革教研室,为我国设立皮革专业的开始,也是四川大学皮革工程系的前身。目前,我国开设的轻化工程专业皮革方向的高校已超过 5 所。

染整工程方向可追溯至 1912 年苏南工业专科学校的染色科,之后又有南通学院于 1932 年设立染化系等。20 世纪 50 年代后,染整工程专业有了长足发展,1951 年,华东纺织工学院,设有染化工程、纺织工程、机械工程三个系,招收本专科学生。经过多年的快速发展,目前我国开设轻化工程专业染整方向的本科院校达 21 所。

轻化工程添加剂化学与工程方向是 1998 年教育部本科专业目录调整后国内首次出现的高校工科本科方向,但其办学历史可追溯到 1956 年原上海轻工高等专科学校创办的香精香料工艺专业。华东理工大学于 1999 年创办轻化工程专业,该专业依托国家级重点学科——化学工程与技术学科办学，以添加剂化学与工程为培养方向，以合成材料添加剂化学与应用为特色。

2.2 轻化工程专业技术与研究内容

2.2.1 制浆造纸工程方向

人们习惯所说的造纸工业，实际上由制浆和造纸两大部分组成。制浆部分是将纤维原料通过化学方法、机械方法、半化学半机械方法或其他方法分离成纤维，制浆多以水为介质，成为浆状物，故称浆料。浆料除供造纸用外，还可以作为重要的化工原料，用以生产塑料、喷漆、乳化剂、玻璃纸、胶片、固体酒精、绝缘材料以及人造丝、人造棉和人造毛等。造纸部分是将浆料通过打浆、调料等工艺处理配成抄纸用的纸料，再经造纸机的成型、脱水、压榨、干燥、整饰等工艺处理，制成可供书写、印刷或其他用途的纸料薄片，即称"纸"或"纸板"。纸和纸板制造过程由纸料制备及纸和纸板抄造两大部分组成。

烧碱法制浆和造纸的工艺流程分别如图 2-3 和图 2-4 所示。

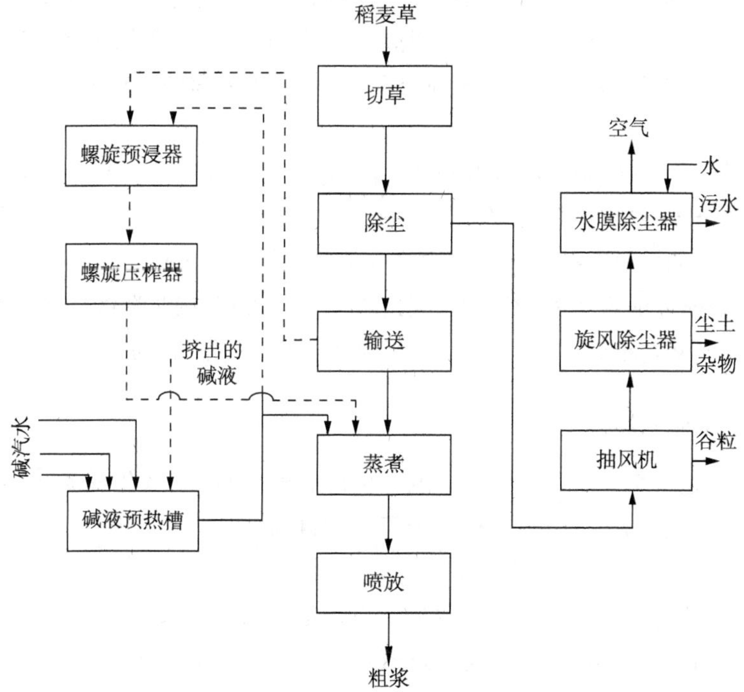

图 2-3 碱法草浆生产流程示意图

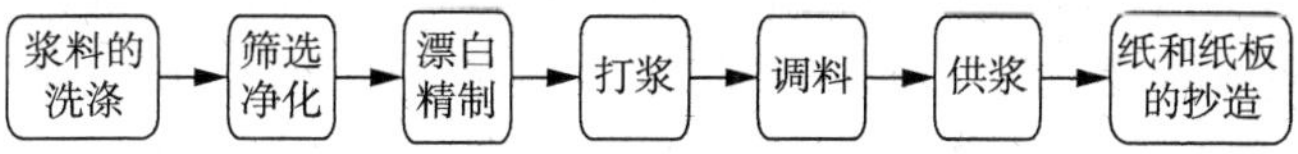

图 2-4 造纸的工艺流程

纸料是指经过纸料制备系统后由一种或几种造纸用的纤维和非纤维物质混合的纤维悬浮

液。纸料再经过净化和精选后而留下的那部分纸料,称为合格纸料。纸浆泛指纸料或浆料,即经过制浆系统处理可供进一步加工的纤维物料,这里一般是指来源于天然植物物料。浆料又称造纸用浆,即供造纸和纸板用的制浆称为浆料。

纸料制备是纸料到达造纸机之前所有过程的总称。即纸浆在抄造前需经过打浆、施胶、加填(料)、染色及添加所需的助剂等处理,其任务在于制备合格的纤维悬浮液(由一种或几种纤维和非纤维添加物质构成),使抄造的纸张能达到预期的质量要求。

纸和纸板抄造部分包括纸料上网前的处理(包括纸料上网、纸页的成型和脱水、纸页的压榨脱水、纸页的干燥、纸页的表面处理、纸页的压光和卷取)、纸页的完成和整理、白水回收和造纸用水封闭循环等过程。

纸和纸板抄造的方法可以分为干法造纸和湿法造纸两大类。其主要区别在于:湿法造纸以水作为介质,干法造纸则以空气作为介质。湿法造纸由于用水作为介质,因而,在抄纸之前,要加入大量的水,制成均匀的纤维悬浮液,而在抄纸过程中又要脱去大量的水,这一加水和脱水的过程,不但造成造纸过程比较复杂,设备比较庞大,而且能量和水的消耗也比较多。干法造纸则以空气为介质使纸浆成为悬浮体进行抄纸,虽然有助于解决湿法造纸因大量加水和脱水而出现的问题,但由于已产业化的干法造纸技术尚未解决纤维与纤维之间互相结合的问题,因而在抄纸过程中必须加入黏合剂或热熔纤维等黏合物质,从而使得干法造纸的成本远高于湿法造纸。目前绝大部分的纸和纸板都是用湿法抄造的,干法主要用于制造某些处于纺织品和传统纸之间的特种纸品(如用于工业擦拭、医疗和生活等方面的特种纸),其产量约占纸和纸板总产量的千分之一。

多年来为了提高纸和纸板的结构均匀性,在技术上做了大量的研究开发工作,尤其是解决了在提高造纸机(纸板机)生产能力(车速、抄宽)的同时进一步提高产品结构均匀性的问题,使其在高车速、大抄纸的情况下抄造出结构均匀性很好的纸张和纸板。

制浆造纸专业研究的主要内容包括制浆造纸原理与工程,制浆造纸机械和设备,制浆造纸过程模拟与控制,制浆造纸分析与检验,制浆造纸工程设计,造纸添加剂及应用。

2.2.2 皮革工程方向

皮革工程专业是一个多学科高度交叉融合的综合性专业,涉及蛋白质化学、组织学、生物化学、微生物学、化工、高分子材料、机械电子等多学科领域。

皮革从质地分为:天然皮革和人造皮革。

人造皮革有人造泡沫皮革和合成革两种。人造泡沫皮革主要以聚氯乙烯、聚氨酯等树脂为涂料,以布为底料制作而成,其特点是不透气,主要用于制造手提包、皮带等;合成革表面主要是聚氨酯,基料是涤纶、棉、丙纶等合成纤维制成的无纺布,有一定的透气性,其特点是光泽漂亮,不易发霉和虫蛀,但不耐高温、高寒,易老化。

通常所称的皮革仅指天然皮革,即我们常说的真皮,是由动物革(生皮)经过一系列生物、物理与化学的加工处理转变成的一种固定、耐用的物质,它具有柔软、坚韧、遇水不易变形、干燥不易收缩、耐湿热、耐化学药剂等性能,具有透气性好和防老化等特殊优点。

动物革的种类也非常多,按材料分一般常见的有羊皮革、牛皮革、马皮革、蛇皮革、猪皮革和鳄鱼皮革等,制革所用原料皮主要是牛、羊、猪三大皮种。按性能又可分为二层皮革、全粒皮革、绒面革、修饰面革、贴膜革、复合革、涂饰性剖层革等。

简而言之，制革工艺过程就是，使用各种方法把原料皮中无用的蛋白质等成分去掉，保留皮革的胶原蛋白骨架结构，在皮革内部及表面添加各种皮化材料获得各种优良性能的皮革产品。

制革是一个非常复杂的工艺过程，一般制革工艺主要包括原料皮的储藏和防腐、准备工序、鞣制、湿整饰和干整饰整理，具体大小工序超过一百多个，周期有半个多月，主要工序如图2-5所示。

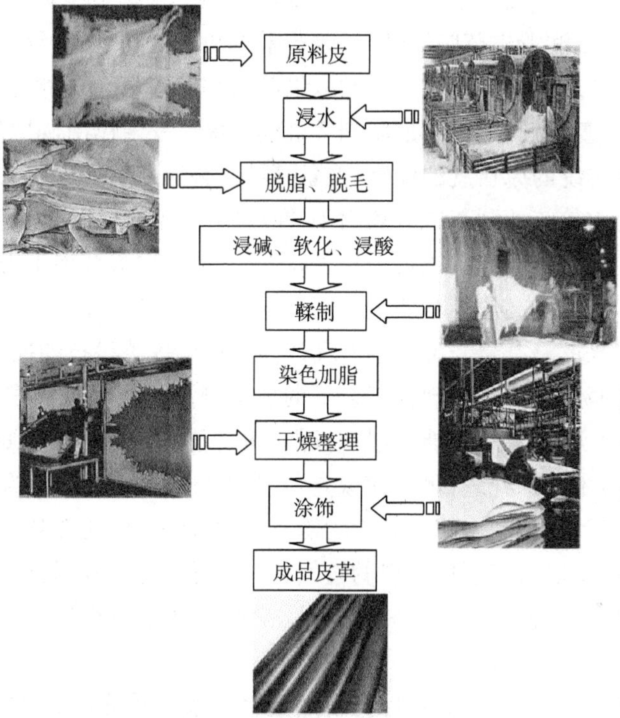

图2-5 皮革工艺示意图

从屠宰场获得的原料皮必须收集到一起保存，等待正式制革工艺的处理。如果保存不当，生皮将会发霉腐烂，不能用于制革。剥皮后一天之内必须对生皮进行防腐保存处理。

准备阶段包括脱毛、软化、脱脂等工序。

生皮必须通过脱毛处理才能获得成革，通常的脱毛方法有化学法和酶脱毛法两种，脱毛处理时使用的化学试剂或酶，还有产生松散纤维的作用。用生物技术进行制革脱毛，即酶法脱毛，是制革清洁化的重要研究课题之一，也是根本预防硫化物污染最为有效的方法。

酶软化可以进一步松散胶原纤维，消除生皮的膨胀，清除毛根残余物，水解皮内肌肉组织，并借助于脂肪酶水解皮内脂肪。

脱脂是指尽量脱去皮内油脂，以免影响制革加工。若脱脂不净，在成革或皮革制品中易出现油霜或油斑。根据所用材料的不同，皮革脱脂有机械法、化学法，水解法、乳化法、溶剂法等方式。

皮革鞣制是用“鞣剂”在一定条件下，与动物生皮胶原形成各种交联，以提高胶原的耐湿热稳定性、抗腐蚀性、抗变形性、透水汽性、多孔性和结构稳定性等鞣制效应。在鞣制过程中，已除去毛和皮下组织的动物裸皮，由于发生了根本变性而成为皮革。

整饰包括染色、加脂、干燥、防水处理等工序。

皮革染色可以赋予皮革所期望的或流行的色调。皮革染色是一个复杂的物理化学过程，涉及的知识领域较广。染色方法有转鼓染色、划槽染色及一些手工染色。皮革染料很多都是来自纺织染料，但皮革纤维和织物的结构有很大不同，所以合成适合皮革的专用染料至关重要。

皮革的乳液加脂是皮革加工中一个极为重要的工序。根据成革风格不同，所有的皮革都需要或多或少的加脂，以润滑皮革胶原纤维、改善手感和调整皮革的吸水性等。

制革在湿加工和整理之前，都要进行干燥，以除去皮革内多余的水分，而且在干燥过程中一些皮化材料如鞣剂、复鞣剂、染料和加脂剂等继续与皮革发生作用，得到进一步的固定。

现代制革生产从传统的原料皮的储藏、准备、鞣制、整饰四个加工步骤发展为干、湿两个阶段加工。湿加工开始由传统的制革厂分离出来，在原料皮产地或屠宰场附近设厂加工，将生皮鞣制成蓝湿革或白湿革。制革厂只进行干加工，将蓝湿革或白湿革加工为成品革，既节省生皮防腐用盐，减轻污染，又能提高成品革质量。

皮革制品自古以来就是高贵与奢华的同义词。在现代皮革科技的推动下，各种时尚、流行的皮革制品变得越来越趋多元化。现代工艺下的皮革制品可以呈现出多种多样的形式：可能轻软如纤维，也可能厚实且坚韧；可能光滑如丝缎，也可能保留着皲裂般的粗糙质地。比如家具革，经过现代皮革技术特殊处理，可以使家具革呈现出如亚光实木般的视觉效果。另外，皮革作为新型汽车内装饰材料，越来越受到广大购车者的青睐。因为在驾乘中，驾乘人员往往要在车内坐上数个小时，所以汽车座椅材料的透气、透湿性能比其他材料要求更高。现代皮革化材料能够赋予汽车坐垫、靠椅良好的柔软性、弹性、透气性能和透湿性能，使驾乘人员的汗液能顺利地排出，使人感觉舒适。

皮革是富有生命力的材质，拥有特殊的自然温暖与亲切触感，总是能让人生出亲近之意，因此是永远的流行材料；现代制革工艺和高科技皮革化学材料，将进一步提高皮革的各项特色性能，比如其延展性与耐久性、沉着或艳丽的色泽、敦实或柔软的质地，把皮革天然的高贵品质融入现代生活中。

2.2.3 染整工程方向

染整工程专业的主要研究内容包括染整基本工序和染整新技术的研究。主要研究染料与织物之间的染色原理、染料的构效关系、染整助剂、染整工艺、设备自动化以及对染整效果的评价试验等。

染整工程作为纺织工业中的一个重要组成部分，主要是通过化学方法用各种机械设备，对纺织物进行处理的过程。它涉及多方面的知识应用，具有综合性较强的加工特点。

染整加工基本内容包括预处理、染色、印花和整理以及成品检验(图 2-6)。

预处理亦称练漂，是纺织品整个染整加工的第一道工序。主要是采用化学方法去除纺织纤维特别是天然纤维上的各种杂质以及在纺织加工过程中施加的浆料和沾上的油污等，使纤维充分发挥其优良品质，并使织物具有洁白、柔软、良好的渗透性能，以满足纺织品的服装要

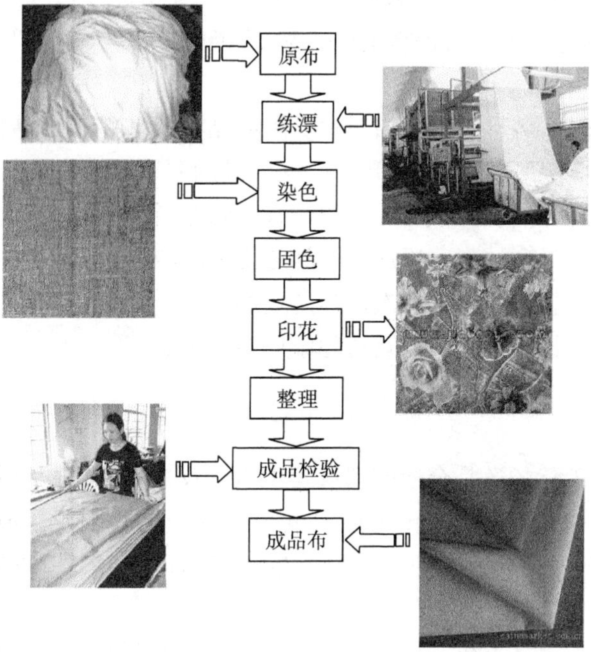

图 2－6　染整工艺示意图

求，改善纺织品的服装性能，并为染色、印花和整理等后续加工提供合格的半成品。

对织物进行染色是通过染料和纤维发生物理、化学的结合使纺织品获得鲜艳、均匀和坚固的色泽。不同制品的染色有各自适用的染料和适应的工艺条件。染色方法主要有浸染和轧染两种。

染色完成后要对制品进行印花，印花是指将各种染料或颜料调制成印花色浆，局部施加在纺织品上，使之获得各色花纹图案的加工过程。主要包括：图案设计、花筒雕刻（或筛网制版）、色浆调制、印制花纹、后处理（蒸化和水洗）等几个工序。印花分为直接印花、拔染印花、防染印花、防印印花（防浆印花）几种。从印花设备上分为：滚筒印花、筛网印花、转移印花、全彩色无版印花。

整理是根据纤维的特性，通过化学或物理化学的作用改进纺织品的外观和形态稳定性，提高纺织品的服用性能或赋予纺织品阻燃、拒水拒油、抗静电等特殊功能。

染整成品的质量检验分为内在质量检验与外观质量检验两种。染整成品断裂强度、经纬密度、缩水率和色牢度（包括耐光、耐皂洗、耐汗渍、耐摩擦）是内在质量检验的内容；而布面上的疵点为外观质量检验的内容。

纺织品的染整加工技术随社会的进步不断发展、创新。自 20 世纪 90 年代以来，除市场驱动力外，“环境保护”和“可持续发展”成为染整技术创新的主要指导因素。人们从染整加工设备、加工助剂和加工工艺等方面持续地进行研究，已取得不少成绩，如喷墨印花技术、等离子体技术、酶制剂在加工中的应用、无甲醛释放的新型加工助剂、功能染料、清洁生产技术等。

2.2.4　添加剂化学与工程方向

添加剂（Additive）是工业材料和产品在加工和生产工程中为改善加工性能和提高产品品性

能及使用质量而加入的药剂的总称。添加剂品种多,产量少,作用大,具有特定功能,附加值高,广泛应用于各种工业生产中,对提高生产效率、改善产品性能、提高产品质量具有极其重要的作用。

随着精细化工的发展,各种工业添加剂对提高产品质量和扩展产品性能有着越来越重要的作用。我国许多工业产品质量与国外知名产品质量的差距并不在于缺少主要原料,而在于缺少高性能的添加剂。添加剂能赋予产品以特殊性能、延长其使用寿命、扩大其适用范围、提高加工效率、提升产品质量和档次。添加剂产品的技术进步,影响着许多产业,尤其是化工、轻工、纺织、石油、食品、饲料、建筑材料和汽车等产业的发展。添加剂按照其性能和作用方式可以分为加工过程添加剂、性能添加剂以及功能添加剂三大类。

1. 加工过程添加剂

(1) 抗氧剂

有机材料,无论是天然的还是合成的都易发生氧化反应。对于聚合物来说这类反应至关重要,因为即使是很低的高聚物氧化转化率,也能使许多重要性质发生改变。例如,如果氧化反应能导致含有 10 000 个单元的线性聚合物发生断链,那么 1×10^{-4} 的转化率已足够使聚合物的相对分子质量减半。

如果聚合物被氧化,那么不仅它们的一些力学性能发生变化,例如拉伸强度会降低、表面会变得粗糙,而且还会导致塑料制品的变色,如图 2-7 所示。氧化反应在高聚物生命周期的任何一个环节都有可能发生,尤其在加工过程中最为明显。抑制或减慢热氧化的一个有效而简便的方法就是添加抗氧剂。

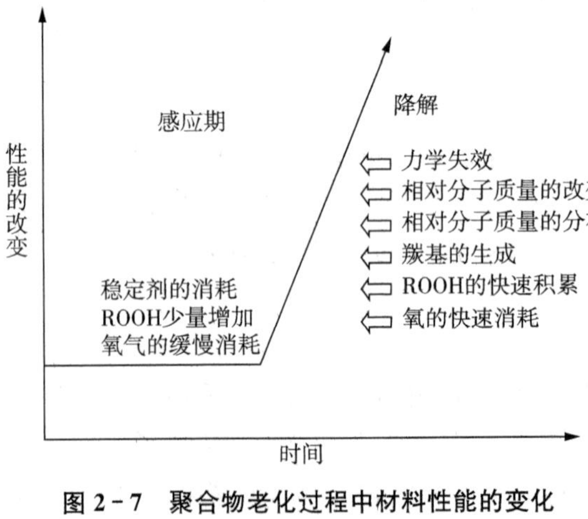

图 2-7 聚合物老化过程中材料性能的变化

(2) 稳定剂

众所周知,PVC 的热稳定性很低。在常温下加工 PVC 时,会发生消除氯化氢、断链和大分子的交联,从而导致 PVC 降解。在 PVC 稳定剂发现以前,PVC 材料是基本不可加工的材料,应用价值很小,通过加入专用的热稳定剂,即可阻止加工过程中因温度升高而引起的破坏,从而使在高温下对 PVC 进行加工成为可能。目前 PVC 已成为产量最大的塑料品种之一。纵观我们的日常生产和生活,如图 2-8 所示,大至门窗、管材,小至玩具、化妆品包装盒等,到处都有精美的 PVC 产品。就玩具而言,用 PVC 制造的玩具由于其颜色鲜艳、富有弹性、结实耐用而深受小朋友的喜爱。PVC稳定剂使一种几乎没有任何工业应用价值的聚合物成为应用最广的塑料产品之一，添加剂的重要性不言而喻。

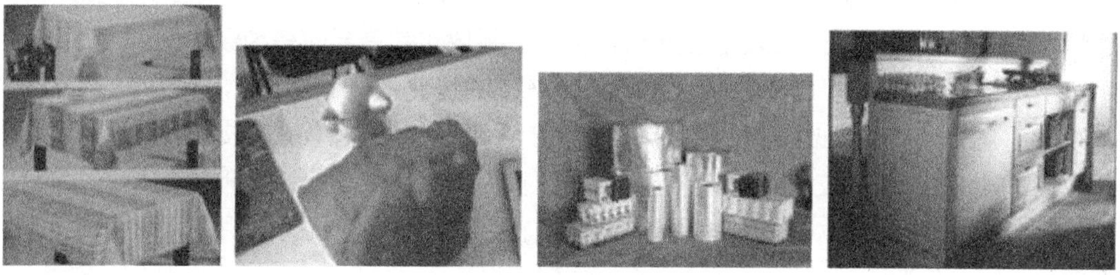

图2-8 PVC产品

(3) 助留剂/助滤剂

经过加工处理并调配好的纸浆悬浮液，送往造纸机的网前箱，纸浆经喷嘴喷布于网上形成一层均匀的湿纸页，再经压榨、干燥制得成品纸。纸浆中含有的99%的水分要在网部脱除。随着造纸机速度的不断提高，要求纸浆具有迅速脱水的能力，除了纤维处理上的工艺改进外，借助于滤水助剂(或称助滤剂)是造纸工作者经常采用的方法。与此同时，在网部脱水时，期望纸浆中的细小纤维、填料、颜料、施胶剂，以及其他添加剂能够最大限度地保留在纸页之中。能够起到这种作用的添加剂称为助留剂。

(4) 促进剂

橡胶的硫化，就是利用硫化剂使橡胶的大分子进行交联。硫化剂则是开发最早且工业化最早的交联剂品种，在橡胶工业中占有极其重要的地位。在进行硫化时，特别是用硫黄进行硫化时，除硫化剂外，一般还要加入硫化促进剂和活性剂，才能很好地完成硫化。硫化促进剂，可简称促进剂，在橡胶硫化时用以加快硫化速率、缩短硫化时间、降低硫化温度、减少硫化剂用量，同时还可以改善硫化胶的物理力学性能。

2. 性能添加剂

(1) 透明剂

透明剂也称为增透剂，是一类用于改善聚合物透光性能的添加剂。聚丙烯制品光泽度和透明性差，外观缺少美感，在透明包装、日用品领域的发展受到限制。利用添加透明剂的方法制得的透明聚丙烯，不仅承袭了聚丙烯原有的优点，且其透明性和表面光泽度可与其他一些透明高分子树脂相媲美，性价比优于PVC、PET、PC、PS等透明材料，适用范围广，尤其适用于透明性要求高、需高温下使用或消毒的器具方面，如透明热饮杯、微波炉炊具、婴儿奶瓶、一次性快餐汤碗等。

(2) 抗冲改性剂

因为大多数塑料在室温、低温下受到外力冲击，内部会产生严重的银纹和剪切带而导致破碎。这种现象说明不少合成材料在室温、低温下呈脆性，即冲击强度低。抗冲改性剂是一类能赋予塑料更好的韧性的助剂，也称增韧剂。抗冲改性剂对于提高塑料的抗冲击性能、延长使用寿命、扩大应用领域、提高使用价值效果十分显著。抗冲改性剂的添加量为5～15质量份。目前在建筑型材、管材、管件、汽车制造、电器制造、航天事业、包装材料等使用的塑料制品中，抗冲改性剂是不可缺少的添加组分。随着塑料应用领域的日益扩大，人们对塑料制品质量的要求越来越高，抗冲改性剂的作用及地位愈发显得重要。

(3) 柔软剂

对于纸张、皮革、织物和合成材料这些轻化工材料，除了要求一定的机械强度，还需要有柔软、滑爽或丰满的手感，因此柔软添加剂也是轻化工领域非常重要的一种添加剂。

造纸柔软剂能够吸附于纤维上，增加纸的柔软性能，使纸张舒服柔软，比如用于卫生纸。皮革柔软剂是一类天然或改性过的油脂，在皮革工业中称为加脂剂，它是皮革化工中用量最大的添加剂，能够润滑皮革胶原纤维、改善手感和调整皮革的吸水性等。整理柔软剂的功能是改善织物手感，增进织物柔软和滑爽的手感。主要有阳离子型、非离子型、阴离子型和两性季铵盐型四种。

(4) 干强剂/湿强剂

纸和纸板的加工和使用过程都会出现干燥和湿润两种情况，因此需要添加不同的化学品增加纸张干燥和湿润时的强度，它们的作用都是利用它们与纤维之间的化学和物理结合，加强纤维层之间和各自粒子的吸附，提高纸的强度，前者是干强剂，后者是湿强剂。纸和纸板如果没有足够的强度，则纸的用途将大大减小。为了提高纸的应用价值，提高纸和纸板的强度是人们一直追求的目标。据英国《新科学家》杂志报道，瑞士科学家研制成功一种比铸铁还要硬许多的新型纸张，以后要捅破一个纸袋没那么容易了。瑞士斯德哥尔摩瑞士皇家理工学院的拉斯·伯格伦德表示，人们可以利用这种新型纸加固传统纸张，生产超强黏带或制造生物组织的合成代替品。

(5) 增强剂

增强剂，一般是十分廉价的固体物质，常以高填充量加入塑料、涂料及纸张中，调节材料的体积、质量、价格，或者改善材料的技术性能。填料作为增强剂，自塑料刚刚出现就开始应用，而塑料工业的迅猛发展更离不开赋予塑料优异性能的各种增强性填料。

著名的实例要数木屑在酚醛树脂中的应用(电木)及炭黑在橡胶中的应用(图 2-9)。电木的化学名称叫酚醛塑料，是塑料中第一个投入工业生产的品种。酚类和醛类化合物在酸性或碱性催化剂作用下，经缩聚反应可制得酚醛树脂。将酚醛树脂和锯木粉、滑石粉(填料)、乌洛托品(固化剂)、硬脂酸(润滑剂)、颜料等充分混合，并在混炼机中加热混炼，即得电木粉。将电木粉在模具中加热压制成型后得到热固性酚醛塑料制品。电木具有较高的机械强度、良好的绝缘性，耐热、耐腐蚀，因此常用于制造电器材料，如开关、灯头、耳机、电话机壳、仪表壳等，“电木”由此而得名。

据记载，中国是世界上最早生产炭黑的国家之一。在古时候，人们焚烧动植物油、松树枝，收集火烟凝成的黑灰，用来调制墨和黑色颜料，这种被称之为“炱”的黑灰就是最早的炭黑。1912 年人们发现炭黑对橡胶具有补强作用，从此炭黑逐渐成为橡胶工业不可缺少的原材料。目前世界橡胶工业原材料耗用量排在第一位的是生胶，第二位的是炭黑。换言之，炭黑已成为消费量最大的橡胶配合剂。炭黑的耗用量一般占橡胶耗用量的 40%～50%，也就是说，在橡胶配方中，通常每使用 2 份橡胶就会搭配使用 1 份炭黑。

3. 功能添加剂

(1) 抗静电剂

静电是一个相当古老的课题，人们对于电的认识最初就来自物体的静带电。在我们的生

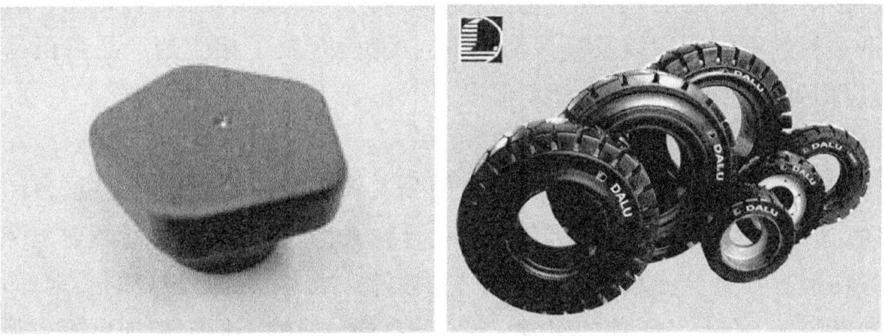

图 2-9 电木和轮胎

活中，用塑料梳子梳头时或脱下合成纤维衣料的衣服时，经常听到轻微的放电声，这就是静电现象。雷电是一种自然界的静电现象。当两个具有不同失电性能的材料相互摩擦时，通常会产生静电。

物体表面带电时，在生产、成型及使用过程中会引起严重的后果。2005 年 8 月 4 日，位于泸州市龙马潭区的宫阙老窖集团公司酒库储罐发生重大爆炸火灾事故，造成 6 人当场死亡、1 人重伤。2005 年 9 月 21 日，事故调查组根据现场勘查、调查访问、物证检验、模拟实验和专家综合分析论证等，对该事故原因的认定结论是：四川泸州宫阙老窖酒厂当班职工刘某等在储酒库使用塑料软管从 1 号罐、2 号罐向 3 号罐顶部罐口（违反操作规程）灌注原度酒时，由于原度酒液体的快速喷洒流动、喷溅、冲刷和摩擦等作用，导致塑料管口附近及储酒罐罐口处产生静电荷并积聚，当刘某第二次揭开、盖下储酒罐罐盖时，产生静电放电火花，引起酒罐爆炸。惨痛的事实说明抗静电技术的发展是多么的重要，而加入抗静电剂，是减少或消除静电的简单而有效的办法。所以开发高效的抗静电剂对于生活和生产安全具有重要意义。

(2) 阻燃剂

塑料、橡胶、纤维、纸张等碳氢有机化合物，均具有可燃性，在一定的条件下燃烧时，常伴有火焰、浓烟、毒气等产生，危及人们的生命和财产安全。而添加阻燃剂是开发阻燃材料的简单有效的方法，阻燃剂就是能够增加材料阻燃性的物质。

近年来，世界各地发生多起重大火灾，都直接或间接与材料的可燃性有关。例如 1994 年 12 月 8 日，新疆克拉玛依市教委和新疆石油管理局教育培训中心在克拉玛依市友谊馆举办迎接新疆维吾尔自治区“两基”（基本普及九年义务教育、基本扫除青壮年文盲）评估验收团专场文艺演出活动。在演出过程中，舞台纱幕被光柱灯烤燃，火势迅速蔓延至剧厅，各种易燃材料燃烧后产生大量有害气体，从而酿成 325 人死亡。这些血的事实说明材料的阻燃是多么的重要，如果当时所用材料为阻燃材料那将挽救多少人的生命啊！所以阻燃剂的发展对于人们的生活、生产安全至关重要。

对塑料而言，理想的阻燃剂除了应能赋予塑料阻燃性能外，还应有一系列的属性。例如，应易于加入塑料中，必须与塑料相容，且不应严重改变树脂的物理性能。它们最好是无色的，有良好的光稳定性，阻燃效率高，且廉价。更为重要的是，阻燃剂不应腐蚀塑料加工设备，不产生有害工人及消费者的有毒粉尘、烟尘和气味。

(3) 着色剂

着色剂是可以改变塑料颜色的添加剂，它能使塑料呈现白、黄、绿、蓝、红、黑等多种颜色。

着色剂还可以影响配方的性能,这源于它们自身的特性,比如耐候性、耐光性和透光性等。着色剂厂商根据塑料的不同用途以及高聚物的不同类型,开发了相应的产品。正是着色剂的应用,我们才得以用到五颜六色的各种塑料制品。

(4) 荧光增白剂

白色物体如纺织品或纸张等,为了获得更加令人满意的白度,或者某些浅色印染织物需要增加鲜艳度时,通常加入一些能发射出荧光的化合物来达到目的,这种能发射出荧光的化合物被称为荧光增白剂。加入荧光增白剂的纸张亮丽鲜艳,给人以赏心悦目的感觉;而没有加入增白剂的纸张灰暗陈旧,给人以压抑的感觉。读书重心情,好的心情会使你更好地吸收知识。可见,添加剂的用量虽小,但却起到举足轻重的作用。

(5) 拒水防污剂

随着生活水平的提高,人们对于材料防水防污等性能的要求也越来越高。如图 2-10 所示,用防水剂处理过的材料表面,水珠滴在上面就像荷叶的效果,并不改变布料、皮革的透气性及手感。防水添加剂一般为石蜡或有机硅烷。而防污剂更多地采用氟硅类化学品,它们能够减小材料表面能,防止灰尘和污垢的吸附。

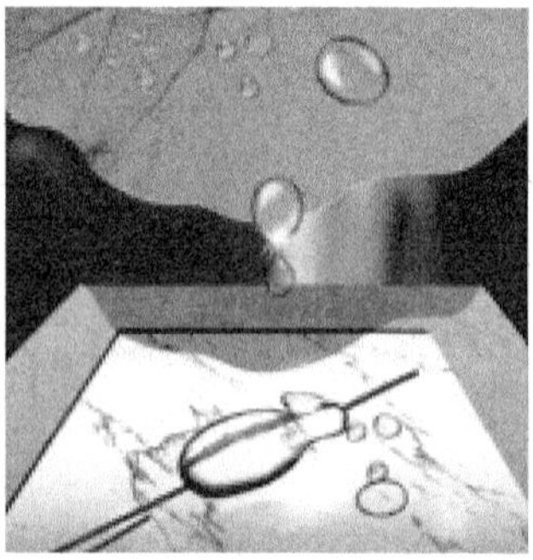

图 2-10 拒水防污添加剂效果

(6) 光散射剂

光散射材料是指同时具有透明性和光散射性的光学材料,即同时拥有较高的雾度和透光率的材料。光散射材料可以将点、线光源转换成线、面光源,广泛应用于各种广告牌、展示橱窗、照明光源等。近年来,光散射材料被开发应用于液晶显示器的背光源材料,以及各种显示器的散射板、投影屏幕等,以增大显示屏幕的视角和改善成像性能(图 2-11)。目前,大多数光散射材料是采用共混法生产的,即将光散射剂与透明基体树脂共混,然后加工成型。

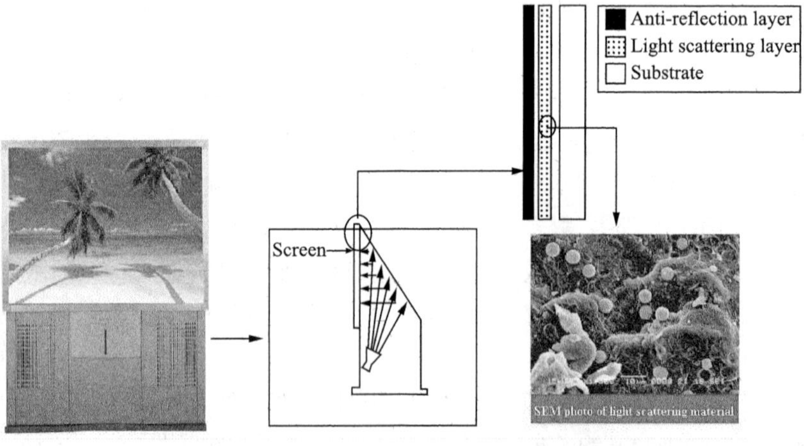

图 2-11 应用在显示屏幕中的光散射材料

综上所述,轻化工程专业是一个与人们日常生活息息相关的学科,文化的进步与变化直接影响了人们消费观念的变化,从而影响了轻化工程专业的研究内容和发展方向。如近年来环保浪潮的兴起影响了人们的消费观念,而人们对生活质量和环境的要求不断提高,使得对安全、无毒、高效、多功能、环保的纺织、纸张、皮革、各类添加剂等产品的需求不断扩大。

(7) 特种添加剂

添加剂除了在传统的轻化工等国民经济领域,能够明显提高人们的生活水平,甚至在航空航天、国防安全等高尖端领域也能觅其踪迹,我们可以通过以下两例特种添加剂的应用,发现添加剂化学对于国家安全及军事领域的重要性。

宇航服是保障宇航员生命活动和工作的个人密闭装备,可防护空间的真空、高低温、太阳辐射和微流星等环境因素对人体的危害。宇航服的制造凝聚了大量高、新、尖科学技术,许多具有特殊性能的材料添加剂用到宇航服中,以符合宇航服的各项极端性能要求。如宇航服的隔热层,就是在纺织布各层之间添加多层镀铝的聚酰亚胺薄膜或聚酯薄膜等材料,能够有效保护宇航员生命安全,防止过热或过冷。据称中国自主研制的"神七"仓外宇航服每套 1.6 亿元。

自古以来,人们都一直梦想穿上一件神奇的衣服使自己隐身。最近,科学家们研制出一种可以扭曲微波的隐身斗篷。看来,实现《哈利波特》小说中的隐身斗篷的日子已经不远。这种隐身衣实际上是在传统衣服上添加一种新型人工电磁材料,电磁波和可见光进入隐身衣之后就在其中弯曲行走,绕过隐身衣所包裹的物体,就像把一块石头放到小溪中,溪流会绕过石头继续向前一样,隐身衣可以把照射过来的光线引导到其他方向,因此你根本看不到隐身衣以及藏在里面的东西。

2.3 轻化工程专业的发展状况和发展趋势

2.3.1 轻化工程专业的发展状况和发展趋势

1998 年 7 月教育部本着科学、规范、拓宽的原则,颁布新的本科专业目录。这对高等学校优化专业结构,合理配置资源,改革培养模式,提高人才培养质量和办学目的有着深远的意义。我国高等教育进入了快速发展和教学质量全面评估阶段。我国轻化工程专业已形成了大专—本科—硕士—博士—博士后流动站的完整人才培养体系,设有轻化工程专业的高校共有 42 所。

轻化工程的专业特点是与相应的行业结合紧密,不仅为行业输送各层次人才,而且在教学实践环节与企业技术研发亦有密切合作。轻化工程专业的毕业生除了继续深造外,主要在轻工、材料、日化、制浆造纸、皮革、毛皮、染整、机械、化工、印刷、包装、造纸等各类企事业单位、研究机构及高等院校从事管理、教学、科研、工程技术及设计、产品质量检测和控制、商品检验、贸易等工作。

轻化工程专业随着科技的发展和高校投入的加大,呈现向行业上下游发展的态势,因此拓宽学生的知识面,培养复合型人才,更好地适应行业发展的人才需求,是轻化工程专业办学的主要方向。

2.3.2 轻化工程专业及相关行业的发展和发展趋势

轻化工程属工科专业,随着科学技术特别是高新技术的发展和经济的全球化,我国轻化工程专业所涵盖的制浆造纸、纺织染整、皮革、添加剂工业发展迅猛,我国已经发展成为造纸、纺织服装、皮革和添加剂的生产和使用大国。

我国化纤、纱、布、呢绒、丝织品、服装等产量均居世界第一位，2004 年纤维加工量占全球比重的 36%，为世界最大的纺织品服装生产国。中国作为世界上最大的纺织服装产业及纤维消费市场、最大的纺织服装出口国，现在中国人均纤维消费量达 13 千克，是世界人均纤维消费量(10.9 千克)的 1.3 倍，是全球衣着纤维消费的最大市场。

造纸产业是密切关系国民经济和社会事业发展的重要基础原材料产业，纸和纸板的消费水平是衡量一个国家现代化水平和文明的标志。造纸产业具有资金技术密集、规模效益显著的特点，其产业关联度强，市场容量大，是拉动林业、农业、印刷、包装、机械制造等产业发展的重要力量。作为世界第三大制造业的造纸工业，我国近年的发展速度喜人。2007 年我国的纸和纸制品工业总产值超过了 3 000 亿元，2001 年起中国就已成为世界第二大纸张生产和消费大国，而且未来 10 年会以超过 10%的速度增长。

现代造纸工业是资金密集型、技术密集型、能源密集型和大规模型的产业。具有生产连续性强、工艺流程复杂、能源消耗高、原材料处理量大、污染负荷重、投资大的特点。生产规模大型化、产品高档次、技术装备现代化、生产清洁化和水资源的节约利用是当今世界造纸工业发展的主要趋势。

我国皮革工业由制革、毛皮、皮鞋、皮件四个主体行业和皮革化工、皮革机械、皮革五金及鞋用材料等配套行业组成，涵盖了制革、制鞋、皮衣、皮件、毛皮及其制品等主体行业，以及皮革化工、皮革五金、皮革机械、辅料等配套行业，产业链完整，上下游关联度高。2006 年中国皮革、毛皮及制品在行业规模以上的企业累计完成工业总产值 3 852 亿元。皮革、毛皮制品产量居世界第一，皮革及革制品工业是我国重要的出口创汇行业。

在添加剂方面，以塑料添加剂为例。塑料添加剂(助剂)是塑料制品中不可缺少的重要原材料，不仅在加工过程中能改善聚合物的工艺性能、改善加工条件、提高加工效率，而且可以改进制品性能、提高制品的使用价值、延长制品的使用寿命。塑料制品功能的提升、附加值的提高，很大程度上依赖于添加剂(助剂)的使用，它们与树脂、加工机械一起构成了当今世界塑料工业的三大基本要素。高效、无毒、环境友好、复配多功能化是全球塑料添加剂(助剂)的发展趋势，新功能塑料添加剂的发展已经成为塑料工业新技术发展的重要标志之一，也成为现代材料工业发展的关键控制领域。

20 世纪 80 年代以来，我国塑料工业以惊人的速度发展。目前我国塑料工业年产量已跃居世界前列，合成树脂表观消费量居世界第三，塑料添加剂的消耗量超过 150 万吨，为全球最大的塑料添加剂消费市场之一。据统计 2004 年全球塑料添加剂需求量为 900 万吨，销售额达 190 亿美元，其中我国占 16%，且预计未来中国塑料添加剂需求增速将高达 8%～10%。

香料香精是添加剂中一个重要的分支，应用广泛，特别是日用香精和食品香精，堪称日化工业和食品工业的灵魂。目前世界上的香料品种约 6 000 种，我国生产的香料近 1 200 种，有些品种属于我国特有资源产品，如某些天然香料。香料香精的市场需求量巨大，2005 年我国生产日用香料香精 19.8 万吨，2007 年我国生产食用香精香料 9.1 万吨。

现代造纸工业、染整工业、皮革工业和添加剂(助剂)工业的快速发展对人才的培养提出了更高的要求。

2.3.3 轻化工程专业学生培养的趋势

轻化工程专业涉及的行业面很广，其所在的学科不仅应用性强，而且学科之间交叉突出，所包含的基础和内容广泛，涉及化学化工、物理、机械、生物、计算机、物流、管理、环境保护等众多领域，对人才的培养要求更加全面。因此，目前本专业教学的总体目标是培养基础扎实、知识面宽、能力强、素质高，知识、能力、素质、个性协调发展，具有轻化工程专门知识的高水平复合型人才，以满足迅速发展的行业需求。

(1) 注重综合素质的培养　加强基础教育，以知识、能力、素质、个性的协调发展和综合提高为目标，努力培养厚基础、宽口径、高素质、富有创新和实践能力的高水平综合型人才。

(2) 注重工程能力的培养　加强工程思维训练，理论和实际相结合，注重分析问题、解决问题的能力。

(3) 注重拓宽知识面　注意相关学科知识的渗透，加强工学、理学、文学等学科领域的渗透和发展。

2.4 轻化工程专业培养方案

轻化工程是一个典型的应用型、交叉型学科，其应用领域很广，所包含的学科基础和内容广泛，涉及化学、化工、机械、材料、信息与自动化等学科，相应地，对人才培养的要求更加全面。

2.4.1 主干学科

本专业主干学科是化学工程与技术，强调应用自然科学的原理研究、分析和处理生产过程中各种物理、化学的变化规律，解决实际生产过程中的问题，其中的主要学科知识包括数学、化学、化工单元操作、化工设备设计等，其基本理论和方法为本专业的研究与发展的基础。

在重视过程研究的基础上，本专业更多地着力于产品的研究，使产品设计和过程设计融合，从而形成了独特的研究问题的方法——多尺度研究方法，即研究问题的手段跨越更多尺度，从分子尺度直到宏观尺度，如以产品结构为核心研究结构-性能关系和结构调控；从基本的物理化学现象的描述着手，预测设备的整体行为和产品的性能；从分子水平出发对过程和产品宏观行为和性质进行描述。

2.4.2 相关学科

与本专业相关的学科包括材料、环境、生物、机械、信息与自动化等。本专业的学生需要了解这些相关学科的基本知识，达到多学科的交叉和融合，学会运用相关学科所涉及的工程技术和原理解决本专业领域有关的工程问题。

2.4.3 培养目标

根据轻化工程专业的特点，培养方案的设计遵循加强基础，拓宽知识面，注重学习能力、工程实践能力、研究能力以及创新能力养成的总体原则，旨在培养知识、能力、素质、个性协调发展，具有化学、化工、机械、材料、信息与自动化等学科基础理论知识，掌握本专业专门知识，具备从事工程技术、生产管理、研究开发等基本能力的高级工程技术人才。

2.4.4 培养要求

由于学校类型不同,以及社会需求的不同,各校的培养规格不尽相同,各有侧重,但以下基本要求相同。

1. 素质结构要求

思想道德素质:有正确的世界观和人生价值观,具备良好的政治素质、思想素质、道德品质、法制意识、诚信意识和团体意识。

文化素质:具有良好的人文修养、艺术修养、现代意识、审美情趣及文字、语言表达能力和社会实践能力。

专业素质:有扎实的自然科学基础知识和本专业所需的专业基础知识,具备良好的科学素质和工程素质。

身心素质:达到大学生体育锻炼标准,受过必要的军事训练;身体健康,心理状态良好;有较强的适应能力、承受能力和人际交往能力。

2. 能力结构要求

获取知识的能力:有独立获取本专业知识、更新知识和应用知识的能力,具备较强的自学能力。

创新能力:具有创新意识和研究性学习能力,了解本专业科学技术最新发展动态及所研究领域的国内外研究前沿和发展趋势,具备一定的创新性思维和探索试验能力、科技开发能力。

应用知识能力:能将所学的基础理论与专业知识融会贯通,运用所学的理论、方法和技能解决轻化工程技术领域中某些实际问题,并具有专业领域中新产品、新工艺技术、新材料研究开发的初步能力。

3. 知识结构要求

工具性知识:掌握一门外语,能熟练阅读本专业外文资料;具有较强的计算机及信息技术应用能力,以及较强的获取信息的能力。

人文社会科学知识:基本掌握马克思主义、毛泽东思想、邓小平理论、三个代表思想等基本原理,具备文学、历史、哲学、艺术、法律、社会学、心理学等方面的知识,具有良好的思想品德修养和健康的心理。

自然科学知识:具有本专业所需的数学、化学、物理学等自然科学基础知识。

专业知识:系统掌握本专业的基本理论、工艺原理和实验技能,具备理论与实际相结合、分析和解决工程实际问题的能力,具备进一步攻读硕士研究生和博士研究生的良好潜质。

2.4.5 知识结构总体框架

本专业知识结构的总体框架由通识教育、专业教育和综合教育三个部分构成,其中通识教育包括人文社会科学、自然科学、经济管理、外语、体育、社会实践等;综合教育包括思想教育、军训、学术与科技活动、文艺活动、体育活动以及社团活动等。

专业教育部分由以下四个模块构成。

学科基础模块:包括数学基础、化学基础、机械设计基础等。

专业基础模块：包括化工基础、材料科学基础、环境工程基础等。

专业方向模块：包括各个专业方向的专业知识。

专业实践模块：包括实验(课程实验、专业综合实验)、设计(课程设计、毕业设计)、毕业论文(设计)、实习实训(工程制造基本技能训练、认识实习、毕业实习)、创新实践(科学训练、业余研究活动、学科竞赛、科技竞赛)等。

其中学科基础、专业基础、专业实践三个模块对四个专业方向而言是相同的，专业方向模块则与方向有关，各有特色。

2.4.6 部分核心课程描述

1. 有机化学

有机化学是化学学科的重要分支，它是研究有机化合物的组成、结构、合成、物理性质及有机化合物之间相互转化规律的学科，是本专业的重要基础课。

课程基本内容包括：有机化合物的结构和性质、烃类有机化合物(烷烃、烯烃、炔烃和二烯烃、脂环烃、芳烃、卤代烃)、含氧有机化合物(醇、醚、酚、醌、醛、酮和羧酸及其衍生物)、含氮有机化合物(硝基化合物、胺、重氮和偶氮化合物)、杂环化合物、碳水化合物、氨基酸、蛋白质、核酸、红外光谱、核磁共振等。

本课程是一门理论和实践并重的课程，通过学习学生可了解近代有机化学的基本理论，并具备必要的基本知识和一定的基本技能，为后继课程和进一步掌握新的科学技术打下必要的基础。

2. 物理化学

物理化学是化学科学中的一个学科，是整个化学科学和化学工艺学的理论基础。它运用数学、物理学等基础科学的理论和实验方法，研究化学变化包括相变化和 $p-V-T$ 变化中的平衡规律和速率规律，以及这些规律与物质微观结构的关系。为后继专业课程如化工原理等提供更直接的理论基础，起着承上启下的枢纽作用。

课程的基本内容包括：物质的 $p-V-T$ 关系和热性质、热力学定律和热力学基本方程、多组分系统的热力学、逸度和活度、相平衡、化学平衡、传递现象、化学动力学、各类反应的动力学、独立子系统的统计热力学、相倚子系统的统计热力学、速率理论、界面现象、电解质溶液、电化学、胶体。

通过本课程的学习，学生可以掌握物理化学的基本知识和科学思维方法，加深对自然现象本质的认识，并为与化学有关的技术科学的发展提供基础。

3. 化工原理

化工原理的主要研究内容是以化工生产中的物理加工过程为背景，按其操作原理的共性归纳成的若干“单元操作”。化工原理用自然科学的原理考察、解释和处理工程实际问题。研究方法主要是理论解析和在理论指导下的实验研究。

课程主要内容包括：流体力学原理及流体输送设备(流体流动、流体输送机械、液体搅拌、流体通过颗粒层的流动、颗粒的沉降和流态化)、传热过程原理及设备(传热、蒸发)、传质过程原理及设备(气体吸收、精馏、液液萃取、气液传质设备)、热质同时传递的过程以及其他传质分离方法等。

化工原理的教学强调培养学生的工程观点，着重定量运算和设计能力的训练，使学生能够将理论和实际相结合，提高分析问题、解决问题的能力。

4. 化工流变学

化工流变学重点研究流体的流变状态方程，是非牛顿流体化工学工程的重要理论基础之一。由于轻化工产品的生产中设计的流体多数为含有复杂结构的非牛顿流体，其制备过程为非牛顿流体加工过程，因此学生必须掌握非牛顿流体的特殊流变性质。

课程重点介绍流变学的方法论地位、非牛顿流体分类和性质、张量基本知识、材料函数和流变测量学、广义牛顿流体、线性黏弹性流体、非线性黏弹性流体的性质及其本构方程、由非线性本构方程获得材料函数的方法、非牛顿流体力学概论等

通过本课程的学习，学生可掌握化工流变学的基本观点和方法，应用流变学观点和方法为解决轻化工程专业的非牛顿流体问题奠定理论基础。

5. 轻化工产品合成原理

轻化工产品合成是轻化工程专业的核心内容。本课程以有机化合物合成工艺的共性——即有机基团反应为中心，着重介绍各种常用有机化合物的基团组装反应的基本原理和应用范围，重点介绍轻化工产品经常涉及的有机合成基元反应。

教学基本内容包括：轻化工合成中基本单元反应(磺化、硫酸化、硝化、卤化、还原、氨基化、烷基化、酰化、羟基化、酯化、重氮化与偶合)的反应历程、各种相关的化学基础理论及其生产工艺、重要设备，并结合最终的专业应用实例，来探索轻化工合成反应原理及应用，为进一步学习轻化工程相关专业知识奠定坚实的基础。

6. 表面与胶体化学

表面与胶体化学是应用非常广泛的化学分支学科，涉及塑料、造纸、涂料、石油开发、陶瓷、催化、建材、农药、环保、医药、食品等众多应用领域。

教学基本内容包括：胶体化学的基本原理、各种界面性质、胶体与界面现象的关系、表面活性物质、乳状液、高分子溶液、胶体科学的新发展以及表面与胶体化学在轻工、材料、食品、生物、环境、能源等领域的应用。

7. 合成材料添加剂化学

高分子合成材料品种繁多、发展迅速，但从用量和用途来看，最有代表性的仍是塑料、纤维和橡胶这三大类材料，而添加剂的应用对其加工性能和使用功能的提高起着关键性的作用。本课程即以三大合成材料为背景，重点介绍在此领域中应用的添加剂结构、性能和作用机理。

教学主要内容包括：添加剂的基本特征，各种添加剂的结构、性能、作用机理、合成与应用，使学生全面了解合成材料添加剂的全貌、作用原理、应用领域，以及添加剂在合成材料的加工及应用中的重要性。

8. 添加剂生产设备及设计

了解设备、选择适当型号的设备、设计符合要求的设备，是完成生产任务、获得良好效益的重要保证。学习本课程，使学生具备必要的轻化工生产设备知识和工程概念，强化理论和实际相结合，提高分析问题、解决问题的能力。

教学主要内容包括常用设备的工作原理及特点、工艺计算、设备计算与选型，以及设备的防护等。

2.5 轻化工程专业人才面临的机遇与挑战

2.5.1 轻化工程专业人才面临的机遇

目前,我国已有数所大中专院校开办了轻化工程专业。据2003年轻化工程教指委分委员会不完全统计,全国规模以上的企业制浆造纸业与纸制品业为5 285个、皮革业3 370个,印刷企业1 190个(纺织业中有染整车间的企业6 332个),共计9 845个。从业人员据不完全统计近700万人,其中制浆造纸业115万人、皮革500万人、染整82万人。调研数据显示,全国轻化工程专业每年的毕业生仅为1 800人。我国现有培养的轻化工程专业人才已经无法满足行业的发展需要。如我国每年培养的皮革本科生不足200人,对500万的皮革从业人员来讲,我国现有的皮革本科生和硕士生远远不能满足现有皮革业的需要,不足百名的皮革博士培养数与皮革业的发展也不相协调。

目前,我国是世界上最大的纺织服装生产国。随着中国城镇化建设加快,中国家用纺织品需求总量将大幅增长;同时随着中国汽车、建筑、卫生、水利、农业、交通、能源等相关产业的发展,必将带动产业用纺织品消费的不断增长。我国的纺织行业主要产品如纱、坯布、印染布、化纤、服装等居世界首位,我国皮革业在产业资源、劳动密集型及形成农业产业链等方面具有明显的比较优势。一是皮革资源量世界第一,其中猪皮、羊皮原料资源量居世界第一,牛皮居世界第三。二是皮革、毛皮制品产量世界第一。每年轻革产量近5亿平方米;鞋类产量近60亿双,占世界鞋类总量的50%以上;皮衣和皮具综合产量居世界之首。三是出口居轻工行业第一。近年来,我国国民经济快速发展,造纸工业的巨大市场容量和发展潜力,已成为拉动我国造纸工业发展的主要动力。国际造纸跨国公司的进入和我国造纸工业大力引进国际先进技术,有力地推动了我国造纸工业的发展。目前我国已具备从造纸生产和消费大国向世界造纸强国转变的现实基础。我国高校培养的轻化工程专业所涵盖的三大行业制浆造纸、皮革、纺织行业的高速发展,为轻化工程专业人才提供了很好的实践和就业平台,轻化工程专业人才面临巨大的机遇。轻化工程专业人才必将在经济发展的大潮中,与行业同成长,大展身手。

2.5.2 轻化工程专业人才面临的挑战

挑战与机遇同在。在面临巨大机遇的同时,对人才也提出了更高的要求。轻化工程专业所涵盖的行业是与人们生活密切相关的,直接影响人们生活质量和生活水平的。由于现在人们对健康、环保等的要求不断提高,对服装、皮革制品的需求趋向舒适、功能性。对皮革行业和造纸行业的污染提出了越来越严格的要求。全球化的竞争激烈、环保要求的日益提高、科学技术进步的日新月异对轻化工程专业人才提出了如下的要求:(1)由于全球化竞争的加剧,国外一些跨国企业大举进攻国内市场,国内企业与世界接轨,企业生存的压力和研发投入,对毕业生的科研能力要求提高,以适应开放的竞争市场和越来越苛刻的环保要求。一些高校也在适应这种需求,在保持原学科、专业特色和优势的前提下,增开与优势学科、专业紧密相关的新的本科专业。如华南理工大学开办的资源科学与工程新专业,四川大学开办的轻工生物技术新专业。(2)目前行业对人才的需求大,而毕业生少,企业对人才的综合素质能力也提出更高的要求,不仅要懂技术,还要懂管理、懂营销,要密切跟踪行业发展,满足行业发展需求。一些高校赋予轻化工程专业丰富的办学内涵,开设轻化工程专业的新方向。如四川大学开办的皮革商贸轻化工程新方向、皮革制品设计及管理新方向和华东理工大学开办的轻化工程添加剂化学与工程新专业方向等。(3)由于与专业相关的如皮鞋、皮具、服装等的迅猛发展,对有皮革基础的设计、制鞋等人才需求增大。为了满足企业需求,一些高校也增开了新方向,如陕西科技大学开办的以皮革服装为特色的服装设计与工程新专业等。

在当前的新形势下,要求轻化工程专业的学生具有扎实的基础知识,对化学、生物、实验、设计、机械等要打牢基础,积极锻炼实际动手能力,要有肯吃苦的心态,同时要学好外语,开阔知识面,学习经贸知识如管理、营销等课程,提高综合素质。

3 油气储运工程

近代石油工业的发展约有 150 年的历史。石油在 20 世纪世界工业化进程中起了极其重要的作用，它不仅在能源、交通方面支撑着工业化的进行，在化工等各个方面也起着举足轻重的作用，因此被称为“工业的血液”。我国是世界上最早发现、开采和利用石油的文明古国。两千年前，我们的祖先就开始描述和利用石油了。公元前 221—210 年，四川就出现了天然气井；13 世纪，四川的先民已大规模开采气田煮盐。公元 1878—1949 年的旧中国勘探、开发了一批油气田，如玉门的老君庙、新疆的独山子、台湾苗栗的出磺坑、陕北的延长等油田和四川的圣灯山等气田；但自 1904 年至 1949 年累积产量仅 210 万吨。中国现代石油工业的建设是在 1949 年新中国成立以后开始的，经过半个多世纪的奋斗，已发现了大庆、胜利、克拉玛依、辽河、任丘、南海、蓬莱等一批油田和四川、陕甘宁、南海、柴达木、塔里木等一批气田，见图 3-1。2007 年我国的原油产量达到了 1.87 亿吨，天然气产量达到了 666.1 亿立方米。

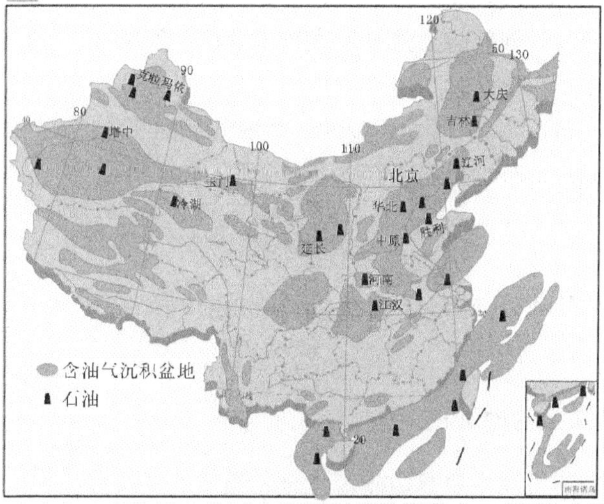

图 3-1　中国石油资源和主要油田分布

虽然中国的石油工业进入了大发展的阶段，但是国民经济的快速发展对石油工业提出了更高的要求。1993 年，我国又开始进口原油，而且石油缺口的量不断增加。在这样矛盾的情况下，对中国石油工业应有一个正确的认识。它到底是一个发展中的产业或高峰期的产业还是一个夕阳产业？目前的几个事实应该能清楚地说明上述问题。一是我国油气产量还在逐年稳步上升，保持在世界前十位这样一个较高的产量水平上；二是后备储量也在不断增长，能支持产量维持在这一较高水平上，能确保“西气东输”的资源基础；三是大型油气田还在不断发现，如近几年发现的内蒙古苏里格大气田（5×10^3 亿立方米以上）、塔里木盆地的克拉 2 号大气田(2.5×10^3 亿立方米)、川东北普光气田(3.5×10^3 亿立方米)是目前我国最大的整装气田。2007 年 8 月,国土资源部油气储量评审办公室核准冀东南堡油田石油探明地质储量为 4.451 亿吨油当量,三级(探明、控制、预测)油气地质储量当量达到 11.8 亿吨,是一个超过十亿吨级的特大油田,超过渤海湾的蓬莱 19-3 油田,成为位列大庆油田之后的第二大油田,说明我国东、西部地区都有着巨大的潜力。这说明我国石油工业仍处在向上发展的阶段,是朝阳产业。根据对我国资源量的估算,石油高峰年产量预计将达到 2.5 亿吨左右。

油气储运系统是连接油气生产、加工、分配、销售诸环节的纽带,在保障国家能源供应、维护能源安全中具有重要作用。随着"西气东输"等大型油气储运工程的开工建设,我国油气储运业进入了一个新的大发展时期。油气储运工程不仅与相关技术领域的联系越来越紧密,而且从来没有像今天这样与普通百姓的生活息息相关。与此同时,我们也面临着越来越强烈的技术挑战和竞争压力。

原油的一次加工能力即原油蒸馏装置的处理能力,常被视为一个国家炼油工业发展水平的标志。2006 年,中国原油蒸馏装置加工能力约达 350 Mt/a,居世界第二位;原油加工量达到 307.0 Mt/a,四大类成品油(汽油、柴油、煤油和航空煤油)产量达到 188.0 Mt/a。

近年来,我国在炼油技术方面先后开发成功包括重油催化裂化、加氢裂化、加氢精制、渣油加氢处理、加氢改质等一系列有特色的成套技术,取得了一批重大的工业化成果。其中重油催化裂化和渣油加氢处理技术达到国际先进水平。我国炼油技术水平已进入世界先进行列。经过半个多世纪的发展,我国已建成较为完整的炼油工业和石化工业体系,培育造就了以院士们领衔的实力雄厚、专业配套、创新能力强的宏大技术队伍。2008 年 1 月,闵恩泽院士荣获了国家最高科技奖,是我们的学习榜样。

我国石油与天然气和石化工业的迅速发展,为油气储运工程专业人才提供了展示才华的广阔天地。有志气、有抱负、有理想的年轻人,华东理工大学石油加工系油气储运工程专业定将助您成才。

3.1 油气储运工程专业在人类社会发展中的地位和作用

3.1.1 石油炼制工业的地位和作用

已逐渐为人们熟知的石油主要是由碳氢化合物组成的复杂混合物。关于石油形成的说法基本上有两种:一种是有机生成说,认为古代的动植物遗体经过许多世纪的堆积,被新岩层覆盖后,与空气隔绝,在缺氧的还原环境下,发生复杂的物理化学变化,在地下逐渐形成石油和天然气;另一种是无机生成说,认为石油是由水和二氧化碳与金属氧化物发生地球化学反应而生成的。

石油(Petroleum),指气态、液态和固态的烃类混合物,具有天然的性质。

原油(Crude Oil),是指石油的基本类型,储存在地下储集层内,在常压条件下呈液态。原油中也包括一小部分液态的非烃组分。

石油不能直接作为汽车、飞机、轮船等交通运输工具发动机的燃料,也不能直接作为润滑油、溶剂油、工艺用油等产品使用,必须经过石油炼制工艺加工,才能高效利用和清洁转化,获得符合质量要求的各种石油产品。

石油炼制工业生产汽油、煤油、柴油等燃料与润滑油，三烯(乙烯、丙烯、丁二烯)、三苯(苯、甲苯、二甲苯)等化学工业原料，是国民经济支柱产业之一，关系国家的经济命脉和能源安全，在国民经济、国防和社会发展中具有极其重要的地位和作用。世界经济强国无一不是炼油和石化工业强国。我国原油加工能力居世界第二位，乙烯生产能力居世界第三位，但人均生产能力不高。大力发展炼油化工是高速发展国民经济的需要。

2020 年我国要实现人均国民生产总值比 2000 年翻两番、全面建设成小康社会的伟大目标，国民经济的快速发展需要更多的运输燃料及石化产品。中国石油化工股份有限公司领导指出：有关研究认为各项节约措施到位，汽车保有量 2020 年能保持在 1 亿辆之内，汽油、柴油、航空煤油的需求量将分别达到 86 Mt、152 Mt、22 Mt，石化产品以乙烯为代表 2020 年的当量消费量将达到 38 Mt，快速增长的市场需求为炼油石化工业的发展提供了难得的机遇。但是面向未来，我国炼油石化产业面临的原油资源短缺和保护环境的压力越来越大。炼油石化工业发展的基础是石油。随着人类对石油的不断勘探开发，石油探明储量还在不断增加，但我们应加深理解国家实行石油安全战略的伟大意义。

表 3 - 1 是 2006 年世界石油探明储量居前 10 位的国家。

表 3 - 1 2006 年世界石油探明储量居前 10 位的国家

国别	沙特阿拉伯	加拿大	伊朗	伊拉克	科威特	阿联酋	委内瑞拉	俄罗斯	利比亚	尼日利亚
储量/$\times10^8$ t	354.37	244.44	185.87	156.86	135.04	133.4	109.14	81.84	56.56	49.4

长期以来，我国石油产量稳中有升。但是我国石油消费的增长速度远高于产量及探明可采储量的增长速度，石油资源短缺的矛盾日益凸现，进口依存度不断增加(见表 3 - 2)。而国际市场石油的供应形势不容乐观，高油价并非一时现象。

表 3 - 2 2002—2006 年我国的石油产量、探明可采储量、储采比、消费量及进口依存度

年份/年	2002	2003	2004	2005	2006	备注
产量 /$\times10^8$ t	1.67	1.696	1.759	1.808	1.838	居世界第五位
探明可采储量 /$\times10^8$ t	21.86	21.81	21.88	21.88	22.23	
储采比	13.1	12.9	12.4	12.1	12.1	
消费量 /$\times10^8$ t	2.486	2.719	3.172	3.283	3.47	居世界第二位
进口依存度 /%	32.8	37.6	44.5	44.9	47	

世界石油供应紧张的同时，可以供应的石油质量越来越差。即原油越来越重，原油的硫含量增加。而油品质量标准和生产过程“三废”排放限制日趋严格。

因此，我国炼油石化工业要充分重视合理有效利用石油资源，要高度重视工艺过程和产品清洁化，使紧缺的石油资源最大量生产优质运输燃料和石化原料。在建设资源节约型和环境保护型社会中努力贡献力量。

3.1.2 油气储运系统的地位和作用

不仅在石油工业内部油气储运系统是联系产、运、销的纽带，在全国以至国际范围内，它是能源保障系统的重要一环。石油和天然气是世界各国经济发展和人们生活中不可缺少的重要能源，但全球油气资源的分布却很不均衡，以天然气为例，世界已探明的剩余储量中，俄罗斯占34%，且高度集中在西伯利亚和边东地区的巨型气田中。人口不到世界5%的中东地区占有32%的探明储量，而人口占世界近60%的亚洲，只有约9%的探明储量。我国的分布不均情况也和世界类同，新疆塔里木盆地的资源量占全国的23%，沿海区域占21%。

一方面资源大部分分布在远离消费中心的边缘地区，另一方面各国和各地区的需求量又差别很大。1992年北美、中东、亚洲(包括大洋洲)的天然气消费量占世界总消费量的份额分别为32.1%、4.5%和8.4%。

不论是国内还是国际，面对这一供需矛盾，都迫切需要一个可靠而巨大的油气储运系统来联系产地和消费中心。油气储运系统的可靠与否不仅影响国家经济建设的可持续发展，也是制约区域经济平衡发展的重要因素。油气储运系统的不完善和故障，必然会给油气生产方(国)和消费方(国)带来重大的经济损失。至于一旦发生战争，油料保障更是战争胜败的关键因素。

欧美各大石油公司均不惜投入巨资建设油气储运设施，各国政府在油气储备、管道安全、输气管网及城市配气的运营等方面均制定了一系列法令、法规，一方面要加强油气供应的保障能力，另一方面又要控制大公司的垄断。

3.2 油气储运工程专业技术与研究内容

3.2.1 石油炼制工艺概述

1. *石油的组成和性质*

石油是一种主要由碳氢化合物组成的复杂混合物。世界各油区所产石油的性质、外观都有不同程度的差异。大部分石油是暗色的，通常呈黑色、褐色或浅黄色。石油在常温下多为流动或半流动的黏稠液体。相对密度在0.8～0.98，个别原油如伊朗某石油相对密度高达1.016，美国加利福尼亚州的石油相对密度低到0.707。重质原油的相对密度一般大于0.93，而且黏度较高，这类原油蕴藏也较丰富。轻质原油的相对密度一般小于0.80，特点是相对密度小、轻油收率高、渣油含量少，这类原油目前的探明储量较少。我国主要油区原油的相对密度多在0.85～0.95，凝点及蜡含量较高、庚烷沥青质含量较低，属偏重的常规原油。

许多石油含有一些有臭味的硫化合物，有浓烈的特殊气味。我国原油一般含硫量都较低，一般都在0.5%以下，只有胜利原油、新疆塔河原油和孤岛原油含硫量较高。

2. *石油产品*

(1) 石油产品总分类

石油产品种类繁多、用途各异。为了与国际标准相一致，我国参照国际标准化组织ISO8681标准，制定了GB498—87标准体系，将石油产品分为6大类，见表3-3。各门类标准又根据各自特点分成若干组。

表 3-3 石油产品总分类

GB498—87 标准			ISO8681 标准	
序号	类别	各类别含义	Class	Designation
1	F	燃料	F	fuels
2	S	溶剂和化工原料	S	solvents and raw materials for the chemical industry
3	L	润滑剂	L	lubricants, industrial oil and related products
4	W	蜡	W	waxes
5	B	沥青	B	bitumen
6	C	焦	C	(Cokes)

(2) 石油燃料分类

石油燃料占石油产品总量的 90% 以上,其中以汽油、柴油等发动机燃料为主。GB/T12692—90《石油产品燃料(F 类)分类总则》将燃料分为四组,详见表 3-4。

表 3-4 石油燃料的分组

组别	燃料类型	各类别含义
G	气体燃料	主要由甲烷或乙烷,或它们混合组成
L	液化气燃料	主要由 C_3、C_4 的烷烃、烯烃混合组成,并经加压液化
D	馏分燃料	常温常压下为液态的石油燃料,包括汽油、煤油和柴油,以及含有少量蒸馏残油的重质馏分油(锅炉燃料)
R	残渣燃料	主要由蒸馏残油组成

根据发动机工作原理的不同又将馏分燃料(D 组)分为 4 大类,见表 3-5。

表 3-5 馏分燃料的分类和使用范围

类别	种类	名称	使用范围
汽油机燃料	航空燃料	航空汽油	活塞式航空发动机、快速舰艇发动机
	汽车燃料	车用汽油	汽油机汽车、摩托车、舰艇汽油发动机
柴油机燃料	高速柴油机燃料	轻柴油 军用柴油	各种柴油机汽车及牵引机、坦克柴油发动机、拖拉机、内燃机车和舰艇柴油发动机
	中速柴油机燃料	重柴油	中速柴油机
	大功率低速柴油机燃料	船用燃料	大功率低速柴油机
喷气发动机燃料	喷气燃料	煤油型 宽馏分型 高闪点型 大密度型	涡轮喷气发动机、涡轮风扇发动机、涡轮轴发动机、涡轮螺桨发动机、桨扇发动机
锅炉燃料	锅炉燃料	舰用燃料油	舰船锅炉

不同使用场合对所用燃料提出相应质量要求。产品质量标准的制定是综合考虑产品使用

要求、所加工原油的特点、加工技术水平及经济效益等因素，经一定标准化程序，对每一种产品制定出相应的质量标准(俗称规格)，作为生产、使用、贮运和销售等各部门必须遵循的具有法规性的统一指标。在我国主要执行的有中华人民共和国强制性国家标准(GB)、推荐性国家标准(GB/T)、国家军用标准(GJB)、石油和石油化工行业标准(SY、SH)和企业标准(QB)等数种。

3. 原油评价与原油加工方案

不同油区所产的原油在组成和性质上差别较大，即使在同一油区，不同油层和油井的原油在组成和性质上也可能有很大的差别。不同组成的原油表现出的物理性质不同。而不同的化学组成及物理性质对原油的使用价值、经济效益都有影响。对许多原油来说，它的各项性质指标间往往存在着利弊交错、优劣共存的现象，这样就需要对原油进行分析评价。人们根据对所加工原油的性质、市场对产品的需求、加工技术的先进性和可靠性，以及经济效益等诸方面的分析，制订合理的加工方案。

4. 原油蒸馏

原油是极其复杂的混合物，通过原油的蒸馏可以按所制订的产品方案将其分割成直馏汽油、煤油、轻柴油或重柴油馏分及各种润滑油馏分和渣油等。原油蒸馏是石油加工中第一道不可少的工序，故通常称原油蒸馏为一次加工，其他加工工序则称为二次加工。蒸馏过程得到的这些半成品经过适当的精制和调和便成为合格的产品，也可以按不同的生产方案分割出一些二次加工过程所用的原料，如重整原料、催化裂化原料、加氢裂化原料等，以便进一步提高轻质油的产率或改善产品质量。

原油的一次加工能力即原油蒸馏装置的处理能力，常被视为一个国家炼油工业发展水平的标志。2006 年，世界原油蒸馏装置加工能力为 4 258.96 Mt/a，中国原油蒸馏装置加工能力约达 350 Mt/a，居世界第二位；原油加工量达到 307.0 Mt/a，四大类成品油(汽油、柴油、煤油和航空煤油)产量达到 188.0 Mt/a。

目前我国常减压蒸馏装置单套的加工能力最大为 10.0 Mt/a，国外最大已达 12.5 Mt/a。

5. 催化裂化

催化裂化是重质油在酸性催化剂存在下，在 500℃左右、$(1\sim3)\times10^5$ Pa 下发生以裂化反应为主的一系列化学反应，生成轻质油、气体和焦炭的过程。催化裂化是现代化炼油厂用来改质重质瓦斯油和渣油的核心技术，是重质原料轻质化的主要技术措施，也是炼油厂获取经济效益的重要手段。

(1) 催化裂化在炼油厂中的地位和作用

随着对轻质油品特别是对汽油需求量的增加，催化裂化无论是加工能力、装置规模，还是工艺技术均以较快的速度发展。

(2) 催化裂化的发展概况

世界上第一套工业意义上的固定床催化裂化装置于 1936 年 4 月 6 日正式运转，采用固定床技术；随后的几年中，又分别出现了移动床(TCC)和流化床催化裂化技术(FCC)。1942 年第一套流化催化裂化装置在美国投产。我国第一套流化催化裂化装置于 1965 年在抚顺建成投产。20 世纪 70 年代提升管与沸石催化剂的结合使流化催化裂化技术发生了质的飞跃，原料范围更宽，产品更加灵活多样，装置操作更稳定。60 多年来，无论是在规模上还是在技术上都有了巨大的发展。从技术发展的角度来说，最基本的是反应-再生型式和催化剂性能两个方面的发展，而催化剂性能的突破导致了反应-再生核心工艺的变化。

原料油在催化剂上进行催化裂化时，一方面通过分解等反应生成气体、汽油等较小分子的产物，另一方面同时发生缩合反应生成焦炭。这些焦炭沉积在催化剂的表面上，使催化剂的活性下降。因此，经过一段时间的反应后，必须烧去催化剂上的焦炭以恢复催化剂的活性。这种用空气烧去积炭的过程称为“再生”。由此可见，一个工业催化裂化装置必须包括反应和再生两个部分。

(3) 催化裂化的原料和产品

催化裂化的原料范围广泛，可分为馏分油和渣油两大类。馏分油主要是直馏减压馏分油(VGO)，馏程 350～500℃，也包括少量的二次加工重馏分油如焦化蜡油(CGO)、脱沥青油(DAO)等；渣油主要是减压渣油、加氢处理渣油等。渣油都是以一定的比例掺入减压馏分油中进行加工，其掺入的比例主要受制于原料的金属含量和残炭值。对于一些金属含量很低的石蜡基原油也可以直接用常压重油作为原料。当减压馏分油中掺入渣油时则通称为重油催化裂化(RFCC)，1995 年之后我国新建的装置均为掺炼渣油的 RFCC。

通常评价催化裂化原料的指标有馏分组成、特性因数 K 值、相对密度、苯胺点、残炭、硫含量、氮含量、金属含量等。其中残炭、金属含量和氮含量对 RFCC 影响最大。

催化裂化的产品包括气体、液体产物和焦炭。

① 气体

在一般工业条件下，气体产率约为 10%～20%(质量分数)，其中含有 H_2、H_2S 和 C_1～C_4 等组分。C_1～C_2 的气体叫干气，约占气体总量的 10%～20%(质量分数)，其余的 C_3～C_4 气体叫液化气(或液态烃)，其中烯烃含量可达 50%左右。

干气中含有 10%～20%的乙烯，它不仅可作为燃料，还可作为生产乙苯、制氢等的原料。

液化气中含有丙烯、丁烯，是宝贵的石油化工原料和合成高辛烷值汽油的原料；丙烷、丁烷可作制取乙烯的裂解原料，也是渣油脱沥青的溶剂。同时，液化气也是重要的民用燃料气来源。

② 液体产物

汽油：汽油产率约为 30%～60%(质量分数)，其研究法辛烷值约 80～90，又因催化汽油所含烯烃中，α-烯烃很少，且基本不含二烯烃，所以安定性较好。

柴油：柴油产率约为 0%～40%(质量分数)，因含有较多的芳烃，所以十六烷值较直馏柴油低，由重油催化裂化得到的柴油的十六烷值更低，只有 25～35，而且安定性很差，这类柴油需经过加氢处理，或与质量好的直馏柴油调和后才能符合轻柴油的质量要求。

重柴油(回炼油)：重柴油是馏程在 350℃以上的组分，可作回炼油返回到反应器内，以提高轻质油收率，但因其含芳烃多(35%～40%)使生焦率增加，不回炼时就以重柴油产品出装置，也可作为商品燃料油的调和组分。

油浆：油浆产率约为 5%～10%(质量分数)，是从催化裂化分馏塔底得到的渣油，含有少量催化剂细粉，可以送回反应器回炼以回收催化剂，但因油浆富含多环芳烃而容易生焦，在掺炼渣油时为了降低生焦率要向外排出一部分油浆。油浆经沉降除去催化剂粉末后成为澄清油，因多环芳烃的含量较大(50%～80%)，所以是制造针焦的好原料，或作为商品燃料油的调和组分,也可作为加氢裂化的原料。

③ 焦炭

焦炭的产率约为5%~7%(质量分数),重油催化裂化的焦炭产率可达8%~10%(质量分数)。焦炭是缩合产物,它沉积在催化剂的表面上,使催化剂丧失活性,所以要用空气将其烧去使催化剂恢复活性,因而焦炭不能作为产品分离出来。

6. 催化加氢

催化加氢是在氢气存在下对石油馏分进行催化加工过程的通称。催化加氢技术包括加氢处理和加氢裂化两类。

加氢处理是指在加氢反应过程中,只有小于等于10%的原料油分子变小的加氢技术。它包括传统意义上的加氢精制和加氢处理技术。依照其所加工原料油的不同,它包括催化重整原料油加氢精制、石脑油加氢精制、催化汽油加氢精制、喷气燃料加氢精制、柴油加氢精制、催化原料油加氢预处理、渣油加氢处理、润滑油加氢、石蜡和凡士林加氢精制等。

加氢裂化是指在加氢反应过程中,原料油分子中有10%以上变小的加氢技术。它包括传统意义上的高压加氢裂化(反应压力大于14.5MPa)和缓和与中压加氢裂化(反应压力小于等于12.0MPa)技术。依照其所加工原料油的不同,可分为馏分油加氢裂化、渣油加氢裂化和馏分油加氢脱蜡等。

加氢精制的目的在于脱除油品中的硫、氮、氧杂原子及金属杂质,同时还使烯烃、二烯烃、芳烃和稠环芳烃选择加氢饱和,从而改善油品的使用性能。

加氢精制的优点是原料油的范围宽、产品灵活性大、液体产品收率高[(>100%(体积分数)],产品质量好。而且与其他产生废渣的化学精制方法相比还有利于保护环境和改善工人劳动条件。因此无论是加工高硫原油还是加工低硫原油的炼油厂,都广泛采用这种方法来改善油品的质量。

润滑油加氢是使润滑油的组分发生加氢精制和加氢裂化反应,使一些非理想组分的结构发生变化,以达到脱除杂原子、使部分芳烃饱和并改善润滑油的使用性能的目的。

加氢处理是通过加氢精制反应和部分加氢裂化使原料油质量符合下一个工序要求。加氢处理多用于渣油和脱沥青油。

馏分油加氢裂化的原料主要有减压蜡油、焦化蜡油、裂化循环油及脱沥青油等,其目的是生产高质量的轻质油品,如柴油、航空煤油、汽油等。其特点是具有较大的生产灵活性,可根据市场需要,及时调整生产方案。渣油加氢裂化与馏分油加氢裂化有本质的不同,由于渣油中富集了大量硫化物、氯化物、胶质、沥青质大分子及金属化合物,使催化剂的作用大大降低。因此,热裂解反应在渣油加氢裂化过程中有重要作用。一般来说,渣油加氢裂化的产品尚需进行加氢精制。

馏分油加氢脱蜡、加氢改质过程主要是常压瓦斯油(AGO)、焦化柴油等原料生产低凝点或低硫、较高十六烷值的优质柴油或喷气燃料。

7. 催化重整

催化重整是以石脑油为原料生产高辛烷值汽油、轻芳烃(苯、甲苯、二甲苯,简称BTX),同时副产氢气的重要炼油过程。重整是指对烃类的结构重新排列,使之转变为另一种分子结构烃类的过程。催化重整是指原料油中的正构烷烃和环烷烃在催化剂存在下转化为异构烷烃和芳烃的过程。催化重整反应的核心是环烷烃脱氢转化为芳烃的反应。随着车用燃料清洁化程度的不断提高和石油化工工业对BTX需求量的不断增加，催化重整在石油炼制与石油化工工业中将会发挥越来越大的作用。

工业催化重整装置种类繁多，按照催化剂类型，催化重整可分为单金属重整（铂重整）、双金属重整（铂铼重整和铂锡重整）和多金属重整；按照反应器形式，催化重整可分为固定床重整、移动床重整和流化床重整；按照催化剂再生形式，催化重整可分为半再生式重整、循环再生式重整和连续再生式重整；按照原料沸程的不同，催化重整可分为窄馏分重整和宽馏分重整。目前工业应用的催化重整工艺主要是固定床重整工艺和移动床连续再生催化重整工艺，其中固定床工艺又分为固定床半再生式和固定床循环再生式或末反再生式重整工艺，移动床重整工艺又分为轴向重叠式和水平并列式重整工艺。

8. 延迟焦化

焦化（严格称焦炭化）工艺是一种重要的渣油热加工过程。它以渣油为原料，在高温（500～505℃）下进行深度热裂化反应，属于热加工过程。主要产物有气体、汽油、柴油、蜡油（重馏分油）和焦炭。它包括延迟焦化、釜式焦化、平炉焦化、流化焦化、灵活焦化等五种工艺过程。

焦化工艺至今已有70多年的工业运转经验，已经成为一项重要的渣油加工工艺。2004年，世界焦化加工能力为244Mt/a，世界延迟焦化装置加工能力排名前五位的国家见表3-6。中国是焦化能力发展较快的国家之一，居世界第二位。

表3-6 2004年世界主要国家延迟焦化装置的加工能力

序号	国 家	延迟焦化/($Mt \cdot a^{-1}$)	延迟焦化占原油加工能力之比/%
1	美国	128.69	15.34
2	中国	37.25	11.70
3	印度	9.329	8.27
4	墨西哥	8.525	10.12
5	委内瑞拉	7.970	12.43

从炼油技术看，减压渣油的轻质化和预处理、生产适宜的催化裂化原料并减少催化裂化的生焦量已成为焦化过程的主要目的之一。近年来，焦化过程也为加氢裂化提供原料油。

今天，焦化已不仅是重要的渣油转化过程和单纯为了增产汽、柴油的工艺方法；石油焦也已经不再是炼油的副产品。优质石油焦除了广泛应用于钢铁、炼铝工业外，其应用已经逐步向生产新材料方面延伸。焦化工艺已成为生产碳素材料的工艺技术。在美国，渣油化学和沥青化学已经成为石油化学的新分支。

在各类焦化工艺中，延迟焦化工艺技术成熟，装置投资和操作费用较低，并能将各种重质渣油（或污油）转化成液体产品和特种石油焦，可大大提高炼油厂的柴汽比。随着渣油/石油焦的气体技术和焦化-气化-汽电联合工艺技术不断得到开发和应用，延迟焦化工艺将成为渣油深度加工的重要手段。至2006年，我国拥有延迟焦化装置43套，焦化加工能力为45.1 Mt/a。

9. 高辛烷值汽油组分生产技术

随着汽车工业的快速发展和对节约能源与环境保护的日益重视，对车用汽油的抗爆性和清洁性提出了更高的要求。辛烷值是代表车用汽油抗爆性能的重要指标。汽油的辛烷值越高,则抗爆性能越好。而汽车排放性能的好坏与汽油的组成密切相关。因此车用汽油的发展方向是低硫、低烯烃、低苯、低芳烃、低蒸气压和高辛烷值,并添加一定量的含氧化合物和清净剂。

催化裂化汽油和重整汽油是国内外车用汽油的主要调和组分,而烷基化油、异构化汽油、加氢精制汽油和醚类含氧化合物等在各国车用汽油中调和比例各不相同。与催化裂化汽油和重整汽油相比,烷基化油、异构化汽油和醚类含氧化合物不含有硫、烯烃和芳烃,并且具有更高的辛烷值,因而是清洁汽油最理想的高辛烷值组分。

10. 润滑油基础油的生产

我国润滑油工业正在逐渐走向成熟。如何满足润滑油产品对基础油的需求,融入全球润滑油产业链中,取得市场竞争中的胜利,是摆在基础油生产企业面前的一个课题。

基础油是润滑油的主要成分,决定着润滑油的基本性质。而润滑油基础油的性能与其化学组成有密切关系,如表 3-7 所示。

表 3-7 基础油化学组成对其性质的影响

性能	化学组成影响	解决方法
黏度	馏分越重黏度越大;沸点相近时,烷烃黏度小,芳烃黏度大,环状烃居中	蒸馏切割馏程合适的馏分。
黏温特性	烷烃黏温特性好,环状烃黏温特性不好,环数越多黏温特性越差	脱除多环短侧链芳烃
低温流动性	长链烃凝点高,低温流动性差	脱除高凝点的烃类
抗氧化安定性	非烃类化合物安定性差;烷烃易氧化,环烷烃次之,芳烃较稳定;烃类氧化后生成酸、醇、醛、酮、酯	脱除非烃类化合物
残炭	形成残炭的主要物质是润滑油中的多环芳烃、胶质、沥青质	提高蒸馏精度,脱除胶质、沥青质
溶解能力	一般来说,烷烃的溶解能力差,芳烃的溶解能力强	
闪点	安全性指标;馏分越轻闪点越低,轻组分含量越多闪点越低	蒸馏切割馏程合适的馏分,并汽提脱除轻组分

综合分析可知,异构烷烃、少环长侧链烃是润滑油的理想组分;胶质、沥青质、短侧链多环芳烃以及流动性差的高凝点烃类为润滑油的非理想组分。

通过常减压蒸馏得到的润滑油原料只是按馏分轻重或黏度的大小加以切割的,其中必然含有许多对润滑油来说很不理想的成分,要制成合乎质量要求的基础油需经过一系列的加工过程,以除去非理想的烃类组分和非烃类杂质。即基础油的生产目的就是脱除润滑油原料中的非理想组分。

基础油的生产有物理法和加氢处理法。加氢反应能使多环芳烃饱和、开环,转变为少环多侧链的环烷烃,可提高黏度指数等质量。加氢处理技术具有原料来源广、过程灵活、产品质量好、收率高的优点,但目前运行的装置操作压力都在 18 MPa～20 MPa,装置建设投资和操作费用都很高。2006—2008 年,亚太地区新增加氢基础油产能见表 3-8。

表 3-8 2006—2008 年亚太地区新增加氢基础油产能

公司	地点	基础油类型	专利技术	投产时间/年	能力/Mt·a^{-1}
Bharal 石油公司	印度 Mahul	Ⅱ 类	雪佛龙鲁姆斯	2006	0.18
Petroliam 国家石油公司	马来西亚 Melaka	Ⅲ 类	埃克森美孚研究	2007	0.33
台湾石化公司	中国台湾麦寮	Ⅱ/Ⅲ 类	埃克森美孚研究	2007	0.51
台湾中油公司	中国台湾大林	Ⅱ/Ⅲ 类	雪佛龙鲁姆斯	2007—2008	0.25
合计					1.27

我国润滑油基础油生产能力主要集中在中国石油、中国石化两大集团公司。2005 年两大集团公司基础油生产能力已达 4.21 Mt/a。中国石化、中国石油润滑油基础油生产工艺见表 3-9。

表 3-9 中国石化、中国石油润滑油基础油生产工艺

企业名称	基础油质量档次	工艺特点
燕山分公司	HVI	老三套,正序
高桥分公司	HVI、MVI、API Ⅱ、Ⅲ类	老三套,反序,全加氢异构降凝(CHEVRON 技术)
茂名分公司	HVI、MVI、白油	老三套,正序,加氢裂化尾油脱蜡
荆门分公司	MVI、API Ⅱ、Ⅲ类	老三套,正序,RIPP 的中压加氢改制工艺
济南分公司	MVI	老三套,反序
金陵分公司	白油	FRIPP 的 WSI 技术,尾油临氢异构
河南油田炼厂	MVI	老三套,正序
齐鲁石化齐润公司	HVI	加氢裂化尾油临氢降凝(柴油降凝催化剂)
大连石化	HVI	老三套,反序
兰州石化	MVI、API Ⅱ类	老三套,正序,IFP 的高压加氢处理工艺
克拉玛依石化	变压器油、橡胶填充油、加氢光亮油	中压加氢处理和老三套,RIPP 的高压加氢降凝工艺
独山子石化	MVI、白油	老三套,正序,加氢裂化尾油脱蜡
辽河油田炼厂	变压器油、冷冻机油	糠醛白土联合前加有加氢脱酸
大庆石化	HVI	老三套,正序
大庆炼化	HVI、API Ⅱ、Ⅲ类	CHEVRON 加氢异构脱蜡,老三套,正序
抚顺石化	HVI	老三套,反序
玉门炼化	MVI	老三套,反序
大港油田炼厂	环烷基油	加氢脱酸、糠醛
南充炼化	HVI	酮苯、白土
锦西石化	HVI	老三套,正序

从表 3-9 可以看出,我国润滑油基础油生产主要采用传统的“老三套”工艺,即溶剂精制—溶剂脱蜡—白土补充精制的工艺,具体过程包括:①常减压蒸馏切割得到各种馏程的润滑

油馏分和减压渣油(减压渣油经溶剂脱沥青得到残渣润滑油馏分);②溶剂精制除去各种润滑油馏分中的非理想组分;③溶剂脱蜡除去高凝点组分,降低其凝点;④白土或加氢补充精制。该法受原油本身化学组成的限制很大,低硫石蜡基原油是润滑油的良好原料。

润滑油溶剂精制与溶剂脱蜡又有两种流程:先精制后脱蜡称为正序流程;先脱蜡后精制称为反序流程。两种流程各有特色,正序流程可以副产蜡产品,而反序流程可以副产凝点较低的高附加值抽出油。究竟采用哪一种更好,要视原料的含蜡量、装置的设备处理能力大小、蜡是否需要精制等多种因素而定。

11. *石油产品的调和*

为了适应各部门的不同需要,要求石油产品的种类、规格很多。炼油厂根据自身已有的工艺装置和原油供应等具体情况,一般只生产几种组分油,再利用组分油进行调和,来获得各种性能的石油产品。油品调和是指通过技术、调和手段满足各种油品指标的条件下,按一定的配方进行调和而生产出成本最低、符合质量要求的高品质石油产品。油品调和是石油炼制的最后一道加工工序。大多数燃料和润滑油等石油产品都是由不同组分调和而成的调制品。燃料调和是指各加工工艺生产的汽油馏分如催化裂化汽油、重整汽油、少量常压汽油以及常减压蒸馏出的常一线、常二线、加氢柴油和催化柴油等,各组分按一定比例适当加入一定量的添加剂经调和技术得到商品汽油和柴油的过程。润滑油调和是指基础油的调和和基础油与添加剂的调和。基础油调和是把不同牌号的中性油调和成黏度、凝点等理化指标满足要求的基础油;基础油与添加剂的调和则是按配方规定的比例把已混合好的基础油和添加剂调和成理化指标和使用性能都符合规格标准的商品润滑油。

所谓添加剂是指在油品中加入数量很少的一种物质,一般只占产品量的百分之几,甚至百万分之几,就可以大幅度地改进油品的某方面的性能,得到符合质量要求的产品,这种添加的物质称为“添加剂”。添加剂有时还能解决从改进加工工艺方面难以解决的质量问题。在我国,关于石油产品的润滑油添加剂按其功能一般可分为:清净剂和分散剂;抗氧抗腐剂;抗压抗磨剂;油性剂和摩擦改进剂;抗氧剂和金属减活剂;黏度指数改进剂;防锈剂;降凝剂;抗泡沫剂;抗乳化剂等 10 种。燃料添加剂按其功能一般可分为:汽油抗爆剂;十六烷值改进剂;表面燃烧防止剂;抗氧防胶剂;金属钝化剂;清净分散剂;抗腐剂;防冰剂;流动性能改进剂;重油添加剂等 10 种。需要时,请参阅有关文献。

油品调和的目的就是如何充分利用原料,合理使用组分增加产品品种和质量,满足市场需求。

3.2.2 油气储运工程概述

传统的油气储运工程是石油工业内部连接产、运、销各环节的纽带,包括矿场油气集输及处理、油气的长距离运输、各转运枢纽的储存和装卸、终点分配油库(或配气站)的营销、炼油厂和石化厂的油气储运等。

矿场油气集输就是在各油(气)田上收集各井产出的原油(或天然气)及其伴生物,经分离、计量后汇集输送至处理站。对于油井,要分离其伴生的天然气及水;对于气井,则要分离其伴生的凝析油及水。各井分离后的油气分别计量后又汇集在一起用一条管路混输至处理站,或用两条管路(单井产量大时)分别输往处理站。因为各井的油气产量是监控该井生产情况的重要参数，故以往在各油气田上均为单井分别计量油气而专设油气分离设施。20 世纪 90 年代以来，随着多相计量技术的发展，国内外已有不少油气田采用多相流量计一起计量各井产出的油和气量，以便不用分离就将各井的产出液直接输往处理站，显著简化了集输流程，节约了地面建设的投资。

处理站上需要进行的工作是油气水的进一步分离和净化，包括轻烃回收、原油稳定、含油污水处理、气体脱水、脱 CO_2 和脱硫等。油气集输管网的投资约为油气田地面工程总投资的 1/3，油气集输系统的能耗则占油田生产总能耗的比重近 40%，故集输管网的优化配置和运行管理，对油气田节约投资和降低运行成本有重要的经济意义。

经净化处理后达到国家规定要求的质检标准的原油和天然气，是油(气)田的商品，集中到外输计量站向外运送。

原油的外输可以通过火车油槽车、油轮或长距离管道运输，应视运量、运距及地理条件的不同而选择经济的运输方式。一般来说，铁路运输大都用于运量和运距较小的情况。

长距离管道连绵数百至几千公里，要穿越河流、跨越峡谷、翻山越岭或由隧道通过，工程艰巨。为了给在管道中流动着的油(气)提供能量，以克服流动的阻力、提供输送的能量，在输油管道沿线需设若干个中间加压泵站，给油流加压。在输气管道沿线则要设中间压缩机站给天然气加压。在管路沿线每隔一定距离还要设中间截断阀，以便发生事故或检修时关断。沿线还有保护地下管道免受腐蚀的阴极保护站等辅助设施。

由于我国所产的原油大都含蜡多、凝点高，在管道输送中需要采用在各中间泵站上加热，以保持全线的油温高于凝点的加热输送方法，或采用加入降凝剂以降低原油凝点的方法输送，称为加剂改性输送。

长距离原油管道的终点可以是炼油厂的原油库或其他转运枢纽。原油的转运枢纽相对比较单一，大都属于港口油库，将长输管道输来的原油经计量后灌装入油轮外运，例如我国的秦皇岛油库，它既是从大庆来的长输管道的末站，又是原油外运的港口。也有的是从油轮上卸下进口的原油，经管道输往内陆的炼厂，如湛江港的油库，又是湛江至茂名的长输管道的起点输油站。由于油轮难免受台风等自然条件的影响而延误航期，故无论是装油还是卸油的港口油库，都必须要有足够的储罐容量(一般不少于 3 天的输量)。也有原油管道与铁路联运的枢纽站，但为数较少。

炼油厂的油品储运系统包括：接收从管道或港口油库输来的原油的原油库；接收各装置输来的成品油，并将其向厂外发送的成品油库；在各装置间输转半成品的半成品库等。

各装置与油库间均有管线及相应的泵站连接。港口油库至炼油厂原油库之间常由数十或上百公里的输转管道相接。这些都是保证炼厂正常生产的重要设施。

成品油库除了输转的业务外，还要承担油品调和的业务。通常各炼油装置生产出来的都是油品的基础组分，出厂的石油产品大都是将各种基础油按比例调和而成的，或者是将添加剂加入基础油中调制而成的。调和可以扩大炼厂的产品品种，使产品具有符合使用要求的各种性能，提高产品的质量等级，从而提高炼厂的经济效益。近年来，油品调和的控制技术也有较大的发展。

我国炼油厂成品油的外运一直以铁路运输为主，1977 年建成了第一条长距离的成品油管道——格尔木至拉萨管道，长 1 070 千米，管径 150 毫米。直至 1995 年又建成了抚顺至鲅鱼圈的成品油管道，长 246 千米，管径 350 毫米。到 20 世纪 90 年代中期，我国成品油的总运量中，铁路仍占近 60%，管道运量仅约 10%。

作为炼油厂商品外销通道的成品油管道运输，其工艺技术要比轻原油管道复杂。首先，鉴于每种成品油的运量都不会很大，为了提高管输的经济效益，大都采用一条管道顺序输送多种成品油的工艺，例如格-拉成品油管道就顺序输送汽油、煤油、柴油三种油品。国外有的成品油管道曾顺序输送几十种牌号的石油产品。其次，成品油管道大都是多个分支、多个出口的，以便向管道沿线及附近的各个城市供应油品。在分输站上可由支线管道输往某一城市，也可以是与铁路或公路联运的转运枢纽。有的管道还可能有多个入口的分支，接收多个炼油厂的来油。

为了使在同一管道中前后流动着的各批油品按计划准时到达某一分输站，并尽可能减少其混油损失，顺序输送管道的调度控制要严格按预定的计划进行并及时监测。在管道的末站和分输站上要有混油处理设施。

天然气的输送目前只有两种方法：一是用管路加压输送；二是将天然气液化后用油轮运输。

液化天然气(LNG)是天然气经净化处理后，通过低温冷凝而成的液态混合物。为在常压下保持液态，必须冷却至－162℃以下，其体积为原气态体积的 1/600。可以用特殊保温的远洋油轮运输。LNG 运达接收港口后，可卸入接收站的低温储罐中储存，然后再通过加热再汽化后，以气态形式用管道输送至用户。

虽然天然气的液化技术始于 1914 年，但一直到 1941 年美国才建成世界第一座工业规模的液化天然气装置，到 1964 年法国设计的第一个液化天然气工厂在阿尔及利亚投产，并在世界上首次采用大型低温油轮远洋运输，将液化天然气输送到英国。当时的油轮容量为 2.7 万立方米。目前液化天然气船的标准容量为 12～13 万立方米。由于受到港口水深和必须靠岸装卸的限制，在近几年内，液化天然气船的容量不会有大变化。

目前各国投产的天然气液化装置已达 160 套以上，生产能力大都在每年 300～600 万吨。

天然气液化输送不仅为天然气资源丰富的国家提供了途径，将天然气输送到管道建设受地域限制的市场，更重要的是起着调节世界天然气供应的巨大作用，使能源短缺的国家找到了天然气来源多元化的途径，可避免对一国一地区的依赖，以保障其能源供应，而且其环境效益显著。

但是由于液化装置、低温油轮等的价格昂贵，将天然气液化后出口的国家都是天然气资源十分丰富，因而其井口气价低廉，液化装置处理量大，经远洋运输到达消费地区港口的天然气售价仍有显著的竞争力。运量愈大，经济效益愈好。

据第 15 届世界石油大会的资料，建设一个年产 500 万吨的液化天然气厂的上中下游投资共用 100～150 亿美元(1994 年)。要求供应该项目的气田储量不少于 2 100 亿立方米。故液化天然气的远洋运输必须要有供应方、需求方、船运公司、政府和金融机构各方的通力合作，才能使各方受益。

与输油不同，天然气的管道输送必然是上中下游一体化的，开采、收集、处理、运输和分配是在统一的连续密闭的系统中进行的。一般气井的井口压力都比较高，集气站收集各井的来气经调压、计量后输往处理厂，经脱水、脱硫后将合格的天然气输入干线。一般可利用处理厂的压力输送一段距离后再增压，即第一个压气站不一定设在气田出口处。

输气管道沿线必然要有多个分输的管线，与各用气的城市管网相连，图 3-2 为区域输气管网的示意图。每一个地区（城市）根据其用气量的大小设有多套管网，从高压到低压多达四套管网，来气干线与高压管网之间，以及各级管网之间都设有调压计量站。

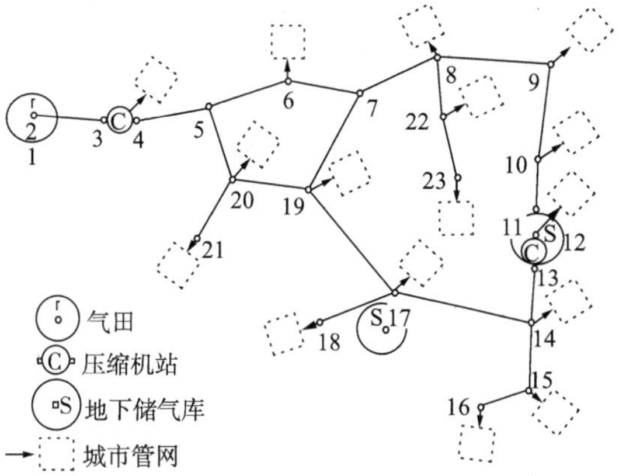

图 3-2 区域输气管网示意图

目前在各发达国家，约 1/4 的天然气消费量用于发电，主要是调峰电厂，因为燃气机组比蒸汽轮机启动快、效率高；另约 1/4 用于居民和城市服务业。这两类用户的特点是用气不均衡，不仅冬季和夏季用量特别大，白天的 11 点和 17 点前后的用气量要比凌晨 2～3 点高数倍。例如香港的中华电厂一天只在用电高峰的 12 小时增加用气发电。以目前尚未使用天然气发电的北京为例，1999 年 4 月份的用气量与 12 月份相差 5 倍，12 月 10 日 3 点的供气量为 18 点供气量的 1/6。

故输气干线及配气管网都必须有足够容量的储气设施，以调节用气的不均衡，使干线的输量尽可能均匀平稳。为调节月的用气不均衡，通常是在管线末端接近消费中心处建地下储气库。在用气量较少的夏季，把管线输来的多余的气体注入地下储气库；到冬季用气高峰期间，则从地下储气库中采出气体，以补来气的不足。世界各国均建有大量的储气库，至 1993 年末美国共有 386 座地下储气库，总储气能力达 2 280 亿立方米，其中 45%为有效工作气，总工作气量占其年用气量的 18%。当然储气调峰是要付出相当费用的，但还是比按高峰负荷建设输气管道要经济。

日和小时的调峰可利用储气库或管道本身的储气能力，在用量少时，管道的输入气量大于输出气量，可使管内压力升高，将部分气体储于管内；在用量多时，随着管内压力降低，可以输出更多的气量。故输气管道的输量和末端的用量是经常随时间而波动的，天然气的生产、输送、储存和分配必须作为统一的整体进行调度控制。原油管道则相对波动较少。

天然气的地厂储气库除了上述平衡天然气的供应量与消耗量之间的差值，通常作为“调峰”的作用外，还有其他很多用途，首先是战略储备，以应付供气中断的危险。西欧的储气能力达到半年的进口气源的供气量。其次是控制气价和价格套利，为此还要有与储备库配套的输送设施。第三是可用于天然气产供销系统的优化控制。国外有若干个专门经营地下储气库的公司，是天然气储运销系统的主要组成部分。

原油和成品油也需要建储备库,但它的任务主要是战略储备、控制油价和价格套利。吸取1973年石油危机的教训,1974年经合组织(OECD)的国际能源机构(IEA)就规定各成员国有义务保有相当于90天净进口量的石油战略储备。

图3-3为国外某海上油气田的油气储运综合系统示意图。油井产出物经平台预处理后,由海底管道输往岸上的集中处理站。处理合格的天然气,一部分送往陆上某输气干线,一部分送往液化天然气厂,液化后装船外运。合格的原油则送往港口油库装船外运。

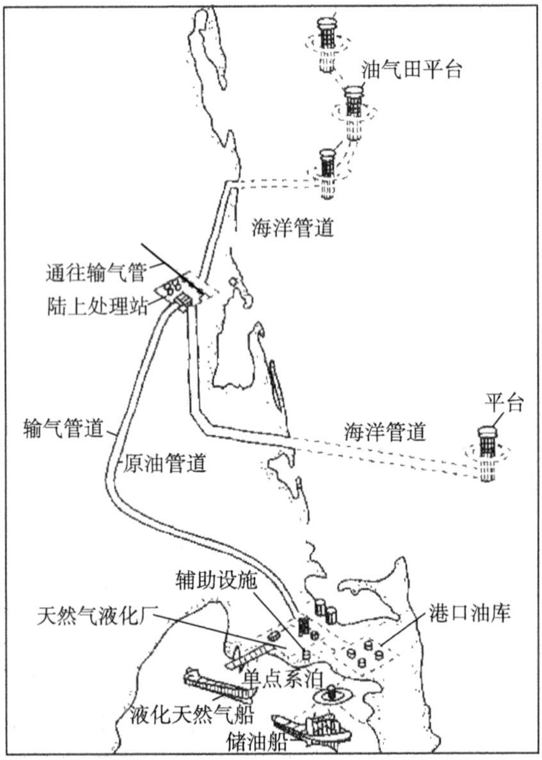

图3-3 海上油气田的油气储运系统示意图

3.2.3 石油炼制研究前沿

随着经济发展,世界范围内石油资源日趋紧张,原油劣质化、重质化越来越严重,另外社会对环保越来越重视,石油资源高效利用和清洁转化,是石化企业可持续发展的基本条件,也是石油炼制与加工的主要发展方向。新的研究课题包括:

(1) 石油资源高效利用和清洁转化;

(2) 分子炼油技术;

(3) 新型催化材料研制及工艺开发;

(4) 绿色石油化工工艺;

(5) 高效石油化工助剂开发;

(6) 石油加工工艺过程模型化和优化;

(7) 重质油深度加工新技术。

3.2.4 油气储运工程研究前沿

为保障能源供应、维护国家能源安全、开发西部、保护环境,《国民经济和社会发展“十五”计划纲要》规划了“西气东输”工程、跨国油气管道工程以及国家石油战略储备等大型油气储运设施的建设,其中正在实施的天然气管道近 7 000 千米(总投资约 650 亿元),拟议中的跨国油气长距离输送管道 16 000 千米。新的研究课题包括:

1. 输送工艺方面

(1) 油气混输工艺技术;

(2) 高黏易凝原油的降凝减阻输送技术。

2. 油气储存方面

(1) 天然气液化储存技术;

(2) 大型储罐设计建造技术。

3. 油气处理方面

(1) 乳状原油脱水工艺技术;

(2) 化工方法脱除高酸性天然气中有机硫技术。

4. 规划设计方面

(1) 油气集输管网布局优化技术;

(2) 储运设备结构优化设计。

5. 运行管理方面

(1) 油气管线自动控制技术;

(2) 大型储罐消防安全监测技术。

3.3 油气储运工程专业的发展状况与发展趋势

3.3.1 我国石油工业的发展概况

早在 3 000 多年以前的西周时期已经发现石油,在《易经》中留有“泽中有火”的记载。虽然我国发现和应用石油最早,但近代石油工业起步较晚,大量进口石油产品。1949 年全国解放时,我国仅延长、玉门、独山子等地有小型炼油厂,加工当地产的天然石油。东北地区的大连、锦西建有 1 500 kt/a 处理进口天然石油装置,在抚顺等地建有部分人造石油装置。到 1948 年,全国累计生产石油仅 3.08 Mt。

新中国成立以后石油工业得到了飞速的发展,大体经历了四个阶段。一是探索成长阶段(20 世纪 50 年代):1958 年,我国建立第一座现代化的处理量为 1×10^{6} t/a 的炼油厂,并于 1959 年发现了有重要标志性意义的大庆油田。二是快速发展阶段(20 世纪 60 年代~70 年代):主要是 1965 年结束对进口石油的依赖,实现自给,还相继发现并建成了胜利、大港、长庆等一批油气田,全国原油产量迅猛增长,1978 年突破 1 亿吨大关,我国从此进入世界主要产油大国行列。并掌握了原油常减压蒸馏、延迟焦化、催化裂化、加氢裂化、催化重整、溶剂精制、脱蜡等炼油技术。三是稳步发展阶段(20 世纪 80 年代):这一阶段石油工业的主要任务是稳定

1 亿吨原油产量。这 10 年间我国探明的石油储量和建成的原油生产能力相当于前 30 年的总和,油气总产量相当于前 30 年的 1.6 倍。石油炼制技术进入了一个崭新的发展阶段,基本依靠自主开发的技术和装备建设了我国的炼油工业。四是战略转移阶段(20 世纪 90 年代至今):20 世纪 90 年代初我国提出了稳定东部、发展西部、开发海洋、开拓国际的战略方针,东部油田成功实现高产稳产,特别是大庆油田连续 27 年原油产量超过 5 000 万吨,创造了世界奇迹;西部和海上油田、海外石油项目正在成为符合中国现实的油气资源战略接替区。

在炼油技术方面先后开发成功包括重油催化裂化、加氢裂化、加氢精制、渣油加氢处理、加氢改质等一系列有特色的成套技术,取得了一批重大的工业化成果。其中重油催化裂化和渣油加氢处理技术达到国际先进水平。我国炼油技术水平已进入世界先进行列。经过半个多世纪的发展,我国已建成较为完整的炼油工业和石化工业体系,培育造就了以院士们领衔的实力雄厚、专业配套、创新能力强的宏大技术队伍。

3.3.2 油气储运行业的发展历程

油气储运行业的发展历程也是人们逐渐认识其重要性的过程。追根溯源,我国应是最早建设油气输送管道的国家,早在公元 221—263 年的蜀汉时期,我国四川、重庆地区就有采用楠竹管道输送卤水来制盐的。17 世纪就有用楠竹管道输气的。1859 年 8 月美国打出了第一口油井,1865 年 10 月修建了第一条管径 50 毫米、长 9 756 米的管道把原油从油田输送到火车站。但油气管道运输的初具规模是在 1928 年电弧焊技术问世,以及无缝钢管的应用而得到发展的。管道输送技术的第一次飞跃是在第二次世界大战期间,由于德国潜艇对油轮的袭击,严重威胁了美国的油料供应,美国于 1942 年初开始仅用一年多的时间就紧急建成了一条全长 2 018 千米,管径分别为 600 毫米(当时最大的)和 500 毫米的原油管道,保障了原油的供应。半年之后又投用了一条长 2 373 千米、管径为 500 毫米的成品油管道。对保证盟国的战争胜利起了重要作用。

第二次世界大战后,从 20 世纪 50 年代中期到 60 年代末期,随着各国经济的恢复及工业化发展速度的加快,石油天然气工业得到迅猛发展,各国对油气能源的依赖程度日益加大,油气管道建设得到飞速发展。美国在其管道发展的最高峰的 1960 年,一年就建成了 22 600 千米的输气管道。战后 50 年全世界已建油气长输管道 166×10^4 千米。

我国的第一条长距离输油管道建于 1958 年,第一条长距离输气管道建于 1963 年,目前已有近二万五千公里的长距离油气管道。

进入 20 世纪 70 年代以后,由于盛产石油的中东地区政局动荡,战事频发,使世界油气价格经常发生剧烈波动。2008 年,国际油价如"过山车"令人晕眩。受多种因素影响,国际油价在上半年节节攀升,并在 7 月 11 日创下每桶 147 美元的历史最高纪录。而下半年迅速跌落,12 月 5 日,国际油价收于每桶 40 美元,创出 4 年来最低水平。

一方面油气的价格波动对管道建设的工程量和运输利润影响很大,例如 1992—1994 年期间油价持续下跌,1994—1995 年期间又迅速上涨,因此 1995 年的世界管道建设工程量比 1993—1994 年期间高出数倍。油轮运输业则更是惊险,在 1972—1975 年期间他们曾有过运费上涨 5 倍的喜悦,但是在 20 世纪 80 年代中期两伊战争时,他们的收入非常低微,甚至破产。

另一方面上述历史教训使各国政府和各大石油公司一再认识到建设和管理好油气储运系

统的重要性。油气储备量充足的国家在油价波动中套取了暴利，反之则损失不小。因此，除了国内必须有相应规模的储备量以外，油气进口国必须要寻找多个多方向的进口渠道，例如，意大利一方面从东北方向由俄罗斯经捷克进口天然气，另一方面又从北方由荷兰、北海进口天然气，南面穿越西西里海峡，从阿尔及利亚铺设阿意输气管道进口天然气，同时又从西面海上进口 LPG。

历史的教训也使各国认识到，对于大的跨国管道的建设，由于其耗资巨大，且受政治因素的影响大，都要反复权衡酝酿多年，并要在加强国际合作的基础上才可付诸实施。若干在国外媒体上宣传多年的长距离跨国管道，例如 20 世纪 80 年代中期开始的美国从阿拉斯加经加拿大外输天然气的“公路管道”，其二期工程迄今未建；又如从 20 世纪 90 年代中期就开始酝酿的，从里海大陆架经中亚各国外输原油的管道，迄今尚未实施。2009 年初的“俄乌斗气”更加剧了人们对跨国能源输送不确定性的担心。

为了减少国际油价急剧波动对我国经济的影响，我们必须迅速完善我国的油气储运设施，尤其要加快建设各种类型的油、气储存库。

3.3.3　我国石油贸易的发展历程

1. 我国石油贸易的现状

我国石油对外贸易伴随着中国石油工业的从无到有，经历了完全依赖进口（1949—1960 年）、石油自给自足和出口增长（1961—1979 年）、石油出口增长速度回落（1980—1992 年）、石油开始进口且进口急剧增长（1993 年后）等几个阶段。从 1993 年开始我国成为石油净进口国，1996 年更是首次成为原油净进口国。2003 年，中国原油和成品油净进口量达到 9 739 万吨，加上液化石油气的进口量，石油的净进口总量超过 1 亿吨。2007 年中国进口原油 1.6 亿吨，价值 797.6 亿美元，与 2006 年相比分别增长了 12.4%和 20.1%。

随着经济的快速发展，目前我国已超过日本成为位于美国之后的世界第二大石油消费国。由于国内石油储量有限，原油供求缺口越来越大，石油进口贸易迅速扩大。

2. 我国石油贸易遇到的问题

(1) 石油供需矛盾突出，经济增长对石油进口的依赖增强

自 20 世纪 90 年代以来，随着经济的发展，我国石油需求大幅度增长，石油的需求量越来越大，而石油生产增长却相对缓慢，石油供求矛盾日益突出。近十年来，中国国内生产总值年均增长 9.7%，石油消费年均增长 5.77%，而石油生产年均增长仅为 1.67%，两者之间的缺口达 4.1%。我国原油对外依存度呈现波动式上升趋势，由 1993 年的 6.8%上升到 2006 年的 47%。原油对外依存度的逐年提高，极易受到国际油价上涨的影响；同时原油供应经常受到政治、军事、经济等各种因素的牵制。要保证经济稳定迅速增长，解决石油的供需矛盾是一个关键性问题。

(2) 原油进口来源地相对集中，进口运输贸易方式单一

我国原油进口来源地过于单一，主要集中于中东和非洲。同时从中长期来看，美国、俄国、日本等国家在能源领域已经对我国构成了较大的钳制。

我国有超过一半的原油进口来自中东，2005 年我国前三位原油进口供应国都是中东国家。从沙特、伊朗、阿曼三国进口的原油总数达 4 728.7 万吨，占我国全部原油进口量的

37.2%,加上其他中东国家的进口,我国来自中东的进口原油占进口总量的47.2%,达5 999.2万吨。同时,我国原油水路进口绝大部分要经过马六甲海峡,而马六甲海峡是美国控制的全球最重要的战略通道之一。

(3) 石油对外贸易所带来的安全问题不容忽视

石油是保障国家经济和政治安全的重要战略物资。自20世纪60年代以来,世界范围内的"能源革命"使石油代替煤炭成为第一大能源。石油在世界能源消费结构中的比重由1950年的27%迅速上升到40%以上。目前,世界石油消费量已达到34亿吨。预计到21世纪中叶以前,石油仍是世界的主要能源。自20世纪50年代以来,世界上就发生过十多次石油供应中断和几次世界性石油危机。而随着我国经济的持续快速发展,石油供需缺口逐年增加,对国外资源的依赖程度将不断加大。

3. 解决我国石油贸易中的问题的对策和措施

(1) 提高国内供给能力,适当控制国内需求和适度进口

提高国内石油供给能力需要减少石油出口,鼓励中国海上合资原油销往国内;加大国内勘探开发力度;提高与产油国的长期合同比例;直接参与国外油气田的投资开发等。在控制国内需求方面,应适当控制一次性能源消费中石油比例增长的速度。利用税收的作用,抑制石油消费。

(2) 建立以中东为主的多元化进口原油格局

石油来源的多元化、多边化和进口方式、运输方式的变化是世界上主要石油进口国规避石油供应风险的有效途径之一。

我国进口原油应以中东为主要长期进口来源地区,加快提高含硫原油的加工能力,同时增加欧洲和西非、西北非进口原油,开发俄罗斯、南美和远东市场。在利用中东石油资源的同时,还应充分利用非洲、拉丁美洲以及中亚国家的石油。进口原油的贸易方式应以长期合同为主,应占60%以上,以保证我国对石油资源获得的稳定性。

(3) 建立石油储备,有效抵御各类政治经济风险

我国作为世界第二大石油消费国,却仅有数周的商业储备。如果短期内出现石油供应中断,后果不堪设想。因此,建立多样化的战略石油储备模式迫在眉睫。

(4) 深化国有石油公司的改革,增强其国际竞争能力

充分发挥市场机制的作用,使石油行业加快价格形成机制的改革,减少政府对油品价格的直接干预;打破地域垄断,鼓励三大石油天然气集团进入对方区域开展业务,形成全方位的竞争格局;健全石油天然气行业的监管制度和监管机构;加快对外开放步伐,降低贸易与投资壁垒,逐步放宽对外资和民营资本进入石油勘探、开采、管网输送、石油化工、油品流通领域(包括批发和零售环节)的限制;鼓励社会资本进入油气管网的建设,同时加强对具有自然垄断特征的管网设施的价格监管。

3.3.4 油气储运系统的主要经济规律

油气的储运有多种方式可供选择,要作出正确的决策,必须了解油气储运系统的主要经济规律。对于大宗原油的运输,可供选择的方式主要是管道和海洋运输。海运首先取决于地理条件,即发油点和收油点要有装卸能力足够大的港口。其次,油轮的运输成本是随着油轮吨位

的增大而降低的，如表 3－10 所示。

表 3－10　油轮运输成本与载质量的关系

载质量/万吨	1.6	1.9	3.0	4.5	7.0	8.5	10.0	20.0
运输成本比例/%	100	90	63	51	43	40	38	25

例如，从中东到我国的航程约为 6 200 公里，25 万吨级油轮的运价要比用 10 万吨级油轮少 3.5 美元/吨，可见运输费的差额是很大的。因此，必须要有足够大的运量和运距，才可能发挥其优势。目前国外用于远洋运输的油轮的载质量大都在 10 万吨级以上，20 万吨级的超级油轮居多，船队的年运量大都在 1 000 万吨以上。

因受航线和港口靠泊能力的限制，25 万吨级以上的油轮也是少数。1975 年油轮运输达到鼎盛时期，远洋运输的平均运距达到 7 100 海里。油轮的主要航线是从中东到美洲、欧洲和远东地区。随后，由于油价上涨、两伊战争等一系列事件又使原油的远洋运输趋于萧条。

总之，远洋运输的弱点是受难以控制的外界事件的影响大，其突出的优点是大运量时运费低，且随运距的变化不大。进入 20 世纪 90 年代以来，平均运距接近 5 000 海里的超级油轮的运费大都在每桶 1.5 美元左右。

长距离油气输送管道的输送成本单价是按每吨·千米（对油）和每千标准立方米·千米（对气）来计算的，输送成本随输量的变化较大。

对原油管道而言，如图 3－4 所示，每一种管径都有一个输送成本单价最低的经济输量。经济输量愈大，采用的管径愈大，其每吨·千米的输送成本单价 C_T 愈低；管径愈小，经济输量愈小，但其输送成本单价 C_T 愈高。

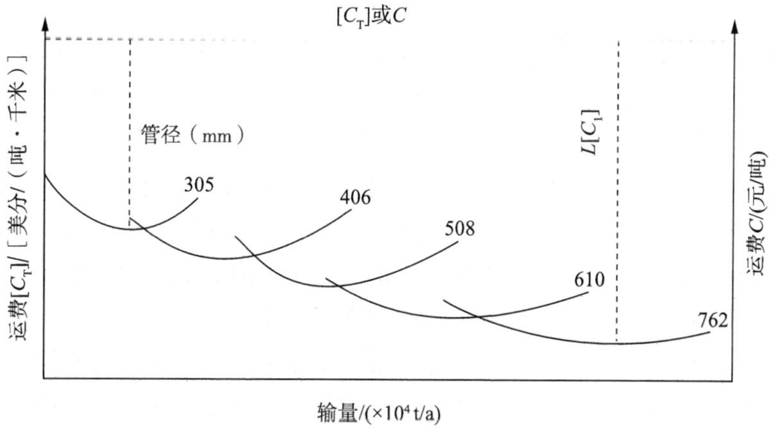

图 3－4　经济输量与管径、运费的关系

对某一具体管道而言，其管径 D 和输送距离 L 是一定的，因此在某一输量下，每吨油的总运输费用是：输送成本单价×运距，即 $C_T \times L$。在同样的管径和输量下，输送距离愈远，每吨油的运输费用也愈高，运费占原油成本的比例也愈大。因此，为使管道运输有较强的竞争力，当管道运输距离较远时，必须要有足够大的输量，才能使每吨油的运输费用不超过油价的某一比例。发达国家每吨油的运费一般都不超过原油价格的 5%，例如 1995—1996 年美国原油的平均售价约为每桶 18 美元（折合 130 美元/吨），管道的平均运费为 3～4 美元/吨。1996 年俄罗斯出口原油的国内平均运费为 3.5 美元/吨。

同一期间,我国大庆-秦皇岛约 1 000 公里的管输运费约为原油售价的 5%(输量 1 000 万吨)。由于我国原油的凝点高,管道大都采用加热输送,故运费比国外轻原油要高。输送距离愈远,运费愈高。同样距离的铁路运费约为原油售价的 8%~9%。与管道相比,铁路运费受输量的影响较小,主要取决于运距。但其运输能力一般不超过 1 000 万吨/年。

长距离输气管道的经济规律与输油管道类似,其管输成本也随管径、输量和运距而不同。运距愈远,要求的经济输量和管径就愈大。需要说明的是,按照输送等热值的燃料计算,输气管道的输送费用要比输油管道贵得多($1m^3$ 天然气的热值约等于 0.8~0.85 kg 原油),超过 4 000 千米以上,LNG 海运可能比陆上输气管道便宜。

根据美国 20 世纪 80 年代中的统计,管输不同介质每输送 1 000 千米所消耗的能量与所输燃料的比例为原油 0.4%、成品油 0.5%、天然气 2.5%。

其次,天然气的销售成本构成与原油显著不同,根据我国近年来的天然气管道的设计数据,输送距离约 1 000 千米。输量为 30 亿标准立方米/年时,管输费用与井口气价接近相等。即在天然气的售价中运输费用占的比例可能超过气田气价,城市配气的费用也可能超过气田气价。在到达用户的天然气价格中,运输、储存和分配费用占有相当大的比重。

众所周知,原油的输送是给炼油厂供应必需的原料,运输费用将计入炼厂的成本。而天然气则是一种可替代的燃料,到达用户的价格必须有竞争力。和其他燃料相比,天然气除了环保和使用效率上的优势外,各种燃料均应按等热值的价格进行比较,故必须特别控制天然气在储运、分配环节的费用,以降低天然气到达用户的售价。

3.3.5 向市场经济过渡的油气储运系统

长期以来,我国的石油天然气工业在计划经济体制内,只重视产量,不关心销售,生产出来的油气按什么价格卖到哪里去是由上级部门安排的。在整个产运销的流通过程中,销售环节占去了利润的大部分,而销售的通畅与否又是与储运设施密不可分的。在向市场经济过渡的过程中,石油、石化集团日益认识到储运销售成本对整体效益的重要性。

加入 WTO 以后,国际形势变化引起的国际油气价格的剧烈波动,不仅会冲击国内油气工业的正常生产,而且会严重影响我国经济的发展。世界各国都是通过建立一套完善的油气储运系统来消除国际油价波动对本国经济带来的不利影响。

随着我国开始实施油气工业国际化经营的战略,必须逐步建成一套连接全国、运转灵活的国内油气储运系统,包括油气输送干线网及与此配套相连的储备库、转运枢纽、港口及分配网等。建设与国际油气市场接轨的跨国油气输送干线的工作步伐也必然会加快,只有这样,才能使我国的油气储运系统真正成为强有力的能源保障系统。

以往在计划经济体制下,我国油气储运系统的建设往往只重视设备、管网等“硬件”系统,而对管理体制、经营模式等“软件”的建设重视不够。而对油气储运系统的建设也要引进外资,我们首先必须要确定管理体制和经营模式上的法律框架。

尤其是对输气管网,各国的体制不尽相同,俄罗斯有几乎全国统一的,实行采气、储气、输气、配气一体化的股份制的经济实体。而美国的某些输气公司则是单一的输气行业,其经营收入主要来自管输费。欧洲的某些公司则享有购气(进口)、输气和配气的专营权。上述各种形式的股份公司，其股东往往包括产气的资源公司，发电厂、化工厂等大用户，以及投资公司等金融部门，以保证上中下游协调一致地运作。

3.3.6 建立我国的石油战略储备系统

自1993年以来，我国已成为石油净进口国(图3-5)。随着我国国民经济的快速发展，对进口石油的需求量迅猛增加，对其依赖程度不断加深。2007年中国进口原油1.6亿吨，价值797.6亿美元，与2006年相比分别增长了12.4%和20.1%。为防止因国际突发事件导致进口原油供应中断，以及油价大幅度波动对我国经济的冲击，确保社会稳定，建立我国的石油战略储备系统，使之成为国家能源保障体系的重要环节，已是当务之急。

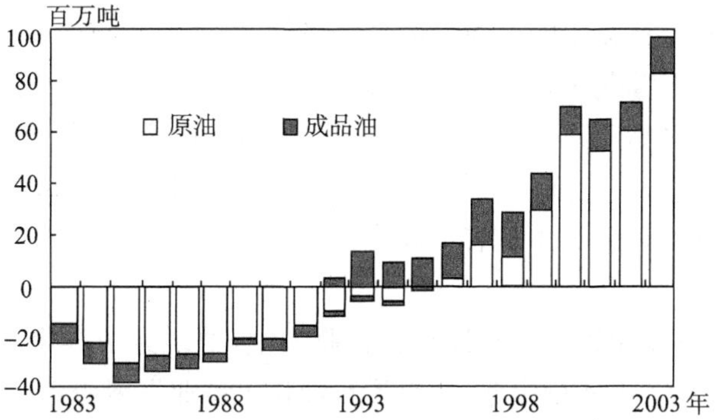

图3-5 1983—2003年中国的石油进出口情况

1973年爆发的石油危机，使各国政府深切认识到世界石油供应存在着种种不稳定因素，必须采取对策，1975年美国国会授权政府开始兴建石油战略储备系统，目前，美国是世界上拥有石油储备量最多的国家。其储备对象是原油。美国的石油战略储备采用以地下盐岩洞储存为主，辅以部分地上油罐的方式。每个储藏点都有数量不一的岩洞，以及与之相连的管道和中转泵站，地上罐就设在中转泵站上。每个储藏点都可通过其中转泵站与长距离输油管道或大型装卸油港口相接，以便于原油的顺利周转。每个储藏点的容量均可达几百万立方米，储备油必须由政府主管部门下令才能动用。

20世纪90年代初的海湾战争期间，美国就是通过动用其石油储备，不但确保了战争期间的石油供应，而且平抑了国际油价，使原油价格不升反降。

目前，经合组织(OECD)的各成员国经过10～20年的努力，均已建立起巨大的石油战略储备系统。尤其是日本，由于其石油消费的99%以上依靠进口，比别的国家更易受"石油武器"的冲击。从1968年起就开始启动石油储备计划。其储备对象主要是原油，也包括少量成品油和液化石油气。日本的石油储备体系是由政府储备和民间储备两部分组成的，到1995年3月，两者的储备量均约为4 500万立方米，总储备量相当于157天的消费水平。

目前，日本已在不同地区规划建造了十多个国家原油储备基地，每个基地的容量都在500万立方米左右。因地制宜地采用了各种储备方式，有地面储油、半地下储油、海上储油和地下洞穴储油系统等。国家对储备基地的建设不仅有财政投资、贷款、税收优惠等一系列政策，还设立了专门的账户。

综观国外的情况，我国必须尽快制定国家石油战略储备的有关政策、法规。建立国家储备和民间储备的两级储备体系,规划储备量的逐年发展计划及储备基地的布局和实施步骤,因地制宜地研究各储备系统的建设方法,研究制定战略储备油的采购、销售以及运行管理等的一系列政策和措施。

3.4 油气储运工程专业培养方案

3.4.1 办学定位与专业建设

1. 专业培养目标及服务面向

专业的培养目标:为了努力适应我国石油、天然气资源发展的要求和西气东输到上海、东海平湖油气田的开发和上海化工园区建设的形势,贯彻国家实行石油安全战略的伟大决策,为国民经济支柱产业——石油化工贡献力量,华东理工大学油气储运工程专业本着为新世纪我国石油化工事业培养更多高素质人才的宗旨,立足上海,面向全国,厚基础、宽口径、重实践,努力培养学生成为德、智、体、美全面发展的高素质人才,努力培养学生成为知识、能力、素质协调发展的在石油和天然气工程领域中具有创新意识、从事生产、应用研究与开发、设计、管理、贸易等能力的复合型人才。

专业的服务对象:本专业以面向石油化工企业为主,主动为中石化、中石油和中海油三大集团公司服务,为国民经济主战场服务,为世界石油化工事业发展服务。

2. 专业建设思路

油气储运工程新专业继承原石油加工专业的光荣传统,坚持发挥优势,扬长避短,形成我校油气储运工程专业的三个方向:油气储存、加工和产品应用;油气集输和管道运输;石油金融贸易等。本专业具有鲜明的石油化工特色,以师德建设、学风建设、学科建设上水平为主线,加强师资、课程、实验室、实习基地建设,加强毕业环节建设,使我校油气储运工程专业跻身国内高校一流专业。

江泽民同志于1988年为我校石油加工专业的题词“人才辈出”和陈锦华同志的题词“桃李不言,下自成蹊”是对我校石油加工专业教育成效卓著的精辟概括和高度评价。华东理工大学石油加工系将按照“为新世纪我国石油化工事业培养更多高素质人才”的要求,进一步主动为我国石化事业服务,“坚持石油化工特色,传承拓展,再创辉煌”,培养“更多石化的优秀人才”,打造国内名牌专业系,谱写“人才辈出”的新篇章。

3.4.2 专业培养方案

1. 制定专业培养方案的主要依据

培养方案和教学计划紧密围绕:油气储存、加工和产品应用;油气集输和管道运输;石油金融贸易三个专业方向制订,继承原石油加工专业的光荣传统,充分发挥在石油加工方面已有的教学、研究基础和优势,办出我校在本专业上的特色,努力培养富有创新意识、厚基础、重实践和知识、能力、素质协调发展的在石油和天然气工程领域中具有从事生产、应用研究与开发、设计、管理、贸易等能力的复合型人才。

2. 课程体系的结构特征

本专业的课程体系的结构特征为:厚基础(四大化学,即包含无机化学和分析化学的现代基础化学、有机化学、物理化学等）；宽口径（三个专业方向），外语、计算机四年不断线，基础技术课程（化工原理、流体力学、工程热力学、反应工程、分离工程等）“三传一反”一条龙；专业课（石油炼制工艺学、储运、集输、经贸）覆盖面广；重实践（实验、实习、毕业环节三管齐下）的三层次课程平台体系。

3. 培养方案符合培养目标要求

培养方案、教学计划的制订积极汲取了中国石油大学、辽宁石油化工大学等兄弟院校的培养方案和教学计划的经验，同时体现我校设置的本专业鲜明的石油化工特色。

课程设置上，既设置了油气储运工程专业规定的基本课程，还加强了化学、分离工程、反应工程、工业催化、油料学与炼油工艺、进出口实务、销售实务等相关知识课程，使基础知识和专业技术基础知识得到了加强，并在实践性环节中对学生的综合能力进行强化训练。

课程按教学过程分为公共基础教育、专业基础教育和专业教育三个阶段来实施。课程分核心课程、目标课程和普通课程。本专业的核心课程为：邓小平理论、高等数学、基础英语、计算机技术、大学物理、有机化学、物理化学、化工原理、工程流体力学、机械设计基础、油气储运工程、石油炼制工艺学、分离工程等。目标课程为：外语和计算机，即外语应参加国家英语四级考试，并通过校科技外语学位考试，计算机必须达到学校规定的二级水平。普通课程分为必修课程、公共选修课程和专业选修课程，必修课程有工程制图、电工与电子学、化工自动化仪表、化工流变学、工程流体力学、工程热力学、传热学、科技外语、文献检索、材料力学、过程流体机械与控制、油库设计、油气集输等；公共选修课程在法学基础类、美育基础类、体育与卫生类、经济管理基础类和其他类中分别选修一定的学分，公共选修课不少于 12 学分；专业选修课程有催化原理、化学反应工程、最优化方法在石油储运中的应用、油库安全、管输工艺、化工技术经济分析、石油金融贸易、进出口实务、销售管理，专业选修课不少于 9 学分。在四年级开设方法论讲座与高水平的学科前沿讲座，启发学生创新意识与能力。

按照学分制的要求，课程学分比例见表 3-11；学生拥有学习自主权，包括对必修课层次、选修课程的自主权，选择任课老师的自主权，毕业环节课题进行双向选择；强调工、理、文、商的渗透。培养方案和教学计划符合厚基础、宽口径、重实践、德智体美全面发展的高素质人才的培养目标，努力把学生培养成为富有创新意识、厚基础、重实践和知识、能力、素质协调发展的在石油和天然气工程领域中具有从事生产、应用研究与开发、设计、管理、贸易等能力的复合型人才。

表 3-11 课程学分比例

课程性质	门数	学分	学分比例/%
公共基础课	18	38	19.7
大类基础课	17	42	21.8
专业必修课	21	43.5	22.5
实践教学环节	12	41	21.2
公共选修课	6～8	12	6.2
大类选修课	4～6	8	4.1
专业选修课	4～6	7.5	3.9
总计	72～78	193	100

3.4.3 专业教学特色

本专业教学特色为:面向石油化工为主,厚基础、宽口径、重实践,培养富有创新意识的高素质人才。

1. 培育专业优势

(1) 主动为经济建设主战场服务,主动为中国石化事业服务

我校油气储运工程专业获得了中石化、中石油、中海油三大集团公司的强有力支持,主动为三大集团公司培养人才、承担科研任务,赢得了良好的声誉,同时也为世界石油化工事业输送了人才。

(2) 形成了由专业责任教授领衔的专业教育团队

学院设立了专业责任教授,责任教授认真把握本专业的发展方向,负责指导本专业课程建设、教材建设、师资队伍建设、实验室建设、教学改革以及创新特色项目建设等方面的工作,提高专业知名度。专业责任教授重视油气储运工程专业教师团队的建设,充分发挥年轻教师的作用,爱岗敬业,乐于奉献,以优良的教风推动学风建设,出现了教师、学生热爱油气储运工程专业的生动局面。

(3) 大力开展课程与实践性环节的教学改革

采用科研支持教学、移植科研成果的办法,努力把油气储运工程专业实验室建设成为教学与科研互动的创新实践基地,及时把先进的科研成果反映在教学实验中,既提高了学生专业实验的水平,又增强了学生对专业浓厚的兴趣,激发学生的创新能力。如基于分子管理的石脑油资源优化利用研究已获得国家发明专利授权,在科研上取得了丰硕的成果,深受中石化的欢迎和高度重视。将这样先进的科研成果及时反映到专业教学实验中,并建立了教学与科研互动示范基地"分子管理石脑油吸附分离实验",同时还建立了"综合型、设计型、研究型"实验项目"原油降凝降黏减阻剂的开发研究"、"气体脱硫的综合研究"等。

在毕业环节阶段,在坚持实行 4 周毕业小设计的基础上,进行为期 18 周的毕业论文训练。为了把握毕业论文的质量,通过双向选择,本专业确保每个学生均有一个研究课题,有关毕业论文的选题结合了油气资源加工、利用、储运过程中的有关研究热点。从课题性质看,既有基础研究课题,也有应用研究课题,其中 85%的本科论文选题来自于科技部"973"前期项目、国家自然科学基金项目或中石化及企事业委托的项目,具有很强的行业背景,指导教师对学生的选题、开题报告、实验、论文撰写等环节进行精心指导,使学生得到科学研究基本能力的训练,培养创新意识和团队协作能力。

将课程学习—毕业实习—毕业环节有机地结合,有利于提高学生的学习质量、实践能力和对专业的感性与理性认识,同时能激发学生对专业的热爱。

(4) 坚持办出专业鲜明的石油化工特色

我校油气储运工程专业是在石油加工专业的基础上发展起来的,我校原石油加工专业成立于 1958 年,多年来为石油、化工、航空、交通、部队、消防等系统培养了大批优秀人才。他们活跃在生产、管理、营销、教育和科研设计等关键岗位,发挥着引领石化发展的重要作用。

油气储运工程新专业不仅继承了原石油加工专业的光荣传统,并积极汲取了兄弟院校相关专业丰富的办学经验,坚持发挥优势,扬长避短,形成了我校油气储运工程专业的三个方向:

油气储存、加工和产品应用;油气集输和管道运输;石油金融贸易,形成了本专业鲜明的石油化工特色。

2008年10月,华东理工大学石油加工系五十周年庆典展示了我系50年来取得的辉煌成就和石油加工意气风发、斗志昂扬的精神风貌。50年来,石油加工薪火传承,源远流长,团结奋进,享有盛名。石油加工系师长们德高望重、为人师表、解惑授业;师生勤奋、求实、创新;社会、校友鼎力相助。缘石油化工而立,依石油化工而强。五十周年庆典活动,既是华东理工大学石油加工系承前启后、继往开来的里程碑,又是拼搏奋进、再创辉煌的新起点。

2. 完整的教育体系

(1) 师资建设

石油加工系油气储运工程专业积极采用培养、充实、提高师资力量(包括引进)的方法,按照教育部教学水平评估的有关指标,已使本专业的师资学历结构、年龄结构、职称结构进一步趋向合理化,形成了专业责任教授领衔的油气储运工程专业教育团队,梯队结构良好。石油加工系油气储运工程专业目前共有专业教师20名,其中院士1名、外聘院士2名、博导4名、教授(正高)7名、副教授(副高)7名、讲师6名。博士、中青年教师分别占我校油气储运工程教师队伍的66.7%、83.3%。

(2) 教育体系

华东理工大学石油加工系形成了本科、硕士、博士、博士后培养的完整教育体系。50年来为我国石化事业输送了3 000多名不同层次的人才,同时为10多个国家培养了近百名留学生。通过石油加工系油气储运工程专业的首轮建设与实践,具有良好的教学、科研、工程训练条件。紧抓学风建设,学生学习成绩保持在化工学院各年级的前列,毕业生就业率每年均为100%,名列我校各专业就业率榜首,而且主要去向是国有大中型石化企业,供不应求。在联合国教科文组织召开的有25个国家代表参加的国际工程教育会议上,本专业报告的专业教育成效获得很好的反响。

3.5 油气储运工程专业人才面临的机遇与挑战

3.5.1 油气储运工程未来几年的发展机遇

以西气东输管线、国家石油战略储备为代表,中国在规划和实施能源安全工程方面,已经取得举世瞩目的成就。能源作为国之器、民之脉,是世界地缘政治和经济博弈的核心内容之一,是当前世界金融危机和经济衰退的焦点元素,是关系到国家安全和民生福祉的资源和产业。当前加快国际能源合作和国内能源安全工程建设为油气储运工程专业人才提供了难得的机遇,同时面临着严峻的挑战。

中缅油气管线是中国为了缓解过度依赖马六甲海峡能源运输线的战略实施见图3-6。过去10年,中国石油天然气集团已经在缅甸陆上和海上获得相当丰富储量的油气勘探开发权。中缅油气管线国内段不仅到昆明、贵阳,还规划到成都和重庆,成为西南经济发展的能源干线。中缅油气管线已经处于开始勘察设计阶段。

中巴石油管线及铁路运输线是中国和中东及非洲能源合作的直接途径,也是西方数万军

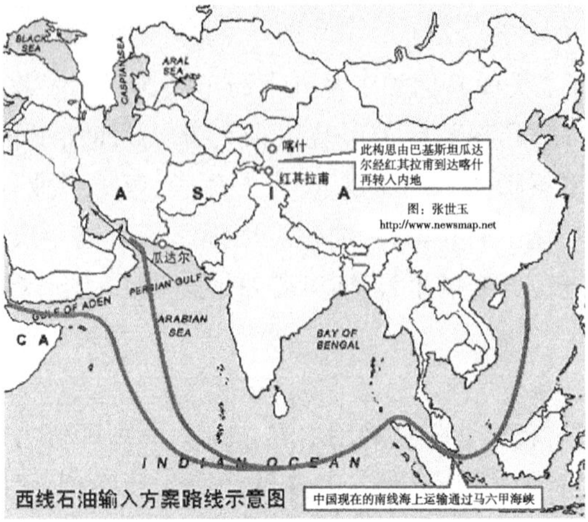

图 3-6　西线石油输入方案比较

队以反恐名义常驻阿富汗以实施战略挟制的深层地缘目标之一。最可能优先实施的是中国-巴基斯坦-伊朗天然气管线，目前正在规划中。

土库曼斯坦探明的南约洛坦油气田储量为 7 万亿立方米，是目前探明的世界上最大天然气田。中国的长庆石油勘探局已经获得该油气田的开发服务合同。预计两三年内中国-土库曼斯坦油气管线将为中国每年输送 300 亿立方米的天然气。

年输送能力为 1 000 万吨的一期中国-哈萨克斯坦油气管线已经投入运营，二期中哈油气管线正在论证之中。部分俄罗斯供给中国的油气也将通过中哈油气管线输送到中国。

俄罗斯远东石油管线(图 3-7)的年输送能力是 8 000 万吨，其中 3 000 万吨将通过通向中国的大庆分支管线输送。近期普京总理多次责令加快俄罗斯远东石油管线的建设。

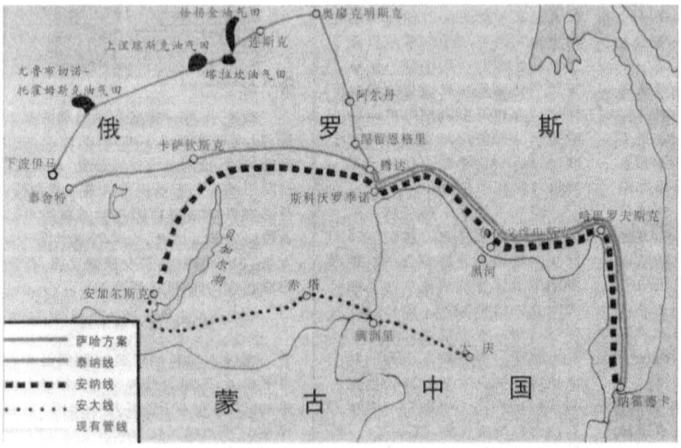

图 3-7　俄罗斯远东油气管线方案示意图

中国、朝鲜合作开发黄海石油的海底管线。中国和朝鲜之间的北黄海盆地存在较好的含油构造，至少蕴藏着 300 亿桶可开采的原油和天然气。中朝两国政府最近签署了双方联合开发黄海石油的协议，与此相关的海底油气管线已经在规划之中。

中国目前已经在试采东海油气资源，建设了春晓、断桥、天外天等油气田，东海的海底管线已经在实施之中，见图 3-8。

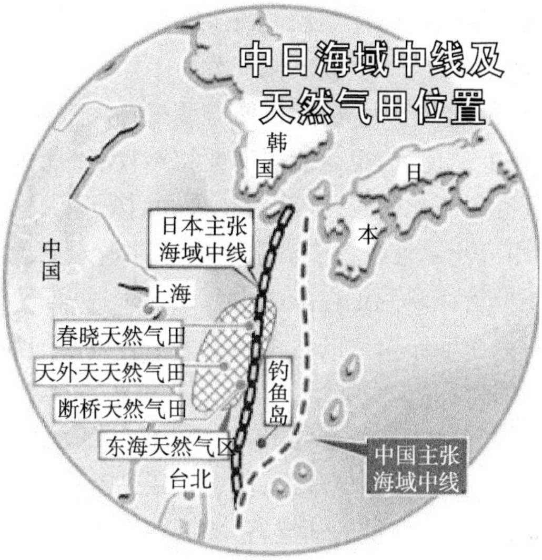

图 3-8　中国东海天然气田

2000 年 2 月国务院第一次会议批准启动“西气东输”工程，其建设示意图见图 3-9，这是仅次于长江三峡工程的又一重大投资项目，是拉开西部大开发序幕的标志性建设工程。

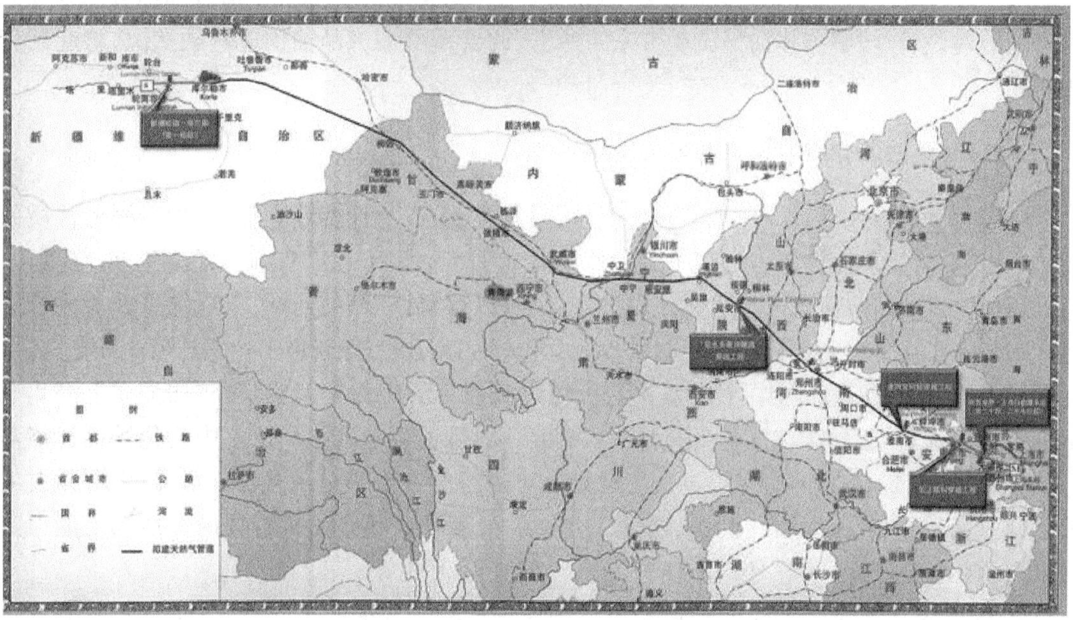

图 3-9　西气东输工程建设示意图

西气东输线路投资规模 1 400 多亿元，是目前我国距离最长、口径最大的输气管道。该管道直径 1 016 毫米，设计压力为 10 兆帕，年设计输量 120 亿立方米。全线采用自动化控制，供气范围覆盖中原、华东、长江三角洲地区。西起新疆塔里木轮南油气田，向东经过库尔勒、吐鲁番、鄯善、哈密、柳园、酒泉、张掖、武威、兰州、定西、西安、洛阳、信阳、合肥、南京、常州等大中城市，终点为上海。东西横贯新疆、甘肃、宁夏、陕西、山西、河南、安徽、江苏、上海等 9 个省区，全长 4 200 千米。

目前，我国正在启动国家油气储备计划建设，在镇海、舟山、黄岛和大连建设四个石油储备基地。同时在大庆、天津、濮阳和江苏的"五大储气库"工程也在规划之中，并在北京、信阳、上海及武汉设立四大调配枢纽以配合五大气库，以便于调配特大型管网的配气量。

长三角地区是我国经济发达地区，也是能源消耗相对较高的地区，同时又是重要的石油化工基地，有金山石化公司及高桥石化公司、金陵石化公司、扬子石化公司、仪征石化公司、镇海石化公司等。近期完成的甬-沪-宁管线将宁波港上岸原油输送到上海、南京等石化企业和化工基地，各省省内成品油供应管线联网正在酝酿中。长三角是"西气东输"的终端，已经在各个领域发挥作用，成品油销售系统遍布市内的各个角落。上海市有加油站 1 000 余座，毗邻的江苏省拥有成品油库 96 个、加油站 4 924 座。

百联油库项目于 2007 年 4 月启动，总投资为 5.2 亿元人民币，依托世界级石化生产基地——上海化工区建设。项目设置油品储罐区、汽运发货站及铁路装卸站、辅助生产区和行政管理四个功能区域，拟建 18 座不同容量的油罐，建成后将形成 20 万立方米左右的油料仓储能力，其中拟建立 3 万吨以柴油为主的成品油应急专项储备；经营品种包括燃料油、柴油、汽油，年油品周转量达 300 万至 400 万立方米，并可根据不同用户需要进行燃料油调兑。大进大出的油品接卸与输送将通过上海化工区液体化工码头和管廊协作完成。百联油库建成投用后，上海化工区内的企业将可通过一体化传输设施享受到定数量、定质量、定时间、定品种、送货上门的优质服务；同时，长三角地区的一些用油企业也将受惠。市场预期上海成品油应急专项储备基地的建设，对缓解国际油价波动带来的冲击、改善季节性成品油供应短缺状况，将起到积极作用。

3.5.2 炼油石化行业未来几年的发展机遇

上海化工区开发建设 5 年来，昔日的鱼塘、虾塘已经成为投资环境完善、配套服务优质的现代化工基地。到 2008 年，已有 51 家中外投资企业落户上海化工区，投资总额近 90 亿美元，累计完成固定资产投资近 400 亿元人民币。目前，以赛科 90 万吨乙烯、巴斯夫聚四氢呋喃等为代表的一批主体项目都已经正式投入商业运行，化工区将每年新增工业总产值 200 亿元。

2008 年 10 月 11 日，中国石化集团与上海市政府签署合作框架协议，将加强在上海化工区的炼油一体化项目合作，推进中石化 1 200 万吨级炼油设施建设。这是中石化继福建炼油一体化项目、青岛大炼油项目后，再次与地方政府进行的一次跨地域合作。目前，中石化在上海已建立高桥石化、上海石化的东、西两个主要炼油基地。其中高桥石化的炼油加工能力是 1 130 万吨，上海石化 2007 年的原油加工量是 893.84 万吨。

2008—2010 年的三年间，国内陆续投产的大炼油将达 6 家之多，阵容空前庞大。2008 年 8 月，大连石化千万吨级加工含硫油技术改造项目成功投产，原油一、二次加工能力达到 2 050 万吨/年，成为国内最大的炼油基地。

在这些炼油巨子中，归属于中国石化麾下的有 14 个，总产能达 1.6 亿吨/年以上，约占全国总炼油能力的 66.67%，使中国石化在长三角、珠三角、环渤海等地区构建起强大的产业集群。炼油能力排名居第二位的是中国石油，随着大连石化、兰州石化、抚顺石化等大炼油的火热出炉，总产能超过 7 000 万吨/年。届时，中国石油打造六大炼油基地的梦想终将实现。

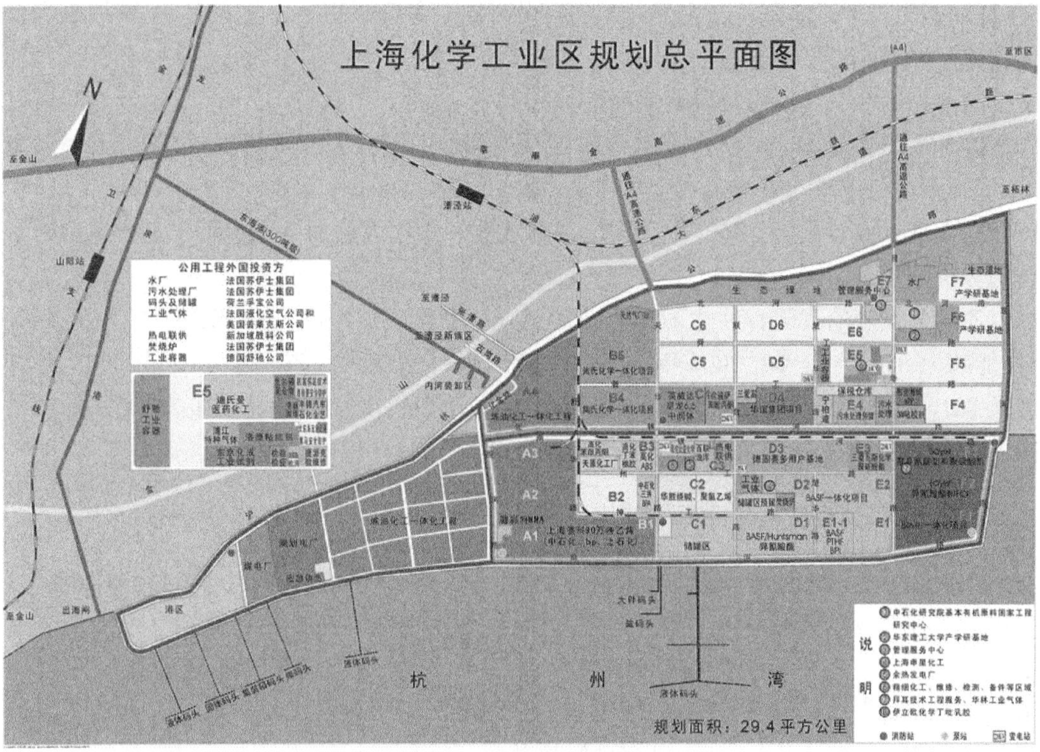

图 3-10 上海化学工业区规划总平面图

在两大巨头的光环之外，中海油旗下的惠州大炼油从一起步就为业界高度关注。作为中海油独资兴建的第一个大型炼油项目，惠州大炼油的设计产能达 1 200 万吨/年。

比惠州大炼油抢先一步投产的是青岛大炼油，再加上正在建设的独山子大炼油，它们的投产，将有效地改善珠三角、环渤海以及西部地区的成品油供应格局。青岛大炼油作为“十一五”期间首个投产的新建大炼油项目，年产成品油 708 万吨，聚丙烯、液化气等石化产品 203 万吨，它的投产缓解了国内油品供应的紧张局面。无论是满足“三夏”、抗震救灾用油，还是力保奥运用油，青岛大炼油都在关键时刻挺身而出，当之无愧地成为中国石化保供的一支生力军。

正在建设的中国石油旗下的独山子炼化一体化项目——1 000 万吨/年炼油和 120 万吨/年乙烯，伴随中哈原油管道应运而生，资源优势非常明显。项目总投资 272 亿元，是继西气东输之后国家西部大开发的又一标志性工程，将与兰州石化一同挑起西部成品油市场供应的重任。

在 21 个炼油国家队中，“洋资本”介入的有两家：大连西太和福建炼化一体化项目。福建炼化一体化项目的投产，将使国内炼油业的合资阵营扩容一倍。

大连西太是国内第一个合资石化企业，由中化集团、中化（香港）石油国际有限公司、法国道达尔公司、中国石油以及大连市建设投资公司五家股东联合投资兴建。投产之初，加油能力为 500 万吨/年，经扩建，目前年炼油能力为 1 000 万吨。

福建炼化一体化项目具有“三国四方”的合资背景，由福建炼化（中国石化和福建省政府各占 50%的合营企业）、埃克森美孚和沙特阿美分别按 50%、25%、25%的股份比例投资兴建，合资建设合同于 2007 年 2 月正式签署。根据计划，福建炼化一体化项目将把现有炼厂的 400 万吨/年炼油能力扩大至1 200万吨/年，并大幅提高加工含硫原油的炼制能力，主要加工来自沙特的含硫原油，新增汽柴油产量450万吨/年左右。

上述两大炼油项目不仅是合资企业的成功典范，更是一个良好的开端，紧随其后的还有中俄大炼油和中科大炼油。中俄大炼油是中国石油酝酿的第二个合资炼厂，将落户天津滨海新区，由中国石油与俄罗斯石油公司合资建设，计划年加工能力为1 000万吨。2007年底，项目合资公司中俄东方石化(天津)有限公司已注册成立。中科大炼油由中国石化和科威特国家石油公司合资建立。

以乙烯为代表的我国石油化工行业发展迅速。截至2006年1月，我国乙烯装置共有19套，产能约为830万吨/年。2005年我国乙烯总产量(未包括台湾省)为755.54万吨，比2004年增长20.58%，其中中国石化549.63万吨，比2004年的425.49万吨增加29%，乙烯产量占到全国总产量的72.7%；中石油为188.79万吨，占全国总产量的24.9%。

3.5.3 油气储运工程专业人才的机遇与挑战

华东理工大学石油加工系目前已形成了本科、硕士、博士、博士后培养的完整教育体系。油气储运工程专业坚持石油化工特色的建设经验，多次在全国高校油气储运学术交流会上报告交流，获得26所具有相关专业的兄弟院校的一致肯定。50年来为我国石化事业输送了3 000多名不同层次的人才，同时为10多个国家培养了近百名留学生。通过石油加工系油气储运工程专业的不断建设与实践，具有良好的教学、科研、工程训练条件，紧抓学风建设，学生学习成绩保持在化工学院各年级的前列，毕业生就业率每年均为100%，名列我校各专业就业率榜首，而且主要去向是国有大中型石化企业，供不应求。

油气储运和炼油石化行业不仅是我国工业的重要组成部分，也直接影响到人们的日常生活。在这种大背景下，华东理工大学石油加工系油气储运工程专业坚持石油化工特色，开发以化工方法解决油气储运工程问题的新技术，提高油气储运技术水平和安全管理水平，进而为我国油气储运及能源工业的建设和发展提供技术支持和技术储备，培养高层次、高素质的油气储运和石油化工专业技术人才。"十二五"期间，油气储运、炼油和石化行业的迅速发展必将会形成对以石油化工为特色的油气储运工程专业人才的大量需求。油气储运工程专业人才具有广阔的发展前景。同时，在经济全球化的21世纪，油气储运和炼油石化行业同样面临着市场竞争的压力。当前，安全环保、实现企业与社会的和谐发展，已成为石油公司科学发展的核心价值观。在这种形势下，贯彻科学发展观，进一步提高油气储运和炼油石化行业的技术水平，是油气储运工程专业人才面临的严峻挑战。

4 生物工程

4.1 生物工程在人类社会发展中的地位和作用

4.1.1 生物过程的应用与开发——生物工程的基本内容和范畴

20 世纪中后期以来，生命科学的飞速发展大大推动了生物工程的新产品开发和新技术利用，也使其应用领域从传统的酿造发酵拓展到医学医药、工业、农业、海洋、环境和能源等各行业，并为这些领域带来革命性变革。美国著名管理咨询专家迈耶(Christopher Meyer)和戴维斯(Stan Davis)预言，到 2020 年，“生物”将取代“信息”，人类将进入生物经济时代。那么，什么是生物工程，它的基本内容和研究范畴有哪些?

生物工程，也被称为生物技术，是指综合运用现代生物学、化学和工程学的手段，直接或间接地利用生物体或生物体系，生产有价值的产物或进行有益过程的一门学科技术。通常将其分为以下几个分支:发酵工程、基因工程、细胞工程、酶工程和生化工程。其中的生化工程是以将生物技术从实验室规模扩大至生产规模为目的，以生物工程中带有共性的特殊工程技术问题为研究对象，在生物技术产业化中起着决定性作用。

生物过程(即利用各种生物体系进行加工的过程)是生物工程的特征，它可以是常规或重组微生物的发酵或生物转化过程，也可以指以游离或固定化酶为生物催化剂的酶反应过程，还可以是制备疫苗、重组蛋白或各种次级代谢产物的动植物细胞培养过程，和海洋动植物养殖与藻类培养过程，或人体干细胞体外培养与组织器官体外重建过程等。因此，对生物过程进行研究可以说是生物工程的根本内容，生物工程的基本内容和范畴可以归纳为对生物过程的开发和应用。

生物过程大都是在生物反应器中进行的，因此研究生物反应器中的生物过程就成为生物工程研究的核心问题之一，由此形成了生物反应器工程作为一门分支学科。它主要研究各类生物反应及生物过程(包括微生物发酵、动植物细胞培养和组织工程、生物催化与生物转化等)的特征与本质，揭示过程放大、过程优化对生物反应器系统设计和操作的要求，在此基础上致力于研究并揭示生物反应器的设计放大规律，建立满足过程需要的生物反应器系统强化和优化策略，使有关生物过程能迅速而有效地从实验室过渡到生产规模或提高现有生产过程的生产效率。

为了实现与环境和谐相处，保持人类社会的可持续发展，在进行生物过程应用和开发时，成本是必须考虑的一个重要因素。降低成本可以是直接的(如材料或能源投入的减少，废物处理成本的降低，资金投入的减少)，也可以是间接的(公众危险性的降低，后处理担负的责任减少,对降低全球污染水平的贡献,下游过程的再循环利用等)。因此,生物工程的一个重要研究内容就是必须全力以赴地研究解决生产过程的优化问题,最大限度地降低成本费用或提高生产利润。为达到上述目的,有人把生物技术产品开发归结为三个核心问题:第一个是发现和发展新产品或技术应用;第二个是发展集成化的产品加工工艺;第三个是设计和模拟新型的改进的工艺过程。

4.1.2 发酵工程——人类早期的生物技术应用与发展

1. 发酵现象及人类早期的生物技术应用

人类利用发酵现象源于何时无从考证。在原始社会里,我们的祖先巢栖穴居,主要以野果果腹。野果中含有能够发酵的糖类,在酵母菌的作用下,可以产生一种具有香甜味的液体,这就是最早出现的天然果酒。"猿猴造酒"的古代传说正是建立在这种天然果酒的基础上。江苏淮阴洪泽湖畔下草湾曾经发现了醉猿化石,证明了天然果酒在"人猿相揖别"之前就已经产生。

酒,作为早期生物技术产品的最主要代表,其历史几乎是和人类文化史一同开始的,从5 000年前的古埃及壁画中可看到当时的古埃及人在葡萄栽培,葡萄酒酿造以及葡萄酒贸易等方面的生动情景。随着农业文明的出现,谷物酿酒逐渐取代了天然果酒。中国是世界上最早酿酒的国家之一,考古资料表明我们的祖先在5 000年前的龙山文化早期,就已经开始了谷物酿酒的划时代创造。酿酒以及随后出现的奶酪等一些发酵食品是一些早期的生物技术成果,人们利用自然的发酵现象丰富着自己的生活,建立并发展了酿造技术,今天我们发现仍然离不开它们。

2. 发酵工程的产生与发展

直到19世纪中期,人们还不知道酿造技术的内在原因。1680年荷兰博物学家列文虎克(A. Van Leeuwenhock)发明了显微镜,人们才观察到了微生物的存在。到1857年,被称为微生物之父的法国人巴斯德(L. Pasteur)用实验方法证明了酒精发酵与酵母菌有关,1897年德国科学家毕希纳(E. Buchner)最终确证了发酵过程的酶学机制(此贡献获1907年诺贝尔化学奖),到此才揭开了发酵现象的奥秘。之后随着微生物纯培养技术的建立、密闭发酵罐的设计成功,使人们能够利用某种类型的微生物进行大规模的生产,逐渐形成了现代发酵工业。

发酵工程最初的进展出现在20世纪初,1916年英国采用梭状芽孢杆菌生产丙酮丁醇,德国用亚硫酸盐法生产甘油,标志着发酵工业从传统的食品工业向非食品工业发展。20世纪40年代随着青霉素的工业产生,人们开始建立起一整套好氧发酵技术及大型搅拌发酵罐的培养方法,发酵工业的规模得到了空前的发展。20世纪50年代由于氨基酸工业的建立,人们开始有目的地改变微生物自身固有的代谢调节机制,形成了经典的代谢控制发酵技术,大大加快了新产品的开发速度和力度,发酵工业开始大规模地向各个行业渗透。20世纪70年代开始,随着分子生物学、细胞生物学的发展,基因工程技术逐步开始作为新产品开发的主要手段和关键技术,发酵产品也从传统的微生物制品拓展到动、植物表达的产品。

发酵工程还是被习惯地定义为:采用生物学和工程技术手段,利用微生物的某些特定功能,为人类生产有用的产品,或直接把微生物应用于工业生产过程的一种新技术。内容包括菌种的选育、培养基的配制、灭菌、种子的扩大培养、发酵过程和产品的分离提纯等方面。但实际上目前发酵工程的技术已经从微生物拓展至动、植物细胞的生产和产物表达,应用领域涉及医药、轻工、食品、农业、环保、能源等诸多行业，为人类生产力的发展作出了巨大的贡献，并提供着巨大的发展潜力。

3. 发酵工程的作用和地位

生物工程四个主要领域细胞工程、基因工程、酶工程和发酵工程的关系可以形象地用图4-1表示，因此，发酵工程可以认为是生物工程产品化的桥梁。尤其是对于以微生物或酶等生物催化剂实现物质转化的工业生物技术，发酵工程被认为是其核心。

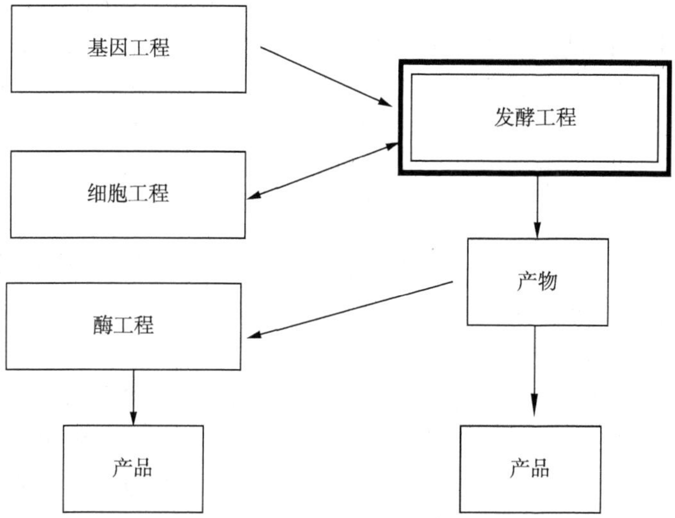

图4-1 发酵工程与生物工程的关系

发酵工程已经在国民经济中占据了重要的地位，从在传统发酵食品中的应用，到抗生素工业的建立，以及基因工程产品的大规模产业化的实施，目前全球发酵产品的年销售额在400亿美元左右，并以每年7%～8%的速度增长。我国发酵行业现有5 000多家企业，主要发酵产品的年产值达1 400亿元。

随着人类社会经济的发展，当前的能源结构、资源结构、环境状态将难以支撑人类社会进一步发展的目标。传统的粗放型经济增长方式必定走到尽头，必须走资源节约型、环境友好型的道路。科学家预言，随着石油、煤等资源的枯竭，人类经济将从基于碳氢化合物的经济转变为基于碳水化合物的经济，21世纪将是工业革命世纪到生物技术世纪的过渡，生物技术将由目前的形成阶段进入成长阶段。在这场深刻的变革中，作为工业生物技术核心和生物技术产品化桥梁的发酵工程，必将发挥更加重大的作用。

4.1.3 生物工程在人类社会经济发展中的作用

无论是科技界还是产业界，都基本认同这样一个重要的判断：在新的世纪里，以生命科学和生物技术为基础的生物工程产业将极大地改变人类及其社会发展的进程。日益成熟的转基因技术、克隆技术以及正在加速发展的基因组学技术和蛋白质组技术、生物信息技术、生物芯片技术、纳米生物技术、干细胞组织工程等关键技术，正在推动生物技术工程产业成为新世纪最重要的产业之一。毫无疑问，在未来的发展中，生物工程产业将深刻地改变人类所面临的人口、食物、能源、生态、环境、健康等问题，构筑新的国际分工格局，形成新的国际力量对比，更新人类的生产、生活与思维方式以及思想观念，对整个人类社会的经济发展产生深远的影响。

1. 孕育生物经济的诞生

纵观人类社会的发展历史，世界经济中心、文化中心乃至政治中心总是随着科学技术中心的转移而转移。人类经济在经历了狩猎与采集经济后被农业经济取代，始于1760年英国的工业经济于20世纪90年代已基本完成，目前正处于信息和网络经济主宰世界经济的时代，谁掌握了这种先进科学技术的主导权，谁就可能成为世界强国。

虽然在远古时代，人类就已经利用生物技术为人类社会服务，但它始终不处于科学技术发展的中心。但是今非昔比，越来越多的科学家预测，生物工程技术将是新的科技革命的主体。Davis和Meyer于2000年时代周刊上正式提出了生物经济(Bioeconomy, BE)的概念。BE最早孕育于1953年，以DNA双螺旋结构的发现为标志；到2001年人类基因组破译完成，标志着孕育阶段的终结；在2001年后的20多年是BE的成长阶段；预计到2025年BE将进入成熟阶段。具有BE时代特征的最初的四大产业是制药、健康医疗、农业及食品，并且与环境、能源、信息和化工等领域融合，甚至渗透到原来与生物无关的各个领域，从而引起一场全方位的产业革命，世界将进入BE时代和生物社会。

2. 未来医药行业的核心竞争力

生命科学和生物技术将从根本上揭示各种遗传病、癌症、心血管病、精神病等重大疾病的机理和防治途径。根据基因图谱，可预测出某种疾病发生的可能，提供预防、治疗的措施和手段；组织器官工程、干细胞技术、生物纳米技术和克隆技术，可促进制药工业发展，加快新药和医疗器械的研发；用转基因动物作为“生物反应器”生产药物，用动物器官作为人体器官的代用品，可以像修理汽车那样方便地更换人体器官。生物医药将给医疗保健行业带来革命性变化，开创“再生医学”新时代，为全面提升人类的生活、生存质量和健康水平开辟广阔天地。

3. 推动农业技术全面革新

生物产业的发展将促进农业革命。生物转基因技术、组织培养技术、动物胚胎移植与克隆技术，以及生物肥料、生物农药、生物饲料的广泛应用，将推动种植业和养殖业的变革，大幅度地提高农产品的产量与品质，增强农产品的营养功能，减少肥胖病、心脏病的发生发展，减少化学农药、化学肥料对农田和环境的污染，加速污染土壤的修复进度。另外，胚胎移植技术、克隆技术的应用将加速动物品种的更新换代，培育出超级猪、转基因鱼、高产奶牛等新品种。

4. 传统轻化工行业发展的引擎

工业生物技术将推进“绿色制造业”，促进化学工业的第三次革命。我国已经进入高速工业化的阶段，正在成为世界工厂，但是资源过度消耗，大量废物、废水、废气的排放，导致越来越严重的资源与环境问题。利用现代工业生物技术，能够有效地改造传统产业，提高经济效益，减少环境污染。一是利用生物催化替代化学催化，走出一条低资源消耗、低污染物排放、高效益的新型工业化道路；二是用生物质为原料生产塑料等化工材料，可彻底改变化学工业对石油产品的依赖，迎来生物化工时代，推动第三次化学工业的革命。

5. 环境保护领域的绿色使者

环境生物技术将为再造“秀美山川”提供技术支撑。生物技术对解决环境污染、土地沙化、草地退化、气候变暖等环境问题具有独特的作用。通过微生物对有毒有害污染物的降解，提高污水处理的技术已经进入应用阶段。抗旱、抗盐的草类、树木等新品种，防风固沙植物、环境指示植物的应用，将大幅度改善生态环境。

6. 引领海洋生物技术步入飞速发展的时代

海洋生物技术作为一个全新的学科，已成为21世纪海洋研究开发的重要领域，并沿着三个应用方向迅速发展。一是水产养殖，目标在于提升传统产业，促使水产养殖业在优良品种培育、病害防治、规模化生产等诸多方面出现跨越式的发展；二是海洋天然产物开发，其目标是探索开发高附加值的海洋新资源，促进海洋新药、高分子材料和功能特殊的海洋生物活性物质产业化开发；三是海洋环境保护，其目标是保证海洋环境的可持续利用和产业的可持续发展。从技术应用的角度看，海洋生物技术主要是利用海洋环境特殊性和生物多样性特征，多层面地开发利用海洋生物群体资源，大力发展蓝色经济。

7. 技术融合孕育巨大潜能

值得强调的是，当代科学技术发展正在呈现出前所未有的技术融合趋势。特别是生物技术与其他高技术的融合，形成了生物芯片、生物信息、生物材料、生物能源、生物光电、生物传感器等高技术领域，产生了生物技术群。比如，生物芯片技术的开发和运用，将在生物学和医学基础研究、疾病诊断、新药开发、食品、农业、环保等广泛领域中开辟一条全新的道路，改变生命科学的研究方式，革新医学诊断和治疗。

4.1.4 从碳氢化合物经济到碳水化合物经济——工业革命世纪到生物技术世纪

碳氢化合物主要包括石油、天然气和煤。近百年来以石油为主的碳氢化合物经济为人类社会创造了空前的物质文明。可以说，石油是现代社会的血液。遗憾的是，地球不像人体一样具有造血干细胞。因此，在地球历史上因地质和气候突变形成的石油，已经逐渐趋于枯竭。而地球的这种突变是随机性的，是经历了几百万年时间并伴随着绝大多数物种的灭绝后产生的。这一现象在可以预测的未来已不可能重现。同时，碳氢化合物的大量使用也导致了严重的环境污染。碳氢化合物燃烧所释放的二氧化碳等温室气体已经导致了全球变暖的生态危机。

那么，现在的问题是，人类是否已经到了必须寻找不同于碳氢化合物的新的替代能源的时刻？

回答是肯定的。目前世界已探明原油储量约为1万亿桶。加上今后新的油田发现、现有油田可能的扩容和新的采油技术的运用，世界原油储量可能达到2万亿桶。按目前世界原油每年300亿桶的消费速度，世界石油储量只能维持35～70年。而且，随着近年来中国、印度等大国的经济崛起和消耗激增，这一时间会有所缩短。另一方面，一项新的技术需要大约25年才能完成对市场的渗透并为整个社会所接受。我们已经没有时间等待和观望。开发新的替代资源技术已经迫在眉睫。

生物质包括所有植物和从植物得到的材料：粮食、农作物秸秆、树木、草类、林业残余物、动物废弃料、市政废物等。地球上能量的终极来源除核能与地热外都直接或间接地来自太阳能。而绿色植物利用太阳能将二氧化碳和水合成为碳水化合物生物质，以化学能形式将太阳能贮存下来。与碳氢化合物几百万年的形成周期相比，植物生物质平均生长周期只有1年，并且是可以再生的，是取之不尽用之不竭的。

进入21世纪，一个以植物生物质为替代能源和材料的碳水化合物经济正在蓬勃兴起。以农作物秸秆等农林业生物质为原料的新型生物炼制产业已经在世界范围内得到了飞速发展。

生物炼制技术用先进的生物酶解技术将秸秆等生物质转化为各种糖类和木质素产品，或用热化学技术将生物质转化为合成气和热裂解油；然后，再通过生物或化学催化过程将这些产品转化为生物乙醇、生物柴油、生物电力和热能、生物纤维、可降解的生物高分子材料以及各种高附加值生物中间体化学品。生物炼制厂以现代石油化学工业为模板，其结构采用类似于石油加工工业中流化催化裂化、热裂化和加氢裂化等集成化工艺平台技术，综合生产大宗生物燃料和高附加值的化学品，其产品可以覆盖全部现有的石油化工产品。图 4-2 是美国 Cargill-Dow 公司的一个生物炼制厂的外观，图 4-3 展示了一个典型的生物炼制厂的基本要素。

所有这一切都昭示着的一个崭新的碳水化合物经济正在迅速成长壮大，并将在不远的将来逐步改变并最终取代目前的碳氢化合物经济。

图 4-2 位于美国内布拉斯加州布莱尔市的 Cargill-Dow 生物炼制厂

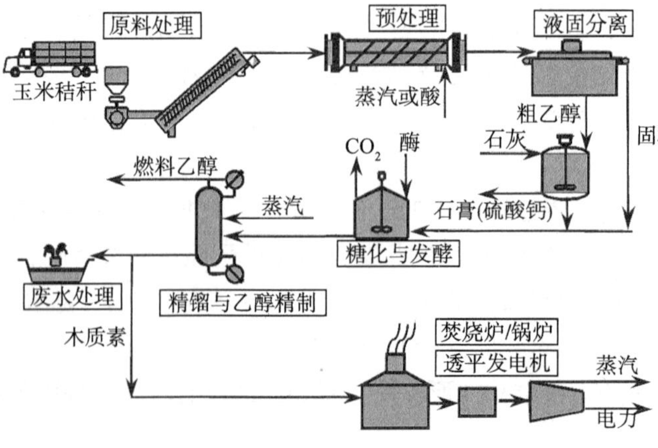

图 4-3 生物炼制厂的流程示意图

4.2 生物工程技术与研究内容

4.2.1 生化工程的形成

1680 年荷兰科学家列文虎克(A van Leeuwenhook)利用其制造的显微镜发现了微生物，

至今只有三百多年，但是人类利用微生物生产有用产物则已有几千年的历史，我们的祖先很早就掌握了发面、酿酒、制醋等技术，生产也达到了一定的规模。不过，利用微生物发酵生产各种有用产物的过程完全凭借经验，也没有严格的控制，生产效率低下。1928 年，英国科学家弗莱明(Alexander Fleming, 1881—1955 年，图 4-4)偶然发现一个培养葡萄球菌的培养皿中污染的青霉菌周围，葡萄球菌不能生长而形成了一个透明圈(图 4-5 显示类似的抑菌圈)，发现这是由于青霉菌产生的一种化学物质引起的，并将其称为青霉素。后来英国科学家弗洛理(Howard Florey)和钱恩(Ernst Chain)从青霉菌的培养液中得到了纯青霉素，发现青霉素具有极好的抑制病菌感染的效果，但青霉菌培养液中产生的青霉素非常少，很难获得纯净的青霉素。当时英国受德国轰炸，弗洛理和钱恩无法利用英国的工厂设施批量生产青霉素，所以弗洛理和美国的科学家合作，在美国实现了青霉素的生产。1943 年，生产的青霉素达到 29 磅，第二次世界大战结束时，生产的青霉素可治疗 700 万病人。1945 年，弗莱明、弗洛理和钱恩获得诺贝尔奖。

图 4-4 英国科学家弗莱明

(http://www.herb.lsa.umich.edu/kidpage/penicillin.htm)

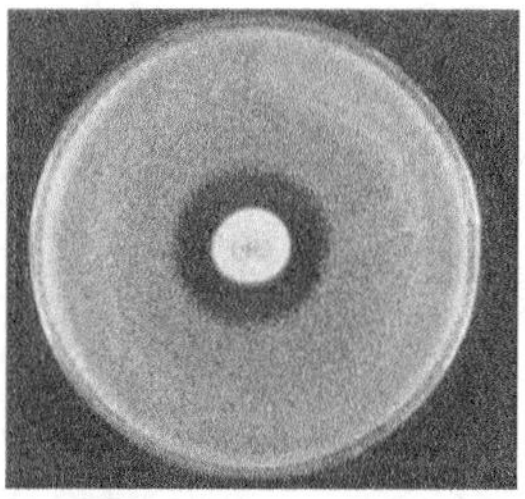

图 4-5 培养皿中的葡萄球菌和透明抑菌圈

(http://www.herb.lsa.umich.edu/kidpage/penicillin.htm)

弗莱明发现的生产青霉素的菌株为点青霉(Penicillium Notatum)，生长于液体培养基的表面，适于表面培养，生产时采用牛奶瓶进行培养，由于牛奶瓶易碎，清洗和灭菌都不方便，需要大量人工，效率非常低。后来从腐烂的甜瓜上选到一株青霉菌，属于产黄青霉(Penicillium Chrysogenum)，可以进行悬浮培养，因而可在大型发酵罐中培养，实现大规模的工业生产，并且青霉素的生产水平比点青霉高 200 倍。后来，利用 X 光和紫外线照射青霉素的生产菌株，使青霉素的生产能力进一步提高到点青霉的 1 000 倍。

在大型发酵罐中进行青霉素的工业化生产需要解决一系列的问题。例如，青霉素发酵中培养的青霉菌需要消耗大量氧，而氧在水中的溶解度非常低，所以在发酵时要不断向发酵罐中通入空气，同时要剧烈搅动发酵液，而青霉素发酵液又非常稠厚，搅拌和混合比较困难。为此，工程师需要研究发酵罐中有效的通气和搅拌的方法来改善发酵的供氧条件和青霉素的生产水平。青霉素发酵要求进行严格的纯种培养，即发酵中不能发生杂菌的污染，这一方面是为了避免杂菌消耗培养基里的营养，更重要的是一些杂菌会快速将青霉素分解掉。为此，发酵罐、培养基和通入的空气等都要灭菌后才可使用。培养基采用高压蒸汽加热灭菌，虽然较高的灭菌温度和较长的灭菌时间可以更彻底地消灭杂菌，但又会使培养基中的营养更多地破坏，从而需要了解如何有效地灭菌同时尽可能保留更多的营养。空气采用过滤的方法除去杂菌，由于填充纤维材料的空气过滤器中纤维间的空隙大于细菌的大小，要有效去除空气中的细菌，需要研究过滤器中纤维材料的填充密度、厚度、纤维粗细、空气流速、过滤器的结构等与过虑效率的关系。发酵实际上就是青霉菌将培养基转变为菌体和青霉素的过程，研究菌体生长、营养消耗和产物生产的规律，有助于改善发酵条件，提高产物生产水平，充分发挥菌株的能力。在将实验室形成的发酵技术转移到工厂进行生产的过程中，研究人员发现随着发酵规模的扩大，发酵的效果往往明显降低，需要研究发酵过程放大的规律。此外，发酵液中青霉素的浓度非常低，而且混有大量未使用的培养基成分和青霉菌的其他代谢产物，而且青霉素又是一种不稳定的化学物质，如何有效而且低成本地将青霉素从发酵液中提取出来，得到纯净的成品，也是必须解决的问题。这些课题，包括发酵罐的通气搅拌和氧传递特性，培养基灭菌，空气的无菌过滤，发酵动力学，发酵过程放大，产品的分离纯化等的研究，其中很多问题都属于化学工程的研究范畴，需要微生物学家和化学工程师的密切结合。这样，一门以化学工程的知识为基础，研究和解决发酵过程实际问题的学科——生化工程在 20 世纪 40 年代后期诞生了。

图 4 - 6　美国 Merck 公司的发酵车间

自青霉素以后，又陆续发现了许多新的抗生素，如链霉素、金霉素、红霉素等，它们多由放线菌产生，也采用和青霉素发酵相似的好氧发酵的方法生产。60 年来，发酵工业得到了长足的发展，除了传统的发酵产品，如酒、醋、酱油等，抗生素、氨基酸、酶制剂、有机酸、维生素、核苷酸等都以发酵方法大量生产，为改善我们的生活、保障健康等发挥了巨大的作用。其中，生化工程的贡献也是功不可没。发酵过程的优化，使培养的微生物生产更多的目标产物；发酵过程的放大研究使实验室的成果能有效转为生产力；高效生物反应器(包括发酵罐)的设计和制造以及计算机的应用为发酵的有效进行提供了保障。现在，许多人体蛋白已用基因工程菌发酵生产；以微生物产生的一些独特的酶或完整的细胞为催化剂，可进行有效的化学合成；发酵技术也成功地用于大规模培养植物和动物细胞，生产各种天然的植物产物和人体蛋白；干细胞、组织培养等可望在医疗领域发挥作用。这些生物技术的新兴领域的发展，更离不开生化工程的研究。随着基因组学(Genomics)、转录组学(Transcriptomics)、蛋白组学(Proteomics)、代谢物组学(Metablomics)、代谢流组学(Fluxomics)、生物信息学(Bioinformatics)、系统生物学(Systems Biology)等的发展，生化工程学科有了更为广阔的研究内容。早先生产菌株的改良依赖采用射线或化学诱变剂进行随机诱变，再将生产能力提高的突变菌株筛选出来，工作量大，效率低。随着现代生物技术的发展，把细胞作为反应器，对其代谢和调控进行系统研究，并采用基因重组技术有目的地改造其代谢，从而有效提高细胞的性能。这方面的研究属于代谢工程的领域，已成为生化工程研究的热点。因此，由于加强了细胞内部的生物学研究，有人认为原来的生化工程逐渐演变成了现在的生物工程。

华东理工大学的前身华东化工学院在1955年建立了我国第一个将生物学与工程学相结合的抗生素制造工学专业，为国家培养了大量人才，为国家的经济建设作出了巨大的贡献。针对国际上的学科设置趋向，抗生素专业于1981年改为生化工程专业，这也是我国第一个生化工程专业，第一个硕士学位授予点、博士学位授予点。现在，以这个专业为基础发展起来的生物工程学院包括生化工程、应用生物学和食品工程3个系，生物化工、发酵工程和生物化学与分子生物学3个博士点、7个硕士点，并拥有生物反应器工程国家重点实验室和国家生化工程技术研究中心（上海）两个国家级科研实体，承担了大量国家、省部级科研项目，为国家的生物技术发展和人才培养作出了自己的贡献。

4.2.2 基因工程

1. 基因工程及其对人类的贡献

基因工程的名称很多，常见的还有遗传工程、基因操作、重组DNA技术、重组DNA工程、基因克隆、分子克隆等，这些术语的差别在于各自考虑的角度和强调的侧重点不同而已。其核心是利用重组DNA技术，在体外通过人工“剪切”和“拼接”等方法，对各种生物的遗传基因通过载体（如微生物质粒、噬菌体等）进行改造和重新组合，然后导入微生物或真核细胞内进行无性繁殖，生产出人类“设计”的新产品，如新的动植物品种、新的药物疫苗、新的病原诊断工具，或者改良、创造出新的物种造福于人类。

1973年美国科学家科恩等以大肠杆菌为材料，首次成功地引入了外源基因，标志着基因工程的诞生。利用基因工程可以打破不同物种间在亿万年中形成的天然屏障，任何不同种类生物的基因都有可能通过基因工程技术而组合到一起。由于基因工程技术具有可以直接控制基因，将基因从一个物种转移至另一个物种，创造出新的物种或新的品种的显著特点，这使人类从单纯地认识生物和利用生物的传统模式跳跃到随心所欲改造生物和创造生物的新时代。从诞生至今，仅30多年的历史，基因工程无论在基础研究领域，还是在生产实际应用方面，都已取得了惊人的成绩。

基因工程与其他生物科学技术的关系

基因工程是在现代分子生物学和分子遗传学发展的基础上产生的新学科，是现代生物技术的核心。生物技术一般包括发酵工程、细胞工程、酶工程、基因工程和蛋白质工程等五个方面，而基因工程是其他四者的重要基础，它们之间的关系如图4-7所示。基因工程所涉及的基础学科有分子生物学、微生物学、生物化学、遗传学、细胞生物学等。生物技术以生命科学为基础，以基因工程为核心，将多种基础科学联合并使之成果产业化，最终可生产：药物、疫苗、诊断试剂、生命材料、新生命、新能源和新材料等。

2. 基因工程的基本步骤

基因工程操作一般要经过四个步骤，图4-8为基因工程总体过程示意图。

(1) 目的基因的分离与制备　即从合适材料中分离或制备目的基因或特定的DNA片断。

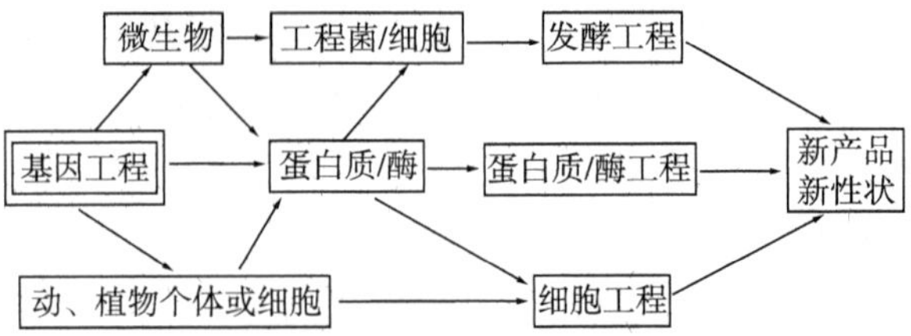

图 4-7 基因工程与其他生物科学技术的关系

目的基因,也就是人们所需要的特定基因,如抗虫基因、抗病基因、产胰岛素基因等。目的基因的获得主要是从供体细胞的 DNA 中直接分离基因。直接分离基因最常用的方法是“鸟枪法”,又叫“散弹射击法”。20 世纪 80 年代以后,随着 DNA 核苷酸序列分析技术的发展,人们已经可以通过 DNA 序列自动测序仪对提取出的基因进行核苷酸序列分析,并且通过一种叫多聚酶链式反应(PCR)的技术,使目的基因片段在短时间内成百万倍地扩增,简化了基因工程的操作技术。

(2) 目的 **DNA** 片段与载体 **DNA** 连接成重组 DNA 分子　如果以质粒作为运载体,首先要用一定的限制酶切割质粒,使质粒出现一个切口,露出黏性末端,然后用同一种限制酶切断目的基因,使其产生相同的黏性末端。将切下的目的基因的片段插入到质粒的切口处,再加入适量的 DNA 连接酶,这样就形成了一个重组的新环状 DNA 分子。

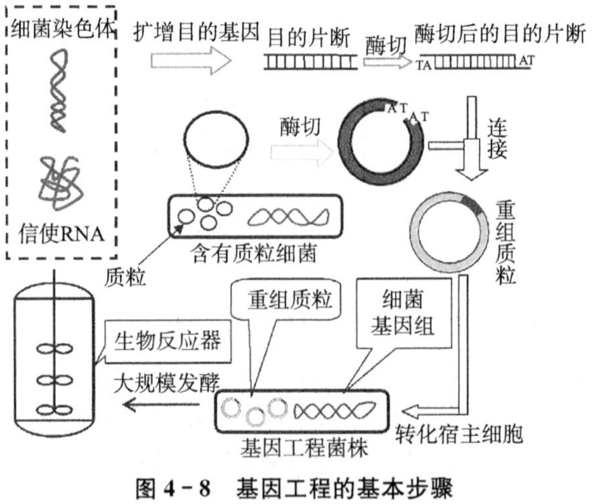

图 4-8 基因工程的基本步骤

(3) 将重组 **DNA** 分子引入受体细胞　基因工程中常用的受体细胞有大肠杆菌、酵母菌和动植物细胞等。细胞城的城门通常是关闭的,载体和其他外来物质一样会被拒之门外。后来,科学家们偶然发现了一种使细胞处于可以接纳外来物质状态的方法,这个方法就是把大肠杆菌细胞用冰冷的氯化钙溶液处理,这时的细胞称为感受态细胞,将它在 42℃水浴中“热刺激”,不多不少 90 秒,再迅速放到冰上冷却,“基因搬运工”就可以在一瞬间冲进细胞中去,这个过程称为转化。这样含有目的基因的重组质粒进入受体细胞并在其中扩增。这种带有目的基因的微生物或动植物细胞重组体称为工程菌或工程细胞。

(4) 目的基因的检测和表达　在前一步的全部受体细胞中,真正能够获得重组 DNA 分子的受体细胞是很少的。因此,必须通过一定的手段对受体细胞中是否导入了目的基因进行检测。检测的方法很多,例如,大肠杆菌的某种质粒具有青霉素抗性基因,当这种质粒与外源

DNA 组合在一起形成重组质粒，并被转入受体细胞后，就可以根据受体细胞是否具有青霉素抗性来判断受体细胞是否获得了目的基因。重组的 DNA 分子进入受体细胞后，受体细胞必须表现出目的基因所具有的特定性状，才能说明目的基因实现了表达。

3. 基因工程的应用

基因工程诞生 30 多年来，取得了惊人的成绩，特别是近 10 年来，发展更是突飞猛进，不仅使生命科学的研究发生了前所未有的变化，而且在农牧业、食品、医药卫生、环境保护、新材料和新能源等领域具有广阔的发展前景。下面对基因工程在这些领域的应用作一些简要介绍。

(1) 应用于药物与疫苗的生产　例如人干扰素是一种抗病毒的蛋白，并对多种癌症、艾滋病、某些白血病也有一定的疗效。据 2005 年 8 月《北京日报》报道，北京三元基因工程有限公司在国内首次生产的国家级一类新药运德素(干扰素)，纯度达 99%，每克干扰素相当于 30 千克黄金的市价。这种高额的利润和干扰素具有的抗病毒特征，强烈地吸引着各国科学家和企业界的参与竞争。迄今人类已利用基因工程技术成功地生产出胰岛素(治疗糖尿病和精神分裂症)、干扰素(抗病毒剂，对血癌和某些瘤有疗效)、生长激素(治疗侏儒症)、生长激素释放抑制因子(治疗肢端肥大症和急性胰腺炎)等 200 余种产品，其中许多已成为临床治疗的有力武器，2004 年创造高达 5 000 亿美元巨大的经济效益。疫苗是预防和治疗流行性疾病和其他严重疾病的“杀手锏”。利用基因工程技术可以根据病原体的抗原分子群，将它们的基因重组在一起导入大肠杆菌(工程菌)，使其成为制造混合抗原的工厂。基因工程还可将有关抗原的 DNA 导入活的微生物中，这种微生物在受免疫应激后的宿主体内生长，可产生弱毒活疫苗，具有抗原刺激剂量大、持续时间长等优点。正在研制的基因疫苗有数十种之多，为人类战胜传染病提供了有力的武器。

(2) 应用于遗传疾病的诊断和治疗　①基因诊断是遗传病最准确的诊断手段，也称为 DNA 诊断或基因探针技术，即在 DNA 水平分析检测某一基因，从而对特定的疾病进行诊断。②基因治疗是指在基因水平上对人类疾病进行治疗。具体地说，它是利用基因转移或基因调控的手段，将正常基因转入疾病患者机体细胞内，取代致病的突变基因，表达所缺乏的基因产物。或者是通过基因调控的手段，有目的地抑制异常基因表达或重新开启已关闭的基因，达到治疗遗传病、肿瘤、艾滋病、心血管疾病等的目的。

(3) 应用于农牧业品种改良　通过基因工程技术获得高产、稳产和具有优良品质的农作物和具有各种抗逆性的作物新品种。科学家已培育出一批分别具有抗病、抗虫、抗除草剂、抗盐碱、抗病毒、抗干旱等性状的转基因农作物。基因工程在畜牧养殖业也具有广阔的应用前景，科学家将某种特定基因与病毒 DNA 构成重组 DNA，然后，通过感染或显微注射技术将重组 DNA 转移到动物受精卵中，并由这种受精卵发育成新个体，这就是我们在前面提到的转基因动物。通过转基因技术人们可以获得具有各种优良品质的动物。美国科学家将人的生长素基因和牛的生长素基因分别注射到小白鼠的受精卵中，借腹怀胎后，产下的小白鼠比一般的大一倍，出现了前所未有的“超级鼠”，这是世界上第一只转基因动物。人们还用同样的方法，陆续获得自然界中从来就不曾有过的“超级绵羊”和“超级鱼”等动物。例如：澳大利亚科学家培育的转猪生长激素基因的转基因猪，4 个月后可达 90 千克，生长速度比普通家猪提高 100%。

(4) 应用于环保与工业生产　环境保护是人类面临的重大课题。用基因工程制备的基因探针可以充当环境监测的“尖兵”。基因探针可监测饮用水中病毒和细菌的含量，灵敏度和精确度极高。基因工程技术也可用于环境污染的清除,如将假单孢杆菌的几种不同质粒重组成一个超级质粒,导入一种细菌,使之成为超级菌,能在原油中迅速繁殖,并在浮游过程中快速降解烃类物质,除去污染水面和地面的石油。基因工程专家们的一项大胆设想是把固氮基因转移到非豆科植物中去。这是一项既可提高作物产量,又可减少能量消耗,并且肥沃土壤、减少成本和净化环境的举世瞩目的大课题,当前世界上许多科学家正致力于攻克此项难关。基因工程在工业上也展示了美好的应用前景。通过DNA操作可以得到不同性能的基因工程菌,可把低品位矿石或废矿石、废矿渣中的金属富集起来,有的还可对富集的金属进行化学转化。采用这种技术,人们已从贫矿和废矿石中提取了铀、铜、金属硫化物和镍等。

(5) 应用于新能源与新材料开发　近10多年来,基因工程在开发可再生的生物新能源与新材料方面也展示了美好的前景,特别是随着石油、煤炭等不可再生资源的日益短缺和价格上涨,利用可再生的生物质资源生产生物新能源与新材料显示出良好的前景,如生产生物柴油、燃料乙醇、以玉米为原料生产替代石油化纤、性能优良的聚酯、可降解生物医用材料等。

4. 面向21世纪的基因工程

以基因工程技术为核心的现代生物技术的发展和应用为解决全人类的粮食和医药的短缺以及环境问题,带来了美好的前景。通过应用重组DNA技术,对农作物、畜禽品种和水产品的遗传基因进行修饰,可使其品种改良、产量增加、品质提高、抗性增强,为人类提供更多更好的食品和药品。用基因工程技术改良的棉花洁白且纤维长、大米晶莹且产量高、番茄红艳个儿大、杨树速生丰产,还可生产出预防肝炎的番茄、预防脑血栓的牛奶等。中国有13亿人,占世界总人口的22%,随着经济的快速发展、人口的不断增加、人口老龄化和健康问题突出、环境压力加大、不可再生的资源和能源日益紧缺,中国更加需要发展和应用生物技术和基因工程技术。合理适当地利用这些生物高新技术,将给中国人带来更多实惠和机遇。可以预期,在本世纪作为生物技术核心的基因工程必将在生命科学的基础研究和各行各业的应用领域给世界带来更加深刻的变革,为人类健康与社会进步作出巨大的贡献。

4.2.3 生物催化与酶工程

1. 生物催化剂——催生万物循环转化的大力神

几千年前,人类已开始利用微生物来制造食品和饮料,不自觉地利用了酶的催化作用,这就是工业用酶的前身。然而真正认识酶的存在和作用,是从19世纪开始的。1833年Payen和Persoz从麦芽的水抽提物中,用酒精沉淀得到一种对热不稳定的活性物质,可以促进淀粉水解成可溶性的糖,他们把这种物质叫淀粉酶。19世纪中叶,Pasteur等指出酵母中存在一些使葡萄糖转化为酒精的物质,1878年Kunne首先把这种物质称之为酶(Enzyme),这个词来自希腊文,意思是"在酵母中"。

在随后的几十年,人们通过生产实践和科学试验,证实了酶的存在,也认识了酶的本质。美国康奈尔大学的生物化学家萨姆纳与洛克菲勒研究院的化学家通过实验揭开酶的面纱,并因此分享了1946年的诺贝尔化学奖。

酶是生物体内产生的有催化能力的蛋白质,一般而言,酶分子是由许许多多氨基酸分子组成的高分子蛋白质,相对分子质量在1万～100万。酶分子有单纯酶与结合酶两类,前者的分子组成只含蛋白质,后者分子组成中除蛋白质外还含有非蛋白质成分,包括金属离子。酶分子内的非蛋白质成分称为辅因子,辅因子与酶蛋白的结合物称为全酶。对于结合酶,只有全酶才能行使催化功能。

酶能使化学反应的速度提高 109～1 012 倍,一个酶分子在 1 分钟内能使几百个到几百万个底物分子转化。一个人吃了两个汉堡包,吃后感到肚子饱了。然而过不了几小时又觉得饿了。两个汉堡包里面的淀粉、脂肪和蛋白质到哪里去了呢? 它们被消化掉了。它们在酶的催化下变成简单的有机分子,由肠壁吸收了。参加这一化学反应的酶主要是淀粉酶、脂肪酶和蛋白酶。

酶的作用具有高度的专一性。一种酶只能催化一定的化学反应。到目前为止,在自然界中发现的酶大约有 3 000 种,它们催化的化学反应也有 3 000 种左右。在有机体内一种酶一般只控制和调节一种化学反应。一个人患消化不良的病,很可能是缺少胃蛋白酶引起的,吃上一点药用胃蛋白酶就可以治疗。

根据酶的功能,通常将酶分为:(1)氧化还原酶类,分氧化酶和脱氢酶两种,在体内参与产能、解毒和某些生理活性物质的合成。(2)转移酶类,参与核酸、蛋白质、糖及脂肪的代谢与合成。(3)水解酶类,是人类应用最广的酶类。这类酶催化水解反应,使有机大分子水解成简单的小分子化合物。例如,脂肪酶催化脂肪水解成甘油和脂肪酸。(4)裂合酶类,这类酶能使复杂的化合物分解成好几种化合物。(5)异构酶类,它专门催化同分异构化合物之间的转化,使分子内部的基团重新排列。例如,葡萄糖和果糖就是同分异构体,在葡萄糖异构酶催化下,葡萄糖和果糖之间就能互相转化。(6)合成酶类,这类酶使两种或两种以上的化合物结合而形成新的物质。

生物催化剂是生物反应过程中起催化作用的游离或固定化细胞和游离或固定化酶的总称。生物催化剂按照其结构可以分为细胞、酶和多细胞生物体几种;按照其形式也可分为游离型催化剂和固定化型催化剂。

尽管生物催化剂可以来自于动物和植物,但是来源于微生物的酶占整个实际应用的生物催化剂的绝大多数。早期的酶工程技术主要是从动物、植物、微生物材料中提取、分离、纯化制造各种酶制剂,并将其应用于化工、食品和医药等工业领域。

20 世纪 70 年代后,酶的固定化技术取得了突破,使固定化酶、固定化细胞、生物反应器与生物传感器等酶工程技术迅速发展和应用。随着第三代酶制剂的诞生,应用各种酶工程技术制造精细化工产品和医药用品,及其在化学检测、环境保护等各个领域的应用,使酶工程技术的产业化水平在现代生物技术领域中名列前茅,并正在与基因工程、细胞工程和发酵工程融为一体,形成一个具有很大经济效益的新型工业门类。

2. 酶的人工进化——未来化学工业的超级催化剂

微生物来源的酶已在工业过程中得到大量应用,通常,工业应用的微生物酶制剂的生产菌株主要通过对微生物的分离培养和筛选来获得。通过筛选还获得了能够在一些特殊过程如高温、高盐、有毒介质、非水介质等中应用的微生物酶。由于至今尚未对自然界大量存在的微生物全面研究其酶的性能,因此,人类所利用的微生物来源的酶的种类和数量是极其有限的。一个理想生物催化剂要求在实际应用中有良好的活性、稳定性和可生产性,而天然的酶通常缺乏具有商业价值的催化功能及其他性质,酶催化的精确性和有效性往往并不能满足工业上的要求。因此,为了使酶适合特定的人工催化环境,需要对天然酶加以修饰或改造。通过分子生物学技术改造现有酶(蛋白质工程)或对未知微生物所产生的微生物的酶进行筛选将成为微生物酶研制和开发的热点。随着人们对生物催化剂认识的深入,人们开始修饰或改造生物催化剂以适应特定的生物催化过程,希望最终能够针对具体的催化过程的要求,设计或改造现有的生物催化剂。

对酶分子的研究可以分为认识和改造两个方面,认识并利用各种生物化学、晶体学、光谱学等方法对天然酶或其突变体进行研究,获得酶分子特征、空间结构、结构和功能之间的关系以及氨基酸残基功能等方面的信息,以此为依据对酶分子进行改造,称为酶分子的理性设计(Rational Design),如化学修饰、定点突变(Site-directed Mutagenesis)等。与此相对应,不需要准确的酶分子结构信息而通过随机突变、基因重组、定向筛选等方法对其进行改造,则称为酶分子的非理性设计(Irrational Design),又称定向进化(Directed Evolution)。

随着基因工程、结构生物学和生物信息学的发展,酶的修饰与改造进入了蛋白质工程时代。蛋白质工程的方法学基础已经奠定,例如基因克隆和寡聚核苷酸合成等已成为实验室的常规技术,定点突变、基因重组、PCR(Polymerase Chain Reaction, 聚合酶链反应)等已成为蛋白质化学和酶学研究的标准技术。经蛋白质工程改造过的蛋白酶和脂肪酶等酶制剂已经成为商品,修饰改造过的酶也被广泛应用于工业生物催化中。

3. 我国的生物催化与酶工程研究——现状与展望

作为生物技术革命第三次浪潮的工业生物技术,其关键核心就是利用酶进行生物催化和生物转化。生物催化技术已成为发达国家的重要科技与产业发展战略,各国都加大了生物催化的研发力度,以生物催化技术为核心的生物制造产业正以指数规律加速发展。

生物催化一进入传统的化工领域,就给原料来源、能源消耗、经济效益、环境保护等方面带来了根本性的变化,使其向着"绿色环保"的方向转变。如传统化学法合成的丙烯酰胺已在日本和中国等国家实现了工业规模的生物法合成,成本和产品纯度都优于化学法合成的丙烯酰胺。许多著名的老牌化学工业公司已大量采用了生物技术生产化学品,如美国的孟山都公司,1997 年由生物技术生产的销售额已占其总销售额的 70%以上。就连老牌的化工企业杜邦公司也宣称该公司 2002 年生物技术产品的销售额占其公司总销售额的 20%。

生物催化合成已成为化学品合成的支柱之一,利用生物催化合成化学品不但具有条件温和、转化率高的优点,而且可以合成手性及高分子化合物。手性化合物是国外目前生物技术的主要产品。应用手性技术最多的是制药领域,包括手性药物制剂、手性原料和手性中间体。目前,美国在酶催化剂及手性(立体异构)化合物合成方面处于领先地位,其生物催化制造的化学品产值已超过生物医药的产值。

利用生物催化剂将化学合成的前体、潜手性或外消旋化合物转化成单一光学活性产物,可作为医药、农药、香料和功能性材料的前体、中间体或终产物,在精细化工产品的生产中占有极其重要的地位。生物催化反应已经应用于药物、食品添加剂等工业化的生产合成中。例如,德国 BASF 公司已成功将酶法应用于旋光性胺、氨基醇、醇和环氧化合物的生产;用脂酶催化拆分外消旋混合物,产品收率高,对映异构体纯度高。

我国在生物催化领域起步与发达国家相差不多,有利于参与国际竞争。为此,国家将生物催化技术列入"973"计划项目,目标是要建立完善的理论和方法体系,使我国在生物催化与生物制造领域的基础研究与工业技术取得突破性进展,全面提升我国的生物制造能力,促进基础物质加工产业的可持续发展。

目前我国在利用生物法制备各种有机酸、氨基酸、手性化合物、化工产品、功能性食品添加剂、功能高分子材料及油脂等方面均取得了一定的进展，特别是在部分产品的产业化方面达到了国际先进水平，在国际市场上占有重要地位。例如，我国的柠檬酸产量已达到世界第二，我国在有机酸的酶法合成上也取得了可喜成绩，如 1999 年底建立了固定化细胞生产酒石酸（江苏常州，100 t/a）和丙酸（广西南宁，1 000 t/a）的生产设施。我国在 2000 年实现了万吨级生物法丙烯酰胺的工业化，目前生产能力已达 10 万吨，处于国际领先水平。

我国手性药物中抗生素、维生素、激素和氨基酸占相当大数量，但大多采用传统的拆分方法。在 20 世纪 70 年代后期开始生物合成手性化合物的研究，国内有多所大学及研究院所如华东理工大学、吉林大学、华南理工大学、中科院上海生化所、上海有机所、兰州化学物理研究所等正在从事这方面的研究，目前 L-天冬氨酸、L-苹果酸已实现工业化，多种氨基酸、羟基酸、2-芳基丙酸和部分药物中间体的酶法拆分也都取得了很好的结果。但从整体水平上来说，我国与世界先进水平仍有较大差距，如世界上工业化的酶制剂有 70 多种，我国可以生产的仅 20 多种。许多酶制剂（如有机合成用脂肪酶和农用植酸酶等）仍主要依靠进口。我国开发的脂肪酶催化的工艺和产品已达 50 多个，但所用脂肪酶还部分依靠进口。我国生物催化新产品和新技术的开发仍落后于市场的需求，拥有自主知识产权的技术和产品更少。在生物催化与生物加工技术方面的科技开发投入少，技术队伍相对薄弱；产品结构不合理。我国拥有世界四分之一的人口，但生物技术产品种类和产量与世界水平差距很大；缺乏相配套的生物技术设备；缺乏综合利用与清洁工艺观念，浪费及污染严重。因此，我们有必要采取措施，加快技术发展和人才培养。

生物催化是现代绿色化学加工业的重要组成部分。可以预见生物催化与生物加工是 21 世纪化学工业最富生命力的技术。对于促进化学工业技术进步和产业结构调整、促进绿色化学工业的发展起着至关重要的作用。

4.2.4 细胞工程

细胞工程也称细胞操作技术，是在细胞水平上做手术，其绝大多数操作是以细胞或其组成部分以及由细胞构成的组织和器官等为对象，如染色体、细胞核、原生质体、整个细胞、受精卵、胚胎、组织或器官等。因此细胞工程是应用现代细胞生物学、发育生物学、遗传学和分子生物学的理论与方法，按照人们的需要和设计，在细胞水平上进行遗传操作，重组细胞的结构和内含物，以改变生物的结构和功能，也就是说通过细胞融合、核质移植、染色体或基因移植以及组织、细胞培养等方法，快速繁殖和培养出人们所需要的新物种的生物工程技术。

细胞工程可以分为植物细胞工程和动物细胞工程两大类，既有长期以来得到了广泛应用的动植物细胞与组织培养技术，又有近三十多年才发展起来的细胞融合技术、细胞拆合技术、染色体导入技术、胚胎和细胞核移植技术，更有与基因工程技术结合以基因转移技术为核心的细胞遗传工程和基因重组技术。以研究水平来划分，细胞工程可分为基因水平、细胞器水平、细胞水平、组织水平等几个不同的研究层次。

随着细胞生物学、分子生物学、遗传学等学科的发展和研究的日益深入，细胞工程近年来取得了快速的发展，已经成为现代生物工程一个重要的代表性领域，细胞工程中许多方面的成就已成为当代生物工程技术领域里程碑式的成果,具体有下面几个标志性技术进展。

1. 植物细胞培养工程

植物细胞工程最显著的价值在于优良植物的快速繁育与代谢产物的大量制备。植物细胞工程涉及三个层次的培养:细胞培养、组织培养和器官培养。

植物细胞培养可以参照工业发酵的方法进行深层培养,在较短周期内获得大量难得的、有用的物质。例如用人参细胞的培养以获取皂苷;用烟草细胞培养制备心脏病特效药——辅酶Q10;用黄连细胞生产黄连素碱等都已进入工厂化生产阶段。

植物细胞及其组织培养使传统的作物育种实现了工厂化,还可进一步实现大规模快速无性繁殖。例如有些珍稀植物通过组织培养就可以培育出新的植株,在美国、日本等发达国家,一些高价值的花卉、果树、蔬菜、油糖、糖类作物及名贵中草药等都进行细胞培养育苗,并已进入工厂化生产阶段。

2. 动物细胞培养工程

由于细菌等原核细胞表达系统在转录及修饰方面的缺陷,许多重要价值的蛋白质,特别是基因工程药物、疫苗、抗体等糖基化的需要,使哺乳类动物细胞表达系统成了一个更合适的工具,因此,哺乳类动物细胞表达系统引起了大家的重视。以哺乳动物大规模培养技术为基础的生物制药产业得到了迅速发展,数十种产品已进入市场。例如治疗心肌梗塞的TPA,治疗囊性纤维化的DNase,治疗贫血的EPO,治疗血友病的凝血因子VIII和IX,治疗癌症和病毒性疾病的干扰素,以及治疗身材矮小的人生长激素等。动物细胞培养技术还可广泛用于生产许多诊断和治疗疾病的单抗,用于生化检测的单抗有几千种。而单抗用于人体疾病治疗是近几年来生物制药的一个重要领域。从用于器官移植治疗、可以抑制排斥反应的抗CD3单抗OK-T3以来,已有70多种治疗用单抗药物获得FDA批准。此外,20世纪以来由动物细胞大规模培养生产的各类病毒疫苗如狂犬疫苗、乙脑疫苗等在预防和治疗人类传染性疾病方面也发挥了极其重要的作用。采用基因工程方法将病毒的抗原决定簇基因转染到宿主细胞体内,通过动物细胞大规模培养以工业化生产安全性更高、疗效更好的基因工程疫苗,也取得了快速发展。

动物细胞大规模培养都是在生物反应器中进行的,根据动物细胞无细胞壁,对剪切极端敏感,在细胞生长控制上,要防止细胞分化和细胞凋亡,有时还要考虑对产品糖基化质量的要求。所以反应器要具备低剪切效应、混合性能好等特点,严格控制反应器的操作条件以及有关防污染系统设计。

3. 细胞融合技术

采用自然或人工的方法使两个或几个不同细胞(或原生质体)融合为一个细胞,用于产生新的物种或品系(植物上用得多,动物上用得少)及产生单克隆抗体等。

细胞融合技术最大的贡献在于动植物、微生物新品种的培育方面。以植物为例,该技术应用于植物细胞可以改良植物遗传性、培育植物新品种。原生质体融合有可能克服有性杂交的不亲和性而使叶绿体、线粒体等细胞基因组合在一起。利用原生质体融合并配合原生质体培养已得到了一些体细胞杂种植株。原生质体融合还能够产生胞质杂种,用于转换由胞质控制的遗传性状、建立新型不育系以及深入研究细胞内核质之间的相互关系。

在动物细胞融合技术方面,1975年两位英国科学家Kohler和Milstein成功地把羊红细胞免疫的能分泌单一抗体的小鼠B型淋巴细胞与可以无限增殖的小鼠骨髓瘤细胞融合在一起，人为制造出一种杂种细胞并实现了克隆。这种杂交瘤细胞承袭了两种亲代细胞的遗传特性，既保存了骨髓瘤细胞在体外可以迅速而无限增殖传代的能力，又继承了B型淋巴细胞合成与分泌抗体的能力。不仅使得人们根据不同的需要可以获得不同的单克隆抗体，而且由于形成的杂交瘤细胞能在培养时无限增殖，为大量获得单克隆抗体提供了十分有效的途径。这一成功使得以生产抗体为目的的淋巴细胞杂交瘤技术体系被很快建立起来，导致了医学免疫学的一场革命，并与DNA重组技术一起被称为现代生物技术的两大支柱之一。

4. 染色体工程

染色体工程是指按人们的需要和预先设计，添加、削减或替换同种或异种生物染色体的全部或某一部分，从而实现定向改造生物遗传性状或选育新品种的目的，它是在染色体水平上改变细胞遗传组成的细胞工程技术。动物染色体工程主要采用对细胞进行微操作的方法（如微细胞转移方法等）来达到改变染色体的目的。植物细胞工程目前主要是利用传统的杂交回交等方法来达到改造染色体的目的。

染色体工程最大的价值体现在新品种的培育方面，主要是单倍体与多倍体育种方面。例如：自从1937年秋水仙素用于生物学研究后，多倍体研究得到了迅速发展，得到四倍体小麦、八倍体小黑麦等。

5. 胚胎工程

对哺乳动物的胚胎进行某种人为的工程技术操作获得人们所需要的成体动物。采用的新技术包括胚胎分割技术、胚胎融合技术、卵核移植技术、体外受精技术、胚胎培养、胚胎移植以及性别鉴定技术、胚胎冷冻技术等。

采用胚胎移植技术进行优良品种的快速繁殖与胚胎保存，已经产生了极大的经济效益。对于人类，试管婴儿培育技术已为人类作出了重要贡献，另外，建立在细胞核转移技术基础上的胚胎干细胞治疗性克隆研究和应用，可望在不久的将来为人类疾病治疗带来一场新的革命。

6. 干细胞工程

干细胞（Stem Cell）是指那些具有自我更新、高度增殖和多向分化潜能的一类细胞群体，是动物有机体和各种组织、器官的起源细胞，它们在动物有机体内由最初发育到形成完整个体的整个生命活动中始终保留其未分化的特性。在这个生命活动中，干细胞像大树的树干分出许多树枝、树叶一样，可以分化为某一类组织器官的细胞或身体所有210多种细胞中的任何一种，人体或哺乳动物的发育过程就是干细胞不断分化分裂的过程，即干细胞通过分化发育成为身体的各种细胞、组织和器官而构建一个完整的个体。根据来源的不同，一般可将干细胞分为胚胎干细胞（Embryonic Stem Cell，ES细胞）和成体干细胞（Adult Stem Cell，AS细胞）两大类。ES细胞是存在于早期胚胎内细胞团的全能性干细胞，1981年由Evans和Kaufman首次建立的小鼠ES细胞系为ES细胞的分离、培养奠定了技术基础。而AS细胞则是存在于成体组织器官中的多潜能干细胞，它们是人体或动物体体内组织器官修复再生的基础，如骨髓、大脑、皮肤、神经、脂肪、肝脏、心脏等组织来源的干细胞。

干细胞工程是干细胞生物学和工程学技术相结合并利用细胞培养技术基础发展起来的一项新的细胞工程技术。干细胞在体外可以通过培养、扩增和分化，形成各类体细胞或构建人工组织和器官，用于临床医学和细胞治疗、组织器官移植等，以提高人的生存质量和延长人的寿命。由此可见,它是利用干细胞的增殖特性、多向分化潜能及其增殖分化的高度有序性,通过体外培养干细胞、诱导干细胞定向分化或利用转基因技术处理干细胞改变其特性,以达到利用干细胞为人类服务为目的的方法。

干细胞工程的主要研究内容,一方面是ES细胞的研究,如建立ES细胞系,并利用ES细胞的发育多能性,即环境因素对细胞分化发育的影响,定向诱导ES细胞分化为特定的细胞,如肌细胞、神经细胞等,作为细胞移植的新来源。另一方面是AS细胞的研究,主要包括AS细胞的分离、培养和植入体内,更新机体病变组织器官使其恢复正常功能。另外,利用干细胞作为基因治疗的靶细胞,研究体内有效活化组织干细胞的方法,从而增强其分化功能。

7. 细胞遗传工程

细胞遗传工程主要包括克隆和转基因技术。前者主要是指无性繁殖,如动物克隆是指由一个动物经无性繁殖而产生的遗传性状完全相同的后代个体,例如克隆多利羊就是近年来的标志性成果。现已在畜牧业、稀有动物遗传资源保护与繁衍、医学等方面展现了诱人前景。后者是指将外源基因整合到生物体内,得到稳定表达,并使该基因能稳定地遗传给后代的实验技术。它是改变物种遗传性状的最有效途径,现已在微生物、动植物领域得到迅速发展。

该技术可以说代表了现代细胞工程,甚至是整个生物工程的前沿领域。几乎所有细胞工程的最新科研成果都与此相关,所产生的社会反响和争议也是其他细胞工程技术无法比拟的,有可能对生物伦理学、生物哲学等新型学科的发展产生巨大影响。

8. 组织工程

组织器官的丧失或功能障碍是人类健康所面临的主要危害之一,也是引起人类疾病和死亡的最主要原因,修复或替代因疾病、创伤、战争、衰老或遗传因素所造成的组织器官缺损和功能衰竭一直是人类的梦想和临床医学的难题。为此,科学家们一直希望能够运用细胞工程技术使人体残余器官的少量正常细胞在体外繁殖,从而获得患者所需的、具有相同功能而又不存在排斥反应的组织和器官供移植之需。近十年来在这方面已取得了令人满意的成果,例如一些骨骼、软骨、血管和皮肤等工程化组织已由实验室过渡到临床实际应用;肝脏、胰脏、心脏、乳房、手指和耳朵等组织和器官也正在实验室里生长成形。不少新近成立的生物技术公司正准备推出商品。此外,也有科学家正在尝试培育出能充当药物释放渠道的组织。所有这些都为今后通过组织器官移植修复缺损组织和器官或者改善其生理功能展示了诱人的前景。

目前,细胞工程已经渗透到人类生活的许多领域,取得了许多具有开创性的研究成果,有的已得到推广和应用,收到了明显的经济和社会效益。随着细胞工程技术研究的不断深入,它的前景和产生的巨大影响将会日益显示出来。

4.2.5 生物产品分离工程

1. 概述

生物工程产品多种多样,大致分为两类:一类为大分子生物产品,相对分子质量从几千到几十万,如各种酶、抗体、多肽、基因重组蛋白质(胰岛素、干扰素等);另一类为小分子,如抗生素、有机酸、氨基酸,天然植物成分等。生物产品往往从发酵液或粗的生化材料中提取。提取过程具有如下特征:(1)起始材料成分复杂。如发酵液中存在豆饼粉、玉米浆、淀粉、蛋白胨以及无机盐等营养成分和化学添加剂等,各种可溶和不可溶的物质达几十种甚至上百种;(2)产物浓度稀。由于发酵过程中细胞代谢的复杂性，导致发酵液或细胞提取物等生物起始材料中所含目的产物浓度很低；(3)产物稳定性差。生物产品大多具有生物活性成分，易受 pH、温度及溶剂条件影响失去活性。(4)产品质量要求高。由于生物产品大多是食品、药品或高级生活用品，有的需注射到人体内，有的需口服，其质量比其他产品要求高。概括起来，生物分离工程的任务就是在浓度极稀、成分极复杂、目的成分极不稳定的条件下通过各种分离纯化方法与手段，最终得到高质量的生物产品，并尽可能获得最大收率。

在生物产品开发过程中，生物分离纯化部分占据相当部分的成本，投入大部分人力物力。对于传统的生物产品，如抗生素、氨基酸、有机酸等，在分离纯化部分占总投资的一半以上。而对基因工程产品，其占成本部分更高，甚至达 90%。所以生物分离工程在生物产品生产过程中占有极其重要作用。

2. 生物产品分离工程的一般步骤与单元操作

制备一个生物工程产品，往往需要将多步单元操作串联起来，最终得到符合一定质量要求的产品。大致上，一个生物工程产品经过预处理与固液分离、初步纯化、精制、成品加工等几道工艺。

(1) 预处理与固液分离

由于生物产品的起始分离材料往往是包含有细胞和各种可溶及不可溶物质的混合物，生物分离的第一步就是要设法将细胞富集或去除，使所需的目标产物转移到液相中，同时还希望除去其他悬浮颗粒，改善滤液的性状，得到透明清澈的液体，以利于后续操作。常用于预处理与固液分离的单元操作有絮凝、离心、过滤和微过滤等。絮凝是在溶液中加入高价无机盐离子或大分子高聚物，利用无机离子电荷或高聚物电荷及架桥作用，导致溶液中的不溶物或部分大分子杂质从溶液中沉淀，得到澄清溶液。离心操作是通过离心作用，将固体粒子或细胞与液体分离。过滤是借助过滤设备将固体粒子截留。而微过滤则是利用微孔滤膜或微孔过滤器将一定大小粒子或菌体(0.2 μm 以上)滤除。对于目的产品在细胞内的情况，则应首先收集细胞，经细胞破碎，释放出产物，再进行进一步的处理。破碎方法可大致归纳为机械法和非机械法。机械法主要是利用高压、研磨或超声波等手段在细胞壁上产生剪切力以达到破碎的目的，常用的设备有高压匀浆器、X-挤压器、高速珠磨机和超声波振荡器。非机械方法有很多，包括酶解、渗透压冲击、冻结和融化、干燥法和化学法等。

(2) 初步纯化

初步纯化方法就是用一定的手段将大体积、浓度稀的物料显著缩小体积并提高纯度。常用的方法有吸附法、溶剂萃取法、沉淀法和膜分离技术等。吸附法主要用于抗生素等小分子物质的提取，利用活性炭、白土、氧化铝、各种离子交换树脂和大网格聚合物等吸附剂与目标产物之间的分子引力，从溶液中吸附目的分子，然后用洗脱剂进行洗脱，得到目的物的溶液。由于有机溶剂会引起蛋白质变性，溶剂萃取法一般仅用于抗生素等小分子物质的提取，主要利用生物质以不同的化学状态存在时，在水及与水互不相溶的溶剂中有不同的溶解度，达到浓缩和提纯的目的。沉淀法广泛用于蛋白质的提取，它主要起浓缩作用，而纯化的效果较差，可分为下列 5 种类型：盐析、有机溶剂沉淀、pH 等电点沉淀、加入非离子型聚合物、聚电解质沉淀。膜分离技术是用人工合成的高聚物膜上的孔道特征将溶液中不同相对分子质量的成分进行筛分的技术，包括微滤、超滤、纳米过滤、反渗透、渗透蒸发等。

(3) 精制

含有目标产物的物料经初步纯化后，体积已大大缩小，但纯度提高不多，需要进一步进行精制。大分子(如蛋白质)物质的精制多依赖于色层分离，而小分子物质常常利用结晶操作。

色层分离是一种高效的分离技术，它的操作一般在分离柱中进行，是根据物质在两个相(固定相和移动相)间的分配情况不同，在柱中的运动速度不同，进行分离的。色层分离是一组相关技术的总称，根据分配机理的不同，可以分为以下几种类型：凝胶色谱、离子交换色谱、聚焦色谱、疏水色谱和亲和色谱。其中的亲和色谱是利用生物体内各种特异相互作用的分子对，如抗原-抗体、激素-受体、凝集素-糖蛋白、酶-底物或抑制剂等，来设计分离方法，具有优异的分离能力和很大的处理容量。

结晶可以认为是沉淀的一种特殊情况，结晶的先决条件是溶液要达到过饱和。可加入某些物质使溶解平衡发生改变，或将溶液冷却、溶剂蒸发使溶液达到过饱和。结晶主要用于低相对分子质量物质的纯化，如抗生素、有机酸和氨基酸等。

(4) 成品加工

生物产品在进行纯化后，往往需要进一步处理，提高浓度，或制成固体结晶或固体粉状。工业上所用方法有浓缩、结晶、干燥等。对热比较稳定的物质可以用喷雾干燥、气流干燥、沸腾干燥等干燥方法。对于蛋白质类热不稳定物质可用冷冻干燥，在低温冷冻条件下除去水分，得到冻干品。

3. 生物分离工程发展方向

除了上述讲到的工业单元操作外，最近二十几年，又发展了一些新的分离纯化技术，有些技术即将应用于工业生物产品的生产，有些还在发展之中，主要包括：液膜萃取，反胶束萃取，两水相萃取，反渗透，纳米过滤，渗透蒸发，亲和膜过滤，亲和错流过滤，亲和沉淀，分子印迹聚合物，分子筛，分子蒸馏，扩张床吸附，灌注层析，超临界流体萃取，超声波、微波辅助萃取和在位分离等。

这些技术体现了生物产品分离工程新的发展趋势。操作集成化，如扩张床吸附技术，它能取代固液分离、浓缩和初步纯化三步操作，使过程大大简化，是近10年来研究的热点。方法集成化，如将亲和作用力与膜分离结合起来，形成亲和膜分离技术，在同时利用两种分离方法的长处时，又弥补了它们各自的不足。大分子与小分子分离方法的相互渗透，如起初开发适用于大分子物质的两水相萃取和逆胶束萃取，近年有应用于小分子物质的趋势。亲和技术的推广使用和亲和配基的人工合成，由于亲和层析介质和配基偶合技术的提高，使得亲和介质的成本降低和亲和配基的稳定性提高，过去认为亲和层析不易在较早步骤中使用的情况正在改变，而随着人工合成配基的技术如分子印迹的日趋成熟，亲和技术的最大难点——合适配基的获得，也将不断得以解决。优质层析介质的开发，如近年来开发的灌注层析法，所用介质称为 Poros (Perseptive Biosystems)介质，可增高层析柱的线速度而不致使容量或分辨率降低。基因工程对分离过程的影响，以基因工程为代表的生物工程上游方面已开始注意为分离提取创造条件，如将原来的胞内产物变为胞外产物，或采用融合蛋白的方法，在目标蛋白上接上几个组氨酸残基，以便用固定化金属离子亲和层析法进行提取等。发酵与提取相耦合，在发酵过程中把产物提取出来，避免反馈抑制作用，如采用萃取与发酵相耦合的萃取发酵，或膜过滤与发酵相耦合的膜过滤发酵等。

纵观生物分离工程的发展,我们可以看出,生物分离工程的发展方向是从宏观水平的分离技术朝着分子水平分离技术发展的,从多步串联操作走向集成化、少步骤分离过程,从低选择性朝着提高选择的技术发展。从环境污染走向环境友好,从一次性使用到循环利用,从实验室经验走向数学模型化、工程化。这些都体现了分离技术的不断进步。另外,通过制造极端条件产生特殊效应提高分离效率也是近年发展的动向。随着生物分离技术的进步,相信许多分离工程中的问题会逐步得到解决。一个现代化、趋于理想的生物分离工程将会在更高的层次上给人类带来巨大收益。

4.2.6 生物反应器技术

利用细胞或酶等生物催化剂进行产品生产时,主要的装置就是生物反应器。生物反应器是利用细胞等生物催化剂进行化学反应的设备,随着转基因动植物技术的发展,把生产某种化合物为目的的转基因动植物也看作生物反应器。但是目前在国民经济中发挥作用的生物反应器主要还是容器式反应器。生物反应器中的生物反应极为复杂,这些生物反应是通过细胞中精确调控的酶系所催化的,将培养基成分转化成新的细胞个体以及各种代谢产物。生物反应器要提供和调控细胞的生长和产物合成环境,是整个生产过程唯一的把原料转化成产物的地方,因此生物反应器的设计是整体设计中最为重要的环节。

1. 生物反应器的类型及操作特点

一个优良的生物反应器应具有良好的传质、传热和液体混合性能;结构严密,内部易清洗,检修维护方便;具有可靠的检测及控制系统,以便了解和控制生物反应的进行;在保证高产的前提下,动力的消耗要少。

按生物催化剂的不同,生物反应器可分为微生物反应器、动植物细胞反应器和酶反应器。根据生物反应条件的不同,可分为下列几种:

(1) 好氧生物反应器,要求在反应过程中通入氧气或空气,具体可分为搅拌式、气升式、自吸式。搅拌式反应器通过机械搅拌达到强化传质、传热和液体混合的要求;气升式反应器利用空气和液体密度差强化混合与传质;而自吸式反应器不需提供压缩空气,利用搅拌桨的运行自行吸入空气。

(2) 厌氧生物反应器,在反应过程中不需要通入氧气或空气,必要时通入二氧化碳或氮气等惰性气体保证厌氧条件。

(3) 膜生物反应器,细胞被超滤膜隔离在反应器的一定区域内,但能获得营养进行生物反应并排出代谢产物。

(4) 光照生物反应器,反应器壳体部分或全部采用透明材料,配置光源,进行以光为能源的生物反应,如微藻的培养。

由于细胞生长代谢的要求不同,不同过程的生物反应器具有不同的结构形式,但机械搅拌型反应器较为普遍。通常将应用于微生物深层培养的通用式机械搅拌型反应器统称为发酵罐。发酵罐是密闭受压设备,主要部件有罐体、搅拌装置、消泡器、轴封、传动装置、传热装置、挡板、人孔、视镜、进出料管、取样管、通气及排气装置等。

2. 生物反应器的设计

生物反应器要满足生物反应高效进行的要求,是集中各种高技术含量的机电一体化产品,不能简单地认为是一种机械加工与仪表的结合。随着计算机软硬件技术的进展，以及传感技术、化学工程的流型研究技术及其他元器件等技术的进步，生物反应器装置技术的更新换代、新的设计理念对大规模细胞培养具有极其重要的意义。

(1) 生物反应器设计参数

大型生物反应器中的反应效果往往不如小型反应器好，大型反应器设计的关键是设计参数的来源及其正确性。传统的放大设计，根据小型和中型反应器中的实验数据，研究状态参数(pH、溶氧、温度、压力)、操作参数(通气量、搅拌转速)、结构参数(罐径、装液高度、搅拌桨径、桨形)的关系，通过因次分析法、经验法则法、数学模拟法、时间常数法等进行放大。这种方法单纯地从工程角度考虑，忽视了细胞的代谢流参数。由于在放大时不可能同时做到几何相似、流体运动学相似和流体动力学相似，使得生物反应器的放大设计受到了一定的制约。

细胞代谢的物质流与生物反应器物料流变化的相关性，是研究生物反应器和细胞不同尺度关联问题的有效方法。从关系特征中区分不同尺度问题，才能使设计的生物反应器能有效地帮助生物反应过程的优化。通过对以代谢流分析与控制为核心的实验生物反应器进行研究，了解生物反应过程的状态参数、代谢流参数、操作参数、结构参数、物性参数的关联和特征，只要在放大的反应器中得到相同的反映代谢流的数据，就可以较好地克服反应器放大的问题。

(2) 计算流体力学的应用

为了了解反应器内反应液的运动和混合状态，从而指导生物搅拌反应器的设计、操作与放大，近年来化工领域应用的计算流体力学(CFD)在为解决这一难题提供了有效的手段。CFD作为一种强大的流场研究工具，不仅可以模拟反应器内的流场，而且可依据得到的流场(如液体速度分布、液体剪切速率分布、液体湍动能、空气体积分布、空气速度分布等变化)，进一步研究反应器里的混合、传质及剪切特性等重要的工程因素，从而为工业用生物反应器的优化和放大，及现有反应器的改造提供直接有力的依据。

3. 生物反应器的参数检测与控制

微生物、动植物细胞的生长是受细胞外环境条件调控的复杂过程，反应过程需对多种参数进行检测(自动或手工检测)和控制，以便在预定条件或最适条件下进行反应。

(1) 用于生物反应器检测的传感器

传感器是将非电量转换为电量的器件，生物反应过程的参数测量，包括在线测量压力、温度、酸碱度、溶氧、液位、泡沫、搅拌转速、搅拌功率、排气(CO_2、O_2)、营养物补充的计量、反应器质量、空气流量等；离线检测包括显微镜图像和各种生物参数。

(2) 生物反应器的控制系统

生物反应过程检测的目的是为了取得对生物反应有影响的信息，从而对反应器进行适当的控制。而控制的最终目的，在于创造良好条件，使生物催化剂处于高效的催化活性状态，以使所进行的生物反应高速和高效，以降低原材料和能量的消耗，同时保证产品质量。

生物反应器的控制主要包括温度、pH、溶氧浓度(具体是通气量与搅拌转速)、基质和细胞浓度等的控制，具体如图 4-9 所示。目前，实验室和工业规模生物反应器已普遍采用计算机技术进行控制。

4. 生物反应器的制造

生物反应器是一种压力容器，必须按国家的压力容器现行法规要求进行制造和验收。作

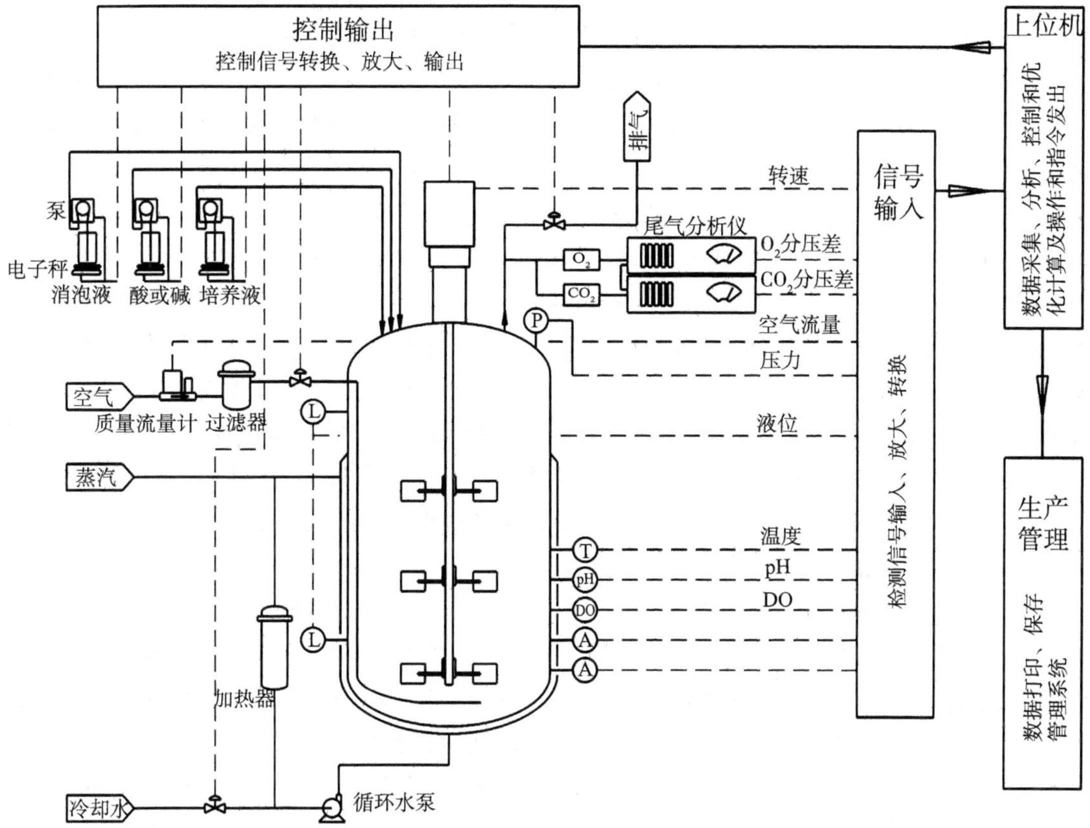

图 4-9 发酵系统控制示意图

为一类压力容器,容器的制造技术上没有太大的难度,但生物反应器要满足生物制品生产的安全、卫生等要求,因此,制造生物反应器的材料常用优质不锈钢材料。焊缝质量要好,可采用等离子焊、激光焊等。焊接后要求对反应器内表面抛光,减少物料在生产设备粘壁、挂料等,从而易清洗。机械搅拌装置应考虑到 GMP 等卫生要求,其制造和装配精度也有一定的要求。反应器必须按照国家的有关法规进行压力试验,不得有泄漏问题存在。

4.2.7 生物技术研究进展与生物工程

生物技术的发展日新月异,取得了大量的研究进展,在生物工程上得到了广泛的应用。与人类其他技术发展类似,技术的工具性主要体现在认识和改造两个方面。本节从生物技术研究进展及生物工程中生物系统的分析、改造、应用上进行简单介绍。第一是分析生物技术的研究进展,主要包括基因组技术、全基因组表达分析技术、蛋白质组分析技术、代谢组分析及代谢控制分析方法等,这些技术方法的研究应用使我们对生物过程能进行更加全面、更加系统、更加微量、更加准确的分析,认识生物过程中生物体内在基因组结构、转录调控网络、代谢调控网络、过程及变量之间的相互关系、信息及物质流分布途径;认识生物体的表型特征及过程环境的影响;第二是"人工进化"生物技术的研究进展,即对生物工程涉及的生物系统进行人工改造修饰的技术,主要包括代谢工程、途径工程、精细工程、整体工程、Shuffling 方法、RNAi 干扰技术、合成生物学等,使我们能按照我们设计的"图纸"改造生物体的基因组结构及调控网络,变更生物体内信息及物质流分布。除此之外，由于分析生物技术的迅猛发展，海量的生物数据分析越来越离不开生物信息学的发展，因此我们也要介绍一下计算生物技术。

基因组学(Genomics)是对生物体的基因组进行测序及分析的科学。基因组学的目标旨在阐明各种生物基因组DNA中碱基对的序列信息，破译相关的遗传信息。目前，国际上已经完成了人类、多种细菌等微生物、多种昆虫、多种啮齿类动物以及水稻、拟南芥和酵母等100多种生物的全基因组序列测定工作。在模式生物领域，最先完成的是啤酒酵母基因组全序列测定，确定了5885个编码蛋白质的基因、140个rRNA基因、275个tRNA基因，第一次揭示一种真核生物的全部基因的数目和大体上的功能分类。基因组数据是现代生物科学发展的基础，基因组计划数据可以在GeneBank数据库和NCBI的Genome Project等数据库(http://www.ncbi.nlm.nih.gov/entrez/query.fcgi?db=genomeprj)进行免费查阅或下载，并发展了各种序列分析、比对等分析软件。基因组学研究源源不断地发现和阐明决定人类生命活动以及疾病的新基因；决定动植物、微生物功能和品质的新基因。它将为基因诊断和基因治疗，为动植物优良品种的选育以及用动植物作为反应器生产种类繁多的基因工程疫苗和药物开辟广阔的前景，为生物工程的发展提供深厚的基础。

生物信息的传递遵循"中心法则"——DNA(转录)→mRNA(翻译)→蛋白质，转录组学(Transcriptomics)和蛋白质组学(Proteomics)研究是基因组学研究的延伸。基因组仅仅是遗传密码和遗传信息的载体，在生命活动的不同过程中恒定不变，不能反映有机体在生命活动过程中基因表达的时空关系和网络调控。全基因组表达分析技术是转录组学研究方法，如生物芯片技术、SAGE(Serial Analysis of Gene Expression)技术(http://www.sagenet.org/)。蛋白质组学是以蛋白质组为研究对象，主要是研究特定条件下某一细胞或组织的所有蛋白质的表征问题。常规的方法是提取蛋白质，经二维电泳(Two-dimensional Electrophoresis, 2D-E)分离形成一个蛋白质组的二维图谱，通过计算机图像分析得到各蛋白质的等电点、相对分子质量、表达量等，再结合以质谱分析为主要手段的蛋白质鉴定，建立起细胞或组织或机体在不同生理条件下的蛋白质组图谱和数据库。然后，在此基础上，可以比较分析在变化了的条件下蛋白质组所发生的变化，如蛋白质表达量的变化、翻译后的加工修饰、蛋白质在亚细胞水平上定位的改变等，从而发现和鉴定出特定功能的蛋白质及其基因。转录组学和蛋白质组学研究使我们能够发掘功能基因/(蛋白)，构建调控网络。为生物系统的改造修饰提供了靶标，为生物工程提供了大量新的高效的生物转化媒介。

代谢组学(Metabolomics)是分子水平"组学"的最后一个平台，是对某一生物或细胞在一特定生理时期内所有低相对分子质量代谢产物同时进行定性和定量分析的一门新学科。代谢物是细胞调控过程的终产物，它们的种类和数量变化被视为生物系统对基因或环境变化的最终响应。另一方面，代谢物分子以及更多的化学分子(天然或人工合成)又是调控基因及其产物(主要是蛋白质)活性表达的重要信号分子和效应分子。因此，代谢组的研究不仅在分子水平上完整地完成了"组学"研究，而且具有重要的应用价值。与转录组学和蛋白组学相比较，代谢组学有以下优点：(1) 代谢组处于微生物基因到功能的信息流的末端，在功能水平上更能反映细胞的活性，作为基因表达的末端结果，代谢组的变化模式比蛋白组和转录组更加显著，基因和蛋白表达的微小变化会在代谢物上得到放大，从而使检测更容易；(2) 代谢组学的研究不需建立全基因组测序及大量表达序列标签(EST)的数据库；(3) 微生物代谢物的种类要远小于基因和蛋白的数目,如动物只有不到 600 种低相对分子质量的代谢中间物,而有 6 000 个蛋白质的编码基因,但植物有明显的不同,其代谢物达到 80 000～200 000 之多;(4) 研究中采用的技术更通用，这是因为给定的代谢物在每个组织中都是一样的缘故。

基因改造技术与传统的诱变育种不同,采用理性的方法对基因组结构进行重构,使细胞或其酶具有更好的功能特性。对基因组重构改造的技术方法主要有代谢工程、途径工程、精细工程、整体工程及合成生物学技术。传统代谢工程是通过基因操作方法对细胞的代谢过程的某种关键酶(一般是代谢途径的限制性因素)的基因进行改造,加快所需要代谢产物的合成。途径工程是对整个代谢途径进行修饰,使代谢流更加均衡分布且有利于所需要代谢产物的合成。所谓精细工程(Precision Engineering)是利用现代分子生物学技术(基因芯片、高通量功能基因筛选方法、代谢组分析)搜寻产物合成正相关和负相关基因,通过基因转入、剔除及高通量菌种筛选技术,大幅度提高产物合成产率。生物体是一个网络调控的有机整体系统,鲁棒性(Robustness)是所有生物系统的重要特性,对生物系统的基因改造及生物与环境相互作用的研究必须深刻理解生物系统的鲁棒性机制和原理。生物系统的鲁棒性在现象上主要体现在三个方面:(1)适应性,能够有效对应各种环境变化;(2)参数不敏感性,生物系统对一些环境或内部参数变化相对有耐受性,不至于引起生物系统随着环境的细微变化和细胞内部参数随机扰动而作出各种响应;(3)缓慢消解,防止系统崩溃。整体工程的原理就是在细胞整体调控网络和生物系统鲁棒性机制的基础上,对细胞的整体改造,是一种更加高效、理性的基因改造技术。现在的科学技术还未达到整体工程的要求。以上方法都是在原有的基因组上进行修饰的,只是修饰的范围及程度不同,合成生物学不同于此,它是完全从零开始,用合成的基因或已有的生物构件,按照设计的要求建构出新的生物体系。2002 年 9 月,Science 登载了纽约州立大学石溪分校魏玛(E. Wimmer)小组的工作。他们用了 3 年的时间合成出了脊髓灰质炎病毒(Poliovirus)的全基因组序列,共约 7 500 个碱基。经过实验证明,这些人工合成的病毒基因组不仅可以指导合成出与天然病毒蛋白质同样的蛋白质,而且它们同样具有侵染宿主细胞的活力。如果合成生物学成为现实将彻底改变生物工程的发展模式。当然,真正的细菌设计也许要等 100 年以后,美国科学院的分子生物学家纳顿认为,“理论上可行,但生命物质并不完全遵循理论。”

特定基因及蛋白质的体外进化方法有 DNA Shuffling(体外 DNA 改组技术)方法;1994 年,美国 Affymax 研究所的 Stemmer 实验室开发了 DNA Shuffling 技术。DNA Shuffling 是指 DNA 分子的体外重组,是基因在分子水平上进行有性重组。通过改变单个基因(或基因家族)原有的核苷酸序列,创造新基因,并赋予表达产物以新功能。实际上,该技术是一种分子水平上的定向进化方法。DNA Shuffling 技术在生物工程的各个领域均具有巨大的应用潜力,Anreas 等运用 DNA Shuffling 技术,使绿色荧光蛋白的荧光强度比目前商品化的荧光蛋白提高了 45 倍。研究发现荧光强度提高的分子机制是在基因的第 100、154、164 位发生了 3 个氨基酸的变化。DNA Shuffling 技术为特种工业酶的研究成功提供了有效的工具。通过 DNA Shuffling 技术,提高了工业酶的适应性。在医药研究方面,DNA Shuffling 技术为生物制药、疫苗研制、基因治疗等提供了新的工具。代谢产物的多样化进化有组合生物合成技术、抑制基因表达的基因剔除(Knock-out)和 RNA 干扰技术。基因敲除是从分子水平上设计,将某种基因去除,或用其他相近基因取代,然后从整体观察生物体系,推测相应基因的功能。1995 年,康乃尔大学的 Su Guo 博士在试图阻断秀丽新小杆线虫(C. elegans)的 par－1 基因时，发现了 RNA 干扰技术(RNA Interference，RNAI)。RNA 干扰是正常生物体内抑制特定基因表达的一种现象，它是指当细胞中导入与内源性 mRNA 编码区同源的双链 RNA(double stranded RNA，dsRNA)时，该 mRNA 发生降解而导致基因表达沉默的现象，这种现象发生在转录后水平，又称为转录后基因沉默。外源 dsRNA 进入细胞后产生的小分子干扰 RNA(siRNA)的反义链和多种核酸酶形成了沉默复合物(RISC)，RISC 具有结合和切割 mRNA 的作用而介导 RNA 干扰的过程。RNAI 具有特异性和高效性。这种技术已经成为一种经济、快捷、高效的抑制基因表达的技术手段，是研究基因功能的重要工具，而且抑制基因表达，产生类似基因敲除的效应。与传统的基因敲除技术相比，这一技术具有投入少、周期短、操作简单等优势。

系统生物学方法的应用：在过去的 50 多年内，实验生命科学的主要目标是寻找特定的基因或蛋白质，从而在分子水平上根据个别的基因或蛋白质行为来解释生命活动。随着生命科学的进步和后基因组时代的到来，人们逐渐认识到，过去得到的图谱过于简单，生命实际上是一个由成千上万种基因、蛋白质和其他化学分子相互作用构成的复杂系统；生命现象是这样一种复杂系统的整体行为。以系统的观点来研究生物科学的思想由来已久，但今天重新引起兴趣的主要原因是各种高通量分析技术使我们能够收集生物系统不同层级的综合数据。系统研究有四个方面：系统结构的研究，包括基因构件(编码序列、调控序列)、基因相互作用网络、生化途径等；系统动力学研究，指在不同环境、不同条件下，对系统的行为动态变化研究；控制方法研究，控制细胞状态的机制模块化分析；设计原理研究，基于设计原理和模拟战略，修饰和重构生物系统，使其具有特定的性状。

基因组计划给我们带来了大量的基因组信息，生物基因组包含两种类型的信息：基因编码序列和基因调控序列。所有这些信息都按一定的层级流动：DNA→mRNA→蛋白质→蛋白质相互作用→代谢途径→信息调控网络→组织或细胞网络→有机体→群体→生态系统，虽然在这信息流动过程中，有其他大分子和小分子参与其中，但整个过程都是由基因及基因与环境的相互作用所驱动。而系统生物学的主要任务就是全面系统地收集生物系统的不同层级的所有信息(组学数据及分析)，整合不同层级的数据，构建该系统的数学模型。然后进行模型预测、实验设计及论证和模型修正，用系统扰动(生物、基因、物理、化学等)来分析系统的响应。扰动技术主要包括两个方面：环境扰动、遗传扰动。环境扰动是非常简单的操作，只要改变细胞的生存环境参数，如物理参数、化学参数(pH、溶氧、光照、营养状态等)、生物参数(生物活性分子浓度等)等。而遗传扰动是对生物系统进行遗传操作。随着分子生物学的快速发展，对细胞进行了遗传扰动的新技术，如高通量的自动化基因操作技术、系统基因突变方法、基因静默技术和 RNA 干扰等。

因为环境与基因组决定了细胞的表型特征，细胞的性质不仅与基因组密切相关，也与细胞所处的微观及宏观环境条件(营养种类及浓度、pH、温度、溶氧、生物反应器的混合与传递特性等)密切相关。在基因改造过程中就要密切结合这些实际的环境条件对细胞的内在的调控机制及调控网络进行研究，整合基因改造和过程优化，从而使得到的生物体满足包括环境条件影响在内的整个生物加工过程优化的需要。系统生物学的研究应用为生物工程的发展提供了更为深入的理论基础。

4.3 我国有关经济领域的生物工程发展与开拓者

4.3.1 医药生物工程

医药生物工程主要包括两方面内容：一是利用生物体及其组成成分作为生物反应器或催化剂，生产医药产品的技术；二是利用生物工程手段改进或创造新的预防、诊断和治疗疾病的方法，包括基因诊断、免疫诊断和生物治疗等。其产品主要包括重组蛋白药物、抗体类药物、疫苗、诊断试剂、核酸类药物、基因治疗药物等。

医药生物技术被认为是生物技术的第一次浪潮。进入21世纪以来，随着生命科学的飞速发展，医药生物技术不断取得突破的发展，正在使人类疾病的预防、诊断和治疗等产生革命性的变化，并开启了个体化诊断、治疗和再生医学等新的领域。医药生物技术不仅推动了医学史上继公共卫生制度建立，麻醉术、疫苗、抗生素应用之后的第四次革命，还推动了一个新产业——医药生物产业的崛起。

1. 医药生物技术正在推动医药卫生行业的第四次科技革命

基因工程药物和新型疫苗研制技术仍然是医药生物技术的重点。目前已开发和正在开发的产品种类有：细胞因子、酶类、重组疫苗、重组融合蛋白和多肽类等。随着生物技术的发展，单克隆抗体技术及产品的研究与开发正逐渐成为热点，其他的研究方向还有重组减毒活疫苗、反义寡核苷酸、DNA疫苗等。

我们都知道，基因决定了人类的生老病死，而基因组则被认为是遗传信息的“总词典”。2001年2月中、美、日、德、法、英等6国科学家和美国塞莱拉公司联合公布了人类基因组图谱及初步分析结果，随后兴起的功能基因组和蛋白质组研究，极大地推动了人类基因及其功能的阐明，为疾病的诊断、治疗和新药发现提供了重要手段。

生物芯片技术将为个体化医疗奠定基础。生物芯片技术将现在生命科学研究中“各自为政”的分析过程和信息集成在一块指甲大小的生物芯片上，在方寸之上进行和完成一系列实验程序，从而实现对基因、配体、抗原等生物物质进行高效快捷的测试和分析。在临床上，利用生物芯片技术，可快速实施个体优化诊断和治疗。

干细胞技术将使许多重大疾病的治疗成为可能。干细胞被认为是有潜力分化成身体中所有类型细胞的“万能细胞”，干细胞技术的突破，将使人类有可能在体外培养，并定向诱导分化为我们所需要的各种组织细胞以供临床治疗。

以组织工程为主的再生医学研究快速发展。组织工程主要致力于组织和器官的形成和再生，是对外科领域中组织、器官缺损和功能障碍传统治疗方法和模式的一次革命，自从人工皮肤运用与临床实践以来，已有许多类型的组织和器官被制造出来，包括组织工程骨、血管、肝脏、肌肉乃至神经节。

另外，随着生物技术的发展，人们已经开始利用转基因动植物生产药用蛋白。而重大及新发传染病的防治，如传染性非典型肺炎、高致病性禽流感、艾滋病、病毒性肝炎和肺结核等，也离不开医药生物技术发展的支撑。

2. 医药生物技术促进生物医药产业的崛起

生物医药产业是全球公认最具发展前景的高技术产业之一，被誉为“永不衰落的朝阳产业”。1982 年重组人胰岛素批准上市标志着现代生物技术医药产业的兴起,经过 30 年的发展,当今医药生物技术产品的市场已占到了药物市场的 9%。生物技术药物销售额高速增长,化学药、生物药、天然药三足鼎立的新的药物格局正在形成,它的诱人前景引起了全世界各国政府、科技界和企业界的高度重视。目前,生物医药作为一个新兴产业已经在发达国家形成,生物医药公司不断增加,大型跨国公司纷纷进入医药生物产业,仅美国就有约 1 400 家生物制药公司,欧洲约 300 家。虽然由于前期的开发费用较高致使全行业还处于亏损状态,但那些比较成熟、市场销售状况较好的产品,还是给企业带来了巨额利润。如促红细胞生长素(EPO)自 1989 年投入市场以来,已为开发商 Amgen 公司带来了超过 100 亿美元的利润,也使 Amgen 公司一跃成为全美最大的生物工程公司。

3. 我国医药生物技术和产业的发展

1965 年 9 月,我国科学家钮经义、邹承鲁、季爱雪、汪猷等在世界上首次成功实现人工合成结晶牛胰岛素,是医药生物工程领域无可争议的里程碑。近年来,我国医药生物工程高速发展,基因工程药物与疫苗研究开发水平迅速提高,一批药物进入临床阶段;碘[131I]人鼠嵌合型肿瘤细胞核单克隆抗体注射液[131I-chTNT]用于多种实体瘤的治疗,标志着我国抗体药物研究进入了新的发展阶段;自主开发的诊断试剂已在重大疾病的诊断中发挥着重要作用;我国研制成功了世界上第一个基因治疗药物——重组人 p53 腺病毒注射液,成为世界基因治疗研究和产业化发展的里程碑;“863”计划启动的“组织(器官)工程”重大专项研究取得了可喜的进展。在人类基因组计划的研究中,中国成功完成了 1% 基因组的测序和草图的绘制。

我国生物医药产业经过 20 世纪 90 年代的发展已初步具备产业规模。1989 年,重组干扰素-α1b 进行药物申报,1993 年试生产上市,是我国第一个实现产业化的基因工程药物,也是迄今为止唯一的创新药物。1996 年,首个国家级基地——国家上海生物医药科技产业基地落户张江。20 年间,全国有 60 多种生物技术药物进入市场。这些药物已使 6 000 多万病人受益。据不完全统计,我国现有约 500 多家现代生物技术企业,200 多个生物技术重点实验室,截至 2004 年底,我国共批准了 20 多种基因工程药物和疫苗上市,另有 100 多种生物技术药物和疫苗处于临床研究阶段。1997 年上市的基因工程药物为 12 种,年产值仅为 30 亿元。

但到今天,生物医药界人士仍然认为,虽然中国的生物技术研究还是所有学科中距离发达国家前沿水平最近的一个,但是,“差距相比过去,正在拉大”。据权威人士估计,中国在医药生物技术产品领域,以实验室研究为代表的“上游开发”比国际水平落后约 3 至 5 年,但大规模生产的“下游工程”却至少相差 15 年以上,目前我国虽然已成功开发出 20 余种基因工程药物及疫苗,但由于规模化制备技术、过程优化控制技术和产品分离纯化技术等关键技术的落后,生产技术水平与国外有较大差距,产品缺乏国际竞争力。这一差距已严重制约了生物医药产品的产业化进程。针对这一问题,“十五”期间,国家专门在“863”重大科技专项中增列“生物技术药物规模化制备技术平台”,该项目的完成,使我国的下游生产技术有了长足的发展。

今后,医药生物技术发展的重点方向主要有:基因组学与相关技术;生物信息学技术;药物筛选与药物设计技术;生物芯片技术;新型诊断技术;生物医药的规模化生产技术;生物技术药物制剂技术;组织工程与干细胞技术;基因治疗技术;纳米生物技术等。随着经济的发展和社会的进步,人们对医疗和生活质量的要求也将进一步提高,医药生物产业在整个国民经济中所占比例将会大幅度提高。医药生物技术也将在人类预防和战胜一系列重大疾病进程中发挥重要作用。

4.3.2 农业生物工程

随着基因工程、细胞工程、发酵工程、蛋白质工程等现代生物技术的快速发展，以农业生物为主要研究对象、以农业应用为主要目的农业生物工程成为生物技术的重要组成部分，也成为当今发展最快的高技术领域之一，是生物技术及其产业发展的重要方向。

我国农业生物技术始于1985年第七个五年计划。当时国际上抗除草剂的转基因大豆、油菜和抗花叶病毒的转基因烟草也才刚刚成功，转基因动物也只是设想。但是，由于我们基础薄弱，加上投资强度低，主调只能是跟踪、模仿和引进。“九五”、“十五”、“十一五”期间，我国农业生物技术在深度和广度上取得了飞跃性的进展。目前我国已经成为世界农业生物技术大国，在农业生物技术的各个领域都有研究力量在跟踪国际前沿，在某些领域已达到国际领先的地位。

1. 超级杂交稻育种技术

在以袁隆平院士为代表的科技工作者的努力下，我国在超级杂交稻育种理论研究、育种技术和品种选育上都取得了突破性进展，整体水平处于世界领先地位，技术和产品已开始向国外输出。推广和产业规模也领先于世界，目前已有多个品种实行了商品生产，从2001年至2004年我国共推广超级杂交水稻1.2亿亩，增产粮食120亿公斤，增收近150亿元，产生了巨大的社会效益和经济效益。

2. 转基因植物研究

我国在植物基因组和转基因研究的许多领域都取得了较大进展，我国科学家独立完成了籼稻的全基因组测序，成为少数几个能独立完成主要作物测序工作的国家之一，特别是在转基因抗虫棉、转基因耐除草剂水稻等领域的研究已居世界前列。1990年我国自行研制的抗烟草花叶病毒烟草在辽宁省进行商品化种植，成为世界上第一例商品化生产的转基因植物，并一度成为世界上最大的转基因植物群落。目前，正在接受转基因生物安全评价的植物品种1 044项，已有抗棉铃虫棉花、保铃棉、耐储存番茄、抗花叶病番茄、抗病毒甜椒和转花色矮牵牛花等6种转基因植物获准上市。我国转基因作物种植面积已在全球排名第四，在美国、阿根廷和加拿大之后。

3. 畜禽疫病诊断技术和基因工程疫苗

随着养殖规模的不断扩大和人们对畜禽疫病防治意识的重视，国家对于畜禽疫病的诊断和防治工作也不断增加资金投入，对包括口蹄疫病毒在内的畜禽重大疫病病原的分子生物学特征、遗传变异和分子流行病学规律进行了立项研究，在动物疫病分子流行病学、致病基因、免疫基因、诊断检疫技术、免疫程序、流行毒株弱毒疫苗及灭活疫苗等研究方面取得了较大进展。

值得一提的是，早在20世纪80年代中期就开展了对禽流感的病毒分离及鉴定方法的研究，高致病禽流感诊断鉴定技术已作为国家标准颁布应用。目前已有多种试剂盒达到或接近产业化，如：禽流感抗体检测ELISA试剂盒及禽流感荧光定量RT-PCR检测试剂盒、口蹄疫鉴别诊断ELISA试剂盒、鸡传染性支气管炎抗体诊断试剂盒、鸡传染性法氏囊病诊断胶体金试纸条、马传贫抗原抗体ELISA检测试剂盒等。

我国在畜禽疫苗的研制方面也较早地开展了工作，由我国沈荣显院士自主研制的马传染性贫血病弱毒疫苗，是迄今世界上唯一一个成功的慢病毒病疫苗，为人类艾滋病疫苗的研究提供了非常好的借鉴与参考模式。仔猪腹泻大肠杆菌 K88/K99 二价疫苗是第一个商品化的基因工程疫苗，目前有多个产品实现和即将实现产业化。最近，又由中国农业科学院哈尔滨兽医研究所研制成功了重组 H5N1 亚型禽流感病毒灭活疫苗，为我国的畜禽安全生产提供了重要的保障。

4. 转基因动物和动物体细胞克隆技术

随着"多利"绵羊的诞生和死亡，转基因和体细胞克隆动物已逐渐被大众所熟悉，这项技术已广泛应用于促进动物生长、改善畜产品品质、疾病动物模型的建立、器官移植供体的开发和药用蛋白质的生产等各个领域。

我国继成功培育出转基因鱼、小鼠、兔、猪、羊、牛后，又成为世界上少数几个拥有体细胞克隆技术的国家之一，在体细胞克隆技术效率的提高和克隆分子机理的阐明方面作出了独特的贡献。2000 年 6 月，西北农林科技大学成功获得了成年体细胞克隆山羊，标志着我国动物体细胞克隆技术的崛起。2001—2002 年，山东莱阳农学院、中国科学院动物研究所、中国农业大学等相继获得体细胞克隆牛。2004 年中国科学院动物研究所突破大鼠克隆的关键技术，在国际上率先成功克隆出大鼠。2005 年 8 月，中国农业大学又成功地获得我国第一头体细胞克隆猪，为我国深入开展异种器官移植、优质猪培育以及地方良种猪保种打下坚实的基础。

5. 生物农药和生物肥料

我国围绕微生物农药中最具代表性的五类杀虫防病微生物：杀虫细菌、病毒、真菌、抗病激活蛋白产生菌、抗生素产生菌，展开了大量的相关研究，在生物农药的菌种、发酵、剂型加工和作用机制研究方面都取得了良好的进展，一批生物农药已经商品化，我国已成为世界上井冈霉素、阿维菌素和赤霉素的最大生产国，它们的年产值已超过亿元。近年来，应用生物技术进行生物防治微生物的遗传改良，利用最新的功能基因组学研究方法，进一步发掘丰富的或特有的生物防治微生物基因资源，揭示生物防治微生物杀虫和抗病的分子机理，已成为生命科学领域竞争的一个焦点领域。

自 1886 年德国 H. Hellriegel 和 H. Wilfurth 开展共生固氮研究以来，共生固氮研究从经典的生态学、生理学和遗传学研究进入了分子生物学领域，通过将克氏肺炎杆菌固氮基因(nif) 导入不能固氮的微生物或者植物中，以获得固氮微生物或固氮植物。据统计，全球每年生物固氮量约为 1.75 亿吨，相当于世界氮肥产量的 3 倍。在我国，中国农业大学李季伦院士和陈文新院士在生物固氮及根瘤菌的研究中作出了突出的贡献，他们建立了我国根瘤菌资源库，发现一批抗逆性很强的根瘤菌种质资源，发表了较多的新属和新种。国家"863"计划自"七五"以来，将农业重组微生物列入生物领域一个重要的研究专题，目前已有十余种转基因微生物处于安全性评价和田间示范阶段。

农业生物技术与我们的生活息息相关。通过常规育种技术与现代生物技术的紧密结合，将大大促进农作物与畜禽品质的改良，推动种植业和养殖业变革；植物抗旱、抗盐基因的发现与应用，将有可能彻底改变 10 亿亩干旱地的生态环境，使 5 亿亩盐碱地变为良田；兽用生物制品的研制及产业化，将大大提高人类对重要人畜共患疾病的防御能力；应用转基因、克隆动物技术与胚胎生物技术，可以大大缩短畜禽育种周期，扩大和完善畜禽育种体系，增加肉蛋奶供应量；生物农药、生物肥料的产业化，将大幅度减少化学农药、化学肥料对农田和自然环境的污染，改善生态环境。农业生物技术及其产业的飞速发展将加速动植物品种更新换代，大幅度改善农业生态环境，提高农产品国际竞争力，推动新的绿色革命。

4.3.3 工业生物工程

工业生物工程指在工业产品制造过程中使用或部分使用的生物技术，主要包括生物代谢工程技术、生物催化、生物转化技术等，涉及食品、医药、饲料、化工、冶金、轻纺、环保和能源等领域，被认为是生物技术革命继医药和农业生物技术后的第三个浪潮。由于传统工业大都以不可再生的化石矿物质资源为能源和原材料，在创造了辉煌的工业文明的同时，也给我们带来了日益严重的资源和环境矛盾。与之相比，主要以生物可再生资源为原料的工业生物技术，其核心是以微生物或酶等生物催化剂实现物质转化，具有过程高效（物耗低）、反应温和（能耗低）、与环境友好（污染小）的特点。因此，正如世界经合组织所指出的，“工业生物技术是工业可持续发展最有希望的技术”。大力发展工业生物技术对解决我国资源和能源短缺问题，加强国际竞争力具有重要的战略意义。

我国是世界上最早应用生物技术的国家之一，酿造、制酱的历史已有数千年。近代中国以吴蕴初创建的品牌“天厨味精”，以童村、马誉徵、许文思为首组建的中国抗生素摇篮——上海第三制药厂生产制造青霉素，形成了新中国建国初期的工业生物工程基础。随着现代生物技术的发展，俞俊棠致力于生化工程技术研究与生物反应器工程技术开发，沈寅初研究的井岗霉素、聚丙酰等工业微生物菌株的筛选及工业化生产，欧阳平凯研究的生化反应分离耦合及其工业化应用，王静康以结晶为主要研究内容的生物工程分离技术研究，张嗣良提出的细胞代谢流相关的生物反应器物料流检测与多尺度工程学方法，都对我国近代工业生物工程发展起到了重要推动作用。

我国十分重视工业生物技术的发展，除了在历次的科技计划中针对特定产品或技术组织攻关，还在国家高技术研究计划（“863”计划）中增列工业生物技术专题，在国家重大基础研究计划（“973”计划）中将生物催化项目立项，最近制定的国家中长期科学与技术规划更是将工业生物技术列为前沿技术。近 20 年来，在国家科技攻关和国家“863”计划等的支持和引导下，在科研人员和企业的努力工作下，我国在生物技术及其产品的研究中取得了较大进展，目前具有国际上生物工程相关产业中的所有主要产品。

在传统发酵技术领域，我国一些主要发酵产品的产量已经达到了世界的前列。酱油、谷氨酸和啤酒产量世界第一，柠檬酸产量居世界第二。用于输液的十八种药用氨基酸原料，除 L-丝氨酸和 L-色氨酸尚不能工业化生产，其他均已投产。我国酶制剂的生产实现了现代化技术改造，在糖化和洗涤剂用酶的生产方面具有相当的水平。抗生素工业经过了五十多年的发展，目前已形成包括 β-内酰胺类（头孢菌素与青霉素）、四环素类、大环内酯类、氨基糖苷类以及林可霉素类等几大类抗生素和喹诺酮系列抗生素在内的完备的抗生素产品生产体系，成为全球抗生素原料药的生产大国。在生物催化方面，丙烯酰胺、1,3-丙二醇、长链二元酸以及多种手性药物的拆分和药物中间体的合成都已经或正在工业化。丙烯酰胺生物合成中生物催化剂的研究和改造也逐渐深入，单位酶活已达到世界领先水平，使我国丙烯酰胺的生产技术，无论在规模还是在水平上均达到了国际领先的水平。在以 1,3-丙二醇、长链二元酸、乳酸、聚羟基脂肪酸酯（PHA）和聚氨基酸为代表的生物材料的生产方面，L-乳酸的生产已进入产业化阶段,聚乳酸的大规模工艺仍在开发中,产业化尚需时日。1999 年我国科学家在世界上首次成功地进行了新型聚酯,被称为第三代 PHA 的 3-羟基丁酸和 3-羟基己酸的共聚物——PHBHHx 的工业化生产,标志着我国在生物降解塑料领域的研究达到了国际先进水平。

虽然我国在工业生物技术及其产品的研究中取得了巨大的成绩,就规模而言,某些产品在世界上占有举足轻重的位置。但是,总体技术水平与国外的差距较大,生产成本明显高于国外,市场竞争力弱,难以抵挡国外产品进入国内市场。我国是工业生物技术产业大国,但还不是强国。以代谢工程、生物催化和生物转化为核心的工业生物技术被广泛认为是同医药生物技术、农业生物技术一样大有作为的第三个重要领域,然而工业生物技术产业又是中国生物技术领域研发投入比较薄弱的环节,因此它也是一个具有巨大潜力的领域。

工业生物技术产业的进步取决于生物技术和工程技术两个方面的进步,核心问题是生物催化剂的发现、优化、改造与工程化利用,其中涉及多种平台技术,包括工业微生物基因资源发掘技术、工业生物催化剂的快速定向改造技术、工业微生物代谢工程技术、工业微生物基因组和功能基因组学研究技术,以及生物过程工程技术等。生命科学领域取得的重大突破为工业生物技术的创新和发展注入了源源不断的活力,大力发展工业生物技术,推行过程工业的生物制造,不仅可以有效提升和改造现有传统生产技术,还能培育形成新的产业和新的经济增长点,最终解决生物能源和材料的生物制造及生物质资源化,实现食品、饲料、化学等工业的全面"绿色"化,为我国工业实现跨越式发展,实现资源、环境健康全面协调的科学发展提供新的机遇。

4.3.4 海洋生物技术

世界海洋总面积 3.61 亿平方千米,占地球表面积 71%,是人类生存和发展的重要生物资源宝库。浩瀚的海洋中生物资源保有量高达 26 亿吨,约有 50 万种动物生存在海洋及沿海地带,约占地球上动物总数的 80%。海洋蕴藏着相当于陆地上全部农产品 1 000 倍的食品。海洋生物的多样性和特殊性,为人类提供了结构新颖、功能独特的生物活性物质,是人类医药保健品的天然宝库。随着陆地资源减少、人口膨胀和环境恶化,在 21 世纪,向海洋要食物、要蛋白质、要药品将是人类生存和发展的重要出路。

海洋生物技术是 20 世纪 80 年代开始发展起来的新兴科学技术领域。它将为人类更有效地开发海洋生物资源,从海洋中获得更多的食品、药物和其他生物制品等提供最重要的技术支撑,并产生巨大的社会效益和经济效益。美国认识到海洋生物技术是面向 21 世纪的一场竞赛,率先研究与开发海洋生物技术,目前在研究上居于国际领先地位。日本及欧洲的发达国家也认识到海洋生物技术是目前尚存的最重要的技术与产业前沿,通过近十年的重点投资,在海洋生物技术的许多方面都取得突破性进展。近年来,海洋生物技术已成为世界各国竞相发展高新技术的重要战略组成部分,主要沿着四个方向迅速发展:一是海水养殖,其目标是提升传统产业,促使海水养殖业在良种培育、病害防治、规模化生产等诸多方面跨越式发展;二是海洋天然产物开发,其目标是探索和利用海洋高附加值的新资源,促进海洋新药、新型材料和功能特殊的海洋生物活性物质的产业化开发;三是海洋环境保护和修复,以保证海洋资源的可持续利用和产业的可持续发展;四是海洋生物功能基因的开发利用,以抢占海洋生物技术产业未来的技术制高点。

20世纪80年代末，我国一些有远见的科学家呼吁科学界和政府有关部门对海洋生物技术研究给予重视和支持，著名海洋生物学家、中国科学院海洋研究所名誉所长曾呈奎院士更系统地提出了“蓝色农业”的思想。近年来，我国海洋生物技术取得了长足的进步，特别是1996年科技部正式将海洋生物技术列入国家“863”高技术计划，经过10多年的努力，取得了一些重要进展。

在现代海水养殖技术方面，追求质量、效益、无公害和可持续协调发展是世界现代海水养殖发展的根本趋势。海水养殖，一方面要研究开发更多更好的新的适宜养殖种类，另一方面要不断提高现有养殖对象的品质、生长速度和抗逆性。人类可以逐步做到通过优化和调整内外因子来精确控制目标生物的生殖季节和生殖时间的长短，一年四季提供苗种。阐明海洋生物发育、变态、生长及繁殖各个环节的生理过程及其分子调控机理，促进某种生物的生长发育及调控其生殖活动，提高水产养殖的质量和产量具有重要应用价值。细胞工程、基因工程和定向选育技术用于海洋生物品种改良，已成为当今的研究热门。养殖生物核心种质库的建立及应用研究将使珍稀和具有潜在应用价值的海洋生物资源得以长期保存，为研究和利用提供标准化的种质材料，推动全球性种质的有序交换，加速新的优良品种的遗传选育和改良。随着海洋环境逐渐恶化和海水养殖的规模化发展，病害问题已成为制约世界海水养殖业发展的瓶颈。研究病原生物（如细菌、病毒等）、宿主（养殖生物）和养殖环境之间的相互作用，查清致病机理、传播途径是研制有效防治技术的基础；同时，开展海水养殖生物分子免疫学和免疫遗传学的研究，阐明海水鱼、虾、贝类的免疫机制对于有效防治养殖病害的发生具有重要意义。病原与免疫生物学已成为当前海洋生物技术的重点研究领域之一，重点是病原微生物的确定，海洋动物细胞系的建立、海洋生物免疫机制的探讨、高效疫苗研制与应用等。此外，养殖环境的监测与改善，健康养殖模式的建立与完善也是近来科学家研究的重点。海水养殖相关技术主要包括海水集约化养殖设施及相关支撑技术，集约化养殖代表了海水养殖的先进方向，不仅可以大大提高效率，而且有利于充分利用宝贵的海洋资源，节约能源。根据养殖的地区和方式不同，又分为滩涂的池塘集约化养殖和浅（深）海网箱集约化养殖。对虾的集约化养殖属前一种，亩产量可达1吨/年以上；鱼类的网箱养殖是后者的代表，挪威、加拿大等国家最为发达。养殖与苗种生产中，高效、经济、耐用的各种设施的设计与制造，不仅需要科学的思路、先进的材料，也需要耐腐蚀、抗风浪的先进工艺。

海洋生物活性物质的分离与利用是当今海洋生物技术的又一研究热点。现代研究表明，各种海洋生物中广泛存在独特的代谢产物，用来确保自身在独特海洋环境中的繁衍和减少外界环境的胁迫和敌害的侵害。来自不同海洋生物的活性物质在农业、食品工业和其他轻工业以及生物医学及疾病防治上显示出巨大的应用潜力，如海绵就是分离天然药物的重要资源。另外，在形形色色的极端环境下的海洋微生物具有耐高温或低温、耐高压、耐高盐和耐低营养等功能，研究开发利用这些具特殊功能的海洋生物可能获得陆地上无法得到的新的天然产物，因而，对极端生物研究也成为近年来海洋生物技术研究的重点内容。这一领域的研究重点包括抗肿瘤药物、工业酶及其他特殊用途酶类、极端微生物中特定功能基因的筛选、抗微生物活性物质、抗生殖药物、免疫增强物质、抗氧化剂的研发及产业化等。

海洋生物重要功能基因的研究与开发主要是利用基因表达克隆技术，建立快速高效的功能基因筛选模型，快速准确地从药用海洋生物、极境海洋生物、重要养殖生物中筛选克隆得到活性物质和易感(抗性)相关功能基因,这些基因或者可以直接利用基因工程技术进行大规模生产,以获得珍贵的药用蛋白、工业用酶、疫苗等,或者可以经过改构,进一步提高活性、降低毒副反应。随着全球性基因组计划尤其是人类基因组计划的实施,各种生物的结构基因组和功能基因组研究成为生命科学的重点研究内容,海洋生物的基因组研究,特别是功能基因组学研究自然成为海洋生物学工作者研究的新热点。目前的研究重点是对有代表性的海洋生物(包括鱼、虾、贝及病原微生物和病毒)基因组进行全序列测定,同时进行特定功能基因,如药物基因、酶基因、激素多肽基因、抗病基因和耐盐基因等的克隆和功能分析。在此基础上,基因转移作为海洋生物遗传改良、培育快速生长和抗逆优良品种的有效手段,已成为该领域应用技术研究发展的重点。近几年的研究聚焦在目标基因筛选,如将抗病基因、胰岛素样生长因子基因及绿色荧光蛋白基因等作为目标基因;大批量、高效转基因方法也是基因转移研究的重点内容。在这一领域中,基因组学的发展离不开蛋白组学、基因芯片和生物信息学的交叉应用与发展。

海洋环境生物技术的研究重点是海洋生态环境的监测与生物修复技术的开发与应用。利用生物传感器和生物分子标记来及时准确地检测评估海洋生态环境的变化,成为当前科技发展的前沿技术。而生物修复技术比生物降解含义更为广泛,即以生物降解为重点的海洋环境生物技术,其方法包括利用活的有机体或其制作产品降解污染物,减少毒性或转化为无毒产品,富集和固定有毒物质(包括重金属等)。大尺度的生物修复还包括生态系统中的生态调控等。应用领域包括水产规模化养殖和工厂化养殖,石油污染、重金属污染、城市排污以及海洋其他废物(水)处理等。目前,微生物对环境反应的动力学机制,降解过程的生化机理,生物传感器、海洋微生物之间以及与其他生物之间的共生关系和互利机制,抗附着物质的分离纯化等是该领域的重要研究内容。

随着海洋生物技术的发展和海洋生物资源的开发利用,我国乃至世界对海洋生物技术专业人才的需求量必将不断增长,人才层次急需提高。面对蓝色的海洋,我们无限敬畏,正努力探寻一条可持续发展的道路。让我们一起畅游于无边无际的蓝色海洋吧!

4.3.5 环境生物工程

1. 可持续发展的有力保障——环境生物工程

人类的生存与发展,始终是一个与环境互动发展的过程。工业革命极大地推动了人类社会文明发展的进程,但是,在享受工业文明创造的丰硕果实的同时,人类在环境问题上也付出了沉重的代价。跨入21世纪后,人类面临全球变暖、臭氧层破坏、生物多样性减少、酸雨蔓延、森林锐减、大气污染、水体污染、固体废物污染、海洋污染、土地荒漠化等十大环境问题。全球环境的急剧恶化使人类越来越意识到保护环境的重要性,环境保护已成为当前国际关系、经贸合作中的一个极为重要的问题。

环境生物工程(Environmental Biotechnology)是指用于生态环境保护的各种生物技术,是近20年来发展起来的一门由现代生物工程与环境工程相结合的新兴交叉学科。凡是与生物技术结合,对环境进行监控、治理或修复,清洁生产,污染物资源化以及生物材料和能源开发等,均属于环境生物技术研究和应用的范畴。

利用环境生物技术可以减少对生态环境的破坏。通过生物代谢和降解,不仅可以进行污水处理、废气净化、二氧化碳固定,还能实现固体废弃物和有机垃圾的资源化,“化废为宝”,将有机污染物转化为沼气、酒精、有机材料或原料、单细胞蛋白，从重金属污染物中高效、安全地生产和回收有重要价值的重金属等。利用生物进行煤等化石燃料的生物脱硫、脱氮，矿石冶炼，生物合成替代化工合成，生物制浆、漂白，更能从源头上预防污染。

利用环境生物技术进行被破坏的生态环境的恢复，不仅指防止沙漠化，进行土壤改良，还指用生物工程方法将土壤、地下水和海洋中的有毒有害有机污染物“就地”降解成 CO_2 和水或其他无害物质的方法，如卤代烃类、农药、洗涤剂、石油污染物降解。近年来，随着沿海水产养殖的兴起，养殖水域有机污染不断加重，赤潮泛滥，水产养殖环境污染的修复也成为环境生物工程的一个研究热点。

应用现代生物技术，可以开发出各种生物传感器、生物芯片、检测试剂盒，测定残留农药、除草剂、重金属毒物，CO、CO_2、SO_2 和 NO 等有毒气体，为环境监测提供了有力武器。生物表面活性剂和生物农药的使用将从源头上防止有机有毒化学品对环境的破坏，实现人与环境的和谐发展。

随着现代生物技术的快速发展，20 世纪 80 年代末以来，环境保护作为生物技术一个潜在的巨大市场备受关注，环境生物技术已经成为生物技术优先发展的领域之一，在发达国家其产业化发展已成为新的亮点。目前，全球环保产业贸易额在国际贸易各类商品的排序中已居第 4 位，仅排在信息技术产品、石油和汽车之后，其产值已达 5 500 亿美元。

2. *我国环境生物工程的发展*

由于我国在过去的经济发展中忽视了环境的保护，目前已成为了世界上环境污染最为严重的国家之一，面临着日益严重的生态环境压力，减轻环境污染和遏制生态恶化趋势必将是我国政府工作重心和公众关注焦点。环境生物技术作为保护环境最有力和有效的手段，越来越受到政府、科技界和产业界的广泛重视。

中国环境生物技术的发展经历了三个时期，即以环境资源利用为主线的缓慢发展时期、以环境治理为重点的快速发展时期和以环境可持续发展为目标的全面发展时期。生物工程，特别是发酵工程，可以说是一项最早涉足于环境保护领域的工程技术，利用农业废物沤制堆肥在我国农村有着十分悠久的历史，作为废水生物处理主要方法的活性污泥法也经历了 80 年的历程。从“九五”后期，我国环境生物技术进入全面发展时期以来，随着基因组技术和基因芯片技术等现代分子生物学技术的发展，环境生物技术几乎渗透到环境治理和环境保护的各个应用环节。环境生物技术从单纯环境治理到为资源环境可持续发展服务，我国的环境生物技术已在多个方面取得了显著进展。

我国在废水处理新型反应器和新工艺的开发研究方面已取得重要进展，成为开发热点。部分技术，如有害污染物降解菌的筛选和有毒有害污染物降解机制的研究，接近世界水平。在有机垃圾处理方面，从 20 世纪 80 年代初，我国开始研究有机垃圾机械化堆肥技术，处理技术日趋成熟。防沙治沙取得显著进展，在铁路、公路防沙治沙，飞播治沙种草，沙地农田（草场）防护林营建，沙区农林混作，沙漠人工绿洲等技术领域处于世界前列。荒漠绿化技术处于领先行列；盐碱改良技术研究进展迅猛，成果显著；现代绿地技术初显成效。

目前，环境生物技术在我国的生态环境保护中发挥了主导作用，也在多个方面取得了显著进展。但是，迄今为止我们主要依赖的是传统的环境生物技术，现代生物环保产业还处于发展初期，产业化程度低，仅占世界环保产业净产值的 1.1%，具有国际先进水平的产品不到 4%，整体水平落后于发达国家，有着巨大的潜在发展空间，其重点研究领域包括以生物传感器为代表的环境污染监控技术，工业和生活废水中污染物的微生物降解技术，生态环境生物防治和生物修复技术，环境友好可再生材料和能源的生物合成技术等。

作为一个快速发展中的人口大国，我国面临着越来越严重的生态环境压力。大量的生活污水和工业废水需要处理；越来越多的生活垃圾和工农业废弃物要进行资源化及减量化；重金属、石油、有机化工产品等污染的废矿、土壤和地下水等需要修复；在人类活动和自然演变的综合作用下形成的沙漠化、盐碱化趋势需要得到有效控制。因此，应结合我国环境生物技术研究开发的实际情况，将现代生物学研究的成果尽快应用到环境保护领域，大力发展环境生物技术，再造“秀美山川”，为我国经济的可持续发展提供科技支撑。

4.3.6 能源生物工程

能源生物技术是将生物质用于生产初级能源、生物燃料和生物电力与供热的生物工艺和技术。生物质包括所有植物和从植物得到的材料：粮食、农作物秸秆、树木、草类、林业残余物、动物废弃料、市政废物等。初级能源是从生物质本身得到的能源，如用作燃料的树木和植物秸秆等。生物燃料则是生物质经过加工后得到的生物乙醇、生物柴油、生物氢气、沼气等次级生物能源。生物发电与供热是利用生物质或生物燃料加工副产品生产电力和蒸汽。能源生物技术也包括用于节能的生物技术和原油增产的微生物采油技术等。

我国石油储量仅占世界总储量的 2%，而消费量已经超过日本居世界第二位。自 1992 年中国原油进口超过本土生产以来，原油进口急速增长，至 2005 年中国日消耗原油的一半依靠进口。能源安全已经成为威胁国家长期发展战略和国家安全的重要瓶颈。中国生态环境日益恶化，二氧化硫和二氧化碳的排量分居世界第一和第二位，其中石油、天然气和煤的过度使用是主要的原因之一。同时，农业经济和社会发展速度严重滞后于国家总体发展水平，农村富余劳动力的出路问题已成为中国社会发展的重要课题。

可再生能源意味着中国能源供给更加独立自主、环境更加清洁以及新型农村经济的复兴。在所有的可再生能源中，生物能源的产业模式尤其适合于中国国情。中国拥有世界上最为丰富和多样性的生物质资源，最为充沛的农业劳动力资源，和最为精细化的农业耕作技术。中国每年约有 7 亿吨作物秸秆，25 亿吨畜禽粪便及大量有机废弃物。1 000 多万公顷农田土壤肥力衰退，1 亿多公顷不宜耕作的边际性土地，但这些土地可以用来种植能源植物。而每增加 1 000 万公顷能源植物的种植与加工，就相当于增加 4 500 万吨石油的能源供给，即一个大庆油田的年生产能力。生物质的季节性和不规则固体形态决定了生物能源产业面向劳动力密集型和区域经济型的特征，这一特征适合于中国农业经济的运作模式。作为一个新兴的产业，技术研发将是产业的中心环节，将需要大量具有生物和化学工程专业训练的科技和工程技术人员。此外，许多以生产生物质替代型化学品的配套中小型企业将大量出现。这也为具有良好技术背景和经济头脑的年轻企业家提供极佳的创业机会。

中国生物能源的研发实力、技术储备和产业基础已经具备了规模化发展的能力，目前产业发展速度极为迅猛，主要体现在以下几个方面。

(1) 燃料乙醇已经实现规模化生产　燃料乙醇是一类可以作为汽油添加剂或替代汽油的高效环保燃料。我国乙醇年生产能力可达 450 万～500 万吨。2005 年国家在吉林、安徽、河南三省建设的4套年产30万吨的大型燃料乙醇装置已建成投产。掺有10%乙醇的乙醇汽油作为车用燃料已经开始进入加油站销售系统。生产工艺主要是蒸煮发酵和蒸馏发酵。在生产节能上相继开发了低温蒸煮、差压蒸馏、固定化细胞连续发酵、耐高温酵母等。今后的研发重点将集中在节能技术和从秸秆类木质纤维素原料生产燃料乙醇的生物过程技术。

(2) 生物柴油发展势头强劲,并已进入规模化使用　生物柴油是以植物油和动物油脂以及其他非食用油为原料生产的清洁可再生能源,可以直接作为车用柴油使用。我国已研制成功利用菜籽油、大豆油和野生植物油为原料生产生物柴油的具有独立知识产权的工艺技术,并已形成万吨级生产规模,产品指标达到美国生物柴油标准。海南正和、四川古杉油脂和福建卓越公司生产的生物柴油已经形成一定市场规模。今后的研发重点将集中在培育新型生物柴油专用的油料植物新品种、脂肪酶工程菌构建及脂肪酶生产工艺等。

(3) 沼气技术进步明显,在更广的范围内得到应用　2002年底我国户用沼气池已达1 100多口,年增长速率达10%～20%。工艺上对折流式反应器、两相厌氧消化等先进工艺进行了全面深入的研究,与国际先进水平差距缩小。今后的研发重点将集中在新型户用池和大型沼气池的研究和相应工程设备研究。

(4) 石油植物研究取得显著进展　石油植物是指通过光合作用把太阳能转化和储存在碳氢化合物中的植物,如大豆、油菜、棕榈以及水生藻类等。石油植物的开发对我国能源供给有着重要意义。目前我国石油植物本底调查已经完成并已建立万吨级的试验基地。今后的研发重点将是新型石油植物的发现与改良。

(5) 薪炭林种植已初具规模　薪炭林是指生产能源的森林。发展中国家70%的木炭是从薪炭林得到的。2000年我国薪炭林种植即已达429万平方公里,年产生物量2.2亿吨。今后的研究重点是薪炭林树种的选育和薪材的加工应用技术。

与此同时,我国的生物采油技术产业也已初具规模。生物采油指通过微生物发酵提高石油采收率的技术。我国生物采油技术已进入工业化应用,微生物处理采油井已有300～400口,微生物发酵液生产能力已达每年4 500立方米。今后的研发重点将放在采油微生物基因库建立与基因工程菌的研究以及微生物驱油的矿井试验与工程研究。

另外,氢气是可能成为下一代替代能源的清洁燃料。以氢燃料电池作为部分动力的混合动力汽车(Hybrid)已经进入北美市场。氢气制备方法有太阳能制氢、水电解法制氢、天然气分离制氢和生物制氢等。生物制氢的主要方法有蓝绿藻生物光解水、有机化合物光合细菌光分解法以及厌氧细菌、兼性厌氧细菌、好氧细菌发酵法。厌氧细菌是未来最具产业化前景的目标菌株。我国研制的厌氧活性污泥制氢技术已经具备相当的使用价值。今后的研发重点将集中在高效产氢菌种的发现、产氢菌分子水平上的代谢工程改造以及发酵制氢过程的集成技术等。

可以预测,21世纪的生物能源产业将是在全世界范围内得以迅猛发展的主要生物产业之一,其规模可能达到甚至超过目前的石化产业,生物质可能取代石油成为最重要的燃料、电力和材料来源。对于持续高速增长的中国区域经济,生物能源产业可以为就业、科技、教育、投资、农业经济转型等社会行为提供巨大的潜力和机会,可能成为中国长期和持续的重要经济增长点之一。

4.4 生物工程专业培养方案与知识结构

4.4.1 生物工程专业的历史与现状

在1998年颁布的本科专业目录中正式明确生物工程专业属于工学、生物工程类，它包含了原来的生物化工(部分)、微生物制药、生物化学工程(部分)、发酵工程等4个专业，从而大大拓宽了专业口径。此外，在本科专业目录中将生物工程作为工学门类中的一种，与化学工程、轻工等并列，对适应我国生物技术与工程产业的发展和人才培养具有重要意义。

从专业演变可知，生物工程专业的历史可追溯到20世纪40年代的发酵工学专业、50年代的抗生素制造工学专业、80年代的生物化学工程专业、生物化工专业。自20世纪70年代以基因重组技术和单克隆抗体技术为代表的现代生物技术的形成，生物工程进入了一个新的阶段，而基因组学、转录组学、蛋白质组学、代谢组学、生物大分子的结构与功能研究、生物信息学与计算生物学等的发展又为生物工程的进一步发展提供了契机，生物工程并伴随着生命科学和生物技术的发展而迅速发展，正在成为发展最快、应用最广、潜力最大、竞争最为激烈的领域之一。基于生物技术的生物工程产业作为一个正在崛起的主导性产业，已成为产业结构调整的战略重点和新的经济增长点，将成为我国赶超世界发达国家生产力水平，实现后发优势和跨越式发展的最有前途、最有希望的领域之一。

自1998年正式设立专业以来，生物工程专业发展迅速，截至2003年有148所高校设立生物工程专业。全国的生物工程专业办学点数从1997年的57个发展到2003年的148个，增长了1.6倍。年招生规模在1997—1999年平均为2 255人，经2000和2001年连续两年的扩招，至2001年达到10 065人，猛增5倍，2003年超过14 000人；生物工程专业在校本科生人数从1997年的6 896人增至2001年的22 544人，2003年继续增至43 568人，猛增3倍。

4.4.2 培养目标与规格

生物工程专业的培养目标是：具备生命科学的基本知识，掌握生物技术及其产业化的科学原理、工艺技术过程和工程设计等基础理论、基本技能，能在生物技术与工程领域从事设计、生产、管理和新技术研究、新产品开发的高级工程技术人才。

生物工程专业培养的人才应该具备“厚基础、宽口径”的知识结构，掌握较全面的相关自然科学和工程技术科学的基本理论、基本技能和本专业知识及相关学科的前沿和发展动态。并具备一定的人文、社科知识和修养。为达到此要求，专业知识结构列为8个系列：(1) 人文、社会科学体系；(2) 数理体系；(3) 化学体系；(4) 生物及生物技术体系：应包括微生物学、生物化学、基因工程、细胞生物学、分子生物学等；(5)工程基础体系：应包括化学工程、工程制图基础、机械基础、电工技术基础、计算机技术及网络信息基础、过程控制与仪表、工业管理、工业安全与环保等；(6) 生物工程体系：应包括发酵工程、生物分离工程、生物工程设备、生物反应工程、发酵代谢调控、生化过程检测与控制等；(7)专业实验体系：应包括微生物学实验、生物化学实验、基因工程操作实验、发酵工程实验(微生物发酵、动植物细胞培养)、生物分离工程实验(细胞固定化技术、生物物质分离技术)；(8)选课体系：应包括了解与生物产业有关的方针、政策和法规等。

各体系课程与选修课程应在各年级交互进行，循序渐进，互相渗透，理论与实践相结合，组成多层、多方位的综合知识体系。

4.4.3 教育内容和知识体系

生物工程专业人才培养的教育内容及知识结构的总体框架由通识教育内容、专业基础教育内容和专业教育内容 3 大部分组成。通识教育内容，其课程教学学分占总学分的 55%左右，包括人文社会科学、自然科学、经济管理、外语、计算机文献检索、体育、社会实践训练等知识体系。专业基础教育内容，其课程教学学分占总学分的 25%左右，包括生物技术与工程的学科基础(含实验)。专业教育内容，其课程教学学分占总学分的 20%左右，包括生物工程专业知识体系(含实验)和生物工程专业实践训练等知识体系。

上述内容组成知识体系，知识体系由知识领域、知识单元和知识点 3 个层次组成。生物工程专业共有以下 14 个知识领域。它是普通高等学校生物工程专业最基本的共性的教学规范，每个高校可以增加选修知识领域以体现各校的人才培养特色。这 14 个知识领域为：基础生物学；生化与分子生物学；微生物学；工程制图；电工技术基础；化工原理；细胞工程；酶与酶工程；基因工程；发酵工程；生物分离工程；生物工程设备；生物反应工程；发酵工厂设计概论。

为提高学生的实践能力和创新精神，生物工程专业必须加强实践性环节的教学，构建实践性环节教学体系，着重培养以下能力：实验技能；工艺设计能力；工程设计能力；科学研究能力；社会实践能力等。实践教学包括独立设置的实验课程、课程设计、教学实习、社会实践、科技训练、毕业(设计)论文训练等多种形式。

4.5 生物工程人才面临的机遇与挑战

4.5.1 机遇——生物工程人才的现状与需求

生物工程是生物技术产品产业化的桥梁，其内容几乎覆盖了生物技术的所有重要领域，包括基因工程、细胞工程、发酵工程、酶工程、生态工程、生物催化剂、代谢工程、生物功能材料、生物物质分离工程和生物反应器等。

现代生物工程之所以能受到各界的重视，一方面是由于现代生物工程发展迅速，应用范围日益广泛，已遍及医药、农业、食品、能源、环保等各个领域；另一方面是由于现代生物工程可以解决人类发展所面临的许多难题，如人口膨胀、粮食短缺、资源枯竭、环境污染等可持续发展的重大问题。人们越来越认识到了生物工程在全球经济进程中的重要性和必要性。由于生物工程以生物(动物、植物、微生物、培养细胞等)为基本资源，因此其原料具有再生性，而且生物系统生产产品所产生的污染物少，对环境的破坏性很小或几乎没有，重组微生物甚至还可以消除环境中的污染物。鉴于生物工程产业的以上特点，清洁、经济并且可持续发展的生物技术必然会在 21 世纪获得更大发展。可以预见，随着以生物技术为核心的科学技术中心的转移，世界经济中心、文化中心乃至政治中心将以生物经济为基础，对人类产生的影响将远远超过前两次产业革命。

生物工程的前身是生物化工学科，它诞生于20世纪50年代，80年代后迅速发展起来，成为化学工程与生物技术领域的交叉发展学科，发展至今已经成为与多个学科交叉又有自身独特内含的新的工程领域。最早主要是生产抗生素，随后是氨基酸发酵、甾体激素的生物转化、维生素的生物法生产、单细胞蛋白生产及淀粉糖生产等。自20世纪80年代起，随着现代生物技术的兴起，生物工程又利用重组微生物、动植物细胞大规模培养等手段生产药用多肽、蛋白、疫苗、干扰素等，涉及人们生活的方方面面，包括农业生产、化轻原料生产、医药卫生、食品、环境保护、资源和能源的开发等各领域。

但是目前传统企业存在的问题是技术装备水平距离国际先进水平有一定差距，产品重复生产，不能适应需求。在我国，高档的生化医药产品如激素、生长因子、干扰素、药用多肽等，有的产量很小，每年都需进口。生产技术、工艺、设备不配套，上下游技术不配套，产物的收率低。生化反应器和分离纯化技术也落后于国外。基础研究薄弱，技术创新能力不强，企业的技术开发、技术吸收能力差，生产发展多数依靠传统的外延型、粗放型扩大投资的增长模式，效益低、市场竞争力低。

科技人员严重缺乏，致使企业创新能力不强、发展后劲不足，很难发展成有竞争力的达到世界先进水平的大企业。因此，急需大量的高素质的科技人员。同时，存在应用型人才缺乏的情况，导致基础研究与应用研究脱节，科研成果无法转化为生产力的局面。

我校的生物工程专业有强大的基础和应用研究作为支撑，培养扎实的生物学和工程学基础的应用型人才。学院提供学生很多参与教师科研的机会，培养实践能力和创新能力，为走上工作岗位奠定基础。

4.5.2 挑战——可持续发展与时代创新精神

通过上述分析可以看到，生物工程与多学科的交叉、渗透和应用显示出它的生命力和对人才的需求。从社会发展和经济发展前景来看，生物工程的发展是必然的和广阔的。一方面社会对生物工程人才的需求将会大大增加，另一方面生物工程迅速发展、多学科交叉以及和国际竞争与交流的加快对人才的要求发生了极大的变化。这就提出了复合型人才和可持续发展人才的要求：既具有本专业的基础知识，同时又熟练掌握和应用一门外语和计算机知识；既熟练掌握基础和专业的理论知识，又有良好的动手和实践能力；既对已有的知识运用自如，又能不断学习新的知识和技能，不断拓宽和深化自己的知识层次；既具备扎实的专业基础知识，知识面广，又具备较强创新意识和创新能力。同时对人才提出了能力和素质的高要求：在能力方面，要求有学习能力、创造能力、协作能力、管理能力、交际能力等；在素质方面，要求有远大理想和目标，良好的心理素质，遇困难和挫折不气馁，善于与他人合作与交往等。

我们的学生应该是有发展潜力的人，随着生物工程领域的飞速发展，不但要学会课堂的基本理论，更要求会学习新知识和将各方面知识融会、综合应用，使人的知识随着技术进步不断更新，甚至创造出新的理论和新的技术。

我们的学生应该是善于观察、善于发现、敢为人先，事业心强的人。生物工程是实验学科，许多发现源自于实验，因此不能有急功近利的浮躁心态，要脚踏实地地工作。

我们的学生应该有国际交往能力，在学习国外先进技术和宣传自己的新思想新发现方面都能应用自如。

同时我们也要看到生命科学的基础研究远远快于技术研究，更快于应用研究，因此对于生物工程工作者提出了很严肃的课题，就是如何将基础的发现开发出新的技术和新的产品，拿出有自主知识产权的东西来。特别在国际上越来越重视知识产权保护的今天，没有自己的创新就没有我们的出路。

我们学校的生物工程专业在课程设置、实践环节、导师配备上都为学生的成才与发展创造条件。比如我们开设大量的选修课，拓宽学生的知识面；我们开设大学生创新实践活动，使学生在大学二年级就可以进入教师的研究室参加科研活动，培养创新意识和科研能力；我们开设多门专业的双语课程，提高学生在专业方面的外语应用能力；我们选派博士生、硕士生作学生的班导师，指导学生的成才计划；我们学院的教授直接为本科生上课，用自己的思路和经历激励、指导学生；我们还和中国科学院等单位有密切的联系和合作，在大学四年级的毕业环节中，有的学生可以到这些科研单位去参加科研。我们学院有 6 个博士点和 9 个硕士点，每年招收 120 多名研究生，为学生的深造提供了良好的条件。

5 生物科学与技术

5.1 生物技术产业在国民经济和社会发展中的地位

5.1.1 生物技术专业相关产业简介

生物产业是当今世界经济中最富有活力的先导性、战略性新兴产业。伴随着生命科学与生物技术的飞速发展，生物产业正在展现出不可限量的前景，也被各国视为21世纪的“朝阳产业”。这无疑与生物产业的现实市场和潜在市场有关。特别是近20年来，生物科学与生物技术获得了飞速发展，使得生物产业发展有可能从根本上解决人类社会发展面临的健康、资源、环境等重大问题，在医疗、制药、农业、能源、环保、化工等行业引发新的产业革命。正如美国著名未来学家保罗先生预言：“推动社会经济发展的代表科学将由信息科学转为生物科学。”

那么，什么是生物科学和技术？它研究什么问题？它又为什么会有这么大的威力？植物为什么会开花结果？癌症是怎么产生的？各种病毒性疾病为什么层出不穷？生物科学是研究生命现象的科学。这些有关生物的发育与生长、遗传与进化、疾病与免疫、个体与群体生态等的问题，都是生物科学研究的对象。从20世纪50年代DNA双螺旋结构阐明以来，以分子生物学为生长点的现代生物科学进入了大发展时期，而随着20世纪90年代人类科学史上最伟大的工程之一——人类基因组计划的开展，当代生物科学的进展更是日新月异，成为自然科学中进展最为迅速的领域之一，在揭示生命起源、诞生、发育、生长、病变、衰老、死亡等过程的分子机制上取得了巨大成就。在世界上最著名的自然科学杂志《Science》和《Nature》上，每期都有大量生物科学领域的文章；每年全球十大科学进展也有至少一半是生物科学领域获得的新成就。

什么是生物技术？国际《生物安全》中的定义是“以现代生命科学理论为基础，利用生物体及其细胞的、亚细胞的和分子的组成部分，结合工程学、信息学等手段开展研究及制造产品，或改造动物、植物、微生物等，并使其具有所期望的品质、特性，进而为社会提供商品和服务手段的综合性技术体系”。这个定义突显了现代生物科学方法在生物技术产业中的核心地位，现代生物技术是以基因工程、细胞工程、蛋白质工程、酶工程和发酵工程等五大工程技术为主导的应用性学科。它在探索维护人类健康的策略，生物资源的开发、再生、产业化方面，显示出不可替代的重要作用。

生物技术产业涉及哪些行业？当今的生物技术产业其实是一个传统与前沿并存的产业，既有在传统工业基础上不断发展的发酵工业、生化制剂、酶制剂工业，也有新兴的生物技术药物、生物芯片、临床诊断试剂和生物技术服务等高科技企业，还有从事生物试剂、器材代理的贸易型企业；用人单位的体制包括大型国企、私企、外企、风险投资企业、国家科研机构、教育部门、政府部门等；涉及的行业有医药（基因工程药物、临床诊断试剂、疫苗、抗生素、氨基酸、血液制品、生化药物等，见表 5-1）、日化（洗涤酶制剂、生物化妆品等）、食品、保健品、农业（动植物良种、生物肥料、生物农药、饲料、兽用疫苗等）、环保、信息服务等。因此，在不断改善和提高人类生存条件的大前提下，各种老行业的科技革新和不断涌现的科研新成果，给生物技术产业带来了巨大的发展空间。

表 5-1　生物技术应用于医药卫生的主要领域

主要领域	现状	未来展望
重组蛋白质药物	48 种重组蛋白质应用于临床	最终有 300～400 个重组蛋白质应用于临床
治疗性抗体	16 种已上市，100 种临床试验	4～6 年 20 种新的治疗性抗体上市
生物技术疫苗	乙型肝炎、流感等 20 多种疫苗已经广泛应用	艾滋病、SARS、朊病毒等重大感染性疫苗将问世
基因治疗	第一个基因治疗药物已经在中国用于临床	基因导入、取代、矫正等基因手术逐渐应用于临床
组织工程和再生医疗	干细胞、皮肤组织移植已实现	未来用于移植的细胞、组织、器官绝大部分来自于以治疗性克隆为代表的组织工程技术生产
诊断试剂和芯片	PCR 技术普遍应用	生物芯片广泛应用于基因诊断

5.1.2　国内外生物技术产业的发展历史和现状

总体来说，国外的现代生物产业经历了以下四个发展阶段：

第一阶段，20 世纪 70 年代，DNA 重组技术的成功标志着现代生物技术的诞生及其新纪元的开始。

第二阶段，20 世纪 80 年代，第一个基因工程药物——重组人胰岛素的上市标志着现代生物产业的崛起，生物技术在医药领域经历了一段快速发展时期，被称为生物技术应用的第一次浪潮。目前全球研制中的生物技术药物超过 2 200 种，到 2002 年已有 300 多种进入最后阶段的临床试验，比 2001 年增加了 50%。全球生物药品市场规模由 1997 年的 150 亿美元扩张到 2003 年的 600 亿美元。随着人类基因组计划的启动和发展，基因争夺战也进入了白热化，有的专家预言“一个基因就能形成一个产业”。

第三阶段，20 世纪 90 年代中期，以转基因食品为标志，生物技术在农业领域迅速应用，形成了现代生物产业的第二次浪潮。全球转基因作物种植面积比 1996 年增长了 40 倍，2003 年已达 6 770 万公顷。世界范围内成功转移基因的动物也已达 10 多种，转基因瘦肉型猪、高产奶牛等已达到产业化阶段。专家预言，转基因动植物产品将占据 21 世纪主要农产品的大部分市场，推动新的农业科技革命。

第四阶段，20 世纪 90 年代后期，以生物材料聚交酯、聚乳酸和“生物钢”的相继上市为标志，生物技术在工业、环保、能源、海洋、材料、信息等领域的广泛应用与融合，形成了现代生物产业的第三次浪潮，即工业生物技术、环境生物技术、能源生物技术、海洋生物技术、材料生物技术及信息生物技术等产业的全面发展。生物技术产业已经成为世界经济中最富有活力的产业,并有望在未来取得更重大的突破性进展,引发新的技术革命乃至产业革命。大力发展生物技术产业,抢占未来竞争制高点,已成为各国特别是发达国家经济发展战略的重点。

1. 国外生物技术产业的发展现状

美国是现代生物技术产业的发源地,也是生物技术最发达的国家。自 1980 年 Genentech 成为第一家成功上市的生物技术公司后,新上市的生物技术公司的数量呈波浪式向前推进发展。1993 年只有 22 种新药上市,市场总资本只有 390 亿美元,到 2002 年底,已有 155 种新药上市,市场总资本达 1 980 亿美元。如今美国崛起了波士顿、旧金山、华盛顿、圣迭戈和北卡研究三角园等 5 大生物技术产业基地。这 5 大基地不仅已成为地方经济的支柱,更是美国生物产业规模化的基础,而且带动了全美其他地区生物产业的发展。据统计,到 2001 年年初,美国生物产业已有公司 1 400 家(这一数字还不包括为数更多的相关技术公司和传统制药公司),雇员达 17.4 万人,超过了玩具和体育用品产业的就业人数之和。美国商务部 2003 年 10 月公布的调查报告表明,2001 年美国生物技术相关产业总产值达 5 670 亿美元,获得利润 1 005 亿美元。目前,美国在开展治疗性克隆的研究、艾滋病研究、基因组测序、干细胞研究等许多领域均占据了领先地位。截至 2000 年底,美国食品和药物管理局已经批准了 117 种以上生物技术药品和疫苗,目前正在进行临床试验的生物技术药物制品和疫苗至少有 350 种,这些药物或疫苗针对 200 多种疫病而开发,包据各种癌症、早老性痴呆症、心脏病、糖尿病、硬化症、艾滋病等。2002 年,全球生物技术公司总数有 4 362 家,其中上市公司有 613 家,销售总额 413 亿美元。美国生物技术公司总数为 1 466 家,其中上市公司 318 家,销售总额 303 亿美元,分别占全球的 34%、52%和 73%。美国在生物技术产业的领先地位是与其雄厚的基础研究、发达的资本市场、健康并鼓励竞争的商业环境以及庞大的医药行业支撑所分不开的。

欧洲的生物技术市场以英国、德国、法国等国家为主体。英国目前领先欧洲,现有从业人员 1.4 万人,年销售额 40 亿英镑。近年来,生物技术相关产业对英国 GDP 年增长贡献份额保持在 0.2 个百分点,以生物技术为主的医药产品的贸易顺差 2000 年达到了 20 亿英镑,并以高速持续增长。据报道,截至 2001 年底,德国生物技术产业公司 540 家,从业人员 1.44 万人,较之 2000 年增长 35%,企业增长 10%。同时该行业的销售额也达 10.5 亿欧元,创历史新高,加强了德国作为欧洲生物技术研发中心之一的地位,亦拉近了它与美国、日本同行业的距离。截至 2002 年法国共有 259 家生物技术公司,列欧洲国家第三位,在德国和英国之后,约占欧洲生物技术公司(1 800 家)总数的 15%。此外,以色列生物技术产业的年销售额已从 1994 年的 3.86 亿美元增长到 1998 年的 4.7 亿美元和 2000 年的 6.25 亿美元,2001 年已突破 8 亿美元,持续保持 20%以上的年增长速度。以色列生物技术公司的数量也由 1998 年的 130 多家发展到 2000 年的 160 多家,居世界第 8 位,就业人数增加到 4 000 多人。

日本生物技术市场具有巨大的潜力,生物技术风险企业方兴未艾,前景广阔。比如,在以生物技术为基础的医药领域,从事各种检测设备和分析仪器开发、新药试验的新兴企业如雨后春笋般崛起,到 2002 年春季已达 300 家。

此外,据印度生物技术部估计,印度生物技术产品的销售额将从 1999 年的 17.9 亿美元增加到 2005 年的 21.86 亿美元。

2002 年全世界生物技术产品的销售额分布见图 5-1。

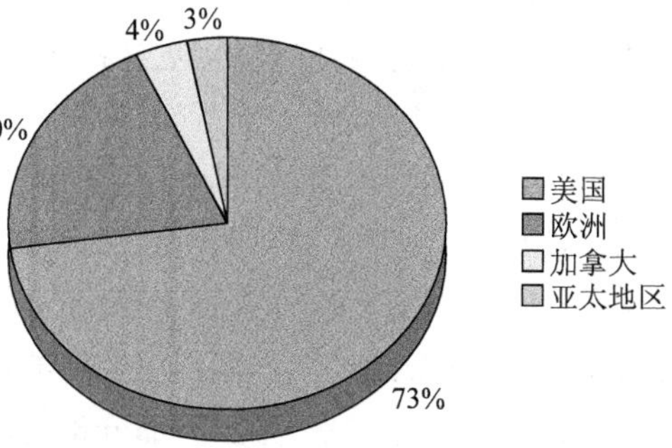

图 5-1 2002 年全球上市生物技术公司销售额分布

资料来源：Ernst & Young.《2003 年全球生物技术产业报告》.

2. 我国近年来生命科学的发展状况

(1) 基础性研究 我国生命科学基础性研究的优先发展领域包括基因组和功能基因组学、重大疾病相关基因的识别、分子生物学与生物化学、细胞和发育生物学、神经生物学、动植物区系的系统演化与协同进化、生物信息学等。

(2) 基因组研究 我国承担了人类基因组 1%的测序任务，是继美、英、法、日、德后成为正式参加国际人类基因组合作项目的第 6 个国家，也是唯一加入该计划的发展中国家；克隆了功能新基因的全长 cDNA 多条，已申请一批国内外专利；证明了东亚人群的基因组与其他现代人群一样起源于非洲等。发表了水稻基因组的框架序列在水稻基因组完成序列图测定的国际合作中率先完成了第四号染色体的工作。我国在微生物基因组测序方面也已成为主要的参加国，迄今已完成了钩端螺旋体等 6 个微生物的全基因组测序。

(3) 疾病相关基因研究 我国科学家充分发挥人类遗传资源优势，近年来取得了疾病致病基因定位、克隆的一系列进展。首先在急性早幼粒白血病的致病基因克隆和功能研究方面取得突破，继而克隆了耳聋、短指(趾)等一批单基因疾病的致病基因，近来又定位了Ⅱ型糖尿病、原发性高血压和鼻咽癌的基因。

(4) 其他前沿领域 在诸如生物化学和分子生物学、神经生物学、进化生物学等方面，近年来我国生命科学界也取得了不少国际一流成果。例如，发现了与精子成熟和保护有关的抗菌肽基因，揭示了果蝇有与高等动物类似的认知行为，首次观察到植物防止自交的一种新的繁育机制等。在系统发育和动植物区系演化方面，完成了 255 卷的《植物志》、《动物志》、《中国隐花植物志》，这些工作均得到国际同行的高度评价。

3. 我国生物技术领域的主要进展和生物产业现状

我国生物技术研究与开发的重点领域包括高产优质农作物的遗传育种、转基因技术和动物克隆、生物反应器、基因和蛋白质工程疫苗及药物、基因治疗等。

在生物农业的产业化方面，我国居世界前列。2002 年世界转基因作物种植面积达百万公顷以上的国家共有 4 个，依次为美国、阿根廷、加拿大、中国，中国为 210 万公顷，占全球转基因作物总面积的 3.6%。转基因抗虫棉在我国推广应用面积已达到棉花种植总面积的 50%以上。2003 年我国自主研制的抗虫玉米已被批准进行生产性试验。目前抗虫转基因水稻正在申请生物安全证书，产业化前期准备工作已经基本就绪。据专家估测，如果转基因水稻产业化，将会给农民增加 980 元/公顷的收入。我国在国际上首次采用基因工程手段育成的处于世界领先的高蛋白质、高赖氨酸转基因玉米，其蛋白质和赖氨酸含量比常规玉米分别高 90%和 30%。植物基因工程研究开发出“乙肝疫苗西红柿”，生吃这种西红柿就能使人产生抗体，具有乙肝免疫力。我国已经有转基因耐贮藏番茄、转查尔酮合成酶基因矮牵牛、抗病毒甜椒、抗病毒番茄、抗虫棉花 5 种自主研制的转基因植物通过了国家商品化生产许可，并有 20 余种转基因植物进入环境释放阶段。我国划定了野生品种(如大豆、大米、玉米等)的保护区，全力保护野生品种资源，确保今后对其开发利用。在动物生物技术研究与开发方面也取得了可喜的成绩:转基因鱼研究达到了国际领先水平;获得了生产人药用蛋白的转基因动物;获得了山羊、牛等一大批克隆动物，其生产已达到国际先进水平。此外，部分畜禽基因工程疫苗已经达到了商业化生产阶段。

在医药生物技术方面，1986 年，我国开始实施振兴高新技术产业的“863”计划，生物技术列在“863”计划中的第一位。在“863”计划、“科技攻关”等科研项目的推动下，一批现代生物技术产品实现了产业化。目前，中国已批准 20 多种基因工程药物包括干扰素(IFN)、白介素(IL)、促红细胞生成素(EPO)等，5 种基因工程疫苗和全球第一种基因治疗药物上市。其中具有自主知识产权的基因工程药物 9 种(含 21 个不同规格的产品)，361 个基因工程药物与基因疫苗仿制品。2003 年，中国医药行业规模以上企业的销售收入 2 751 亿元人民币，利润总额 256 亿元，生物医药子行业销售收入 223 亿元，利润总额 25 亿元，在全行业中的比重分别为 10%和 8%。总体来看，我国基因重组药物生产已初具规模，抗生素、有机酸和氨基酸等医药原料产业也在国际市场上占有重要地位。近 5 年来，生物医药行业表现出强劲的成长性，复合增长率超过 30%，在医药各子行业中，销售收入增长率位列第一，利润总额略低于化学原料药行业，位列第二。生物技术药物由仿制逐步向创新转变，在世界前 10 种销量最大的品种中，我国能生产 8 种。此外，肿瘤免疫治疗、抗血管治疗等取得了一系列突破与重要进展;基因治疗的关键技术实现突破，恶性肿瘤、B 型血友病等 5 种治疗方案进入临床试验。中国的生物技术产品销售额已从 1986 年的 2.6 亿元人民币上升到 2000 年的 200 亿元人民币，若加上以医药行业为主流的相关生物产业的话，总产值将达到 2 000 多亿元。中药超微饮片技术是对细胞破壁形成可溶性颗粒(以微米为计量单位)，可直接标明有效成分，冲泡后可吸收成分标准一致，彻底改变了以药材质量为准的计量方式，为中药的标准化建设铺平了道路;不仅使附加值提高三倍以上，还打开了食疗产品深加工的大门。

全国现有生物企业 11 764 家，2003 年实现工业总产值 4 686 亿元，其中现代生物企业 2 762 家，实现工业总产值约 400 亿元，已初步形成了覆盖基础研究、应用开发、临床试验各个环节，包括国家重点实验室、国家工程中心、生物企业孵化器等在内的生物产业研究开发体系，建立了一系列生物安全管理法规。

在看到我国生物技术产业蓬勃发展的同时，也毋庸讳言它与发达国家的差距(表 5 - 2)。差距表现在产业整体规模上，在 200 多亿元生物医药产品销售收入中，真正属于基因工程药物和疫苗的只有 20 亿元左右，传统的生化药物和诊断试剂占了很大的部分，我国一年基因工程药物及疫苗的销售额尚不及美国一家中等生物制药公司。产业规模偏小既有国内市场需求水平较低的原因，也与生产品种少有关，目前美国批准上市的基因工程药物 100 多个，我国已批准上市的只有 20 多个。

表 5-2　2002 年国内外主要基因工程药物的销售额对比

产品	全球销售额/亿美元	国内销售额/亿元人民币
促红细胞生成素	81	3.5
人胰岛素	43	1
粒细胞集落刺激因子	35	5
干扰素	29	8
人生长激素	20	0.6

根本的差距是在创新能力上，作为发展中国家，我国的基础研究水平和研发资金投入都无法与美国等发达国家相比，使得我国的生物技术企业的原创性开发能力较弱，以仿制国外的产品为主。我国已批准上市的 20 多个基因工程药物及疫苗，几乎全是仿制产品。正是由于研发能力的不足，国内生物技术产业的投资、生产集中在干扰素、促红细胞生成素等少数几个产品上，出现品种少而生产企业多的现象。供求失衡一方面导致开工不足、设备利用率低，另一方面也造成市场过度竞争、产品销售价格不断下降。

不过也应该看到，目前困扰我国生物技术产业可持续发展的一些问题正逐步得到解决或改善。在资金投入方面，深圳中小企业板已经设立，不但为生物技术公司提供了长期的融资渠道，也促进了国内创业投资的发展，为生物技术企业吸引风险投资创造了良好的外部环境。在基础研究方面，虽然我国与发达国家的差距不是在短时间内就能追赶上的，但我国科学家近期在人类基因组、组织工程、生物芯片、干细胞技术、克隆技术、基因治疗等生物技术前沿领域也取得了可喜的进展，为我国生物技术产业的发展奠定了坚实的基础。在人才方面，目前我国在海外的 30 多万留学人员中，60％是从事生物技术研究的，有不少人已取得重大成就，随着国内经济的发展，越来越多的留学人员回国发展，必将提升国内的研究水平和促进人才的培养。在市场需求方面，近年来，我国的医药市场以每年近 20％左右的速度增长，庞大而高速增长的市场需求为我国生物技术产业提供了广阔的发展空间。有专家认为，我国是世界上最大的生物技术产品消费市场之一，因为中国有 13 亿人吃饭、近 5 亿人吃各类保健食品、1.3 亿人吃药、20 亿亩耕地需要新的农作物品种。针对中国生物产业的预测研究表明，中国能够在生物医药、转基因、功能食品、生物反应器等 10 大产业率先研发 50 类产品，初步估计经济总值可达 1.5 万亿元，相当于当前中国 GDP 的 15％。

5.1.3　世界生物技术产业的发展趋势以及我国面临的机遇

从世界生物技术产业发展趋势来看，目前正处于生物技术大规模产业化的开始阶段，未来 20 年将是生物技术产业快速发展期。到 2020 年以后，生物技术产业将发展成为世界经济的主导产业或支柱产业。继信息经济之后，未来一个阶段生物经济将作为新兴的产业领域，各国都开始纷纷抢占这一战略高地，我国应抓住当前产业变革重大机遇，实施生物经济强国战略。

生物技术产业具有资源依赖性强、技术依赖性强、市场垄断性差等特点，为我国提供了进入这一产业的契机。通过发展生物经济，在新一轮世界经济竞争中抢占先机，才有可能成为国际产业分工体系中的龙头，并处于附加值最高的产业链的环节上，从而实现跨越式发展。

未来 20 年是中国生物产业发展的关键阶段，目前我国生物产业发展正处在一个重要关口。搞得好，抓住了这次科技革命和产业革命的机遇，我国就可以实现跨越式发展，缩小与发达国家先进水平的差距，甚至有可能在某些领域或某些行业实现赶超，并带动我国经济社会的全面发展，以实现中华民族的伟大复兴；搞得不好，特别是不能突破体制和机制的制约而使我国生物技术在产业化方面与世界差距越拉越大，在全球经济一体化和我国加入世贸组织的新形势下，一旦跨国公司形成市场垄断后，我国不仅失去跨越发展的机会和窗口，而且民族生物产业也将走向边缘化，即有可能再次与新的科技革命和产业革命失之交臂。

以生物经济作为跨越式发展之突破口的理由是：

(1) 生物产业的成长性好　近 10 年来，生物技术产业正在全世界范围内迅速成长，以每 3 年增加 5 倍的速度增长，全球生物技术产业销售额约每 5 年翻一番，增长率高达 25%～30%，是世界经济增长率的 10 倍左右。在发达国家，生物技术相关产业一般要占 GDP 的 20%到 30%。1998 年美国生物技术领域上市公司总市值不超过 970 亿美元，2000 年达 4 000 亿美元，2003 年超过 10 亿美元的生物技术企业有 94 家，其总市值接近 9 000 亿美元。从 1985 年到 2000 年，我国的生物技术产业产品销售值增加了 75.9 倍，平均年增长 33.58%。可见，生物产业成长性非常好，具有非常好的发展前景。

(2) 符合我国现阶段的发展战略和发展目标　我国现阶段的发展战略是可持续发展，发展生物经济有利于资源永续利用和生态保护，实现全面、协调和可持续发展。生物技术中的转基因技术、组织培养技术、动物胚胎移植以及生物肥料、生物农药、新型饲料添加剂的应用，可以大幅度减少化学农药、化学肥料所带来的污染；用于废气、废水、废渣处理的基因工程及微生物技术的应用、可降解生物塑料产品的产业化推广，将解决工业排放、白色垃圾等环保难题，实现循环经济和可持续发展。我国现阶段的发展目标是全面建设小康社会以及构建社会主义和谐社会。发展生物经济与人们生活息息相关，可以提高国民生活质量，减轻人们的病痛，阻止疾病的蔓延，延长人们的生命周期。可见，发展生物经济不仅是一项世纪性的经济工程，更是一项惠及十几亿人口健康的民生工程，与实现全面建设小康社会和构建社会主义和谐社会的目标一致。

(3) 生物技术产业已初具规模　我国生物技术产业自 20 世纪 80 年代初起步以来，得到了迅速发展，已涉及医药、农业、食品、环保、轻化工、能源等领域。我国目前已经基本建立起完善的生物技术研究开发体系，对生物科技投入不断增加，从 2000 年到 2005 年，仅政府就投入 50 亿元；目前从事生物技术开发、生产经营的公司有 500 多家，从业人员超过 5 万人，具有生产能力的公司有 300 家，生物医药制品的年销售额已达 200 多亿元，而且每年以 33.58%的速度增长。有 60 多家上市公司直接或间接从事生物技术产业，出现了深圳科新、天津泰达等一批生物基因龙头企业。在北京、上海、广州、深圳等地 20 多个生物技术园的建立，为生物技术产业发展搭建了平台。可见，我国发展生物产业已具有坚实的基础。

(4) 具有丰富的生物资源　生物经济相对于信息经济的一个重要区别是对资源依赖性特别强，而我国恰好具有丰富的生物资源，为发展生物经济奠定了坚实的基础。我国地域广阔、生物种类繁多，是世界上生物资源最丰富的国家之一，拥有动植物、微生物 26 万种，其中植物 3 万种、动物 20 万种、微生物 3 万种，拥有中草药材 1 万种，是珍贵的天然药物资源，有"世界园林之母"、"生物王国"之称。目前已经收集到的农作物种质资源有 32 万份，建立了全球保有量最大的农作物种质资源库；收集了 3 000 多个家系人类遗传资源。丰富的生物资源成为我国发展生物经济不可替代的优势。

(5) 具备发展生物经济的人力资源 生物产业是典型的知识密集型和技术密集型产业，该产业的发展对人力资源的要求相对比较高。在过去20多年里，我国的高等院校培养了大约10万名生物技术及相关人才，每年还有约4 500名生物技术专业的高校毕业生。目前在海外的30多万学人中，大约有1/3分布在生物技术及相关领域。据统计，《Nature》、《Science》等权威科学刊物上生物技术方面的论文25%是由华人完成或参与完成的，华人生物科学家是国际生命科学领域一支重要力量。我国具备发展生物经济的人力资源，生物技术领域是我国在高新技术方面与国外差距最小的领域之一。

(6) 具有广阔的市场前景 现代生物技术已被广泛地用于医药、食品、化学、农业及环保等领域，具有广阔的市场前景，并逐步成为21世纪高科技产业的核心之一。我国有13亿人口，在人口与健康、农业与环境保护方面都对生物技术产品有着巨大的需求，其中保健食品消费群体近5亿人、药品消费群体1.3亿人，20亿亩耕地需要新的农作物品种，是世界上最大的生物技术产品消费市场之一。由于我国经济发展的空间还很大，随着经济发展，居民收入水平的提高，会更加关注健康水平、生活质量，对医药、保健品、生命养护等生物技术产品有更大的需求。

综上所述，在各国纷纷抢占生物科技和生命科学战略制高点之际，我国要把握产业变革的机遇，以生物经济作为跨越式发展的突破口。发展生物经济不仅符合现阶段我国的发展战略和目标，而且我国也具有发展生物经济的基础和优势。所以，我们要密切关注当代生物科学技术发展的最新动向和趋势，抓住机遇，抢占生物经济制高点，争取在生物经济上取得突破，在5～15年的时间内跻身世界前三强。

5.1.4 全球生物科技和产业的发展战略

进入新世纪以来，生物技术产业受到了各国和地区的高度重视和大力扶持。正因为生命科学与生物技术及其产业的发展将对社会进步和经济增长开辟如此广阔的发展空间，近年来，无论是发达国家还是发展中国家都纷纷将发展生物技术及其产业提到了国家战略的高度。生物科技政策成为全力打造“生物经济强国”的基本公共政策，成为制定和实现国家竞争战略的内在要求。

美国国会和政府已达成了强烈共识，即生物科技对美国的未来至关重要。为此，美国已采取增加投入、培养产业等措施，加速抢占制高点。2001年美国生物科技投资占到风险投资总额的11%，2002年美国生物技术领域投入研发资金高达157亿美元。2003年，美国确定每年投入的预算费用高达380多亿美元。美国国立卫生研究院在生命科学领域所投入的经费近几年快速增长，从1998年的130亿美元猛增到2003年的273亿美元，增长了一倍，在联邦政府的研究预算中仅次于军事科技。另外，美国有28个州设立了一项或多项种子或风险基金，有5个州设立了专门用于支持生物技术公司的基金，以加速生物技术领域知识产权的商业化，带动生物经济的发展。

曾在制造业中崛起但在信息时代落后的日本，正加速谋划并实施“生物经济立国”战略，强调把“科研重点转向生命科学和生物技术”，决心把生物技术产业作为国家核心产业加以发展，并计划15年内将政府在生命科学和生物技术的研究预算增加1倍，达到8 800亿日元，力争使日本生物技术达到世界领先水平，以实现“生物经济立国”的战略目标。为此，日本举行了“生物技术战略会议”，并于2002年颁布了长达200多页的《生物技术战略大纲》，其中详细阐述了具体的战略重点及实施计划，其中某些具体计划已列入政府重点开发项目。

欧盟已成立生物技术委员会，继在第四个研究开发框架计划中对生物技术研究大量投资后，又在第五个研究开发框架计划中专门制定了《生命科学计划》，进一步加强在这一领域的努力。近年来，欧盟各国财政普遍吃紧，但许多国家对研发的公共投入仍超过GDP的增长率。2002年，欧盟在其出台的政策中，用于生物技术研究的费用高达175亿欧元，另有600亿欧元的风险投资，投入仅次于信息产业，并计划用10年的时间超过美国。

新加坡政府制定了“5年跻身生物技术顶尖行列”，把新加坡建成“生命科学中心”的目标，将外汇储备的5%～10%用于生物技术及其产业发展。

我国政府更是高度关注世界生物技术及其产业加速发展的趋势。国家发展计划改革委员会已提出了实施“生物经济强国”的发展战略。国务院已作出重大决策：决定成立“国家生物技术研发与促进产业化领导小组”，由国务院负责科技工作的领导同志任组长；决定成立“中国生物技术行业协会”，加强对生物行业的规范与管理；决定制定《中国生物技术与产业化发展纲要》，明确未来20年生物技术和产业发展的重点和方向；决定把《中华人民共和国生物安全法》列入法制规划，加强生物安全的保障工作。国家“十五”高技术产业发展规划中，生物技术产业工程被列入国家十二大高技术工程。从1999年起，国家发展和改革委员会连续6年组织实施了生物技术产业化专项，重点组织实施了包括生物医药、现代中药、化学合成新药、生物医学工程、现代农业等高技术产业化重大专项，国家安排资金28.7亿元，吸引社会投资328亿元，支持了387项生物技术产业化项目，占全部产业化的23.4%。科技部等国务院有关部门对生物技术产业发展也给予了大力支持。

在“生物经济强国”战略指引下，国家有关部门制定了相关的指导思想、指导原则、战略目标和主要任务。其中战略目标是：力争到2020年，使中国成为世界生物产业大国，主要经济指标名列世界前3位，部分领域居于国际领先地位；全国生物产业实现增加值达到20 000亿元，占GDP比重达到5%；现代生物产业实现增加值力争达到10 000亿元，其中生物农业发展居国际领先水平，生物医药产业规模进入世界前5位，生物能源占全国能源总量的比重达到8%，在战略性生物技术领域掌握自主知识产权。

为达到上述战略目标，将采取或正在实施的战略行动包括：力争培育1个具有国际一流水平的“生物谷”，10家左右具有国际竞争力的生物大企业，100个左右具有自主知识产权的大产品，1 000名左右具有国际水平的一流人才，10 000家以上的生物科技中小企业——简称“一十百千万”战略行动；在产业基地的建设方面，近期优先支持上海、北京、深圳、广州、石家庄、长春、云南等在生物科技和产业化方面有一定基础的省市，到2020年形成1个具有国际一流水平的“生物谷”，最终形成全国生物产业“一轴”(长江三角洲地区)、“两翼”(珠江三角洲地区和京津冀地区)、“多中心”(东北地区和中西部地区若干生物产业基地)的空间布局，依托现有大学、国家生物工程中心、重点实验室等，建立生物技术人才培养基地，加强原始性创新人才、生物技术工程人才、复合型人才的培养。除此之外，国家成立了国家生物产业领导小组；多方筹措资金，加大投入；出台支持现代生物产业发展的税收优惠政策措施；建立开放性生物产业技术创新体系；建立良好的吸引和培养人才的机制等。

5.2 生物科学和技术的研究现状与趋势

5.2.1 生物科学和技术的研究热点

1. 从基因身份证说起——谈人类基因组计划

身份证是现在在中国国内广为使用的一种个人身份标识物。但在使用过程中，尽管利用它可以实现个人身份识别，但并不能保证提供证件及号码的就是其本人。对于各种信用卡、储蓄卡以及其他以数字为标识的证件，也都存在这个问题。我们可以很轻松地验证号码的真伪，而提供号码的人可能不是原卡拥有者。虽然照片可以提高身份证和信用卡的可信度，但是如果有人故意要伪造的话，这种识别方法也很容易失去效果。

随着人类基因组计划的开展，人们对基因的结构和功能的认识不断深化，并将其应用到个人身份识别中。因为在全世界60亿人中，与你同时出生或姓名一致、长相酷似、声音相同的人都可能存在，指纹也有可能消失，但只有基因才是代表你本人遗传特性的、独一无二、永不改变的指征。据报道，采用智能卡的形式，储存着个人基因信息的基因身份证已经在我国四川、湖北和香港出现。

制作这种基因身份证，首先是取得有关的基因，并进行化验，选取特征位点(DNA 指纹)，然后载入中心的电脑储存库内，这样，基因身份证就制作出来了。如果人们喜欢加上个人病历并进行基因化验的话，也是可以的。这样，医生及有关的医疗机构，可利用智能卡阅读器读出基因身份证中的信息，而判断个人的疾病易感性，以及对药物的敏感和禁忌特性，有针对性地实施治疗。

那么什么是人类基因组计划？它对人类的未来有什么影响呢？现代遗传学家认为，基因是 DNA(脱氧核糖核酸)分子上具有遗传效应的特定核苷酸序列的总称，是具有遗传效应的 DNA 分子片段。基因位于染色体上，并在染色体上呈线性排列。基因不仅可以通过复制把遗传信息传递给下一代，还可以使遗传信息得到表达。不同人种之间头发、肤色、眼睛、鼻子等的不同，是由基因差异所致的。

人类只有一个基因组，大约有2万～3万个基因。人类基因组计划是美国科学家于1985年率先提出的，旨在阐明人类基因组30亿个碱基对的序列，发现所有人类基因并搞清其在染色体上的位置，破译人类全部遗传信息，使人类第一次在分子水平上全面地认识自我。该计划于1990年正式启动，这一价值30亿美元的计划的目标是，为30亿个碱基对构成的人类基因组精确测序，从而最终弄清楚每种基因制造的蛋白质及其作用。世纪之交的人类基因组计划引起全世界的关注，它被誉为是与阿波罗计划、曼哈顿计划并列人类历史上的三大计划之一。

随着人类基因组逐渐被破译，一张生命之图被绘就，人们的生活也将发生巨大变化。基因药物已经走进人们的生活，利用基因治疗更多的疾病不再是一个奢望。因为随着我们对人类本身的了解迈上新的台阶，很多疾病的病因将被揭开，药物就会设计得更好些，治疗方案就能“对因下药”，生活起居、饮食习惯有可能根据基因情况进行调整，人类的整体健康状况将会提高，21世纪的医学基础将由此奠定。

2. 干细胞研究——克隆之谜

1998年11月，威斯康星大学的汤姆生和约翰·霍普金斯大学的吉尔哈特教授分别在《科学》和《美国科学院论文集》上报道,他们用不同的方法获得了具有无限增殖和全能分化潜力的人胚胎干细胞。这一成就将会给移植治疗、药物发现及筛选、细胞及基因治疗和生物发育的基础研究等带来深远的影响,打开在体外生产所有类型的可供移植治疗的人体细胞、组织乃至器官的大门。因为从理论上讲,人胚胎干细胞具有全能性,在一定的诱导条件下,既可发育分化为感受和传导生物电信号的神经组织,也可分化为携带氧的血细胞,还可分化为提供血液循环动力的心肌细胞等。这条消息立刻引起世界的关注,随即干细胞生物学被 1999 年美国《科学》推举为 21 世纪最重要的十项科学领域之首。2000 年干细胞研究成果再度入选《科学》评选的当年十大科技成就。

那么什么是干细胞? 它有什么特点?

在细胞的分化过程中,细胞往往由于高度分化而完全失去了再分裂的能力,最终衰老死亡。机体在发展适应过程中为了弥补这一不足,保留了一部分未分化的原始细胞,称之为干细胞(Stem Cell)。一旦生理需要,这些干细胞可按照发育途径通过分裂而产生分化细胞,即干细胞是一类具有自我更新和分化潜能的细胞。

人胚胎干细胞的分离及体外培养(克隆,即基因、细胞、组织,甚至个体的无性繁殖)的成功,将给人类带来医学革命。如果科学家最终能够成功诱导和调控体外培养的胚胎干细胞正常的分化,这一技术将对基础研究和临床应用产生巨大的影响,有可能在以下领域发挥作用:体外研究人胚胎的发生发育,非正常发育(通过改变细胞系的靶基因),新人类基因的发现,药物筛选和致畸实验,以及作为组织移植、细胞治疗和基因治疗的细胞源等。

人胚胎干细胞提供了在细胞和分子水平上研究人体发育过程中的极早期事件的良好材料和方法,这种研究不会引起与胚胎实验相关的伦理问题。采用基因芯片等技术,比较胚胎干细胞以及不同发育阶段的干细胞和分化细胞的基因转录和表达,可以确定胚胎发育及细胞分化的分子机制,发现新的人类基因。结合基因打靶技术,可发现不同基因在生命活动中的功能等。另一个令人兴奋的应用在于新药的发现及筛选,胚胎干细胞提供了新药的药理、药效、毒理及药代等研究的细胞水平的研究手段,大大减少了药物实验所需动物的数量。目前上述实验使用的细胞系或来自其他种属的细胞系,很多时候并不能真正代表正常的人体细胞对药物的反应。胚胎干细胞还可用来研究人类疾病的发生机制和发展过程,以便找到有效和持久的治疗方法。

胚胎干细胞最激动人心的潜在应用是用来修复甚至替换丧失功能的组织和器官,因为它具有发育分化为所有类型组织细胞的能力。任何涉及丧失正常细胞的疾病都可以通过移植由胚胎干细胞分化而来的特异组织细胞来治疗,如用神经细胞治疗神经变性疾病(帕金森氏综合征、亨廷顿舞蹈症、阿尔茨海默氏病等);美国威斯康星大学的研究人员于 2001 年 9 月首次将人类胚胎干细胞转化为血细胞,向为医学治疗创造血液供应迈出了关键的一步;用胰岛细胞治疗糖尿病,用心肌细胞修复坏死的心肌等。尤其是对于后两项,胚胎干细胞可能会有特别疗效,因为目前认为成年人的心脏和胰岛几乎没有干细胞,因而仅靠自身无法得到修复。为了基因治疗和防止免疫排斥效应,还可以对胚胎干细胞的基因做某些修改。干细胞是基因治疗的较理想的靶细胞,因为它可以自我复制更新,治疗基因通过它带入人体中,能够持久地发挥作用,而不必担心像分化的细胞那样,在细胞更新中可能丢失治疗基因的结果。通过胚胎干细胞和基因治疗技术,可以矫正缺陷基因,例如,如果发现早期胚胎有某种基因缺陷而会患基因缺陷病如囊性纤维化——一种30岁以前便会致人死亡的疾病，可以收集部分或全部胚胎干细胞，通过基因工程技术将正常的基因替代干细胞中的缺陷基因，再将修复后的胚胎干细胞嵌入胚胎中，经过9个月怀胎将会出生一个健康的婴儿。由于伦理和某些技术问题，现在还未开展此类实验。改变胚胎干细胞的某些基因的另一目的是创建"万能供者细胞"，即破坏细胞中表达组织相容性复合物的基因，躲避受者免疫系统的监视，从而达到防止免疫排斥效应发生的目的。但这种方法需要破坏和改变细胞中的许多基因，而且这种细胞发育成的组织和器官是否有生理缺陷如免疫能力降低还不得而知。

3. "上帝之手"——基因工程与转基因技术

随着DNA的内部结构和遗传机制的秘密一点一点呈现在人们眼前，特别是当人们了解到遗传密码是由RNA转录表达的以后，生物学家不再仅仅满足于探索、提示生物遗传的秘密，而是开始跃跃欲试，设想在分子的水平上去干预生物的遗传特性。

如果将一种生物的DNA中的某个遗传密码片断连接到另外一种生物的DNA链上去，将DNA重新组织一下，就可以按照人类的愿望，设计出新的遗传物质并创造出新的生物类型，这与过去培育生物繁殖后代的传统做法完全不同。

这种做法就像技术科学的工程设计，按照人类的需要把这种生物的这个"基因"与那种生物的那个"基因"重新"施工"，"组装"成新的基因组合，创造出新的生物。这种完全按照人的意愿，由重新组装基因到新生物产生的生物科学技术，就称为"基因工程"，或者说是"遗传工程"。

基因工程一般包括四个步骤：一是取得符合人们要求的DNA片段，这种DNA片段被称为"目的基因"；二是将目的基因与质粒或病毒DNA连接成重组DNA；三是把重组DNA引入某种细胞；四是把目的基因能表达的受体细胞挑选出来，并进行扩增。

近几年来，科学家们已经能够从许多特定的生物细胞内分离、转移和修改基因，这确实是一场影响深远的革命。人类历史上第一次具备了这样的能力：去精确、细致地控制任何生物的生长过程。比如，我们可以从在极地生活的鱼类中提取抵御严寒的基因，再把它们插入草莓中，让草莓也能在极寒的地区生存。人类利用转基因技术，如今已经能够改变许多动植物的基因构成蓝图，从而深深改变了医学和应用科学的发展进程。也就是说，人类具有了"上帝"的能力，能够按照自己的意愿创造新的生命形式。这让人们欣喜，但同时也需要提高警惕，以防基因工程的双刃剑给人类带来悲剧。

所以在享受新科技带来的惊喜时，我们必须时时刻刻牢记，不要被手中掌握的改变基因的权利腐蚀；我们所能做的其实只是很粗糙、很原始的一小部分。数十亿年来，大自然已经替我们完成了大部分"生命的奇迹"。

同时也不能忘记，人类的过去充满了"人为的悲剧"，而在这场席卷一切的"新农业革命"中，我们首先要做的就是竭力避免悲剧的重演。

4. SARS之战——结构生物学与药物分子设计

对于2003年给世界带来过恐慌的SARS，许多人还记忆犹新。而2005年，人类已经破解了SARS病原——新型冠状病毒的基因组及与其传播、复制、逃避宿主免疫系统相关的重要分子构成，从而为人类攻克这个新型病原奠定了基础。其中，中国的饶子和院士所领导的实验室就贡献了一项重大突破：他们率先解析出SARS病毒主要蛋白酶及其抑制剂复合物的三维结构，对研制抗SARS药物具有重要意义。这个名为"3CLpro"的蛋白酶在SARS病毒的整个生活周期中起着关键的调控作用:当SARS病毒感染正常细胞、开始复制时,首先产生一条与复制、转录相关的蛋白质长链。这条包含有3CLpro的蛋白质长链一开始并不具备生物活性。接着3CLpro开始"咬掉"自己的"脐带",将自己释放出来。然后,它还负责"咬掉"其余蛋白质的"脐带",使它们都成为独立的功能单元。只有释放出这些独立的功能片段后,SARS病毒才能完成正常的复制和转录过程。

基于该蛋白酶的三维空间结构,我们可以设计一系列的小分子化合物,和3CLpro的活性位点结合,使其失去活性,不能发挥切割功能。这种抑制剂分子,就有可能成为抗SARS药物的前体。这种依靠现代结构生物学应用到药物分子设计而开发新型药物的速度是以往无法比拟的。

传统药物设计从总体上来讲,缺乏成熟完善的发现途径,具有很大的盲目性,一般平均要筛选10 000种化合物以上才能得到一种新药,因此开发效率很低,很难迅速得到合适的新药来治疗越来越多的疑难杂症。

随着计算机技术及计算化学、分子生物学和药物化学的发展,药物设计进入了理性阶段,其中药物分子设计是目前新药发现的主要方向。它是依据生物化学、酶学、分子生物学以及遗传学等生命科学的研究成果,针对这些基础研究中所揭示的包括酶、受体、离子通道及核酸等潜在的药物设计靶点,并参考其他类源性配体或天然产物的化学结构特征,设计出合理的药物分子。计算机辅助药物设计方法(CADD)是药物分子设计的基础。从20世纪60年代构效关系方法(QSAR)提出以后,经过40多年的努力和探索,尤其是20世纪90年代以后随着多种新的方法的出现,CADD方法已经发展成为一门完善和新兴的研究领域,它大大提高了药物开发的效率,为人们攻克一些顽症提供了崭新的思路和成功的希望。

5.2.2 生物科学技术与其他科学技术的交叉

1. 生物科学技术与医学

生物科学技术用于医药和诊断试验,为医疗保健行业带来了革命性的变化。医疗生物技术将从预防、疾病诊断、药物制造、生物治疗等方面,全面提升医疗卫生科技水平。如生物技术大大加快了新药的研制,SARS出现后不到一年的时间,科学家就用生物技术的方法研制出SARS疫苗,如果用传统的方法不可能这么快实现的。疫苗等生物技术产品将大幅度提高重大传染性疾病的预防能力。能更好地疾病控制、定向药物、基因治疗、延缓衰老、增强记忆的药物、修复技术、仿生移植以及其他许多进展,会继续提高人的寿命和生活质量,某些进展甚至会使人类素质超过目前的水平(例如通过人造传感器)。

2. 生物科学技术与药学

生物科学技术与组合化学合成技术融合,发展成为组合生物合成。组合化学是采用适当的化学方法,在特定的分子母核上加入不同的基团,在同样条件下产生大量的新化合物。组合化学技术的发展为药物的发现提供了大量的化合物,扩大了药物发现的范围,提高了成功的可能性。由于组合化学的巨大成就,人们将之与生物技术相结合而提出了组合生物合成的新理论。组合生物合成是指在基因水平上,通过微生物次级代谢产物和合成途径中涉及的一些编码酶的基因之间的互换、插入和充足,构建一些非天然的基因组或杂合基因,从而由微生物合成各种各样新的非天然的天然化合物。

生物科学技术与高通量筛选技术融合，构建出新型药物筛选平台。药物发现是药物研究的基础，药物筛选就是对有可能作为药物使用的物质进行药理学和生理学的价值评价，进而发现药物。增加筛选速度和规模是提高药物发现数量和质量的前提。高通量筛选技术结合了分子药理学、分子生物学、细胞生物学、人类基因组学和分子病理学的发展，应用分子水平和细胞水平的研究方法探讨药物的作用，增加了药物筛选的手段，使我们可以不完全依赖动物实验来评价药物。在样品用量和实验体系极大缩小的同时，大规模地进行药物筛选。

探索人类基因组中潜在的药物靶点，形成所谓的药物基因组学。随着人类基因组计划的完成和后基因组计划的不断进行，人们发现了越来越多的人基因组多态性位点与人群对药物的敏感性和毒性差异有关，因此有可能在不久的将来，医生在开处方时会根据患者基因组的特点来进行。而大量在药物研发过程中曾经被淘汰的化合物可以重新被拾回，研究其在基因组多态性上的针对性。

3. 生物科学技术与化工

生物科学技术对化学工业提供强大支撑。现代工业生物技术能够改造传统化学工业，促进绿色制造业发展，也可以催生新产业。据报道，纺织工业以发酵工艺取代化学工艺，用水量可降低 18%；塑料工业以碳水化合物取代石油做原料，石油用量可降低 80%；纸浆工业以植物取代化工原料可降低能耗 40%；以生物技术工艺取代传统工艺，加工抗生素中间体（一种药物原料），电耗降低 20%，用水量减少 18%。

4. 生物科学技术与农业

生物技术在促进农业可持续发展中作用巨大。由于人类大量使用化学农药和化肥等，造成病虫害泛滥，地力下降，加速野生物物种灭绝，栽培物种的品质退化，自然调整能力降低。利用生物技术创新，可以开发合理的作物品系，实现农业高效和可持续发展。如转基因作物具有明显的抗逆性，抗病虫、耐旱、耐盐碱，产量明显提高。据统计，2003 年美国转基因作物种植面积达 4 110 万公顷，比上年增长 5.3%。自 1996 年以来，美国转基因作物种植面积已增长了 27 倍多。现在我国转基因棉花已经占棉花种植面积的一半，每年为农民增收 50 亿元。此外，生物农药、生物肥料的开发与生产，农业废弃物的生物处理与资源化等，对保障农业可持续发展具有重大作用。

我国是农业大国，“三农”问题和粮食安全问题一直是政府高度关注的重大问题。经过十多年的努力，我国在生物农业的研究开发和产业化方面取得了显著进展。从总体来说，研发实力处于发展中国家的领先地位，在发展中国家中具有竞争优势，局部技术领域居于世界先进水平，与发达国家具有比较优势。

在转基因植物方面，我国因在 1992 年首先在大田生产上种植了抗黄瓜花叶病毒转基因烟草，而成为世界上第一个商品化种植转基因作物的国家。1999 年，我国基因工程改良棉纤维研究成功，培育出具有优良综合农艺性状的彩色棉花新品种“棕絮 1 号”和“绿絮 1 号”，使中国成为世界彩棉研究和开发的第二大国。我国是世界上继美国之后，第二个拥有自主研制抗虫棉的国家。我国抗虫转基因水稻的研制处于世界先进水平。我国科学家独立完成了籼稻的全基因组测序，成为少数几个能独立完成主要作物测序工作的国家之一。目前，我国正在研究的转基因植物种类达 47 种，涉及各类基因 103 个。

在转基因动物方面，我国在世界上率先绘制完成了家蚕基因组“框架图”，这是继完成人类基因组1%测序工作、水稻基因组“框架图”和“精细图”后，中国科学家向人类贡献的第三大基因组研究成果。目前我国已进行的转基因鱼、畜禽动物基因工程研究已达30余种；已获得转人生长激素和猪生长激素的绵羊、猪和兔等转基因动物，首例转基因试管牛于1999年问世；还先后研制出了克隆羊、克隆兔、克隆牛等动物，对于提高肉用动物的产量和品质起到了巨大作用。

5. 生物科学技术与能源

我国是能源短缺大国和环境污染大国，对生物能源和生物环境产业发展的市场需求巨大。据专家预测，到2020年我国石油年消费量将达到4.5亿～6.1亿吨，而国内可供应量仅为1.8亿～2亿吨；我国天然气需求总量将达到1 450亿～1 650亿立方米，其中500亿～600亿立方米要靠进口。这两种重要资源的对外依存度将分别达到60%和34%。

生物技术能有效突破资源瓶颈。生物科学家正在致力于解决能源问题，利用生物技术开发可再生清洁能源，包括利用微生物发酵生产沼气技术、生物制氢技术以及培育具有特殊用途的植物，如油脂植物、纤维植物等新品种，为能源、精细化工提供重要的原料和制剂等。这些将在为各国解决后续能源问题上，展现出极其广阔的发展前景。据报道，全球生物质能的储量为1.8万亿吨，相当于640亿吨石油。发展生物质能，利用“绿金”部分代替“黑金”，将大大缓解能源短缺的压力。

我国用于形成生物能源的原料丰富。例如，我国生物能源的原料主要有农业废弃物、粮食加工废弃物、木材加工废弃物和城市生活垃圾等。其中，农业秸秆年产量6亿吨，加上林业废弃物，折合为7.5亿吨标准煤；农产品加工和养殖场的废弃物，理论上可产生沼气800亿立方米，相当于5 700万吨标准煤；城市垃圾处理也可回收大量能源，如果30%用于燃烧发电，60%以填埋的方式处理，年可产生500万吨标准煤的能源。此外，我国数量庞大的陈化粮可为燃料酒精的生产提供充足的原料，也可将玉米(特别是转基因玉米)作为燃料酒精的原料。

6. 生物科学技术与环境

生态环境脆弱，污染日趋严重，已经成为人类和其他生命生存的最大威胁。我国生态环境问题极为突出：80%的河流被污染，1/4的国土面积缺水，1/3的城市缺水，2 000多万农村人口饮水困难；水土流失面积占国土总面积的1/3，沙化土地面积占国土面积的18%；2000年我国二氧化碳排放量居世界第二，占世界总量的13%，到2020年排放量有可能超过美国成为最大的二氧化碳排放国；全国垃圾存量高达60亿吨，有220个城市已陷入固体垃圾包围之中；仅我国造纸行业，年排放废水量达40亿吨，占全国工业废水排放量的1/6。

生物技术能对环保带来重大效益。科学家们正利用生物技术进行环境修复、分子环境监测、生物防治等，使污染排放在未来30年内减少30%。利用基因工程构建的超级细菌，可以降解环境中的汞、有机废物、海洋中的石油污染等。利用生物技术可以进行清洁化生产，使废弃物减量化、资源化、无害化，或者将废弃物直接消灭在生产过程中。据世界经济合作组织(OECD)于2001年发表的报告《生物技术对工艺可持续性的作用》指出，在生产核黄素中，各国都以发酵工艺取代合成化学工艺生产，结果有害废料降低66%，有害气体排放降低50%。

7. 生物科学技术与信息

由于各个物种基因组计划的开展，使得DNA序列和其他生物学信息数据急剧积累和膨胀。与正在以指数方式增长的生物学数据相比，人类相关知识的增长(粗略地用每年发表的生物、医学论文数来代表)却十分缓慢。一方面是巨量的数据;另一方面是我们在医学、药物、农业和环保等方面对新知识的渴求,这些新知识将帮助人们改善其生存环境和提高生活质量。这就构成了一个极大的矛盾。这个矛盾就催生了一门新兴的交叉科学,这就是生物信息学。美国人类基因组计划实施五年后的总结报告中,对生物信息学作了以下定义:生物信息学是一门交叉科学,它包含了生物信息的获取、处理、存储、分发、分析和解释等在内的所有方面,它综合运用数学、计算机科学和生物学的各种工具,来阐明和理解大量数据所包含的生物学意义。

生物信息学主要包括以下几个主要研究领域,但是限于篇幅,这里仅列出其名称并只做简单介绍。

(1) 序列比对 基本问题是比较两个或两个以上符号序列的相似性或不相似性。序列比对是生物信息学的基础,非常重要。

(2) 结构比对 基本问题是比较两个或两个以上蛋白质分子空间结构的相似性或不相似性。

(3) 蛋白质结构预测,包括二级和三级结构预测 从方法上来看有演绎法和归纳法两种途径。前者主要是从一些基本原理或假设出发来预测和研究蛋白质的结构和折叠过程。分子力学和分子动力学属这一范畴。后者主要是从观察和总结已知结构的蛋白质结构规律出发来预测未知蛋白质的结构。同源模建和指认(Threading)方法属于这一范畴。虽然经过 30 余年的努力,蛋白结构预测研究现状远远不能满足实际需要。

(4) 计算机辅助基因识别(仅指蛋白质编码基因) 基本问题是给定基因组序列后,正确识别基因的范围和在基因组序列中的精确位置。这是最重要的课题之一,而且越来越重要。经过 20 余年的努力,提出了数十种算法,有十种左右重要的算法和相应软件在网上提供免费服务。原核生物计算机辅助基因识别相对容易些,结果好一些。从具有较多内含子的真核生物基因组序列中正确识别出起始密码子、剪切位点和终止密码子,是个相当困难的问题,研究现状不能令人满意,仍有大量的工作要做。

(5) 非编码区分析和 DNA 语言研究 在人类基因组中,编码部分仅占总序列的 3%~5%,其他通常称为“垃圾”DNA,其实一点也不是垃圾,只是我们暂时还不知道其重要的功能。分析非编码区 DNA 序列需要大胆的想象和崭新的研究思路和方法。DNA 序列作为一种遗传语言,不仅体现在编码序列之中,而且隐含在非编码序列之中。

(6) 分子进化和比较基因组学,是最重要的课题之一 早期的工作主要是利用不同物种中同一种基因序列的异同来研究生物的进化,构建进化树。既可以用 DNA 序列也可以用其编码的氨基酸序列来做,甚至可通过相关蛋白质的结构比对来研究分了进化。以上研究已经积累了大量的工作。近年来,由于较多模式生物基因组测序任务的完成,为从整个基因组的角度来研究分子进化提供了条件。可以设想,比较两个或多个完整基因组,这一工作需要新的思路和方法,当然也渴望得到更丰硕的成果。这方面可做的工作是很多的。

(7) 序列重叠群装配 一般来说,根据现行的测序技术,每次反应只能测出 500 或更多的碱基对的序列,这就有一个把大量的较短的序列全体构成了重叠群(Contigs)。逐步把它们拼接起来形成序列更长的重叠群,直至得到完整序列的过程称为重叠群装配。拼接 EST 数据以发现全长新基因也有类似的问题。已经证明,这是一个 NP -完备性算法问题。

(8) 遗传密码的起源 遗传密码为什么是现在这样的?这一直是一个谜。一种最简单的理论认为,密码子与氨基酸之间的关系是由生物进化历史上一次偶然的事件造成的,并被固定在现代生物最后的共同祖先里,一直延续至今。不同于这种"冻结"理论,有人曾分别提出过选择优化、化学和历史等三种学说来解释遗传密码。随着各种生物基因组测序任务的完成,为研究遗传密码的起源和检验上述理论的真伪提供了新的素材。

(9) 基于结构的药物设计　人类基因组计划的目的之一在于阐明人的约 10 万种蛋白质的结构、功能、相互作用以及与各种人类疾病之间的关系,寻求各种治疗和预防方法,包括药物治疗。基于生物大分子结构的药物设计是生物信息学中极为重要的研究领域。为了抑制某些酶或蛋白质的活性,在已知其 3 级结构的基础上,可以利用分子对接算法,在计算机上设计抑制剂分子,作为候选药物。这种发现新药物的方法有强大的生命力,也有着巨大的经济效益。

(10) 其他　如基因表达谱分析、代谢网络分析、基因芯片设计和蛋白质组学数据分析等,逐渐成为生物信息学中新兴的重要研究领域。这里不再赘述。

8. 生物科技与材料

材料科学是当前最重要的高科技之一,已取得了长足的发展。目前人们已可以根据需要,设计和制造出多种多样的材料来。但是迄今为止,一些与人类生活密切相关的材料,如天然骨、珍珠、蚕丝、贝壳等天然生物材料,人类还无法仿制出来。每年数以百万计的骨病患者,还只能依靠金属、陶瓷、复合材料等制成的人工骨来进行治疗。现在,对天然生物材料的结构、性能和生长机理的分析,以及进行复制,是当今材料科学研究的重大前沿课题。一门新的学科——仿生材料学正在兴起。

从 20 世纪 90 年代开始,美国投入很大力量从事这项研究工作,并已取得许多重要成果。蜘蛛丝是庞大的天然生物材料中的一员。天然蜘蛛丝是世界上最结实坚韧的纤维之一。它比高强度钢或用来制作防弹服的凯夫拉尔纤维更坚韧,且更具有弹性,质量密度又小。据科学家计算,一根铅笔粗细的蜘蛛丝束,能够使一架正在飞行的波音 747 飞机停下来。目前,美国著名的杜邦化学工业公司的科学家,已经开发成功利用人造基因制备的具有蜘蛛丝特性(包括结构、强度、化学性能)的蛋白质分子。他们取出蜘蛛的产丝腺体,查看它们制造蜘蛛丝的蛋白质代码,在破译的基础上制成人工合成基因。将这种人造基因移植至酵母或细菌中,便生长出一种球状材料。将这种蛋白质溶解在一种溶剂中,利用类似于蜘蛛吐丝的纺织技术制成纤维。这种新型纤维比尼龙和现有其他产品强度都高,更具弹性和耐磨性,而且密度也很小,所以在飞机、人造卫星等航空航天领域大有用武之地。

加拿大魁北克的科学家,将这种人工合成的蜘蛛蛋白质基因植入山羊的乳腺细胞中。不久,基因被改变的山羊产出的奶中就含有蜘蛛丝的蛋白质了。加拿大 Nexia 生物技术公司总裁杰夫特纳说,这种蛋白质能够制造出轻得令人难以置信的织物,其强度可挡住子弹,还可降解,这种材料被称之为“生物钢”。生物化学家们认为,“生物钢”有广阔的应用前景,它在任何方面都优于石油化工产品。

生活节奏的加快、活动空间的扩展和饮食结构的变化等因素,使创伤成为一个严重的社会问题。我国创伤住院年增长率达 7.2%,高居住院人数第 2 位。美国 1998 年用于骨骼-肌肉系统损伤患者的治疗费高达 1 280 亿美元,仅骨缺损患者就达 123 万,其中 80%需用生物医学材料治疗。在全球,心脑血管疾病、各种癌症、艾滋病、糖尿病、老年痴呆症等发病率逐年增加,急需用于诊断、治疗和修复的生物材料。

随着生物技术的发展，不同学科的科学家进行了广泛合作，从而使制造具有完全生物功能的人工器官展示出美好的前景。人体组织和器官的修复，将从简单地利用器械机械固定发展到再生和重建有生命的人体组织和器官；从短寿命的组织和器官的修复发展至永久性的修复和替换。这一医学革命（特别是外科学），对生命力学和材料等相关学科的发展提出了诸多需求，对生物医学材料的发展产生了重要的促进作用。生物医用材料（Biomedical Material）是用于对生物体进行诊断、治疗、修复或替换其病损组织、器官或增进其功能的新型高技术材料，是化学、材料学、生物学和医学交叉领域的一门崭新学科。它是研究人工器官和医疗器械的基础，已成为材料学科的重要分支，尤其是随着生物技术的蓬勃发展和重大突破，生物材料已成为各国科学家竞相进行研究和开发的热点。当代生物材料已处于实现重大突破的边缘，不远的将来，科学家有可能借助于生物材料设计和制造整个人体器官。

5.3 生物科学与技术专业的培养方案

5.3.1 生物科学和技术专业的历史沿革与现状

生命科学是当今最令人瞩目的前沿学科。生物科学与技术的发展将直接关系到人类所面临的能源、粮食、医药、人口、信息和环境等重大问题的解决，21 世纪将使生命科学得到更迅猛的发展。

华东理工大学生物工程学院应用生物学系设有生物科学专业和生物技术专业。

生物科学专业的前身是生物化学专业，1958 年由以中国科学院在上海地区的生物化学研究所和细胞生物学研究所为主体的生物科学类各研究所联合创办于原上海科技大学，1972 年调入华东理工大学（原上海化工学院），当时专业设置为工业生化专业，1984 年改名为生物化学专业。1998 年根据教育部关于调整归并普通高等院校所设本科专业的指示，更名为生物科学专业。自 1976 年正式招生至今，已培养了一大批优秀的本科生、硕士生，以基础厚、知识宽和技能多而深受全国各地用人单位欢迎。本科生历年考取研究生率位全校前列。

1998 年华东理工大学申请组建生物技术新专业，1999 年获得教育部批准后，并于当年秋季开始招收 32 名新专业本科生，至 2005 年 7 月已培养毕业生 94 人。

华东理工大学应用生物学系拥有一支年轻精干的高水平师资队伍，现有专职教师 16 名，具有强烈的团队意识；涉及的研究领域有基因工程、酶工程、细胞工程、生化分析、免疫学、生物制药、应用生物化学等方面的研究和应用，具有生物化学与分子生物学硕士授予点和博士授予点。

以华东理工大学生物工程学院为专业的教学和学术依托。近年来在教书育人、科研开发、课程建设诸方面成绩显著，科研成果取得了一定的经济与社会效益。

目前专业课程中有上海市精品课程 1 门、校级精品课程 4 门、校级重点课程 11 门和双语教学 3 门。精心设计课程体系，重视教学质量，以培养掌握本学科领域的坚实的基础理论、系统的专业知识和较全面的实验技能，熟悉本学科发展动向，具从事科学研究和独立承担专门技术工作能力的优秀人才为理念。

实验教学是培养学生理论联系实际，提高学生实践能力和创新能力的重要环节。现拥有

5个学生专业相关实验室，充分发挥实验室在教学中的作用，努力培养具有创新精神和实践能力的高素质人才。在实验内容上，要强化学生动手能力、创新能力的培养，改变目前以验证性实验为主的教学模式，逐步增设综合性、设计性和研究性实验；在实验手段和方法上，要采用先进仪器设备和现代化教学手段，拓宽学生视野，提高实验兴趣，激发创新思维，增强实验效果。

严谨的治学传统和求实创新的优良学风，以全新的教育理念，努力构建和完善创新人才培养体系，造就基础厚、能力强、素质高、能适应时代发展需要的高层次应用型人才。

5.3.2 生物科学与技术专业人才培养目标与规格

1. 培养目标

生物科学专业是理科办学专业，生物技术专业是以理为主、以工为辅、理工复合型办学专业，生物科学与技术专业将人才培养的重点定位在培养具有创新精神和实践能力的应用基础研究高级人才上。

本专业培养目标要求是面向21世纪，全面贯彻国家教育方针，培养思想素质、政治素质、道德素质、知识和能力结构适应社会主义经济建设和现代化建设需要，德智体全面发展，具有健全人格；掌握扎实的数理化、计算机、外语基础知识，并具有一定人文社科、经济管理等方面的基础知识；掌握现代生物科学和生物技术方面的基础理论、基本知识和基本技能，受到扎实的专业理论和专业技能训练；具有良好的科学素养、创新意识及创业精神和较强的实践能力；重视生命科学理论和现代生物技术应用的结合，掌握生物科学研究与生物技术的开发和应用规律与方法。根据拓宽专业口径、强化基础、重视能力培养的精神，加强基础，拓宽专业面，本专业将培养素质高、基础厚、知识宽、能力强的学生，能够在科研机构、高等学校从事科学研究与教学工作；能在工业、医药、食品、环保、农业等企业、事业和行政管理部门从事与生物技术相关的应用研究、技术开发与推广、生产和行政管理等工作的生物科学与技术的专门人才，或者有进一步深造的基础和发展的潜能，可继续攻读生物科学与技术及相关学科的研究生学位。

2. 培养规格

(1) 热爱祖国，适应社会主义市场经济，热爱科学事业，具有正确的政治方向，科学的世界观、人生观、价值观，德智体全面发展。

(2) 具有严谨的治学态度、开拓进取、艰苦奋斗、实干创新的精神，热爱劳动、遵纪守法、诚信为人、自律谦让，具有团结合作的品质、健全的人格和健康的人际交往意识。

(3) 具有扎实的数、理、化、生物学基础理论知识，具有一定的人文社科、经济管理、法律等基础知识，具有较好的人文修养。

(4) 较好地掌握生物科学与技术的基础理论和研究方法，接受较系统的科学研究训练，掌握从事科学研究、技术研发的基本技能。

(5) 具有科学的思维方法、较好的表达交流能力，具有综合运用所掌握的理论知识、技能分析和解决问题的能力，具有求实创新的意识和精神，具有较强的适应能力和竞争能力，具有一定的科研、生产经营管理知识和能力。

(6) 熟练掌握一门外语，能较熟练地运用外语阅读专业期刊和进行文献检索，具有听、说、写的基础，有初步的外语交流和科技写作能力。

(7) 掌握一定的计算机及信息技术的理论知识和应用技能。

(8) 具有良好的自学习惯和能力、自理能力和一定的组织管理能力。

(9) 初步掌握锻炼身体的基本技能，具有健康的体魄及良好的心理品质和生活习惯，达到大学生体育合格标准。

生物科学和技术专业学制 4 年，合格者获生物科学或生物技术理学学士学位。

5.3.3 生物科学与技术专业的教学内容与课程体系

课程体系是实现专业培养目标，构建学生知识结构的中心环节。课程体系设置和优化的依据是加强学科基础，拓宽专业口径，增强能力与素质，注重创新的原则。推行学分制，学生网上选课。

课堂教学由公共平台课程、大类平台课程、专业平台课程三部分组成。

公共平台课程由公共基础课和公共选修课构成，公共基础课主要包括政治、思想道德修养、中国文化导论、形势与政策、军事理论、体育、外语、计算机等课程。公共选修课中开设的各类课程主要是为了拓宽学生的知识面、开阔学生的学术视野，引导学生的个性发展，给学生以更大的发展创新空间。

大类平台课程(大类基础课、大类选修课)设置的目的是加强学科基础，拓宽专业口径，包括高等数学、大学物理及实验、基础化学及实验、有机化学及实验、物理化学及实验以及学科大类内的跨专业基础课程选读，体现专业交叉、专业融合，能够有效地拓宽专业面，有利于促进复合型人才的培养。

专业平台课程分为专业必修课、专业选修课。专业必修基础课程有普通生物学、动物生理学、植物生理学、微生物学、遗传学、发育生物学、生物化学、免疫学、细胞生物学、分子生物学、现代生化技术、专业外语等。

生物技术方向专业必修课程包括：基因工程、细胞工程、酶工程、代谢工程、发酵工程、生物药物工程等。

生物科学方向专业必修课程包括：基因组学、蛋白质组学、分子酶学、生物物理学、生物信息学、糖生物学等。

专业选修课程是根据现代生物科学与技术学科发展的趋势和市场对生物科学与技术的需求而设立的，具有专业内涵和特色，反映学科发展的趋势，目的是为学生进一步扩充和强化与专业相关的知识和技能。课程重点介绍其原理、技术、应用及最新进展。

专业实验训练课程有普通生物学实验、生理学实验、生物化学实验、微生物学实验、细胞生物学实验、分子生物学实验等。

建设教学实验室，提高学生动手能力和创新精神，对实验课的教学内容、方法和手段进行了改革，提高学生实验动手能力。

突出教学重心，区分核心课程、目标课程和普通课程。核心课程为考试课程，也是专业主干课程；目标课程为达标控制课程，主要是英语和计算机；普通课程为考查课程。课程体系以建设好核心课程为主线，突出化学系列与生物科学系列基本理论和技能为特点，加强外语和计算机能力为两翼，配以人文、经贸等知识，达到整体优化。

生物类课程优化配置，专业基础课加强基础理论和基本实验技能；专业课注重专业课程的系统性，突出学科发展前沿，从整体上全面加强生命科学扎实的基础理论和强化生物技术实验技能并具备灵活运用的能力。

建立规范的课程体系,要求课程的配套、组合优化,以形成合理的知识结构。教学内容符合人才培养规格的要求,抓好教学内容的改革与更新,教学内容要理论联系实际,贯彻"少而精"的原则,突出重点、要点。教学内容要现代化,并不等于传统内容都放弃,对教学内容进行合理的取舍,改革教材内容,引入科技信息,教学内容结构要注重整体优化。建立科学、系统的内容体系,调整相近课程间的教学内容,使其前后连贯,既能相互衔接,又不至于出现内容的重复,使课堂讲授重复内容大量减少。教学上突破传统的讲授方式,提倡启发式、讨论式、研究式等教学方法。在课程建设上加大力度,建设好校级精品课程、校级重点课程和双语教学的专业课程。

充分调动学生的学习积极性,逐步引导学生求新、求异的意识,引导学生学会超越已知世界,探索未知世界。强调能力、进取精神、创新精神的培养,培养获取信息和知识的能力,强调优良的学风和治学精神,强调交流和合作精神,培养学生终生学习的观念和学习的能力。

实践教学对于大学生掌握理论与正确的实验方法,拓宽思维,培养科学的世界观和方法论都是极为重要的教学环节。加强实验、实践环节的教学,理论联系实际,实验课独立设置,在实验课、专业实习、毕业论文和创新实验的教学中,重在加强学生动手能力与创新能力的培养,充分利用校内外可共享资源,加深对科学与社会实际的认识与了解。

专业实习由研究生产基地参观考察、实验室见习两部分组成。在实验室见习期间,参加课题组的学术活动。

毕业论文:进入各毕业论文工作基地,时间为 1 学年。

大学生的毕业论文工作是大学生毕业前最后一个实践环节,是培养大学生创新能力的重要环节,能使学生受到最大锻炼的实践过程。在毕业论文的完成过程中加强学生能力的培养,积极诱导与鼓励学生进行独立工作,在选题、文献检索、实验操作和数据分析、论文撰写诸方面以学生为主体。通过毕业论文的完成过程培养大学生文献调研能力,阅读和总结文献能力,实验设计能力,实验动手能力,实验结果的讨论、分析、归纳、总结能力,创新能力,论文的撰写能力,学术论文的演讲能力,流利地回答问题的能力;培养科学的观点和严谨务实的科学研究素养,提高学生的综合素质,有利于完成从学生到科技人员的角色转变,为广大学生的未来打下一个坚固的基础。

5.3.4 生物科学与技术专业人才培养模式

实施"以人为本"的多元化的人才培养方针,建立了适应创新人才培养的课程体系和培养学生创新能力的实验体系,提供科研与创新实践基地,为学生创造优良的学术环境,培养学生综合素质、实践能力和创新能力。

1. 面向我国现代化发展、21 世纪全球经济一体化和知识经济社会的需求,贯彻以基础厚、知识面广、专业口径宽的原则。

2. 21 世纪是知识更新速度极快的新时代,大学并非是最后的学习阶段。因此,在大学阶段要抓好知识、能力、素质三者协调发展的同时,增强学生可持续发展能力和社会适应能力,使其在面对未来的机遇和挑战中能应付自如。

3. 课程优化组合,体现在课堂内外全方位优化组合,要充分利用学院、系、教研组的软硬件及一切有利因素，实施优才优教，营造创新思维氛围，建立鼓励个性发展环境，让不同特长的学生，分流于研究型、复合型、应用型等不同层次充分发展。

4. 建立符合生物科学专业的课程体系，以建设好核心课程为主线、突出化学系列与生物科学系列基本理论和技能为特点，加强外语和计算机能力为两翼，配以人文、经贸等知识，达到整体优化，使学生具备高素质和创造性优势。

(1) 在加强化学系列基础理论外，将无机与分析化学实验、有机化学实验内容进行整合，对学生开设综合性实验，强化实验技能的培养。

(2) 生物类课程的优化配置，专业基础课加强基础理论和基本实验技能，专业课注重专业课程的系统性，突出学科发展前沿，从整体上全面加强生命科学扎实的基础理论和强化生物技术实验技能并具备灵活运用的能力。

(3) 课程内容重新组合调整，加强课程间衔接和分工，避免过多重复，贯彻少而精的精神，采取先进教学手段(如多媒体教学和标准试题库建设等)，注重课堂教学在学生素质培养中的比重。

5. 在课堂内外，实施素质教育和创新思维人才培育的特色：以在不同年级组织课堂内外围绕不同主题为核心，进行立体式施教，突破以课堂为主的教学模式。

(1) 一、二年级设立以"了解大学生活、了解专业、学会自觉主动学习知识"为主题的系统教育，如，结合"邓小平理论"的学习，开展社会考察、社会调查活动，组织有关专家进行"生命科学知识讲座"、热点讲座。邀请高年级学生和研究生座谈大学的学习方法、特点和如何成才等专题。结合学校三大节日活动，形成一种良好的育人氛围和学习气氛。

(2) 在二、三年级设立以"锻炼人际交往能力、学会如何做人、掌握知识、理解知识"为主题的教育体系。如，开展国内外时事分析与评述，组织文化艺术讲座，有计划地进行名著读书交流，组织欣赏高雅艺术演出后的讨论，指导人文类课程选修，开展有序合理的社团活动：科技论文翻译交流乃至学生卫生、自理竞赛等各类活动。在各种实践活动中提高学生道德修养、交际能力和获取知识能力等素质水平。

(3) 在三、四年级贯彻以"了解社会、理解时代责任、应用知识和技能去解决实际问题"为主题的培养教育计划，如，邀请有关企业负责人，讲讲社会与企业对人才的要求，组织有成就的校友或组织学生访问校友去了解他们是如何成才的，在实际工作中是如何克服困难取得胜利和成果的。在该阶段，可充分应用学院、系下面的研究室、实验室让有条件的学生早日进行科学研究训练和课外小课题实战锻炼，提高他们应用知识解决实际问题的能力，也可开展不同生命科学领域热点的跟踪，查阅文献，开展外文翻译竞赛、学术专题研讨等。让优秀学生选修高新生物技术实验，在增强学术气氛的同时，使学生进行动手锻炼。把毕业实习、毕业论文、就业等有机地组合衔接起来，从而提高毕业论文质量和解决实际问题的能力，为塑造未来的高素质生物科学人才打好基础，以适应 21 世纪对人才的需求。

6. 实施因材施教，注重个性发展，重视优秀学生以及有特殊才能的学生的选拔、培养，充分发挥学生的积极性、主动性、创造性。鼓励学有余力的学生跨专业方向选修第二专业或辅修专业，成为复合型人才。

7. 鼓励学生较早参加课题研究工作，品学兼优的大学低年级学生可提前进入学院的实验室，在导师的指导下参与科研工作与创新活动。

创新实践活动针对不同年级、不同课程、不同教学环节有各自不同的创新教育侧重点:明确一、二年级的教学重心在于创新思维和学习能力的培养;明确二、三年级的教学重心在于实践能力和工程能力的培养;明确三、四年级的教学重心在于科研能力与创新能力的培养。课题由指导教师命题、学生自主申请,或由学生自行组织命题、经专家审核批准。精心设计的课题、优质的管理、良好的仪器设备、一定的实验研究基金和有经验丰富的教师作指导等,为学生开展创新活动提供良好的环境,让学生在开放实验室这个创新活动基地上,充分发挥想象力和创造力。

5.3.5 生物科学与技术专业人才知识、能力、素质结构

在信息化、网络化以及经济全球化的影响下,社会竞争愈加激烈,其核心是人才的竞争。在知识传授、能力培养、素质提高的关系上,要将注重素质教育、传授知识、培养提高素质融为一体,相互协调发展,并贯彻到整个教学过程中去。知识是能力发展的基础,能力是获得知识的武器。知识结构优化、能力结构完备,是具备较高素质结构人才的必要条件。生物科学与技术专业人才的素质、能力、知识结构要求如下。

1. 素质结构要求

具备较高的思想道德素质:包括正确的政治方向,遵纪守法、诚信为人,有较强的团队意识和健全的人格。

具备较高的文化素质:掌握一定的人文社科基础知识,具有较好的人文修养,具有国际化视野、现代意识和健康的人际交往意识。

具备良好的专业素质:受到严格的科学思维训练,掌握比较扎实的生物科学基础理论和研究方法,有求实创新的意识和精神。

具备良好的身心素质:包括健康的体魄、良好的心理素质和生活习惯。

2. 能力结构要求

获取知识的能力:具有良好的自学习惯和能力、有较好的表达交流能力、有一定的计算机及信息技术应用能力。

应用知识能力:具有综合运用所掌握的理论知识和技能、从事生物科学及其相关领域科学研究的能力,具有一定生物技术研发的能力。

创新能力:具有较强的创造性思维能力、开展创新实验和科学研究的能力。

3. 知识结构要求

工具性知识:能较熟练地运用外语阅读专业期刊和进行文献检索,有初步的专业外语写作水平。

人文社会科学知识:具有通识性文学、历史、哲学、生物伦理学、思想道德、政治学、艺术、法学、心理学等方面的知识。

自然科学知识:掌握扎实的数学、物理学和化学方面的基础理论及知识,同时具有较强的计算机科学等方面的知识。

工程技术知识:了解生物工程及原理等方面的基础知识。

专业知识:掌握扎实的生物科学的基础理论、基本知识和基本技能,受到系统的专业理论和专业技能训练。

素质教育既包括对学生专业素质方面的教育,又包括对学生政治素质、思想素质、人文素

质、创新能力素质和身体心理素质等方面的教育。素质教育的重点是开发和保护学生的想象力、探究力和创造力，教会学生求知、做事、交往和做人的本领。要求学生既有远大理想，又能脚踏实地地生活、学习、工作；既对生活积极乐观，讲求实效，讲求诚信，又有强烈的竞争意识、开拓进取精神；对学习、工作既有严肃认真的态度，又有高度的热情和团结合作、主动创造的精神。

人文社会科学课程的内容对大学生的德育教育奠定了一定的思想基础，为塑造大学生正确的政治思想、优秀的道德品质建立了较好的条件，对大学生树立坚定正确的政治方向、良好的道德品质起到了潜移默化的作用。提高学生的审美情趣、文化品位、人文素质和科学素养，使科学素质和人文素质协调发展。

生命科学是一门多学科交叉的综合学科，21世纪的生物技术更有赖于基础理论学科的支持和应用。面向未来的生物科学与技术人才，要注重学科交叉（生命科学各学科间的交叉，生命科学与其他自然科学如数理化的交叉，生命科学与社会科学的交叉），必须具备深厚的理论基础，以适应生物技术不断创新和不断产业化的需要。

生命科学是一门实验性、实践性很强的学科，要求学生具备较强的与生物技术有关的实验操作技能，熟练掌握常规的、大型精密仪器的使用方法，掌握生物学类实验室建设、管理等方面的知识。

生命科学是一个不断创新的学科，它的生命力、潜力与活力就在于不断创新。这就要求学生具有较强的实践能力、信息收集及处理能力，特别是要具有创新精神、创新意识、创新思维与创新人格，具有竞争意识。

在理论与实践的关系上，树立理论联系实际、强化实践教学、重视动手能力培养的思想；在教与学的关系上，强调以人为本、以学生为主体，使学生积极、主动、自觉地参与教学；使学生具有独立获取知识，去感知、理解、评价、应用所学的新知识，发展自己的能力。学生在“学会学习”的过程中将充分发展个性，形成创新的意识和能力。以教帅为主导，在教学过程中，积极引导和激发学生的求知欲望、学习兴趣、独立思考和主动精神，培养自学的能力与习惯，培养学生的创新精神、创新思维，充分发挥学生学习的积极性和主观能动性，为学生个性发展提供条件、创造环境。

加强学生的思维和表达能力的培养，具有运用中外文、计算机表达思想的能力。培养学生坚强的意志和高雅的情操，使学生具有较强的心理自控能力、审美能力以及对事物的理解能力，学生需要不断增强自身承受各种压力和处理各种危机的能力，不断发展和完善自己，让自己在学习过程中使原有的知识能力素质结构得到良好的调整和发展。在培养和发展学生智力因素的同时，要大力发展培养学生的动机、兴趣、情感、意志和性格等非智力因素；营造一个良好的学术环境和氛围，有利于培养和发展学生的创造力，有利于个性人才脱颖而出。构建一个德、智、体、美全面发展的平台，为提高学生的综合素质、适应社会需求和可持续发展打下必要的理论和实践基础。

5.4 生物科技人才面临的机遇和挑战

5.4.1 机遇——生物科技人才面临大量的市场需求

人才是发展知识经济第一重要的战略资源。美国目前从事生物产业的科技人才约30万人左右,到2020年可能增加到50万人。中国要发展万亿元规模的具有国际竞争力的生物产业,直接从业人数估计要超过500万,其中具有博士学位的原始性创新及工程化开发人才将达到40万～50万人。

预计到2020年,美国高产出率生物学家的数量将达到近8万人。按照中国发展生物产业的战略目标和战略路径选择,到那时,中国至少需要培养3万～4万名高素质的优秀生物学家。

生物产业应用基础研究人才主要是指在企业、高等院校或科研院所从事以原始性创新为主要导向的科研人员。应用基础研究是科学走向技术的必要环节,这部分工作主要应由应用基础研究人才来完成。生物产业工程化开发人才是指那些较系统地掌握生物技术及其产业化的科学原理、工艺技术过程和工程设计的基础理论、基本技能,能在生物产业与工程领域从事设计、生产、管理和技术研究的技术专门人才。目前,中国在生物技术研究与产品开发方面与发达国家有较大差距。在未来的15～20年间,中国至少需要专门从事生物产业应用基础研究的人才3万～4万人,生物产业工程化开发人才4万～5万人,各种高级管理人才、复合型人才1万～2万人,以满足届时1万家以上生物公司的需要(表5-3)。

表5-3 2020年中国生物产业发展对人才数量和结构需求的基本估计

生物产业的技术类别	企业数量/个	年产值/万亿元	人才需求/万人		
			研发人员	工程技术人员	一般从业人员
前沿生物技术	500	0.1	3	2	10
医药生物技术	4 000	0.4	5	10	170
农业生物技术	3 000	0.25	4	8.5	120
工业生物技术	2 000	0.15	3.5	7.5	100
林业生物技术	500	0.1	2.5	3	50

在中国生物科学研究和产业最为集中的地区之一——上海,拥有大量实力雄厚的国家级科研单位,其中中国科学院上海生命科学研究院成员单位生物化学与细胞生物学研究所、神经科学研究所、植物生理生态研究所、药物研究所、国家基因研究中心、健康科学研究所、营养科学研究所、中国科学院-马普学会计算生物学伙伴研究所、上海中科伍佰豪生物工程有限公司等均为国内一流生物科研机构,复旦大学、上海交通大学、华东理工大学、第二军医大学等著名高校在生物科学领域的不同方面都卓有建树。汇集了如此大量的高层次科研机构,加上上海市政策上的大力扶持,上海的生物技术产业因此有非常良好的发展支撑。随着跨国生物制药企业将研发中心向我国转移,以及一大批留学人员纷纷回国创办企业,近几年上海生物技术企业数量迅速增加。如2003年新增研发型企业56家,目前中小型科技企业已达120家,年增幅在80%以上。目前世界20强制药企业已有5家在上海设立了研发机构。上海浦东张江有“药谷”之称的高科技园区是生物医药开发基地,已有从事生物医药、诊断试剂、生化药物、生物芯片、干细胞研发、生产活动的各类生物技术公司近30家,其中多数是近年成立的中小公司。数量众多的科研、生产和服务机构使上海对生物人才的需求量非常大。

5.4.2 挑战——中国生物科技人才资源现状之问题分析

目前,中国生物科技人才的资源具有下列特征。

1. 中国生物科技产业人才储备不足

中国的药品生产厂家有 6 000 多家，其中主要从事生产基因技术药物的厂家有 100 多家，从事基因技术药物的研究和开发的研发机构约有 300 家，从业人数在 2 万～3 万人左右。而在美国，截止到 2003 年，其生物产业公司有 3 000 多家，整个生物产业年产值超过 15 000 亿美元，实际从业人数超过 500 万，其中各种工程技术人员、管理人员等高级人才约 30 万。另据统计，2002 年美国、欧洲、加拿大的生物技术高级人才分别达到了 14.3 万、3.3 万和 7 800 人。整个亚洲生物技术高级人才不足 1 万人，而中国生物技术高级人才更少。2004 年，著名华人生物学家吴瑞等在《Nature》上发表的文章认为，目前美国拥有具备持续发表高水平研究论文实力的高产出率的生物学科学家超过 4 万人，其中包括华人生物学家 3 000 多人，而国内现在大约只有高产出率生物学家 500 人。中国要发展生物产业，实现中华民族的和平崛起，目前的生物人才储备尤其是高层次的生物人才储备显然不足。

目前，中国近百所院校及中国科学院系统设有 389 个生物类专业点，其中学科博士授予点 95 个。据统计，1996—2002 年，全国共录取了 1.5 万名生物学及相关专业的博士研究生，依照这一培养速度，从 2005 年到 2020 年，仅能培养约 3 万名生物学博士。

2. 中国生物科技产业人才质量不高

高新技术产业尤其是生物高新技术产业的发展，离不开原创技术，更离不开拥有原创技术而又有创业精神的人才。迄今为止，美国的绝大多数生物高技术公司都是由大学教授创办的，而他们实验室培养的博士后和博士往往成为这些公司的早期骨干(表 5 - 4)。

表 5 - 4 世界知名生物科学家所创立的生物高技术公司

世界知名生物技术公司名称	创始人
Amgen	Salser (UCLA 教授)，Baddour(MIT 系主任)
Genetech	Herbert Boyer (UCSF 教授)
Immunex	Gillis Henney (Fred Hutchinson Cancer Research Center 研究员)
Millennium	Eric Lander (MIT 教授)
Med Immune	Hockmeyer(Walter Reed Army Institute of Research 研究员)
Biogen	W. Gilbert (Havard 大学教授，诺贝尔奖得主)；P. Sharp (MIT 教授，诺贝尔奖得主)；Weissmann(University of Zurich，诺贝尔奖得主)；Hofschneider(Max-Planck Institute 研究员)
Chiron	Rutter(UCSF 系主任)，Penhoet(UC Berkley 教授)
IDEC	Royston(UCSD 教授)
HGS	William A Haseleine(Havard 大学教授)
Novagen	F. William Studier(美国科学院院士)
Affymetrix	R. Stryer(Stanford 大学教授)
Clontech	Fong Ken (Indiana 大学教授)
Promega	Smith & Wilcox (Wisconsin 大学教授)

中国的国际贸易总额以及基于研发的技术贸易指数已经达到世界上最发达国家的 30%～50%或者更高，但衡量国家基础研究水平的论文指数及技术应用水平的专利指数却仍然很

低,只有美国的1%~3%。

就生物技术领域而言,近5年来中国的基础研究水平虽然有很大的提高,但产出率仍然很低,主要反映在每年发表的高水平的研究论文数量很少。例如,北京大学和清华大学发表论文的总数以及平均影响因子均仅为美国哈佛大学的1/3左右(表5-5)。

表5-5 美国哈佛大学与北京大学、清华大学两校科研相关数据比较

学校	总经费/亿美元	SCI论文数	平均影响因子
哈佛大学	55	10 000	5
北京大学+清华大学	3.5	3 600	1.8

目前,国内大多数生物学家选择易于获得研究成果的科研项目,而这样的研究工作一般缺乏新颖性和创造性。其结果是,一方面绝大多数的研究论文水平低,也很难产出原创性技术成果,另一方面长期不从事创造性的科技创新,生物学家的学术水平和科技创新能力很难提高。没有高质量的人才,没有高水平的学术研究,没有原始性创新,发展基于知识基础上的经济无从谈起。

3. 中国生物产业人才结构性矛盾突出

生物技术是综合性的、多学科交叉的技术,生物产业人才需要具备多学科的知识和多种相关技能。没有多学科的交叉惠及就没有深谷技术的发展,没有管理、经营和融资等方面的能力就没有生物产业的发展。生物高技术产业的发展主要需要四方面的人才。

第一,要有一批具备原始性创新能力的顶尖科学家,他们不断产出有自主知识产权的原始性创新成果,为生物产业的发展提供知识贡献和智力支持。

第二,要有一大批工程化开发人才,他们必须将市场的需求放在首位,能够将新思想、新发明转化成产品,具有很强的技术创新能力、开发意识和团队精神。

第三,要有既熟悉生物技术发展状况,了解生物产品市场,又善于管理和融资的高级管理人才。美国不少生物高技术公司虽然都由大学教授创办,但发展到一定阶段或规模后,都依靠职业的管理人才发展壮大。

第四,要有一大批懂得生物技术原理、具有很强实际操作能力的工程技术人员,包括技术工人、工程师、实验员等。这些人才将在技术更新换代、产品质量控制、产业法则等方面发挥重要作用。

目前,中国生物产业人才总量储备不足,但工程开发人才和工程技术人员尤其不足。其结果是,即使有一些原创性的生物科技创新成果,也可能没有一支合格的队伍能将之开发成产品,或者即使将这些成果开发成了产品,也没法保证和改善产品的品质,以至于很难形成一个成熟的具有竞争力的产业。这些不足,还有人才培养的机制相对落后等问题,给中国生物科研和产业人才提出了巨大挑战。

高等学校是国家创新体系的重要组成部分,高校现有科技活动人员31.6万人,约占全国科技活动人员的1/5,是基础研究的主力军、高新技术研究的强大生力军和科技强国转化及产业化的重要方面军。高校培养了中国全部的本专科生和80%以上的研究生,是国家人才培养的主力和中心。

20世纪90年代末至21世纪初,我国一些综合性大学和理工农林医师类院校,为迎接生命科学世纪的到来，培养生物科学与技术方面的人才，陆续设置了生物科学相关的院系，专业包括生物科学、生物技术、生物工程和生物医学工程等。据 2001 年统计，全国理工农林医师和综合性院校中，设置生物科学专业的有 130 个，设置生物技术专业的有 122 个，设置生物工程专业的有 119 个，设置生物医学工程专业的有 42 个。生命科学与技术教育出现高速发展，年招生人数和毕业生人数出现剧增。仅生物工程专业的办学点就由 1997 年的 57 个发展到 2001 年底的 119 个，增加了近 2.1 倍；在校学生由 1997 年的 6 896 人剧增到 2001 年的 22 544 人，增加近 3.3 倍；年招生人数由 1997 年的 2 235 人到 2001 年 10 065 人，增加近 4.5 倍。

如何针对目前的不足，培养符合我国国情的各层次生物人才，是摆在我国为数众多的开设了生物科学相关院系的高校面前的最迫切的问题。

6 食品科学与工程

6.1 食品专业在我国社会发展中的地位和作用

食品工业是主要以农业、渔业、畜牧业、林业或化学工业的产品或半成品为原料，通过制造、提取、加工成为食品或半成品，具有连续而有组织的经济活动工业体系。食品工业是“人类的生命产业”，它是古老而永恒不衰的常青产业。尽管新兴产业不断涌现，但食品工业仍然是举足轻重的产业。目前，全世界食品工业正以每年约 27 000 亿美元的销售额居各行业之首，在世界经济中占据着举足轻重的地位。在我国，食品工业自改革开放以来，在激烈的市场竞争中求生存，有了很大的发展，现已跃升为国民经济的第一大产业，连续 8 年在国民经济中居于首位，年产值已突破 10 000 亿元大关(图 6－1)。预计年平均增长率为 10%～12%左右。

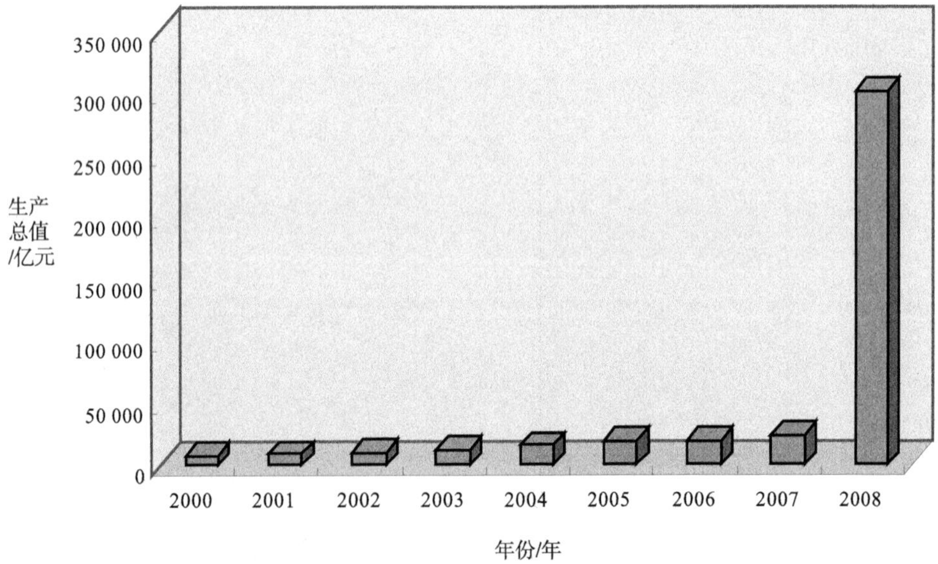

图 6－1　我国食品制造业生产总值

然而，发达国家的食品原料加工率一般都在 70%以上，有的高达 92%，而我国和其他发展中国家仅为 20%～30%；中国的加工食品占食品消费总量的比重，目前仅为 37.88%，而发达国家为 80%。如目前国内玉米加工量仅为总产量的 10%左右，而 70%左右的玉米直接用于饲料，综合利用和经济效益均未能得到发挥，国家将采取调整与发展并举的方针，支持和发展中西部地区玉米加工业，支持开发进入一日三餐的玉米油、方便营养玉米食品。食品工业在我国的发展潜力可谓巨大，在今后相当长的时间内仍将持续发展。

“民以食为天，食以安为先”。食品和食品工业与人们的日常生活密切相关。人类社会已迈入新千年，现代食品工业有了长足的发展，市场日新月异，产品琳琅满目，工艺技术日趋完善。然而食品不安全因素的存在，不仅直接损害消费者的身体健康，更严重影响人们的消费心理，影响企业的信誉和经济效益。人类的繁衍生息和社会的和谐发展离不开食品，确切地说是离不开安全、优质、营养的食品。食品工业发展必须体现食品的核心价值——满足居民营养需要。食品工业事关人们健康，正是在这一意义上人们常说食品工业在很大程度上是一个道德工业。因此食品工业应扮演营养传道者的角色，通过营养专业人才密切注视居民营养状况的发展变化，发挥供给引导需求的作用，以营养科学为指导生产符合各类居民营养需要的营养食品，并在产品宣传过程中传授给消费者正确的营养知识和营养食品选择知识。

食品作为一门学科，主要包括食品科学、安全、营养及监管。它需要专业人士对此有深刻的理解并富有崇高的使命感。培养食品方面的人才对提高我国人均营养水平，改善营养结构起着积极的引导作用。培养食品专业人才在人类社会发展中具有重要的地位和意义。

6.1.1 维系生命安全的食品卫生安全

衣、食、住、行，是人的基本生存因素，重要性质不言而喻。随着时代的发展，我们的生活结构也发生了翻天覆地的变化。特别是食物，如今，人们对于食品的要求已不再只是解决温饱，营养、健康成了我们的新主题。而对于食品我们首先追求的是安全卫生。根据世界卫生组织的定义，食品安全是“食物中有毒、有害物质对人体健康影响的公共卫生问题”。食品安全要求食品对人体健康造成急性或慢性损害的所有危险都不存在，是一个绝对概念。食品安全是一门专门探讨在食品加工、存储、销售等过程中确保食品卫生及食用安全，降低疾病隐患，防范食物中毒的一个跨学科领域。食品安全关系千家万户，直接影响到人们的身体健康和生活质量，食品专业人士任重而道远。

在日常生活中，食品安全问题总是围绕着我们，只有提高警惕，才不会上当受骗。许许多多食物中毒事件，也给我们敲响了永生难忘的警钟。现在的生活物质充裕，应有尽有，食品也可以说是五花八门、各种各样，超市摆满了琳琅满目的食品，单单解渴的饮料就不计其数。可其中也充斥着不安与惶恐。消费者在被供奉为上帝的同时，也是为各种潜在危险买单的弱势群体。一件件触目惊心的食品安全事件就发生在我们的身边：猪肉中注水，蔬菜中残留农药，制造火腿喷洒敌敌畏，生产泡菜使用工业盐，喂奶粉吃出大头娃娃，喝黄酒丢了性命。种种假冒伪劣食品不断被揭露，被曝光；一起起骇人听闻的制假售劣案件被查处，被打击。这些事例都足以说明食品安全问题中埋藏着深深的忧患，食品不安全事件给人们的生活造成了很大的影响，是一个社会的不安定因素。随着人们生活水平的进一步提高，人们对自身生命健康的日趋关注和食品销售与消费的国际化、理性化，这些问题都需要食品方面的专业人才去关心、去解决。

广大群众不断在要求安全的食品，恐慌背后群众的呼声，催促我们去思考、去行动。广大群众是食品的最终消费者，是优质食品的受益者，也是劣质食品的受害者。人人都是消费者，个个不是局外人，从这个意义上说，维护身体健康也要靠我们自己。但是在另一方面，广大消费者缺少警惕或者存在侥幸心理，一些消费者甚至已成为不法经营者的利益共同体和同盟，食品安全和自我保护又从何谈起。食品安全问题日益猖獗是我国社会转型期内必然遇到的难题,为此我们应该培养大量的食品人才,通过不断地宣传安全意识来维系食品安全,提高我国国民的食品安全意识。告诫广大群众要摒弃贪便宜、图方便、随大流等不合理的消费习惯,培养科学合理的消费习惯;要留意识别优劣食品的知识,不断提高鉴别水平来提高自我保护能力;还要放弃老好人思想,增强维权意识,积极为有关部门提供线索,并主动协助监管部门的工作。形成人人远离不洁食品,个个打击伪劣食品的良好食品消费环境。

总之,食品安全是一个重大的公共卫生问题,直接关系到人们的身体健康和社会稳定,需要我们培养专业的人才去辨认、去维系。《中华人民共和国食品卫生法》颁布后,我国实行食品卫生监督制度,把食品安全纳入了法制化管理。2003 年我国开始实施"食品安全行动计划",并在 2005 年制定了《食品安全法》,国家质量监督检验检疫总局发布的《食品生产加工企业质量安全监督管理实施细则》规定,食品生产加工企业必须具有相应的食品生产加工专业技术人员,检验人员必须取得从事食品质量检验的资质,食品检验人员实行职(执)业资格管理制度。随着人们对食品安全的日益重视,国家已对食品加工企业实施 QS 认证的行业准入制度,出口的食品企业则要通过 HACCP、FDA、GMP 等认证,为此,高素质的食品加工技术人才相当紧缺。通过对业内有关人士的调查表明,目前我国食品安全人才缺口 80 万。因此,国家实施"食品安全行动计划"急需大批的食品专业技术人才。

6.1.2 提高我国国民的食品营养知识和营养意识

生命依赖于食物,食物为我们整体的身心健康提供了重要的能量资源。数千年前,古印度的圣哲早已提出了我们每天所吃的食物对人的身心有着极其重要的影响。适当而均衡的食物犹如品质极佳的汽油,不但提供高效率的能量,且不会伤及身体器官零件;相对地,不适当而错误的调配,犹如汽车却燃烧煤油,不但效能差且殃及身体各部分器官,导致疾病生成。

营养学是研究人体营养规律的科学。摄取食物是生物的本能,而正确合理地摄取和利用食物则是一门科学,研究人体营养规律正是为了合理利用食物,以促进身体生长发育,提高机体机能,防治疾病,增进健康。营养学是生物科学的一个分支,是一门综合了生物化学、生理学、临床医学和食品科学的学科。各种营养素在人体内都有特定的生理功能,某种营养素过多或不足都会影响人体新陈代谢的平衡而损害健康。

食品专业也在不断培养食品营养方面的人才。我们为广大学生开设了营养学这门课程。营养学的基本任务有:研究食品的营养成分和作用、营养素的作用机制及其相互关系;研究食物资源的合理利用与合理营养;研究不同年龄、不同生理状态、不同病理状态人群的营养需要;研究各种特殊职业及特殊环境下的营养需要;研究食品新资源的开发。通过营养学课程,可培养出大批拥有营养学理论的人才,为提高我国国民的膳食平衡而努力。

先谈谈我国国民的营养状况和营养意识。据专家统计,我国国民普遍不具有食品营养意识或者拥有错误的食品营养观念。如果人的寿命为 65 岁或更长,那么一生中你要吃 7 万多顿饭,你那神奇的身体将会处理掉 50 吨左右的食物,你选择的食物将会对你的身体产生累加性的作用,这些作用到你 65 岁时就会显现出来。人的身体在持续不断地进行自身结构的更新,每天都会造出一些新的肌肉、骨骼、皮肤和血液,用以替代旧的组织。食物的摄入显然会对我们的身体产生影响。因此,建立正确良好的食品营养观念和意识对于我国国民的身体素质有着重要的意义。食品营养知识的普及是刻不容缓的,通过培养这方面的人才是一个有效的途径。

机体在生长发育过程中必须由营养素提供构造组织的物质需要，如果营养不良，生长发育必然受到影响。世界卫生组织的调查表明，一个国家或民族的体格发育水平与其营养状况有很大关系。人体的健康与营养关系十分密切，合理营养能够增加机体的应激能力，提高人体健康水平，而营养失调则使人体质衰弱、免疫力下降，甚至引发疾病。营养不足会引发营养缺乏病，如缺钙会引发佝偻病、缺铁会引发贫血，但是营养过剩或失去平衡，如热量摄入过多会引发肥胖症、动物脂肪摄入过多可能引发心血管系统疾病等。人体的生理机能与营养也有密切关系。神经系统是控制人体生理状态的中枢，人脑的决定性生长阶段是在出生后 2 周岁前，若此时营养缺乏，不但会影响到脑细胞的数量、大小，以及髓鞘的形成，而且也会影响到神经递质的形成，给神经传导造成障碍。营养不良对儿童智力发育的严重影响已经得到证明，进一步的动物试验发现，营养缺乏对脑的不良影响需要两代才能恢复。可见，食品营养对于国家建设的意义是相当重要的。

近几年来，通过科学研究和营养知识宣传，我国国民的营养意识有了普遍的提高。儿童的身高和体重是判断人群营养状况的重要指标。我国曾于 1959 年、1982 年和 1992 年进行了三次全国性的营养调查。将 1982 年和 1992 年的全国调查对比发现，10 年中我国城乡儿童的体格发育有了明显的改善。1992 年城、乡儿童的身高均明显高于 1982 年的结果，如 6 岁男童组，1992 年城市为 113.5 cm，比 1982 年高 4.6 cm，1992 年农村为 110.2 cm，比 1982 年高 4.0 cm。城、乡女童的身高分别略低于城、乡男童的数值。体重的变化与身高类似，6 岁男童组 1982 年、1987 年和 1992 年城市平均体重分别为 18.3 kg、18.9 kg 和 20.7 kg，农村则分别为 17.9 kg、18.7 kg 和 19.1 kg，10 年中城、乡男童分别增加了 2.4 kg 和 1.2 kg。城、乡女童的体重增加与男童的趋势相同。此外，同一年龄组的城市儿童不论身高和体重都比农村儿童要高，表明城乡差别还很突出。我国儿童的身高体重虽然有了明显提高，但尚未达到理想水平。采用世界通用的美国国家卫生统计中心（NCHS）建议的参考标准评分，全国各省市尚有相当比例的学龄前儿童营养不良。

1992 年全国对 73 394 人进行血红蛋白测定，结果表明，3 岁以下儿童为贫血的高发人群，城市为 11%～23%，农村为 16%～29%。成年男性贫血城乡均在 10%左右，女性较高为 20%，老年人的贫血比率有所升高。对 22 个省市 11 万婴幼儿的佝偻病与缺铁性贫血调查显示，佝偻病的发病率占 32%以上，其中有些省市占 50%以上，缺铁性贫血的患儿几乎占 40%。

荫士安等在 1998—1999 年在北京、上海等 6 个城市调查了 1 170 名 3～6 岁健康儿童的膳食营养状况，其结果为：平均能量、蛋白质、铁、视黄醇、维生素 E、硫胺素、核黄素和烟酸的摄入量是适宜的，但是脂肪提供的能量占总能量的百分比超过了建议的高限值。一般人群膳食胆固醇的摄入量应限制在每日 300 mg 以下，而调查的幼儿园儿童的平均胆固醇摄入量为每日 451.1 mg，维生素 C 摄入量低于推荐摄入量，钙磷比值严重倒置、平均值为 0.63，钙的摄入量仅为推荐摄入量的 61.6%，锌的平均摄入量为推荐摄入量的 62.9%，而食盐的摄入量较高。

调查结果提示，我国城市儿童的生长发育状况与发达国家仍有较大差距。这充分体现了我国食品行业仍然与其他国家有一定的差距，这将直接影响我国的发展。因此，普及食品教育工作在我国发展的过程中是必不可少的。

中国是一个饮食文化高度发达的国家，中国人历来讲究饮食，中国的饮食讲究烹、煮、炒、炸，讲究色、香、味俱全。但是，随着科学的发展，中国饮食的缺点也逐渐明显，最大的缺点是过于注重味道，忽略了食物本身的营养，形成了很多不良的饮食习惯。合理营养是指通过合理的膳食和科学的烹调加工，向机体提供足够的能量和各种营养素，并保持各营养素之间的平衡，以满足人体的正常生理需要、维持人体健康的营养。合理的膳食是形成和保持健康体魄，满足体力及脑力劳动需要的巨大能量所必需的。

营养不良或者营养过剩会给我国国民带来许多不良的影响。它是健康长寿之大敌，影响人们的劳动力，是诱发冠心病及高血压的根源。由此可见，我国仍然紧缺大量食品方面的人才。

6.1.3 为我国国民的日常膳食平衡而不断努力

营养专家指出："人类的疾病，80%是吃出来的"。世界卫生组织也曾经警示：生活方式疾病已成为威胁人类健康的头号杀手，营养过剩正在危害人类健康。平衡膳食的内涵是膳食营养状况对人体营养需求恰到好处的供给，一般表述为：平衡膳食是指全面达到营养供给量标准的膳食，由多种食物构成，不仅要提供足够数量的热能和各种营养素，满足人体的正常生理需要，而且还要保持各种营养素之间比例的平衡。如图 6－2 所示，良好的膳食要包含充足的营养素，如足够的水、糖类、脂肪、蛋白质、维生素和矿物质，应该能制造并维持强健的肌肉、完好的骨骼、健康的皮肤和充足的血液。如果食物中某种营养素过多或者不足，就会对健康造成一些不良影响，而如果日复一日、年复一年长期如此的话，到老的时候人就可能会患某些严重的疾病。

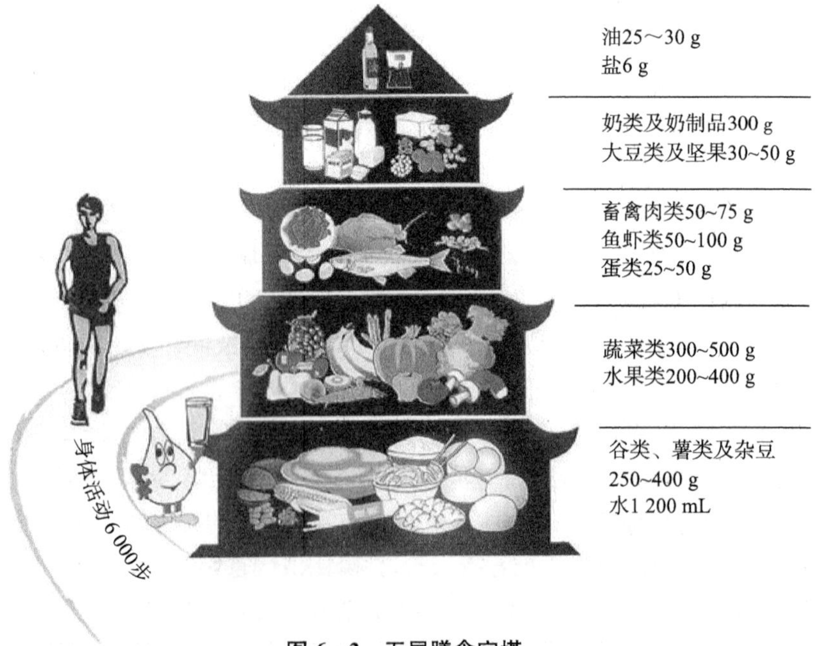

图 6－2 五层膳食宝塔

我国最早的医学巨著《黄帝内经》中就提出"五谷为养，五果为益，五菜为冲，气味合而服之，以补精益气"等饮食原则。我们的祖先在几千年前就讲究平衡膳食，合理营养，而且这种理论至今仍有广泛的适用性，对我们的饮食具有指导意义。

我国传统膳食结构的优点有以下几点：

① 以粮食为主。由于谷类食品中糖类物质含量高，我们所需热能的60%以上来自粮食，这是最经济、最健康的热能来源。即便以现代营养学的观点来衡量，以谷类为主的膳食结构也是合理的，是东西方营养学家们赞誉和推崇的科学膳食结构。

② 蔬菜丰富，不过度加工。蔬菜和粗粮的较多摄入，提供了大量的膳食纤维，因此，我们消化系统疾病及肠癌的发病率相对较低。

③ 豆类食品较多。各种豆类制品，如豆腐、豆浆、豆芽、腐乳、素鸡等，丰富了豆类制品的品种，特别是大豆产品，不但能够提供经济、优质的蛋白，而且富含大豆异黄酮、皂素等生理活性物质，符合现代营养学的理论。

④ 饮茶、少甜食，这些都是健康的生活方式。

⑤ 丰富的调料，如葱、姜、蒜、辣椒、醋等，起到了杀菌、健脑、降脂、增加食欲、助消化等诸多功能。

但我国传统膳食结构中也有明显的不足之处，主要是：①牛奶及奶制品摄入不足；②食盐摄入过高，据调查，我国居民每人每天食盐摄入量平均为13 g左右，这与世界卫生组织在关于防治高血压、冠心病的建议中提出的6 g以下的标准相差太远；③白酒的消耗量过多。

世界卫生组织建议用身体质量指数(BMI)来评价成年人的营养状况。BMI的计算公式是体重(kg)除以身高(m)的平方。BMI<18.5为慢性营养不良，18.5≤BMI≤25为正常，BMI>25为超重或肥胖。另据最新的标准，东方人群的正常最大BMI为23。若用这一指标对我国20～45岁的成年人进行分析，BMI的均值以北京、上海和天津为最高，郊区次之，全国其他城市又次之，农村最低。

一般高收入组高于低收入组。BMI<18，即营养不良的成年人在全国城市中平均为9%，农村为8%，南方食米地区比例较高。BMI>25的成年人在全国城市中为15%，农村为8.4%，北京最高，城区为32.8%，郊区为36.8%。一般北方地区较高，南方较低。城、乡各有76.1%和83.6%的人的BMI在18.5与25之间，属于营养正常范围。这充分体现了一个地区的发达水平与其膳食结构有着密切的关系。

2002年8月～12月，在卫生部、科技部和国家统计局的共同领导下，在全国范围内开展了“中国居民营养与健康状态调查”，这是我国首次进行的营养与健康综合性调查，将以往由不同专业分别进行的营养、高血压、糖尿病等专项调查进行了有机整合，并结合社会经济发展状况，增加了新的相关指标和内容，对全国和不同类型地区具有良好的代表性。

从此次综合性调查的结果来看，我国居民膳食质量和营养状况得到明显改善，营养不良患病率继续下降，但仍面临着营养缺乏与营养失衡的双重挑战。我国成年人超重率为22.8%，肥胖率为7.1%，估计超重人数为2亿人，肥胖者为6 000多万人。

城市人口的肥胖情况更为严重，成年人超重率与肥胖率分别高达30%和12.3%，儿童肥胖率已达8.1%，对于这个状况必须加以足够重视。

此次调查的另一个结果是微量营养素的普遍缺乏，铁、维生素A等微量营养素缺乏是我国城乡居民普遍存在的问题。我国居民贫血患病率平均为15.2%，2岁以内的婴幼儿、60岁以上的老人、育龄妇女贫血患病率分别为24.2%、21.5%和20.6%。3～12岁儿童维生素A

缺乏率为9.3%,其中城市为3.0%,农村为11.2%。全国城乡钙摄入量仅为391毫克/天,相当于推荐摄入量的41%。

我国城乡3~18岁儿童青少年各年龄组身高比1992年平均增加3.3厘米,婴儿平均出生体重达到3 309克,低体重出生率为3.6%,已达到发达国家水平。我国高血压患病率有较大幅度升高,18岁及以上居民高血压患病率为18.8%,估计全国患病人数为1.6亿多,与1991年相比,患病人数增加约7 000多万。农村患病率上升迅速,城乡差距已不明显。估计全国糖尿病现患病人数为2 000多万,另有近2 000万人空腹血糖偏高,城市患病率明显高于农村。全国血脂异常者与高血压患病人数相同,为1.6亿。

我国城市居民畜肉类及油脂消费过多,谷类消费偏低,农村婴儿辅食添加不合理的问题十分突出。营养知识不足的农村居民常常卖了鸡蛋给孩子买糖吃,导致营养结构不良,犯了常识性错误。此外,奶类、豆类制品摄入过低仍是全国普遍存在的问题。

经过多年的健康教育,这些不足正在不断改善中。这就更需要我们培养专业人才来改善这方面的问题。这足以证明食品的专业知识和人才对于改善我国人民的膳食平衡有着极其重要的作用。

6.1.4 食品专业监管着我们日常生活中的食品安全卫生及营养

在当代,我国食品药品监管工作已经取得了巨大成就。从历史的视角审视我国食品药品监管发展历程和可喜变化,从身边的变化中梳理把握改革开放的脉络和方向,我们要进一步树立科学的监管理念,不断提升食品药品监管能力。

近年来,经历"瘦肉精"、"红心鸭蛋"、"大头娃娃"等食品安全事件后,中国食品安全体制及时做出了调整,适应"大部制"改革,重新制定了监管框架,并修订相关法律。早前热议的《食品安全法》,是中国食品安全体制改革的一个重要步骤,食品安全的监管方式成为核心话题。目前的食品安全体制是所谓的"环节管理",即分解"农田到餐桌"中的供应链环节来进行"分段管理",以三鹿奶粉事件为例:提供奶料的奶农及企业由农业部监管;牛奶生产商的加工过程由卫生部和国家质检总局监管;奶粉的市场销售中的安全抽查由工商局和国家食品药品监督局负责等。而对这一分解式管理主要的争议就是"片段管理、不能联动协作和立即溯源追查",进而影响整个监管的效率,最终导致只有经过悲剧性的"人体检验"之后,才开始真正的大规模的溯源式查处。

在经历了一系列"食品风波"之后,国内民众和国外消费者均以认同的眼光,看待和评价中国近期强化食品安全监管的多项举措。确保食品安全放在任何国度,都是一个严肃的政治问题。而面临如此大的考验,仅仅依靠公民和政府是不能有效地解决食品安全问题的,还应该有专业的人才从根源上着手解决问题。

"三鹿奶粉"事件再次把中国的食品安全问题推向风口浪尖。国家卫生部发布消息称,"高度怀疑三鹿婴幼儿配方奶粉受到名为三聚氰胺的化工原料污染"。全国因三鹿奶粉导致的婴儿肾结石案例呈扩大趋势。

"没有规矩,不成方圆",食品质量的根本好转,有赖于政府部门的有效监管,虽然,很多部门在食品监督方面做了大量的艰苦的工作,但与广大群众的要求仍有很大差距。目前,从田头到餐桌,食品安全监管的法律分别见于《食品卫生法》、《产品质量法》等多部法律法规,监管职能分属于农业、环保、林牧渔业、卫生、技监、经贸、工商、海关、检验检疫等很多部门，造成既有监督越位和监督重复，又有监管缺位和监管空白，形成“九龙管水，不如大禹一人治水”的尴尬局面。在政府加大协调监管力度，各部门各司其职、各负其责、密切配合、齐抓共管、严格监管的同时，亟待出台更加权威、更加统一、更加严格的类似《食品安全法》的法律法规，调整、整合现有的部门职责，组建职责明确、责权统一、监管严明和高效的食品安全监管队伍，提高整治效果。

中国的环节管理方式与美国类似，但美国更偏重于品种监管。美国监管食品安全涉及的机构有 20 个之多，但主要是 5 个。美国人一直认为，如果设立一个独立的统筹性的机构，将所有环节事务纳入其中，并同地方当局合作，会造成该机构同生产商的长期隐含式关系，很可能让该机构被不良食品生产商所腐蚀，成为其利益代言人。但这一想法似乎也有其局限性，至少中国发生的“郑筱萸药监腐败案”就显示了：即使进行权力分割（将审批权和监管权分立），也会产生监管的“周旋地带”，引发大量灰色交易。

需要指出的是，无论是多头管理还是单线主导都不是最关键的，最关键的是无论美国体制还是英国体制，都引入社会对政府的问责、监督、质询以及非线性授权。也就是说，对监管机构本身的运作必须要引入社会力量的监督和专业人才的指导，然后监管机构才能更好地规制市场。从这个意义上说，培养食品专业人才有着举足轻重的作用。

其实，在我国，监管食品安全有着一定的难度。今天中国的食品行业就如同一盘散沙。除了为数不多的几家龙头企业、名牌企业之外，大部分食品是由那些名不见经传的小企业、小饭店、小作坊、小摊贩等生产和销售的。任何一个政府，要想对所有这些食品经营者进行有效监管，都会如拳头打跳蚤一样困难。许多人抱怨国内的食品不如出口的食品安全，原因其实也正在这里：生产出口食品的企业，一般都是大企业，监管起来相对容易；而国内销售的食品，很多是由小企业生产的，它们往往处于监管的盲区。针对以上问题，我们需要专业的学生立足于本国现状，发挥自己的特长，创建安全卫生食品、绿色食品、健康食品，使我国国民的安全营养得到保障。

面对问题，我们要迎难而上，培养食品人才，从根本上解决问题。我们坚信，神州大地群贤毕至、吐露芳华之时，必是中华民族腾飞之日。构建社会主义和谐社会，是中国推进经济社会发展的重要目标，也是中国经济社会发展的重要保障。我们期待农村与城市和谐发展，人与自然和谐发展，人与社会和谐发展，社会与经济和谐发展，政治与经济和谐发展，物质文明与精神文明和谐发展。我们要坚持“以人为本，安全第一”，为了母亲的微笑，为了孩子的笑声，为了更加阳光灿烂的明天，让我们携起手来，让食品企业、政府部门、消费者共同努力，打造安全、卫生、有质量的生活。

6.2 食品专业技术与研究内容

食品科学以现代科学、技术与工程为基础，以食品生产、加工、包装、贮藏、流通、消费、环保等为其主要研究内容，以食品卫生、营养、感官品质等食品质量及其变化、维护、检验、评价等为研究中心，并与现代管理科学、人文科学、市场营销等学科有密切的联系，现代食品科学已发展为一门跨学科的综合性科学。

6.2.1 食品科学的主要研究内容

(1) 食品质量　包括食品质量构成;食品质量变化;食品质量控制、品质保持和质量管理等。

(2) 食品安全　包括食品安全与健康、食品风险分析、食品安全性评价与食品安全指标体系,转基因食品与生物安全。

(3) 食品分析与检验　食品分析与检验是研究和评定食品品质及其变化的一门专业性很强的实验科学。食品分析与检验依据物理、化学、生物化学的一些基本理论和国家食品卫生标准,运用现代科学技术和分析手段,对各类食品(包括原料、辅助材料、半成品及成品)的主要成分和含量进行检测,以保证生产出质量合格的产品。它包括感官检验、理化检验和卫生检验。

(4) 食品消费　包括食物结构,平衡膳食设计,食品消费规律和影响食品消费的各种因素。

(5) 食品与环境　包括环境对食品所造成的各种污染以及食物生产、加工和包装废弃物等对环境的污染。重点研究绿色食品、有机食品和清洁生产。

食品科学的发展必然推动食品工业和农业的发展,对保障人们身体健康、繁荣国民经济起着重要作用。食品科学高层次人才的培养必将大大加速各种食品深度开发利用中基础科学与工程技术问题的解决,极大地提高食品工业科技水平和科技含量,为我国农业可持续发展与产业化及人们生活水平的提高作出贡献。

从食品科学的角度出发,我们可以确定出与其相关的各个科学领域的融合点:如农业科学、营养学、行为学、材料学、物理学、化学和生物科学(图 6-3)。

图 6-3　食品学科构架图

6.2.2 食品安全

对于食品安全问题,我们必须考虑多方面因素,包括:生物科学、营养科学、化学、信息技术、工程科学。

1. 生物技术

生物技术是一个发展非常活跃的领域。生物技术对食品科学的重要性很难明确评估,但它的重要性却在一年一年提升,这是毋庸置疑的。在几乎所有的发达国家和发展中国家,生物技术对于解决食品短缺问题都起到了重要的作用,转基因植物和其他生物技术农产品也越来越受到关注。植物原料除了越来越具有抗虫害能力外，干旱、盐碱地和收成不理想等因素也要求植物原料提高优良性质，这些需求已经成为全球基因工程的重点。世界范围内基因工程关注的焦点是：① 植物对害虫、干旱、盐碱土壤和采后不利条件的抵抗力；② 植物营养物质含量的提高，也就意味着产量的提高。随着转基因技术的发展，这些必将成为现实。

还有一个领域是我们不可忽视的，就是改良的植物和微生物作为食品添加剂，它们可以产生高浓度的目的产物。该领域的先驱应该首推医药领域的类似盘尼西林的抗生素。在食品领域，生物技术应用较广的有食品风味剂、食品保鲜剂、抗氧化剂、着色剂和胶凝剂等产品。特别是在葡萄酒、啤酒、面包、香肠、干酪、糖浆和相关产品中使用的酶制剂上，生物技术更是发挥了不可替代的作用。

需要提到的是生物技术对传统发酵方式产生了巨大的冲击。通过新的发酵方法的应用，典型的亚洲产品如酸菜、豆类等产品的消化性、物理性状和环保方面都得到了一定的改善。

2. 营养科学

食品的营养价值越来越受到消费者的关注。消费者更加关注新型谷物、调料的生理学价值以及加工对它们的影响，以及适用于不同消费群体的特殊食物品种的医学价值。这一切活动的首要任务是提高消费者的健康状况。食品公司越来越重视为特殊人群生产特定食品。目前市场上有相当一部分健康产品虽然在广告宣传中说明对消费者健康有益，但对消费者的健康没有实际促进作用。这样势必会影响消费者对真正健康食品的信任，最终会牵连到那些含有有效成分的健康产品。

目前，营养学家对于适合不同年龄段的食品的讨论很值得关注。一些评论质疑那些特定食品(如老年人食品)是否值得推荐，因为在日常生活中我们摄取的营养完全可以满足各个年龄段消费者的需求。另一种观点是为老年人特制的食品可以避免一些适合于年轻人的营养成分给老年人带来的不良影响。对于这个问题的解决最终必然要求助于科学研究。但是必须提到的是，满足特殊消费群体需求的食品已经存在很久了，例如低脂肪的比萨饼和不含坚果等的低过敏食物。众所周知，专门为运动员设计的食品可以减轻赛前的紧张，还有一些由于食品导致的疾病可以通过控制饮食而达到治疗效果，如高胆固醇、高血压、糖尿病和一些食源性过敏症等。由于在现今社会这些已经成为一个全球性的问题，对于特殊食品和技术的需求已经是无法回避的趋势。甚至一些用于抵抗癌症和具有自动免疫功能的食品也将上市。为了避免出现不可控制的局面和不切实际的幻想，相关的营养学家、毒理学家和食品学家应该紧密合作起来。

3. 化学

化学领域的进步对于食品科学也是非常重要的。能够检测到产品中的不明物质或重要组分的分析方法可以帮助指导工艺流程控制并将食品的生产导入全新的领域。化学对于食品生产的另一个作用领域是风味物质的开发。

4. 信息技术

IT 技术已经改变了现代食品科学和食品技术的面貌。如果我们认真审视一下食品科学，就会发现食品科学领域已经没有一块领地不受到计算机技术的影响了。特别是在食品分析过程中，如果没有计算机，那将是不可想象的，光谱研究、图像分析、量热学和流体学等领域都必须借助计算机。食品技术革命是计算机在工艺控制、工艺策划组织及逻辑分析的工作中发挥重要作用而得以进行的。

5. 工程科学

除了生物技术、营养科学、化学和信息技术以外,工程科学是食品科学的另一个重要接口。工程科学极大地改善了食品工艺的面貌,这些食品工艺包括:高压处理、高强度电子脉冲磁场、欧姆加热处理、等离子体处理、渗透干燥处理、高压水切割、膜乳化、智能包装、先进工艺控制等。有些新技术早晚会进入工业领域。新技术的出现必将对食品加工技术的进步产生巨大的促进作用。

另外,通过感官指标来鉴别食品的优劣和真伪,不仅简便易行,而且灵敏度高,直观而实用,与使用各种理化、微生物的仪器进行分析相比,有很多优点,因而它也是食品的生产人员、销售人员和管理人员所必须掌握的一门技能。

感官鉴别不仅能直接发现食品感官性状在宏观上出现的异常现象,而且当食品感官性状发生微观变化时也能很敏锐地察觉到。例如,当食品中混有杂质、异物,发生霉变、沉淀等不良变化时,人们能够直观地鉴别出来并作出相应的决策和处理,而不需要再进行其他的检验分析。尤其重要的是,当食品的感官性状只发生微小变化,甚至这种变化轻微到有些仪器都难以准确发现时,通过人的感觉器官,如嗅觉等都能给予应有的鉴别。可见,食品的感官鉴别有着理化和微生物检验方法所不能替代的优越性。在食品的质量标准和卫生标准中,第一项内容一般都是感官指标,通过这些指标不仅能够直接对食品的感官性状作出判断,而且还能够据此提出必要的理化和微生物检验项目,以便进一步证实感官鉴别的准确性。

6.3 食品工业的发展状况和发展趋势

"民以食为天",食品和食品工业与人们的日常生活密切相关。充足的食品是社会稳定的基础,优质的食品是国民健康的保证,所以,食品工业是人类的生命工业,在世界经济中占据着举足轻重的地位。我国食品工业自改革开放以来历经坎坷,在激烈的市场竞争中求生存,有了很大的发展,近年来,国家也已经将食品工业的发展放在了前所未有的重要地位上,这为我国食品行业的发展开辟了光明的道路。众所周知,食品专业人才是推动我国食品工业发展的核心力量,大力发展我国食品专业人才的培养关系到千万国民的健康。而我校的食品专业正肩负着培育这种人才的重任,为企业培养出大批一线操作技术人才,切实为社会作出了巨大贡献。

6.3.1 我国食品工业的现状及发展趋势

随着生活水平的逐步提高,人们对于日常生活中的食品要求也越来越高,进而推动了我国食品工业的快速发展。从表 6-1 可以看出,近 10 年食品工业的总产值一直保持增长趋势,从 1997 年到 2007 年食品工业总产值从 5 317 亿元增长到 24 430 亿元。

国内外经济学家公认:在未来 5~10 年内,中国将是全球收入增长最快的国家之一。期间至少有 1 亿个家庭(约有 3 亿多人口)将进入年收入 1 万美元以上的行列,这是一个非常大的消费市场。由此看来,我国食品工业发展空间非常大,食品专业技术人才市场的前景也是乐观的。

表 6-1 近 10 年我国食品工业的发展概况

年份	食品工业总产值/亿元	占工业总产值的比率/%	企业数量/个	人员数量/万
2007	24 430	12.01	25 683	487
2006	20 100	11.85	23 258	459
2005	16 000	11.33	20 108	426
2004	12 913	11.20	18 811	401
2003	10 759	9.74	18 797	389
2002	9 244	8.40	18 571	376
2001	8 368	8.80	19 119	387
2000	7 828	9.30	20 125	411
1999	7 201	9.60	11 909	447
1998	6 532	10.30	55 383	563
1997	5 317	10.10	60 406	564

据中国食品工业协会专家预测，今后食品工业发展的六大趋势将是有机化、方便化、工程化、功能化、专用化和国际化。中国食品工业企业必须振作精神，迎接新世纪的挑战。同时，食品工业的快速发展也为我国食品专业技术人才提供了广阔的发展空间。

当前，我国的食品工业正朝着规模化、产业化、系列化、规范化的方向发展，通过调研发现，食品专业人才需求量大，特别是新形势下人才需求的岗位类型发生了变化，其中高等教育培养的技术应用型人才出现较大缺口，从事食品加工和生产的专业技术人员，除了需要掌握相应的现代食品贮藏、加工、管理、营销等相关理论知识外，更需要具备较强的实践技能。这就要求培养食品类专业人才的院校必须加强实践教学，增强学生的实践动手操作能力。

1996 年完成的全国第三次工业普查显示我国食品工业总产值在全国工业部门总产值中首次攀到了第一位，成为我国国民经济的重要支柱。从 1997 年至今，我国食品工业的产值始终在 GDP 总量中占第一位，食品工业的快速发展，促进了企业对食品专业技术人才需求的持续增加。调查发现，企业所需的食品人才中生产操作人员、销售人员的需求比较大，其中高等教育培养的应用技术型人才出现较大缺口。食品企业的职位需求主要集中在食品生产操作工、销售人员、食品检验工、食品制作工、食品包装工、一线检验员、基层管理人员、食品加工设备操作工这几个岗位。

然而，中国的现代化食品工业及食品质量管理很落后，而且只有 20 多年的历史。比较缺乏符合国际食品卫生的生产设备、生产管理、生产技术及相应的健全法制。为了解决这样的现状，同时增强中国食品行业的国际竞争力，需要大量合格的生产设备、生产技术以及管理人才。这样的一个过程是一个长期持久的过程，因此，社会对食品行业人才的需求也将逐年随之增加。

我国正处于社会主义市场经济发展的初级阶段，市场运行机制的不规范，法规的不健全，部分从业人员素质不高，加之过量使用农药、化肥、抗生素以及检测方法和手段的落后，导致有害食品、有毒食品、假冒伪劣食品事件常有发生,屡禁不绝。据统计,人类食物危害事件每年大约发生30万件,直接危及人体健康与生命安全,已成为社会公害,引起了政府和公众的密切关注。

食品安全性问题一直同人类的生活和生产活动紧密相连,是制约人类健康和社会进步的重要因素之一。近年来,世界范围内屡屡发生大规模的食品安全事件,如:1996年发生在日本的大肠杆菌O-157,导致上万人食物中毒;英国的疯牛病;法国的李斯特氏菌病;比利时的二恶英事件;香港的禽流感以及具有多重抗药性的鼠伤寒沙门氏菌病在多国流行;智利又爆发禽流感造成重大经济损失。欧盟近年曾爆发的食品安全问题——在猪饲料中和一些软饮料中发现了禁用的激素甲孕酮,再次挫伤了消费者对欧盟食品安全的信心,使本已受信誉危机影响而不太景气的欧洲食品业雪上加霜。

我国食品安全事件也时有发生。面粉、大米、粉丝和米线中用吊白块;猪饲料中使用瘦肉精;硫黄熏蒸银耳制白;植物类食品原料滥用生长调节剂;动物性食品原料滥用生长激素;假酒案件不断,上海市民食用被污染了的毛蚶而引发的甲肝大流行事件等都严重损害了消费者利益,挫伤了消费者对食品安全的信心,引起消费者的心理恐慌,使得食品安全问题日益突出。食品安全与质量控制已成为全社会呼吁的热点。

中国加入WTO后,食品工业和进出口贸易面临严峻挑战,长期以来,农业生态环境的恶化,农药、化肥、抗生素的不科学使用,直接危及食品的安全性,使食品安全问题成了我国加入WTO后国际贸易中最重要的技术壁垒之一,严重影响我国对外贸易和经济的发展,损害了我国的声誉。例如,据美国FDA(食品与药物管理局)的进口报告统计,中国2001年平均每月出口美国的商品被拒绝的为453批次,其中三分之一是农产品和食品,仅2001年12月份中国内地出口到美国的农产品被拒绝的就高达204批次(日本同期只有33批次)。分析美国FDA拒绝中国农产品和食品进口的原因,技术因素中的卫生安全是第一大限制因素,占被拒绝量的68%。

许多国家和组织为了本国的利益和政治的需要,为限制我国农产品和食品出口制定出一系列针对我国的限制条件。目前我国出口日本的蔬菜需要检测60余项安全卫生指标,大米需要检测124项安全卫生指标。这些问题不仅严重制约我国农产品和食品的出口,也损害了我国的形象。

面对我国加入WTO后农产品和食品出口的严峻形势,为了我国农产品和食品加工业以及对外贸易的持续、健康、稳定发展,打破外国针对我国的技术壁垒,我们不仅要加强生产、流通各环节的监控,加强和完善各种法律法规,更重要的是培养出大批用科学思想武装起来的和掌握相关科学知识、技术、方法和法规的高级专业人才,充实到产前、产中、产后及流通的各个领域和环节,从根本上解决食品质量与安全控制问题及在国际食品管理法则上的混乱局面。

食品安全问题是关系到人们健康和国计民生的重大问题。我国在基本解决食物量的安全(Food Security)的同时,食物质的安全(Food Safety)越来越引起全社会的关注。食品安全已经成为影响农业和食品工业竞争力的关键因素,并在某种程度上约束了我国农业和农村经济产品结构和产业结构的战略性调整。对食品安全紧迫性和重要性的认识有一个过程。经济的发展和社会的进步使人们对生存质量的要求越来越高,人们对食品安全知识了解和掌握的迫切性也越来越强。造成严重食品安全问题的原因很多，有体制上的、管理上的和技术上的。但是，一个基本的也是最重要的原因之一是，长期以来在食品安全管理部门和食品生产、经营企业中具备食品质量安全专业素质的人才极其匮乏。据统计，专门的食品安全专业毕业生每年不到 100 人，随着我国加入 WTO，在食品质量与安全方面迫切需要与国际接轨，近期内我国对这方面人才的需求量约为几万人，并且是长期持续稳定的需求，前景十分看好。

6.3.2　食品安全与监测

食品安全学是食品工业和人类社会发展到一定时期的产物，它源于食品卫生与检验专业，但与其有着本质的区别。食品卫生与检验专业侧重于食品成分的分析和微生物、重金属等的检验与毒理学分析，着眼点于通过检测判定食品的质量是否符合产品和卫生标准，预防性差。我国“食品卫生与检验”专业于 1957 年始建于青岛商业学校，后因专业调整，该专业整体搬迁至浙江商校，1979 年“食品卫生与检验”专业作为一个主干学科和特色专业转入筹建中的杭州商学院，设立本科专业并招收了第一届学生，之后又有其他农业、轻工类食品院校设置了该专业。食品卫生与检验专业是一个汇集了农学、医学和工学类(食品科学与工程专业)相关专业特点的交叉学科，它不同于农学院的兽医专业以动物保健为目的，也不同于医学院的公共卫生专业以产品成品检验为目的，本专业是以从食品原料生产到产品加工乃至贮运消费全过程的安全卫生监控为目的，旨在培养掌握一定动物医学、卫生检验、理化分析、食品加工的知识和技能，从事食品卫生检验、管理、安全性研究和品质管理工作的复合型人才。食品安全学则侧重于从食品原料生产、加工、贮运到消费环节全过程的监督监控，运用 GMP、HACCP 或者 ISO9000 等国际先进的质量保证体系预防各类食品危害的发生，它涉及农学、生命科学、环境科学、预防医学、食品科学、管理科学和法学等学科。可以说，食品质量与安全源于食品卫生与检验，但又高于食品卫生与检验，比其更全面、更丰富。食品质量安全与食品科学、食品卫生学、食品营养学等都有密切关系，后者是前者的基础，各有侧重点。食品科学重点研究食品加工原理和工程技术，侧重于食品开发、关键技术研究及工程设计等；食品卫生学则侧重于研究食品加工中产生的对人体有害因子及有关规定标准等；食品营养学则重点研究食品与人体营养健康方面的关系。食品安全则是指在食品生产、加工、储存、分配和制作食品过程中，确保食品安全可靠，有益于健康并适合消费的种种安全条件和措施，包括卫生、质量、数量、营养、生物和可持续性安全六个方面内容。

2002 年，教育部根据国民经济和社会发展对食品安全的要求及食品品质管理和安全检测的专业人才缺口越来越大的现状，在普通高等教育本科专业中增设了“食品质量与安全”专业，开始培养食品质量与安全方面的高级专门人才，以保证该方向的人才需求和储备。2003 年，经国家教育部备案获批准设置“食品质量与安全”专业的本科学校有 24 所。新设置的“食品质量与安全”专业在培养目标上明确为主要培养掌握各种食品品质检验技术和一系列从“土地到餐桌”的品质管理系统，熟知国内外食品质量安全体系和标准，能够从事食品检测分析、质量管理、安全评价与品质控制等实际工作的专业人才。就业去向主要为海关、商检、技术监督部门、疾控中心和企业的生产质量控制部门。应该说从 2003 年开始，我国食品安全和管理方面的高级专门人才的培养开始形成专门的培养体系和模式。我国第一个食品质量与安全专业于 2001 年经教育部批准，在西北农林科技大学成立，并于 2002 年开始面向全国招生，从而填补了我国高等教育在这方面的空白。2003年中国农业大学、杭州商学院、河北科技大学、山西农业大学等16所高校开始招收该专业学生,2004年教育部又批准吉林大学、江南大学、华南理工大学等30所高校开始招收该专业学生,该专业发展之快在高等教育历史上是罕见的,可以预计今后几年会有更大的发展,但专业建设和完善需进一步加强。

世界各国都非常重视食品质量与安全控制,十分重视食品质量和安全法规的制定。以美国为首的西方发达国家在20世纪60年代就以食品法规的形式公布了"食品制造、加工、包装与贮藏的现行良好操作规范"(FGMP),后被FAO/WHO的联合食品卫生法规法典委员会(CAC)采纳,作为国际法规向其会员国推荐,继美国之后,加拿大、日本、新加坡、法国、澳大利亚等国家和中国的台湾地区都积极推行FGMP。20世纪70年代以来,美国又制定和修改了用于食品保护的HACCP原则,该原则已成为国际公认的能确保食品安全的有效质量控制体系。除了法规建设以外,世界上许多国家在食品制造、加工企业中积极推行ISO9000质量保证体系认证,以规范化、程序化落实质量保证体系,构筑食品质量与安全堤坝。同时,世界各国也十分重视发展食品质量与安全控制的专业教育工作,美国加州大学戴维斯分校、新泽西州立大学农学院等众多高等院校都设立了相应的专业、研究所,专门从事食品质量与安全的教育与研究。

法律法规是对食品安全进行监管,对制造和销售不安全食品的行为进行制裁的手段。那么如何知道一种食品是否安全,不安全食品的危害在哪里,等等,这些问题是法律所解决不了的,它有赖于科技手段的应用。在保证食品安全方面,科技是不可或缺的。发现食品中的不安全因素,然后再去了解什么情况下它会对人体造成危害,应采取什么有效措施去控制它,这都需要借助科技手段来完成,因此,谈食品安全是不能离开科技水平的。我国自"十五"开始,开展"食品安全关键技术"重大专项的研究工作,以食品安全监控技术为突破口,针对一些我国迫切需要控制的食源性危害(化学性、生物性)进行系统攻关,大力加强关键检测、监控技术与仪器设备的开发研究。特别加强了对农药与兽药残留、食品添加剂、饲料添加剂、环境持久性有毒污染物、生物毒素、违禁化学品、食源性疾病和人畜共患病病原体(细菌、病毒、寄生虫等)的监测与溯源技术及设备的研究。

对食品检测、监控的过程,也是对目前的食品安全标准进行校正的过程,通过检测、监控,可以检验当前的食品安全标准是否能最大限度地保证食品安全,是不是需要实施更为严格的标准。随着科技和经济水平的发展,食品安全标准是需要不断作出修改的,因此食品安全的科研技术工作也需要不断开拓进步。目前,我国从事食品质量与安全科研的专门研究机构主要为各级疾病预防与控制中心,食品药品监督管理局等,由中科院和上海市食品药品监督管理局共同组建的上海食品安全评估研究中心正在紧锣密鼓地筹备之中,国际一流水平的中国食品安全研究及支撑体系即将起步。

现代化的食品工业在中国是个刚兴起的工业,社会对食品行业人才的需求现在以及将来的100年都可能是最大的。据以下这三所大学的网站宣称:江南大学食品学院的毕业生当年就业率在92%之上,而且75%是到上海市地区就业;中国农业大学食品学院食品科学及工程专业毕业生当年就业率在95%之上;浙江大学食品学院的毕业生当年就业率也是在90%之上。我们学校的食品专业虽然不及上述大学有名望,但食品科学与工程专业的毕业生当年就业率也是在90%之上。上述数据表明中国社会对食品人才的迫切需求量。此外,在英国与美国这些工业发展成熟的国家中，食品专业的当年就业率一直属于中上水平。

华东理工大学是教育部直属的、中国石化集团公司和上海市参与共建共管的全国重点大学，在国内外化工界享有盛誉。我校食品科学与工程专业设立20余年，经过几代人的努力，为我国食品行业支柱企业如光明牛奶、冠生园，以及知名跨国公司如雀巢、可口可乐、百事、家乐福、三得利、丹尼斯克等输送了很多优秀的人才，为我国食品工业的发展作出了重要的贡献。至今，食品科学与工程专业的师资队伍是由一批从美国、俄罗斯、英国、西班牙、日本深造回国及在本国工作多年的食品科学专家、教授组成。本专业除拥有先进的食品学科科研教学设备外，还挂靠生物工程系、应用生物化学系、国家生化工程技术研究中心(上海)、生物反应器工程国家重点实验室、生工学院开放实验室。

6.3.3　我校食品专业的实力与未来的发展

目前我国部属及地方院校(独立学院和民办大学除外)中有169所大学设立了食品科学与工程专业，如表6-2所示，我校跻身于该专业排名靠前的高校中。然而，在我国高等教育高速发展的时代，我们不应该满足于已有的成绩，同时也应看到20年来食品科学与工程一直维持当年刚开办时的“单一”(单一专业，一个班)状况，而20年前同时起步的大学包括边远地区的非重点大学大都已经发展成多专业多学科的食品系或学院；由于华东理工大学在化学、化工、生物、生工、制药、农药以及中药提取等学科专业具有独特的优势，食品学科是化学、化工、生物等学科的交叉学科，因而在华东理工大学设置食品质量与安全专业有其独特之处，是本校现有优势学科的延伸和发展。同时，食品质量与安全是影响社会进步和人们健康的重要因素，各级相关部门高度重视食品质量与安全的问题，各高等院校以及科研院所都积极投入到相关的研究工作中。这就需要大量的具有食品质量与安全基础专业知识、法规知识和实践技能，能从事食品质量与安全管理或科研工作的人才。作为地处中国经济发达地区——上海的一所高校，正站在时代发展的前列，因此，顺应时代潮流、充分发挥优势学科、增设食品质量与安全本科专业是对我国食品行业发展的强力支持，在我校学科优势的支撑下，可形成与一些兄弟院校不同的食品质量与安全本科专业的特色，是调整学校学科布局，发扬学校学科优势和竞争力的重大举措。

表6-2　食品科学与工程专业排名靠前的24所高校

华南农业大学	浙江工商大学	合肥工业大学
江南大学	华南理工大学	浙江大学
华东理工大学	中国海洋大学	江苏大学
南昌大学	西北农林科技大学	华中农业大学
中国农业大学	东北农业大学	南京农业大学
上海水产大学	天津科技大学	四川大学
宁波大学	西南农业大学	浙江工业大学
福建农林大学	沈阳农业大学	吉林大学

6.3.4 我校食品学科的发展方向

注重食品安全人才的培养，我校食品科学与工程专业有较好的食品安全研究的基础，可以将研究的成果与本科教学结合，培养食品安全分析和研究人员。在有条件时，可以培养食品安全管理人员，为食品管理部门(SFDA)、执法机构、海关及跨国公司提供人才，包括各大企业所急需的质量管理体系人才(HACCP、GMP、SSOP、ISO9000、QS等)。

注重工程能力的培养，依托华东理工大学的工程特色，注重学生在工程方面的能力培养，加强学生对计算机工程软件(如AutoCAD、Labview等)或仿真软件(ISIM、Micromath等)应用能力的培养，并将软件应用与产品开发相结合，在乳制品、焙烤制品、粮油加工制品、营养保健研究、资源综合利用等方面充分应用计算机辅助研究，使学生成为具有生产经营与管理、质量控制、产品研发能力的综合性人才。

毕业生可到科研院所或食品企业从事食品安全相关科研、新型检验技术开发、食品法规研究等；可到大专院校从事相关专业的教学；可到政府机关(如食品药品监督部门、质量技术监督部门等)、食品企业或其他相关部门从事食品工业领域的分析检测、安全评价、质量管理、品质控制等方面的工作。

6.4 食品科学与工程专业培养方案

6.4.1 培养目标

本专业培养德、智、体、美全面发展，具有化学、生物学、食品微生物学、营养与卫生学、食品分析与检测技术、食品生产工艺、食品质量与安全控制技术和食品法规与标准等基本理论和基本技能，具有创新精神、实践能力和适应社会发展需求的食品质量与安全学科的应用型人才。

6.4.2 基本培养规格

1. 综合素质基本要求

(1) 热爱社会主义祖国，拥护中国共产党的领导，有为国家富强、民族昌盛而奋斗的理想，有事业心和责任感；努力学习掌握马列主义、毛泽东思想、邓小平理论和“三个代表”重要思想，初步树立科学的世界观和为人民服务、为社会主义服务的人生观。

(2) 具有较强的自学能力、创新意识和较高的综合素质，较系统地掌握本专业领域宽广的理论基础知识。

(3) 具有良好的思想品德、文化修养、心理素质和健康的体魄，受到必要的军事训练。

(4) 具有较扎实的自然科学基础知识及较好的人文、艺术、道德和社会科学基础知识，能正确地应用本国语言、文字的表达能力。

2. 专业基本要求

(1) 掌握食品化学、食品微生物学、食品营养与卫生的基本理论和实验技术。

(2) 掌握食品分析与检验、仪器分析的基础理论和基本技能。

(3) 掌握食品加工工艺技术、食品质量与安全控制技术，具有控制和管理食品生产加工过程中的质量与安全的能力。

(4) 具有工艺设计、食品生产管理与技术经济分析的能力。

(5) 熟悉食品工业发展的方针、政策、法规与标准。

(6) 掌握文献检索、资料查询的基本方法,具有初步的科学研究和实际工作能力。

(7) 具有本专业所必需的计算机应用的初步能力。

(8) 掌握一门外国语言,能较顺利地阅读本专业的外文书刊。

6.4.3 专业特点和服务面向

本专业课程体系的设置注重宽口径,要求学生掌握化学、生物学、食品微生物学、食品分析技术、食品化学、食品加工工艺和食品质量管理体系等方面的专业知识和技能,并掌握与水产品相关的法规、标准和分析与检验、安全评估与控制等技能;注重水产和系统管理特色;注重区域特色,满足地方经济建设的需要。

毕业生可在各级食品卫生监督部门、食品生产企业管理部门、商检、科研院所、餐饮业等领域,从事食品生产、加工、贮藏、运输、销售等相关食品分析与检验、安全评估与控制、质量与安全管理、品质控制等工作。

6.4.4 实践教学体系构建的指导思想

当今社会对复合型人才的需求与日俱增,学校应该以能力培养为本位,针对食品行业人才岗位的需求,以科目课程改革为基础,对专业课程进行课程调整。根据现代食品企业需要生产操作工、食品销售人员、食品检测工、一线质量控制、基层管理人员、食品加工设备操作工等的实际,增加实验、实训、实习等实践教学环节,增强学生的实践动手能力。

建立一个相对独立的实践教学体系,根据培养规格和培养目标的要求,明确各实践教学环节的教学目的与要求,摆正其在教学过程中的位置,同时也必须符合我国国情,符合我国高等教育规律和人才需求的规格。

实践教学体系的内容包括以下几个方面。

(1) 认知实习系列 认知实习是实践教学的感性认识阶段,包括专业见习和社会实践活动。通过参观、学习,了解食品行业生产和经营的状况及特点,增加感性认识,稳固专业思想。在每个寒暑假中,进行社会认知;对食品行业的发展状况及人才需求进行调查,了解社会经济的发展。

(2) 基本技能训练 基本技能训练包括课程实验和课程设计,是实践教学的基础训练阶段。通过实验课的教学,培养学生的基本操作技能、实验数据的采集和处理、实验图表的绘制、实验报告的完成等能力以及严谨的科学态度和实事求是的良好学风。通过课程设计,使学生巩固和运用所学的理论知识,锻炼他们的思维能力及综合运用能力、理论联系实际和独立思考的能力。

(3) 专业技能训练 专业技能训练是实践教学的主体,是培养学生工程能力的重要环节,包括金属工艺学实习、专业实习、毕业实习和毕业设计。通过专业技能训练,使学生较熟练地掌握生产各个环节的实际操作,掌握技术参数和要点,熟悉工艺和机械设备,并对产品进行感官及质量评价,最终达到缩短就业培训期。

(4) 科研能力训练　科研活动是一种综合的训练方法,也是高层次的能力培养。通过科研能力训练,培养学生的创新能力和严谨的作风。考虑到学生在校学习的时间限制,这种科研训练在形式上可不拘一格,可通过如协助教师搞科研、参加科技竞赛、做学年论文、导师指导大学生课题和毕业论文以及大学生科技兴趣小组来完成。

6.4.5　主要课程

本专业课程设置遵循大学学科的知识构成;按照学院、专业二个层级设置专业必修课程体系;以及要求学生循序渐进地完成必修与选修课程的学习。本学院的学生需要修读学院开设的基础必修课程:无机化学、分析化学、有机化学、物理化学、仪器分析、化工原理、生物化学、化工经济等;也需修读本专业开设的专业选修课程:食品技术原理、食品生物技术、微生物学、食品化学、食品营养学、食品安全科学、生态学、食品发酵技术、食品保鲜、食品工厂设计、食品感官鉴品等。

本专业学生根据个人的知识兴趣和发展计划需求修读选修课程,包括全校性公选课程、本学院规定的人文社会科学基础选修课程和专业选修课程,也可将本专业和非本专业的部分必修课程作为选修课程。

6.4.6　我国食品科学与工程专业毕业生的从业情况

据不完全统计,1998 年以前,我国开设食品科学与工程本科专业的院校约 70 所,每年招生约 2 100～3 500 名。1998 年以后,开设食品科学与工程专业的院校迅速增加,同时本科扩招幅度加大,目前我国开设食品科学与工程专业的院校约 150 所,每所年招生人数在 30～120 人,若按平均 60 名估算,从 2002 年起每年约有 9 000 名食品专业本科毕业生走向社会。据资料反映,近几年,我国食品科学与工程本科专业一次就业率平均约为 80%,少数院校达到 95% 以上。一些院校对毕业生的追踪调查表明,目前食品科学与工程本科专业就业不存在市场饱和问题。表 6－3 是 6 所院校食品科学与工程专业近 3 年的毕业生工作去向情况。

表 6－3　6 所院校食品科学与工程专业近 3 年的毕业生工作性质情况

工作去向	食品企业管理	食品企业销售品控	食品企业研发	食品相关单位	公务员	研究生或出国	其他	食品企业品控
比例/%	10.80	9.00	12.60	12.10	8.90	16.90	10.10	19.60

从表 6－3 可以看出,64.1%的毕业生从事本专业或与本专业有关的工作,考研或出国留学占 16.9%,这部分毕业生实际上仍然属于本专业范围内,合计为 81%,即毕业生大多数在食品领域内工作,只有约 20%的毕业生脱离本行。

根据食品工业年鉴,在年销售额 500 万元以上的食品工业从业的人员为 200 万～300 万人,如果将恢复高考以后食品科学与工程专业的毕业生按 80%投入食品工业,估计目前从业科技人员约 44 800 人,科技人员占食品工业从业人员的比例约为 1.8%。表 6－4 是上海市 3 家大中型食品企业的科技人员情况和需求情况,从表 6－4 中可以看出,本科生占有比例低于估计值,而食品企业大中专毕业生的比例较高,从事工作性质以生产操作为主。表 6－5 是全国食品专业本科毕业生在三种性质企业中的分布情况,三资企业和民营股份企业对大学生有吸引力，这在上海食品工业中表现得很明显。

表 6-4 上海市 3 家大中型食品企业的科技人员情况和需求情况

现有食品专业技术人员学历情况						
学历	大中专		本科	硕士		博士
比例/%	8.00		1.20	0.70		0.05
现有食品专业技术人员从业情况						
岗位性质	管理	生产操作	技术研发	其他	品控	销售
比例/%	6	58	10	6	8	12
食品企业对人才需求情况						
需求排序	1. 管理	2. 技术研发	3. 销售	4. 品控	5. 生产操作	6. 其他

表 6-5 本科毕业生在三种性质企业中的分布情况

企业性质 年份/年	国有企业	三资企业	其他非国有企业
2007	17.96%	10.28%	21.89%
2008	7.29%	17.08%	22.17%

学科相互交叉、突出实践技能，已成为当今食品科学技术的发展趋势，食品科学与工程专业所培养的学生需具有宽厚的基本理论知识。在此基础上注重实践技能的培养，实现由传统的知识型、专才型向现代的技能型、实用型转变。只有这样，所培养的学生才能在毕业后尽快地适应社会生产的需要，才能保证食品科学可持续发展。

6.5 食品专业人才面临的机遇与挑战

6.5.1 机遇——食品专业人才的迫切需求

食品工业的蓬勃发展，可以说是多种因素的综合，它所面临的现状同时也为发展提供了机遇，主要表现在以下几个方面：(1)食品工业具有无可替代的战略重要性。国家越发达，越把食品工业作为重大战略来抓。2003 年中国人均 GDP 已经达到 1 000 美元，跨入中等收入国家行列。而在长江三角洲、珠江三角洲、环渤海地区的 20 多个城市的人均 GDP 已经超过 3 000 美元，有的已超过 5 000 美元，开始进入上中等收入国家行列。居民对吃、住、行等各方面都有了更高的要求。这一时期将是快餐、方便食品、啤酒饮料等快速发展的阶段。事实上现在已经表现出来了，广东、华东和环渤海地区是食品销售市场的重点区域。(2)中国中产阶级的兴起和发展，将促使市场潜能逐渐发挥出来。今后一段时期将是中国中产阶级发展的加速时期，这为调整食品产品结构和生产各种质量、安全、卫生都好且又方便消费的食品准备了市场条件。资料显示，上海、北京、深圳、广州等 10 个城市收入前 10 名的行业，职员的平均月收入已经达到 4 000 元，这是目前中国中产阶级收入的界限。北京市家庭收入在 5 万元以下的家庭占 49.3%，5 万～10 万元占 37.5%，10 万～30 万元占 9.4%，30 万元以上占 3.8%。今后 5 年内,至少有 1 亿个家庭进入年收入 1 万美金以上的行列。1 亿家庭即 3 亿多人口,差不多是美国和日本人口的总和,是一个巨大的消费市场。(3)中国城镇化率的不断提高,将逐步改变购买力低下的现状。2000 年我国城镇化率为 36.2%,近 10 年城镇化率年均提高 1 个百分点,今后,城镇化进程将进一步加快,到 2020 年至少会达到 50%以上。那么,城镇居民和农村居民的收入和食品消费的差别有多大呢?按目前水平,城乡居民的可支配收入相差 3.24 倍,购买食品的消费金额相差 3 倍。所以,可以肯定地说,城镇化率的提高将进一步拉动食品消费水平的上升。(4)各级政府加大了政策和资金的支持力度,食品工业成为投资热点。2003 年全国食品工业固定资产计划总投资 2 104.01 亿元,本年度实际完成 934.55 亿元,新增固定资产 552.87 亿元。(5)农业的发展、种养业结构的调整和优质农产品基地的建设,为食品工业的发展提供了充足的、适合加工的优质原料。

面对如此多的机遇,我们仿佛看到了一个发展潜力空前巨大的市场,通过具体分析,可以概括为以下一些方面:(1)发达国家食品加工业和食品制造业约占食品工业总值的 80%,我国只有 60%多,这说明我国农产品精深加工程度低,居民消费的食品制成品水平低。过去 20 多年食品工业中的酒类、软饮料、味精、调味品和精油加工的快速发展,带动了整个行业的发展。今后若干年,果蔬饮料、饮用水、液体乳、乳制品、肉制品、方便主食品、豆制品、玉米、大豆、薯类等的开发将成为新一轮发展的优势产业。(2)在实现居民主、副食品方便化的进程中,中国传统食品的工业化是重要的组成部分。不要一味引进、模仿西方食品,要重视现代科学技术提升老祖宗的精湛烹饪技术。现在居民一日三餐的食品基本没有实现工业化生产,加工食品只占食品消费总量的 37.88%。有调查统计,若做一顿晚餐只需半小时,愿意自己做晚餐的家庭会由年前的 22%增加到 31%。因此加工食品的市场有发展的潜力。(3)发展营养强化食品,解决营养不足和营养过剩的双重挑战。继续做好在面粉、食用油、牛奶、酱等食品中的营养强化工作,发展功能食品。按照人均 GDP 水平的功能食品占有量分析,2002 年中国功能食品应有 500 亿元人民币的市场份额,2010 年达 1 000 亿元,2020 年达到 2 000 亿元。

食品工业企业就业人数占全国工业企业就业总人数的 7.3%,是整个工业中为国家提供积累和吸纳城乡就业人数最多的产业。食品工业与农业相辅相成,紧密相关。以市场为导向促进食品工业的发展,对带动农业产业化,调整农业结构,缓解农村、农民、农业“三农”问题,弱化二元经济结构,进而提高世界贸易组织环境下我国农业的国际竞争力,极具战略意义,也是食品工业的重要任务之一。西部地区农业可食资源丰富,部分地区已具备食品工业的比较优势,加快发展食品工业,可较快地提高西部地区的造血功能,为西部大开发作出贡献。此外,发展食品工业对繁荣城乡市场、拉动内需、带动小城镇建设、扩大外贸出口、增加劳动就业机会等都具有十分重要的作用。

6.5.2 挑战——我国食品工业面临的新形势和任务

(1) 面临国民经济和社会发展的新形势。今后 5～10 年,是我国经济和社会发展的重要时期,也是完善社会主义经济体制和扩大对外开放的重要时期。“十二五”期间,国民经济将仍然保持较快的发展速度,给食品工业的发展提供更新、更好的宏观环境。随着国民经济的发展,就业渠道进一步拓宽,城乡居民收入持续增加和物质文化生活的改善,将促使我国食品工业在“十二五”期间有较快的发展。

(2) 面临农业全面发展的新形势。农业持续稳定发展，粮食和其他主要农产品由长期供不应求转变为阶段性的供大于求，农业和农村经济结构将进入战略性调整阶段。目前，根据食品工业需要来调整农业结构的条件也正在逐步形成。可以预见，未来的农产品、畜牧产品和水产品品种更加丰富，品质更为优良，数量更为充足。丰富、质优的农产品资源，为加快食品工业的发展提供了可靠的原料保证。

(3) 面临高新技术飞速发展的新形势。未来以信息技术为中心、以生物技术和网络技术为重要内容的高新技术的发展，对食品工业的发展将起到极大的推动作用。

(4) 面临加入世贸组织的竞争机遇。中国加入世贸组织后将加大对外开放领域，食品工业发展既要抓住机遇有重点地发展国内自己的食品企业，更要充分利用全面开放的政策，进一步利用国外资金、先进技术及管理经验，加速与国际接轨，从根本上提高食品工业的整体水平。另一方面，入世后对中国农产品和生产成本高、竞争能力不强的食品行业将产生较大的冲击，要提出全面参与国际竞争和迎接国际食品进入中国市场的应对措施，形成我国农副产品加工优势和产品出口优势，推动食品工业的发展。

(5) 面临西部大开发的战略机遇。西部大开发必将促进西部丰富的可食资源的开发，从而推动西部食品工业的发展和食品市场的开拓，应当抓住国家对西部开发所给予的优惠政策，充分利用西部地区丰富的可食资源等优势，大力发展西部食品工业。

(6) 面临发展小城镇的良好机遇。县域和小城镇靠近农村，又是农村与城市的结合部，发展县域和小城镇食品工业有原料和市场优势，又可以充分利用农村剩余劳动力，应当成为食品工业发展的新领域。

(7) 面临烹饪食品工业化的重大机遇。中国食品的烹饪技艺历史悠久、技艺精湛是中国食文化的瑰宝。随着新世纪的到来，烹饪技艺的发展和家庭餐饮方便化水平的提高，必将推动我国方便食品工业化生产的发展。

(8) 面临社会主义市场经济体制和所有制结构的进一步完善。市场机制将调动各方面的积极因素、市场经济规律在更广阔的范围内发挥作用，这必将促使食品企业全面走向市场，在更大、更深的程度上参与国内、国际合作与竞争。这种竞争机制的出现，是我国食品工业发展的新机遇和原动力。

(9) 党中央、国务院以及各级政府对食品工业发展的重视和殷切期望为食品工业发展创造了良好的宏观政策环境。中国的食品市场同时存在着机遇与挑战，这就对于食品专业人才提出了拥有高素质、高技术的要求，如此才可以从容应对所面临的机遇与挑战。

7 材料科学与工程

7.1 材料和材料科学与工程

现代科学技术正以日新月异的速度深刻改变着、影响着当代人们的生活。喷气飞机、高速列车使天涯近在咫尺，汽车更使飞机、火车的“线对线”、“点对点”变成了“门对门”，因特网令坐在家中的人们耳聪目明，天下事倾刻间了然于胸……这中间，材料扮演了重要的、无可替代的角色。科技进步是材料开发、创新的最原始的推动力，而材料的发现和利用是科技进步的基础和柱石。

7.1.1 材料

有定义称：材料是经过人类劳动取得的劳动对象。也有定义称：材料是可供制作成品的物质、原料。这种定义似乎过于宽泛，并未展示材料的真谛。在材料工作者看来，材料应包括以下三个方面。

(1) 具有一定的组成　通常由主要成分和辅助成分按一定比例组成。其中，主要成分提供材料的主要性能。辅助成分又可分为工艺性助剂(改善加工性能)和功能性助剂(改善制品的某些特定性能)。

(2) 具有加工性　在一定温度和压力下可以加工成型，并在冷却后能保持一定形状。

(3) 具有使用性能　作为制品，必须具备在应用状态下必要的性能，亦应包括在此条件下原有形状的保持性。

而作为一种好的材料还应包括：合适的性价比(性能与价格之比)、材料生产过程中的清洁性(所消耗的资源和能源尽可能少，对环境污染尽量低)和可持续发展性(回收再生利用的可能性应尽可能高)等。

7.1.2 材料的分类

按材料的组成、结构特征进行分类，大致可分为：金属材料、无机非金属材料、有机高分子材料以及由上述三大类材料复合而成的复合材料。每一类材料又可分为若干大类，如图 7－1 所示。

现在，人们更将材料区分为传统材料和新材料。其实，传统材料和新材料并没有本质上的区别。传统材料(如钢铁、水泥、陶瓷、通用塑料等)需求量大，生产规模大，但对环境的污染严重；而根据高新技术的发展要求、新概念开发具有特定性能的新材料，则以性能优异、品质高、稳定性高为特征，不以规模取胜。其更新换代快，知识和技术密集度高，投资强度较高，风险性大，但成功后回报率亦较高。

- 材料
  - 金属材料
    - 黑色金属
      - 生铁（含碳量大于2%）
      - 钢（含碳量在0.04%～2%）
      - 工业纯铁（含碳量小于0.04%）
    - 有色金属
      - 重金属（铜、铅、锌、镍等）
      - 轻金属（铝、镁、钛等）
      - 贵金属（金、银、铂等）
      - 稀有金属（钨、钼、钽、铌、铀、钛、钍、铍、铟、锗及稀土金属等）
    - 特殊金属
      - 非晶态金属、高强高模铝锂合金、形状记忆合金、减震合金、超塑金属、储氢合金、超导合金等
  - 无机非金属材料
    - 硅酸盐材料
      - 玻璃（石英玻璃、硅酸盐玻璃、非硅酸盐氧化物玻璃、非氧化物玻璃等）
      - 陶瓷（土器、陶器、炻器、瓷器）
      - 耐火材料（普通耐火材料、特种耐火材料）
      - 搪瓷材料（耐酸搪瓷、低熔搪瓷、微晶搪瓷）
    - 新型无机非金属材料（特种陶瓷或称先进陶瓷）
      - 高温结构陶瓷、高频绝缘陶瓷、导体陶瓷、半导体陶瓷、铁电陶瓷、压电陶瓷、磁性陶瓷、生物陶瓷等
  - 有机高分子材料
    - 塑料
      - 热塑性塑料、热固性塑料
    - 橡胶
      - 天然橡胶、合成橡胶
    - 纤维
      - 天然纤维、合成纤维（人造纤维、化学纤维）
    - 涂料
      - 合成树脂涂料、油脂涂料、天然树脂涂料
    - 黏合剂
  - 复合材料
    - 树脂基复合材料
    - 金属基复合材料
    - 陶瓷基复合材料
    - 碳-碳复合材料

图7-1　材料的分类图

7.1.3　材料的制造

材料门类庞杂，品种多多，制造方法各具特色。我们试图从金属材料、无机非金属材料、有机高分子材料三大类材料出发，加以梳理，从大的概念上作介绍。而各种材料的具体制造工艺，在以后的学习中会详细介绍的。材料的制造过程包括：

(1) 原材料的采集、选取和合成　不同材料使用不同的原材料，金属材料和传统无机材料（如玻璃、陶瓷、水泥、耐火材料、砖瓦、搪瓷等）绝大多数采用铁矿石、铝土矿、方铅矿、黄铜矿等各种天然金属矿物和石英砂、砂岩、长石、黏土等各种天然硅酸盐矿物作为主要原料。而高分子材料则以石油、煤、天然气及部分农副产品等作为主要原料。由此不难看出，天然矿物是制造材料的主要原料，其次是动植物原料。已知的天然矿物有3 000多种，其中有200余种可被工业、农业利用，但较重要的仅100来种。除少数（如石棉、云母、岩石、蓝宝石、红宝石、金刚石

等以及木料、天然橡胶、天然纤维等)可直接利用外,绝大多数原料开采后还要经过破碎、粉碎、选取、富集、纯化等一系列处理才能使用。随着科学技术的不断进步,在材料制造中化学合成原料的使用越快越普遍,如无机材料使用的各种氧化物、氮化物、碳化物、硼化物、硫化物等和高分子材料生产中使用的单体、溶剂以及材料生产中必不可少的各种助剂(亦称添加剂)等。

(2) 材料的制造　根据所需制造材料的组成,以某些原料作为主要成分,辅以必要的助剂,在特定设备(如生产钢铁的高炉、炼钢炉,生产玻璃、陶瓷、水泥等的窑炉,生产高分子材料的聚合釜)中,在一定条件(温度和压力)下,经过一系列物理和化学过程(冶炼、炼制、聚合等),制成所设计的材料。

(3) 材料的成型加工　通常经过冶炼、炼制、聚合等所获得的材料,一部分可直接使用;而大部分则需要进一步成型加工制成制品,才能为人们所用。成型是材料在一定温度和压力下,在模具中进行塑制(如浇铸、压制、挤压、注射等)、对材料或制品进行车、铣、刨、削等机械加工和装配,使其成为具有使用价值的制品。成型和加工可单独使用,也可一起使用。图 7-2 为钢铁生产的工艺流程。不妨将原材料和设备改变,则是另一种材料的生产工艺流程了。

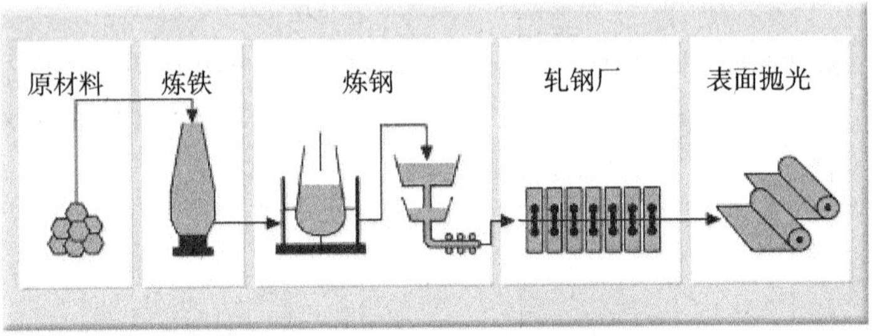

图 7-2　钢铁生产的工艺流程图

必须指出,这种流程是可以变化的。例如,日用陶瓷、粉末冶金先成型、后烧结,就得到制品;而利用反应注射成型,可以从单体直接获得聚氨酯制品等。

7.1.4　材料科学与工程

材料科学与工程是研究材料组成、结构、制备工艺及其性能和使用过程间相互关系知识的开发与应用的科学,是一门多学科交叉的新兴学科。

(1) 在材料科学与工程学科出现前,金属材料、无机非金属材料、有机高分子材料三大类材料中的许多种材料已有成熟工艺,并已大量生产,有的已有几千年的辉煌历史,相应的三级学科和二级学科都积累了丰富的基础理论和专门知识。材料科学与工程学科正是在传承、吸取了这些学科的精粹的基础上,开拓、提高、发展起来的。

(2) 材料科学与工程学科与物理的固体物理学、电子学、光学、声学,化学的固体化学、量子化学、有机化学、无机化学、胶体化学,数学和计算科学等基础学科和化学工程、力学、机械工程、信息技术、计算机技术、生物技术和能源技术等工程学科的关系密切。而且,随着科学技术的发展,其范围不断拓宽,研究对象的内涵也不断更新。例如生物材料的研制就需要生物化学、医学等学科的配合。

(3) 材料科学与材料工程长期分属不同学科,事实证明,这种分隔并不可取。显然,材料科学有助于弄清材料组织结构与性能的关系,研制新材料,并合理有效地使用材料;同时,也必须通过材料工程的研究寻找经济合理的工艺流程，制造有合适性价比的产品，实现商品化的途径。而且，工程的发展也依赖于新的材料被不断开发出来。从广义上来说，材料微观结构的控制也是工程问题，譬如分子工程对高分子材料的研发、界面工程对改善陶瓷材料和复合材料韧性和提高结合力的影响。因此，材料科学与工程是相辅相成的，两者不容或缺。

(4) 材料科学与工程是一门应用基础科学，具有很强的应用目的和明确的应用背景。探索材料基本规律的目的是：为研制新型材料提供新途径、新技术、新方法和新流程；或者为更好地使用已有材料，充分发挥其作用，进而能正确估算材料的使用寿命。

7.1.5 材料科学与工程的四个基本要素和两个重要课题

材料的品种及其应用多种多样，材料的问题涉及许多科学与工程学科。因此，人们更关心其统一性和相关性。材料科学与工程的四个基本要素和两个重要问题的提出，在看似不相关的材料之间找到了共同点。即，无论哪种材料都包括四个要素：性质与现象（赋予材料价值和有用性）、使用性能（是材料在使用条件下有用性的度量）、结构与成分（包括了决定材料性质和使用性能的原子类型及其排列方式）、合成与加工（实现了特定的原子排列）和需要十分关注的两个重要课题：仪器设备、分析与建模。

如图 7-3 所示为材料四个要素之间的关系。其中合成与加工、受加工影响的使用性能是两个普遍的关键要素。四个要素反映材料科学与工程研究中的共性问题。抓住了四个要素，就抓住了材料科学与工程的本质；而各种材料是其特征所在，反映该种材料与众不同的个性。依靠这四个要素，可以评估材料研究中的机遇，以新的或更有效的方式研制和生产材料，判断这四个要素的相对重要性，而不必拘泥于材料的类别、功用或在基础研究和工程化过程中所处的地位；也有利于识别、跟踪材料科学与工程研究的主要发展趋势。

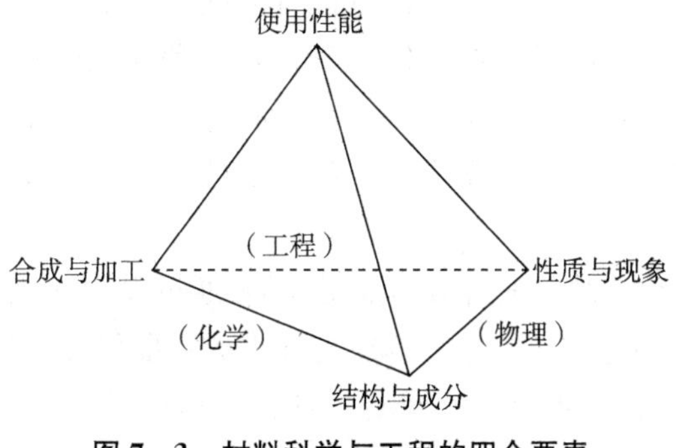

图 7-3 材料科学与工程的四个要素

(1) 性质与现象　是功能特性和效用（如电、磁、光、热、力学等性质）的定量度量和描述。每一种材料都有其特征的性能和应用。材料的性质（如导电性、导热性、光学性能、磁化率、超导转变温度、力学性能等）都是材料在相应外界刺激下的响应。任何状态（固态或液态）、任何尺度（宏观尺度或微观尺度）材料的性能，都是经合成或加工后材料结构和成分所产生的结果。厘清性质和结构的关系，有助于合成出性质更好的（或某种预定性质的）材料，并可按所需综合性质设计材料，且最终将影响材料的使用性能。

(2) 使用性能　通常指材料在最终使用状态时的行为，是材料固有性质与产品设计、工程能力和人类需要相融合在一起的一个要素。必须以使用性能为基础进行设计，才能得到最佳的方案。使用性能包括:可靠性、有效寿命、(器件或车辆的)速度、(机械或运载工具的)能量利用率、安全性和寿命期费用等。建立使用性能与材料基本性能相关联的模型,对了解失效模式、发展合理的仿真试验程序、开展可靠性研究、以最低代价延长使用期,以及先进材料的研制、设计和工艺是至关重要的。

(3) 结构与成分　每个特定的材料都含有一个从原子和电子尺度到宏观尺度的结构体系,对于大多数材料,所有这些结构尺度上的化学成分和分布是立体变化的,这是制造特定材料所采用的合成和加工的结果。而结构上几乎无限的变化,同样会引起与此相应的一系列复杂的材料性质。因此,在各种尺度上对结构与成分的深入了解是材料科学与工程的一个主要方面。当前,材料的性质和使用性能愈来愈多地取决于材料的纳米结构,介于宏观尺度和微观尺度之间的纳米尺度的研究已成为材料科学与工程的新重点。因而,合成和加工的研究也愈来愈多地集中到纳米范围,改变了以单纯宏观现象为基础的工艺过程控制,成为新材料开发的基础。

(4) 合成与加工　是指建立原子、分子和分子聚集体的新排列,在原子尺度和宏观尺度上对结构进行控制以及高效而有竞争力地制造材料和零件的演变过程。合成常常是指原子和分子组合在一起制造新材料所采用的物理和化学方法。合成包括新材料合成、用新技术合成已知的材料或将已知材料合成为新的形式、将已知材料按特殊用途要求来合成三个方面;而加工(这里所指的实际上是成型加工)除了为生产出有用材料而对原子、分子进行控制外,还包括在较大尺度上的改变,有时也包括材料制造等工程方面的问题。对企业来说,材料的合成与加工是获得高质量和低成本产品的关键,把各种材料加工成整体材料、元器件、结构或系统的方法都将关系到工作的成败,材料加工能力对于把新材料转变成有用制品或改进现有材料制品都是十分重要的。材料加工涉及许多学科,是科学、工程以及经验的综合,是制造技术的一部分,也是整个技术发展的关键步骤。一个国家保持强有力的材料加工技术研究能力,对各个工业部门实现高质量、高效率是至关重要的。必须指出,合成和加工间的界线已变得越来越模糊,这是因为选择各种合成反应往往必须考虑由此得到的材料是否适合于进一步加工。前述反应注射成型就是将单体快速混合、充模、聚合反应和成型融为一体,在瞬间完成,获得制品的典型例子。

(5) 仪器设备　材料及其制品的合成与加工,必须通过设备和机械来实现,高效控制精良的设备和机械是物美价廉的材料及其制品合成与加工的重要保障;对结构、成分和性质的表征以及使用性能的分析,仪器是必不可少的探测工具。尤其是深入原子、分子层面探索结构、成分与性能的关系时,如果没有现代化的仪器设备我们将什么也做不了。例如光学显微镜(OM)可以放大 1 500 倍、分辨率为 500～1 000 nm;扫描电子显微镜(STM)可以放大 $10\sim10^5$ 倍、分辨率为 5～10 nm,可以观察材料的表面形态,但不能测定分散相的内部结构;透射电子显微镜(TEM)则可以放大 $10^2\sim(5\times10^6)$ 倍,分辨率为 0.1～0.2 nm,可以观察分散相颗粒的大小、形态及其在空间的配置情况和分散相颗粒的内部结构。表面科学是材料科学与工程研究的重要分支,正是依赖于扫描隧道显微镜、双准直离子散射仪、高分辨率电子损耗光谱仪、俄歇能谱仪、低能电子衍射仪、电子显微镜(STM、TEM)、低能电子显微镜、利用同步辐射的角分辨光电子能谱仪、自旋极化测量仪、场离子显微镜和原子探针、分子束散射仪等仪器发展而逐步形成、完善起来的。因此,仪器设备在材料科学与工程研究中的重要作用是无可替代的。

（6）分析与建模　对材料科学与工程来说，光有仪器设备并不是解决问题的全部，还必须依赖分析与建模技术对观察结果进行解析。计算机的运算速度、容量和可接近性日益提高，使以前认为不可能解决的问题得到迅速、可靠的解决，而计算费用也随之大幅度下降。随着理论上对材料性质的认识和精确的数字仿真技术能力的提高，材料科学已发展成为一门真正的定量的科学。按研究材料性质时所取的尺度特征，分析与建模大致可分为三个层次：即微观层次，运用统计力学与量子力学来研究原子与分子的集体行为；显微层次，其大小在微米以上，研究许多原子或分子在一定范围内的平均性质，如形变、磁性等，一般用连续统计方程来描述；宏观层次，研究宏观性能、生产流程与使用性能间的关系，材料的断裂以及微观结构的形成等。利用计算机技术，可以将三个层次的因素作通盘考虑，通过建立模型、计算机模拟，得出符合预期性能的新材料的最佳成分、最佳结构和最合理的工艺流程。当计算机的高速计算能力、巨大的存储能力和逻辑判断能力与人的创造能力相结合，可对材料设计提出创造性的构思方案；可从存储的大量资料中进行检索和方案比较；可在总体设计和局部设计中进行大量的、非常复杂的数学和力学计算；可实现设计方案综合分析和优化，确定设计图样，提供组织生产的管理信息。从而，大大提高设计质量，缩短设计周期，为新材料和新工艺开发创造条件。

7.2　材料在人类社会发展和国民经济中的地位

材料是人类文明的里程碑，是人类赖以生存和得以发展的重要物质基础。材料是国民经济的基础和柱石，是一个国家强大的标志。材料的创新关系到一个国家和民族的发展和未来。

7.2.1　材料是人类社会发展的先导

人类诞生已经几百万年，在世界上遗留了丰富的文物。

中国，是具有悠久历史的文明古国，地上地下的文物古迹更是数不胜数。

精妙绝伦的古代金银器、青铜器、陶瓷器、宝玉石等，告诉了我们什么？

在社会学家和历史学家看来，每一件文物的背后所展示的是人类的社会发展史、人类的文明史。而在材料学家的眼中则看到了材料的发展史，人类的社会发展史也是一部材料的发展史。可以毫不夸张地说，材料是人类社会发展的先导。

人类在生产和生活中需要制造和使用各种各样的工具，使大脑、眼、鼻、耳等器官和手、脚等肢体的功能得到延伸。制造和使用工具正是人和动物的本质区别。亦正是各种工具的使用，不断丰富了人们的物质和文化生活，把人类社会的文明不断向前推进。

因此，可以毫不夸张地说，材料的发展史谱写了人类社会的文明史。材料的每一次创新，都为人类社会的发展镌刻着一座座里程碑。正是材料的发现、使用和发展，引领着人类社会走过旧石器时代、新石器时代、青铜器时代、铁器时代、高分子材料和硅材料时代，进入科学技术高度发达的当今社会。

在石器时代，人们过着原始的狩猎生活。石矢、石刀等打砸的石器是他们赖以生存的工具；火的驾驭和使用，使人们从蛮荒走向文明，人类进入了农耕社会。人们学会了制砖烧陶，先民们为我们留下了一批伟大的奇迹。埃及的金字塔、狮身人面像，中国秦始皇陵的兵马俑、万里长城等，都在为我们述说着远去的辉煌。

青铜器时代为我们留下了精美的篇章。青铜——铜锡合金是人类历史上发明的第一个合金，当时中国先民们已经掌握了用不同的铜锡比例制造不同用途的器具，如刀剑、炊具、乐器等，其配比的精准程度与现代研究结果惊人相似。今天，当我们在博物馆欣赏那些精妙绝伦、震惊中外的青铜器杰作——编钟、铜鼎、锋利的铜剑时，我们由衷地为当时科技水平和制作水平之高而赞叹！

铁器时代的到来，为我们展现了新时代的曙光。随着蒸汽机的发明和改进，大规模炼铁技术及制造业的发展，为我们开创了技术革命的新纪元，实现了机械化、电气化。轮船、汽车、飞机、电灯、电报、电话的出现，使人类生活质量大大改善。

合成高分子材料开始于 20 世纪初，在 20 世纪下半叶得到了飞速发展，已深入人类社会的方方面面。随着核能的应用、合成材料工业和以硅材料为支柱的半导体工业的大规模工业化、民用化，人类开创了以计算机，特别是微电子技术、生物工程技术和空间技术为主要标志，以新型材料、新能源、生物工程、航天技术、海洋开发等新兴技术为主攻方向的信息社会。

7.2.2 材料是国家实力的重要标志

材料历来是一个国家经济实力和国防力量的度量。在相当一段时间里金属材料有过辉煌的地位，人们往往用钢铁产量的多少来衡量一个国家的实力。当年那些老牌的殖民主义国家，用坚舰利炮轰开了一个又一个国家的国门，肆意掠夺这些国家的财富，奴役那里的人民；当今世界，哪个超级大国不是凭借手中的飞机导弹、海上游弋的军舰潜艇，在世界上到处耀武扬威、称王称霸，图谋主宰世界。

20 世纪 50 年代以后，石油化学工业得到了前所未有的高速发展。高分子材料的年平均增长率远远超过了钢铁、水泥的年平均增长率，到 20 世纪 90 年代初，塑料的年产量突破了 1 亿吨大关，按体积计其产量已经超过了钢铁的产量。因此，现在人们用塑钢比(塑料产量/钢铁产量)替代钢产量来衡量一个国家的工业实力。

改革开放使中国经济快速腾飞，GDP 超过 24 万亿元，位列世界第三。中国已成为世界制造业的大国。材料工业也如沐春风，钢铁达 4 亿吨、水泥达 10 亿多吨、塑料消费量超过 4 000 万吨，三大材料产量已在世界上数一数二。中国的综合国力急剧增长，国防实力随之攀升。

汽车是现代工业文明的产物、社会的宠物。汽车的发明与普及极大地丰富了人们的生活，使人类的活动范围大大拓展。生活、出行越来越便利，信息的交流和传播更快、更便捷。汽车的多少在一定程度上反映了一个国家的经济发展水平、科学技术水平和繁荣的程度。汽车是一个国家综合实力的象征。汽车工业的发展离不开材料。一辆汽车大致由 1 万多个零部件组成，需要各种各样的材料及与之相适应的各种各样的制造工艺技术。据统计，在整车总质量中钢铁约占 65%～70%、铝约占 5%～10%、塑料约占 10%～15%、玻璃约占 2%～4%、其他材料(如涂料橡胶纤维木材等)约占 5%～10%。随着减轻汽车自重，追求更安全、快捷，降低能源消耗，采用替代燃料，对材料的要求不断提高，汽车材料的构成也逐渐发生变化。黑色金属(钢铁)的比例进一步下降，而高强度合金、轻金属(铝、镁合金)、塑料(包括树脂基复合材料)的用量在增加。汽车生产涉及冶金、机械制造、化工(包括塑料、橡胶、纤维等)、电子、电器、煤炭、石油、轻工、纺织等工业部门。而汽车的销售与运营还涉及金融、商业、运输、旅游、服务等行业。汽车服务也包括汽车停放、保养、修理、加油、保险、食宿以及公路和其他基础设施建设与维护等。据统计,汽车工业对国民经济的贡献有 1:2.9 的辐射效应;汽车工业每增值 1 元,可使上游产业增值 0.65 元,下游产业增值 2.63 元;对劳动就业而言,每 6 个就业岗位中就有 1 个与汽车工业相关。在发达国家,汽车工业的产值约为工业总产值的 10%。因此,世界主要发达国家和部分发展中国家都将汽车工业作为国民经济的支柱产业。近年来中国汽车工业突飞猛进,中国汽车第一个 100 万辆用了 39 年,第二个 100 万辆用了 8 年,而目前一年就增加 100 万辆。中国已步入汽车生产大国行列,2007 年产量已达 888 万辆。

中国的和平发展为世界所瞩目,一些媒体甚至炒作起所谓"中国威胁论"。确实,中国已经是世界制造业的大国。然而,如果将这些产量除以 13 亿人口,中国与发达国家的差距是显而易见的,甚至与世界平均水平也有一定的差距。而且,中国是技术引进的大国,原创技术所占比例不高,中国远不是制造业的强国、材料工业的强国。从中国制造演变为中国创造,我们还有很长一段路要走。即使将来我们强大了,也决不会称霸。

7.2.3 材料是人们生活水平提高的保证

材料是人们生活水平的标志。今天,我们每时每刻都在享受着材料进步给我们带来的快乐。人们的衣食住行无不展现着材料创新的丰硕成果。

因特网使我们的生活充满乐趣。坐在计算机前的你,只要轻轻敲打键盘,就能漫游世界:国内外要事、人世间趣事、天文地理……尽收眼底;如果你想来点背景音乐,遥控器轻轻一点,曼妙的歌声立即充满整个房间;如果你有想法,可以上博客议论一番;肚子饿了,电饭煲、微波炉快速地为你奉上一顿可口的美味佳肴。

如果你喜欢旅游,现代交通工具可以将你送到天涯海角,而不必像古代探险家那样用双脚一步一步丈量大地;从上海飞往北美大陆,现代飞机也就十来个小时;从上海到北京,高速火车只要 5 个小时;城际铁路使上海、南京、杭州等长三角城市在 1～2 小时经济圈内;汽车给你提供了自驾游的机会,你走走停停、留恋于大自然的山山水水之间;也许有那么一天你将乘上太空飞船前往月球、火星……

当你和朋友去商业街购物,徜徉在美丽的夜色中,璀璨的霓虹灯、布置得五光十色的橱窗、衣着鲜丽的俊男靓女……这一切都是靠材料来装扮的。

生活离不开材料。过去如此,现在如此,将来还是如此。材料真是无处不在、无时不在。

7.2.4 明天,呼唤新材料

人类面临挑战。不可再生的资源——石油、煤炭所剩无几,照目前的消耗量,石油大约只能够维持三五十年,每桶石油的期货价格已逼近 140 美元;煤炭也好不了多少,大约 200 年后亦将消耗殆尽。人类赖以生存的环境遭到严重破坏,气候反常,沙漠化步伐加剧,水质劣化,空气质量变差。2008 年 1 月中下旬,暴风雪数度突袭中国南方,十几省市受灾,铁路、公路、航线等交通中断,辛劳一年、春节返家团圆的人群被迫滞留在车站和机场,甚至被围困在路途中,经济损失惨重。尽管这主要是自然现象造成的灾害,但也是大自然对人类的警告。

石油、煤炭资源濒临枯竭,能源危机四伏,开发核能、风能、太阳能等新能源被提上议事日程。以核能为例,1 千克铀可产生相当于燃烧 2 500 吨优质煤的能量,原子能电站可以满足人类对电能的需要。然而,地球上较适合开采的铀矿石只有 100 万吨,即使加上低品位的铀矿石及其他副产铀化物，总量也不超过500万吨，仅能供人类消耗几十年。研究表明，海水中有45亿吨铀，但含量很低，仅3克铀/1 000吨海水。因此，分离、提纯是关键。1千克氘燃料抵得上4公斤铀燃料或10 000吨优质煤。每升海水中含氚0.03 g(相当于燃烧300 L汽油放出的能量)，氚的总储量为几亿亿kg，可供人类用上百亿年，利用氘-氚核聚变反应发电更有利。研究还表明，氦-3是安全、高效的核聚变燃料，建一个500 MW的氘-氦-3核聚变电站每年只需消耗50千克氦-3，全世界也仅需消耗100吨氦-3就可满足全年对总电量的需求。而且，与氘-氚核聚变反应要放出中子相比较，利用氘-氦-3核聚变反应只放出质子，因不放出中子，所需防护设施、材料和环保条件较简便、价廉。但地球上氦-3储量不足15吨。不过，月球探测表明，月球土壤中含氦-3达100万～500万吨，足够地球用7 000年。

进入21世纪，人类前行的步伐越来越快：人类要飞向浩瀚的太空，探索外层空间的奥秘。美国制订了2020年重返月球的计划，俄罗斯也准备2025年登上月球，日本、中国相继发射成功了探月卫星，探明氦-3、铁、钛、钾、磷、稀土金属、钍、铀等的储量和富集区是目标之一；人类要潜入大海，开发大洋，获取石油、可燃冰、锰结核、热核聚变反应的燃料——氘和氚……

从海洋、月球土壤开采、分离、提纯能源燃料，需要相关的技术和材料，深潜、探空要求材料高强、轻质、耐压、耐高温、耐低温、耐冷热交变、耐辐射、耐腐蚀等。

深空探测工程、海洋工程是一个国家科学技术水平、经济实力的集中展示，也必将强有力地带动信息技术、新能源技术、材料技术等高新技术发展。美国“阿波罗”计划历时10余年，有2万家企业及200余所大学和研究机构参与，培养了一大批科学家，科技发展到一个全新高度，其科研成果带动了美国20世纪六七十年代计算机、通信、测控、火箭、激光、材料、医疗等的全面发展，带动了美国20世纪80年代的经济繁荣。“尿不湿”、笔记本电脑等均得益于此。中国的“嫦娥”计划有数十家科研院所和高校参与，已产生了4 000项创新成果。

新能源工程需要新材料，海洋工程、宇航工程也是需要新材料，信息技术、计算机技术、微电子技术、生物技术等同样需要新材料。为满足高新技术产业的需要，材料工作者应通过分析、建模，深入微观领域，从分子、原子角度，弄清组成、结构与性能的关系，设计和开发新材料，实现材料功能化、智能化、精细化、复合化。

7.3 话说新材料

材料是一个大家族，新材料更是成千上万，仅择几类材料加以说明。

7.3.1 功能材料

材料学正逐渐成为交叉渗透的学科，日益向复合化、多功能化、智能化、工艺一体化的方向快速发展，为了解决生产的高速发展以及由此所产生的能源、环境等一系列的问题，人们着眼于用高科技的方法和手段来生产新型的、功能性的产品，以获得各种优良的综合性能。通常把通过光、电、磁、热、化学、生化等作用后具有特定功能的材料定义为功能材料。

功能材料是新材料领域的核心，对高新技术的发展起着重要的推动和支撑作用，在全世界新材料研究领域中，功能材料约占85%。随着信息社会的到来，特种功能材料是21世纪信息、生物、能源、环境保护、空间等高技术领域和国防建设的重要基础材料，是能源、计算机、通信、电子、激光等现代科学的基础，同时也对改造农业、化工、建材等传统产业起着重要作用。它已成为世界各国新材料领域竞相研发的重点，也是世界各国高技术发展中战略竞争的热点。

功能材料种类很多，下面仅介绍几种典型的功能材料。

(1) 能源材料　太阳能电池材料是新能源材料研究开发的热点，IBM公司研制的多层复合太阳能电池，转换率高达40%。美国能源部在全部氢能研究经费中，大约有50%用于储氢技术。固体氧化物燃料电池的研究十分活跃，关键是电池材料，如固体电解质薄膜和电池阴极材料，还有质子交换膜型燃料电池用的有机质子交换膜等，都是目前研究的热点。

(2) 生态环境材料　生态环境材料是20世纪90年代在国际高技术新材料研究中形成的一个新领域，其研究开发在日、美、德等发达国家十分活跃，主要研究方向是：①与环境问题相关的材料技术，如生物可降解材料技术、CO_2气体的固化技术、SO_x、NO_x催化转化技术、废物的再资源化技术、环境污染修复技术、材料制备加工中的洁净技术以及节省资源、节省能源的技术；②开发能使经济可持续发展的环境协调材料，如仿生材料、环境保护材料、氟利昂、石棉等有害物质的替代材料、绿色新材料等；③材料的环境协调性评价。

(3) 生物医用药用功能材料　随着化学工业的发展和医学科学的进步，生物医用药用功能材料的应用越来越广。从高分子医疗器械到具有人体功能的人工器官，从整形材料到现代医疗仪器设备，几乎涉及医学的各个领域。目前，国外有数以百万计的人靠人工器官维持着生命，仅在美国每年约有100万人接受人工器官的植入手术，包括人工心脏瓣膜、人工血管、人工髋骨、人工膝盖、人工肾、人工乳房等。

生物医用药用功能材料从原料、助剂、材料合成到制品结构设计加工，从生物学性能的检验到临床验证，涉及的专业和学科很多。它在使用过程中由于常常与生物肌体、体液、血液等相接触，有些还长期在体内放置，因此对其性能的要求相当高：①化学性能稳定，对人体的血液、体液等无影响，不形成血栓等不良现象，适应人体相当复杂的环境；另外，需在体内降解的骨钉、骨板、手术缝合线等则要求在体内一定时间内降解，尽快被组织分解吸收，而不会产生对人体有毒有害的副产物；②材料与人体的组织相容性良好，不会引起炎症或其他排异反应；③无致癌性，耐生物老化，长期植入体内的材料其物理机械性能不发生明显变化；④不因高压蒸煮、干燥灭菌、药液等消毒措施而发生变质。

除了生物医用药用功能材料以外，聚合型药理活性高分子药物以及以高分子为载体的药物也有很广泛的应用。

聚合型药物主要为应用于人造血液、人造血浆、抗癌症的高分子药物以及用于心血管疾病的高分子药物如抗血栓、抗凝血药物，抗病毒、抗菌药物等。

多数药物的药效是以小分子的形式发挥作用的。将具有药理活性的小分子引入高分子骨架上，可控制药物使其缓慢释放，药效持久；还可以根据人体的酸碱度、温度等条件控制聚合物微组织结构的舒展程度，达到药物靶向释放，更有针对性地作用于病灶。

(4) 隐身复合材料　隐身复合材料技术主要是指雷达吸收滤波材料、滤波材料和导电技术的应用技术。其利用隐身复合材料特殊的电磁特性将入射的电磁波能量转化为热能而损耗掉，从而减小飞机某些关键部位的雷达回波强度，达到对雷达探测的"隐身效果"。

(5) 光功能复合材料　各种光功能复合材料种类繁多，主要用于快速传递、记录、储存和显示大量的信息。例如早期以磁性能为主的3.5英寸磁盘的信息容量只有1.44 MB，只能用于记录少量的文本文件，对于影音文件等大型文件的存储束手无策；而随后开发的光盘，其容量相当于几百甚至几千个 3.5 英寸磁盘，且信息存储的安全性也大大提高。

(6) 智能材料　智能材料是继天然材料、合成高分子材料、人工设计材料之后的第四代材料，是现代高技术新材料发展的重要方向之一，将支撑未来高技术的发展，使传统意义下的功能材料和结构材料之间的界限逐渐消失，实现结构功能化、功能多样化。科学家预言，智能材料的研制和大规模应用将导致材料科学的重大变革。国外在智能材料研发方面已取得很多技术突破，如英国宇航公司的导线传感器，用于测试飞机蒙皮上的应变与温度情况；英国开发出一种快速反应形状记忆合金，寿命期具有百万次循环，且输出功率高，以它作制动器时反应时间仅为 10 min；压电材料、磁致伸缩材料、导电高分子材料、电流变液和磁流变液等智能材料驱动组件材料在航空上的应用取得了大量创新成果。

7.3.2 航空航天材料

神舟 5 号、神舟 6 号载人宇宙飞船的成功升空和顺利返回，“嫦娥”一号探月卫星的成功发射、变轨、测控、探测、传送数据等，表现良好，标志着经过几代人、数十年的不懈奋斗，中国已步入航天强国的行列。其中，轻质高强、耐高温、耐烧蚀的高性能材料起着关键的作用。人类探索浩瀚太空的活动永不停息，对高性能材料的需求也是永无止境的，在材料性能上的任何突破，都将推动航天技术向更高层次发展。

近 100 年来，制造飞机机身的材料从初期用木材，发展到用铝合金，再发展到用比铝合金更加轻质高强的复合材料。材料每进一步，航空航天飞行器就进一大步。特别是用碳纤维、芳纶纤维、特种聚乙烯纤维等高性能增强材料制得的复合材料，具有极高的比强度(强度与密度的比值)，更为航空航天领域青睐。

作为高性能的航空材料——复合材料，主要用作战斗机的机翼蒙皮、机身、垂尾、副翼、水平尾翼、雷达罩、侧壁板、隔框、翼肋和加强筋等主承力构件。表 7－1 给出了美国在各种型号的战斗机上使用复合材料的比例。从表 7－1 中可以看出：由于复合材料除具有轻质高强、耐疲劳等特点外，还具有不反射雷达波的特性，因此，在 F117、B－2 等隐形飞机上使用复合材料的比例相当高。

表 7－1　美国战斗机使用复合材料的比例

飞机型号	F15	F16	F18	AV－8b	F117	B－2	ATF
复合材料比例/%	2.0	2.5	10	26	42	38	59

战斗机上大量采用复合材料，大幅度降低了飞机的质量，改善了飞机的总体结构。由于复合材料构件的整体性好，构件的数量大为减少，安全可靠性得到极大提高。某飞机使用复合材料垂尾后的结构设计质量从原来铝合金的 422.6 千克，变为复合材料的 309.6 千克，减轻了 113 千克。

在波音 737～777、空中客车 A310～A380 等各种型号的民用飞机上复合材料也广泛使用。

航天材料对轻质高强具有更高的要求，例如，人造地球卫星的质量每减轻 1 千克，运载它的火箭便减轻 1 000 千克。这意味着，在相同推力的情况下，卫星可以发射得更高、飞得更远。

用复合材料制造的卫星部件有：仪器舱本体、框、梁、桁、蒙皮、支架、太阳能电池的基板、天线反射面等。

碳/碳复合材料是载人宇宙飞船和多次往返太空飞行器的理想材料，用于制造宇宙飞行器的鼻锥部、机翼、尾翼前缘等承受高温载荷的部件。固体火箭发动机喷管的工作温度高达3 000～3 500℃，目前只有碳/碳复合材料能承受这种工作环境。由黄伯云院士主持的“高性能碳/碳航空制动材料的制备技术”(获2004年国家技术发明奖一等奖，其与另一项成果一起结束了该奖项连续六年空缺的历史)，使中国成为继美国、英国、法国之后第四个拥有该制造技术和生产该类高技术产品的国家，标志着中国在航空航天碳/碳复合材料领域迈入世界前沿，在打破国外技术封锁，实现高性能航空制动材料国产化，确保国家航空航天战略安全等方面具有重大意义。

由张立同院士主持的“耐高温长寿命抗氧化陶瓷基复合材料应用技术”获2004年国家技术发明一等奖。成果的整体技术跻身国际先进行列，材料综合性能达到国际领先水平。该项目研制的连续纤维增韧碳化硅陶瓷基复合材料是一种新型战略热结构材料。其替代金属材料减轻自重，解决了目前航空航天器燃料20%～30%浪费的问题，可满足向高速度、高精度、高搭载和长寿命发展的需求。该产品的近20种构件在航空发动机、液体火箭发动机、冲压发动机、固体火箭发动机和飞行器防热结构上均得到成功应用。

7.3.3 海洋工程材料

海洋中蕴藏着极其丰富而重要的资源，包括自然资源、能源、空间资源。自然资源指海洋矿产资源、水产资源、海水资源等；能源指潮汐发电、温差发电、海浪发电、盐度差发电等，以及可作为核聚变燃料的、海水中富含的重氢(氘)；空间资源则是指海上机场、水下工厂、水下实验室、海底实验室等。海洋工程是人类利用海洋科学及有关工程原理开发、利用海洋资源活动的总称。海洋工程包括海底石油、天然气和其他矿藏的开发，海洋能源开发，海水资源提取，水产资源开发，海洋空间利用，海洋环境保护和深海捕捞，潜水技术，航运及海底工程技术等。由于很多资源属于深海资源，其开发利用需要大量的深海探测仪、深海开采设备、输送管路、船只，以及与之配套的各种高强、超强、耐腐蚀的高性能新材料和新技术。例如，海洋石油装备不仅包括海洋石油平台(船)的本体，还包括石油钻机主系统、完井与采油设备系统、石油钻井主要配套系统、海洋浮动式石油钻井专用设备系统、水下完井装备系统和平台(船)的公用系统等。

未来几十年内，人类对于海洋工程材料的要求重点在于：

(1) 开发生产高强度、高韧性、低脆性转变温度和高冲击吸收强度的高级别船板(E、F级)；

(2) 开发生产耐海水腐蚀的超高止裂宽中厚钢板、高合金奥氏体不锈钢和双相不锈钢板与管件；

(3) 开发化学品、液化天然气船舶用双相不锈钢材料；

(4) 开发船舰用曲轴、大型铸锻件、大马力低速柴油机用耐热合金钢等材料；

(5) 开发船舶、海洋工程领域的重防腐涂料。

海洋工程用金属材料主要包括钢材、铝合金、钛合金等，举例如下。

(1) 海洋工程用钢　海洋工程用钢包括碳素钢、合金钢、特种钢以及铸铁和铸钢等。为了适应海洋特殊环境，所选用的材料与普通材料相比在性能上提出了更高的要求。

低合金高强度钢(合金元素含量总量在5%以下)具有优良的综合力学性能和工艺性能，令人满意的焊接性能、抗脆性能和耐大气腐蚀等性能，因此被广泛用作船体或海洋平台的结构材料。目前我国用于造船的低合金钢有12Mn、16Mn、15MnTi及14MnVTiRe四种，都是以Mn、Si为主要添加合金元素；而舰艇结构专用低合金高强度钢则主要有901、902、903、904等牌号。

对于某些长期处于海洋大气或海水腐蚀以及处于低温环境下使用的船舶、码头、离岸结构物、海洋平台及深潜器等，需要用到一些特种钢。例如，为了提高低合金钢的耐大气、耐海水腐蚀性能，可在钢中加入一些合金元素如Cu、P、Al、Cr、Ni、Si等。有些船舶如破冰船、冷藏船以及长期在海上作业的采油平台就必须采用低温用钢，即工作温度在−20℃～−269℃之间的低合金钢。大部分低温用钢都是通过加入少量合金元素以固溶强化基体、细化晶粒或通过热处理的手段细化晶粒、均匀组织来解决低温脆性的问题。

海洋平台结构对材料的选择有其特殊性，除了选用普通船体结构用钢外，还可用Z向钢。Z向钢是在某一级船体结构钢(称母级钢)的基础上，经过特殊冶炼、镇静处理和适当的热处理而成的钢材。平台结构也可以采用高强度淬火和回火钢。

海洋工程中所用的铸铁主要限于结构件，如螺旋桨和气缸体、气缸套、活塞等机械和管路零件；铸钢则主要用于首柱、尾柱、舵、螺旋桨轴架和各种机械结构。

(2) 海洋工程用铝合金　1920年前后，抗蚀性能良好的Al-Mg合金研制成功后，铝合金在军舰上开始被广泛采用。第二次世界大战后，铝合金已从建造大型船舶上层建筑扩大到船体。1948—1950年，美国用Al-Mg合金建造了四艘PT型鱼雷艇，大大减轻了船体的自重。1959年服役的美国“独立”号航空母舰使用了1 222.5吨铝合金。日本在第二次世界大战后也采用铝合金作为船体结构材料和整体壁板。除船舶外，铝合金在海洋工程结构物和海底石油开采装置方面的应用也日趋广泛。美国“阿鲁明纳”深潜器是第一个用铝合金建造的深潜器，其下潜深度达到4 500 m，其耐压壳由165 mm厚的7079-T6高强度铝合金锻件制成。

海洋工程中使用的铝合金主要有变形铝合金和铸造铝合金两种。变形铝合金通常以锻坯板材、管件、棒材等形式供应船厂，常用的有Al-Mg系和Al-Mn系合金，如，LF_2、LF_3、LF_5、LF_6、LF_{10}、LF_{11}及LF_{21}。其中，LF_2常用于制造船用主机的油管、油箱及机座支架等；LF_3用于轻隔壁、围壁、散热器、管路及烟囱壳体等船舶焊接结构和零件；LF_5用于制造船壳板、构架等。铸造铝合金一般含有较多的合金元素，具有良好的铸造性能，其主要牌号有：ZL_{108}、ZL_{110}，主要用于生产柴油机活塞。

(3) 海洋工程用钛合金　钛及钛合金具有很强的抗海水及各种介质腐蚀的特性，并且比强度高，在屈服强度方面的性能优于高强度钢、玻璃钢和铝合金等。近几十年来，钛材料在海水淡化、海洋考察与救生用深潜器、海洋石油开采平台与钻具器件、核电站与海洋温差发电设备等很多方面都有很好的应用。

例如美国的Alvin科研探潜器，1973年改建时将耐压壳体换成钛合金板(厚49 mm)，代替1964年建造时采用的HY100高强钢(厚33.8 mm)，下潜深度从2 000 m增加到3 600 m。1981年和1982年美国建造的“海崖”号深潜器装备了钛合金的观察舱和操纵舱，下潜深度可达6 100 m。我国目前也在用钛合金研制深潜器的耐压舱和浮力球等部件。

钛合金的优良性能使其成为高速、大型快艇和水翼艇壳体的理想材料，而且钛合金不具磁性，可以用作扫雷艇艇体材料。由于钛合金具有高的屈强比，可以减轻质量，具有高的抗疲劳腐蚀性能，可降低空泡剥蚀速度，故可制造螺旋桨和尾轴。此外，钛合金还可用来制造耐海水腐蚀管系、阀门和设备以及船舶动力机械中的燃气轮机叶片等。

舰艇结构中使用的变形钛合金，大多数原来用于航空工业，少数则是按潜艇工作条件和使用的要求专门研制出来的。而用于船舶动力机械方面的钛合金，则几乎全部沿用航空工业方面的钛合金。多年来，中国也自行开发或研仿了几种海洋工程用钛合金，如 Ti31、Ti75、Ti80 及 TC4 等，但与美国等发达国家还存在相当的差距。

为降低成本、改善钛材料性能，目前，在水下结构中已趋于采用钛合金复合结构。如在水下航行器中，带有翼板的耐压密封体，水下探测器中带天线的仪器舱壳体，都是采用这种复合结构。

船舶及海洋工程结构物在海上极易遭受海水和海洋大气环境介质的侵蚀。通常将海洋环境划分为：海洋大气区、飞溅区、潮汐区、浅海区（海洋表层及沿岸近海）、深海区和泥浆区。近海及远洋船舶主要遭受表层海水及海洋大气的侵蚀。而海洋结构（如导管架等）则同时遭受海洋大气、飞溅区、潮汐区、全浸海水和海底泥浆的侵蚀。因此，船舶及海洋工程结构的防腐与保护是重点，亦是难点，必须引起足够重视。

现以海洋平台结构为例说明。海洋平台是长期在海上从事钻探和采油生产的人工岛。与船舶相比，海洋平台腐蚀环境要严酷得多。由于各个海区环境因素的差异，钢结构的腐蚀行为和保护参数也有很大差别。因此某一海区所得到的腐蚀试验数据和平台防蚀经验，不能盲目搬用到另一海区平台上去。海洋工程钢结构的防腐蚀应根据具体的海洋环境采取相应的方法。防腐蚀方法有涂料涂装保护法、阴极保护法、金属喷镀加涂装保护法、无机涂层包覆法、耐蚀金属包覆法等。海洋大气区和飞溅区的钢结构的保护措施主要是用涂料涂装保护法。在全浸区，单独采用阴极保护或采用涂料涂层和阴极保护的联合保护措施。目前，大部分海洋平台和全部海底管线都采用牺牲阳极保护法。水下结构使用涂料涂层，已成为减少阴极保护电流需要量的最普通的方法，这样会大大降低阳极的牺牲量，或减少外加电流保护的电流需要量。因而，近年来建造的平台，大部分采用优质涂料涂层加阴极保护的方法来防止平台腐蚀。

7.3.4 能源工程材料

能源与人类的生活、生产密不可分。自从人类学会使用火以后，新的能源不断被发现、被利用；如：柴、煤、石油、天然气、水能、核能、太阳能、风能等。能源的利用也从简单的直接利用到高技术的间接利用，例如，利用太阳光来晒干谷物、晒干衣服，就是太阳能的直接利用；而利用光电转换材料将太阳能转换成电能，再利用电来照明、通信、驱动车辆等，或者将多余的电能储存在电瓶中，即使在太阳没有的时候也可以使用，这就是太阳能的间接利用。

火力发电是利用煤、石油、天然气燃烧时放出的热量加热锅炉产生高压蒸汽，使汽轮机转动带动发电机发电。迄今为止，我国仍以火力发电为主。而且，仍然将煤作为主要燃料。但是煤、石油等作为一种自然资源是有限的，是不可再生的资源。而且煤、石油在燃烧过程中产生的废气会污染环境，如酸雨、二氧化碳过量排放产生的温室效应就是大量燃烧煤、石油（包括衍产品）引起的。

水力发电是利用水位高差所具有的水能，推动水力发电机发出电能，是清洁的能源。中国是水力资源丰富的国家。2006年中国水力发电总装机容量为1.29亿kW，约为全国总装机容量的1/5。2007年长江三峡装机容量达到1 786万kW，居世界第一。而且中国尚有2亿kW的水电资源等待开发(约为世界的1/6)。

太阳能是取之不尽用之不竭的资源，是大自然对人类的恩赐。据计算，地球上拥有的太阳能为目前人类实际需要能源的1万倍。而且，月球上几乎无大气，太阳辐射可长驱直入，每年到达月球的太阳光辐射量大约为12万亿kW，几乎是地球上当前消耗各种能源产生的总能量的2.5万倍。太阳能发电是利用太阳能的光电转换产生电能，是清洁的能源。在一些西方国家，太阳能电池的开发已相当成功，并已成为一个新的产业。但总体上说，要实现太阳能的充分、有效利用，尚有很长的路要走。而与发达国家相比，中国还刚刚起步，差距还很大。

风能是可再生、无污染、储量巨大的能源，全世界约有风能1 300亿kW。因此，与太阳能一样，风能亦备受青睐。在全世界范围内，风力发电机市场平均每年以30%的速度增长。丹麦是世界风能发电大国，亦是风轮生产大国。在中国，同样没有得到很好的利用。

大型发电机是火力发电、水力发电、核能发电的重要设备，通常有30×10^4 kW、60×10^4 kW和100×10^4 kW等规格，像上海这样的大城市需要20台100×10^4 kW的发电机组才能满足其用电需要。制造大型发电机的材料主要为金属材料和绝缘材料，发电机的机座和转轴用优质钢材，定子线圈和转子线圈采用高纯度铜；绝缘材料则有几十种，主要有高性能塑料，如聚四氟乙烯、聚酰亚胺等，以及玻璃纤维或聚酯纤维增强环氧树脂复合材料。其中以复合材料的用量最大，每台电机要用3～6吨，例如，大型发电机端部固定线圈用的大锥环，是以玻璃纤维作增强材料、环氧树脂为基体，通过缠绕成型工艺制备的复合材料，在60×10^4 kW和95×10^4 kW发电机中的单件质量分别达到1 200 kg和2 600 kg。很多复合材料是在制造发电机时现场制造的，如发电机线棒的绝缘层，就是通过在线棒上缠绕玻璃纤维云母胶带，然后加热、加压制备得到，或者通过在线棒上缠绕玻璃纤维云母少胶带，然后真空浸渍树脂，加热固化制备得到。复合材料的制备过程是一个复杂的化学和物理变化的过程，复合材料的性能在很大程度上取决于工艺过程控制的好坏，因此，制备复合材料在技术上有较高的要求和难度。

风力发电机已从20世纪90年代后期的以600 kW机组为主，发展到现在的以MW级风力发电机组为主，发展非常之快。风力发电机组的叶片是以玻璃纤维或碳纤维为增强材料，环氧树脂为基体制备得到的复合材料，1 MW风力发电机组的叶片质量为4 400 kg。风力发电机组的叶片是一根细长的悬臂梁，需忍受巨大的风压，且三根叶片在转动时又应达到很好的动平衡，在设计和制作上都有很高的要求。2005年全球用于制造风力发电机叶片的复合材料达14万吨。

核能是解决中国电能短缺的另一途径。国家计划到2020年将核电的产量增长到4 000万kW，为此，需要每年建造3个核反应堆，到时核能发电将占全国能源总量的4%。尽管这仍远远低于世界16%的平均水平，但是，这样的核电建设计划，将成为几十年来世界核电发展史上最大规模的核电建设工程。核燃料的开发和利用、受控热聚变电站的成功并网发电，需要人类做出更大的努力。

太阳能利用需要开发高效的光电转换材料，太阳能电池纳米技术有望带来廉价而高效的太阳能电池板，值得期待。

7.3.5 生物医用材料

世界真美好，人们享受着美好世界带来的快乐，亦享受为世界更美好而工作所取得成功的快乐。

作为享受的基本元素——健康已引起人们的高度关注。人口老龄化、中青年创伤的增多、心脑血管疾病、癌症、艾滋病、糖尿病、老年痴呆症等发病率逐年增加，使人类的健康受到严重威胁。生物医用材料应运而生，其发展的态势可与汽车和信息产业相比，正成为21世纪世界经济的一个新的支柱产业。

生物医用材料是用于对生物体进行诊断、治疗、修复或替换病损组织、器官或增进其功能的新型高技术材料，是研究人工器官和医疗器械的基础。早在2 000多年以前，中国人、罗马人和阿兹特克人就开始使用生物材料，黄金镶牙就是一例。但可使用的材料不多，应用亦不普及。直到最近几十年，随着高分子材料的发展，生物材料才在现代医学中开始广泛应用。

大量用于医疗器械(植入器械、体外循环系统等)的生物医用材料有20多种，已开发应用的主要包括：心脏和心血管系统(起搏器、心脏瓣膜、人造血管、导管和分流管等)，矫形外科(人工关节、骨板、骨螺钉等内固定器械、骨缺损填充或修复体、脊柱和脊柱融合器械、功能化模拟神经肌肉和人工关节软骨等)，整形外科(颅、颌面、耳、鼻等修复体和人工乳房等)，软组织修复(人工尿道、人工膀胱和肠、体内和体外分流管、人工气管、缝线和组织黏合修补材料等)，牙科(牙种植体、牙槽骨替换、增高和充填剂等)，感觉神经系统(人工晶体、接触镜、神经导管、中耳修复体、经皮导线、重建听力和视力修复体等)及药物和生物活性物质控释载体等近300种器械。

植入医疗装置是为了保全数百万患者的生命或提高生活质量。因此，治愈缺损，保证植入医疗装置在有效使用后能够自行消失，生物活性物质的突破十分关键；临床十分关心降低感染率，依赖于生物材料的抗菌表面处理、无污染表面和抗生素控制释放机制等方法可以满足要求。

药物控制释放领域的发展已促使装置和药物两者功能性结合，心血管药物洗脱支架抑制血管再狭窄，显示了器械和药物相结合的巨大威力；能够对特定细胞信号作出反应的智能材料的出现，使组织、器官和系统的替代成为可能，合成人工肌肉或自行根据血液葡萄糖含量反应的胰岛素释放系统就是很好的例子。近年来，对药物释放材料的研究取得了巨大进展，由金属蛋白质基质(MMP)可降解部分和黏着配位体组成的水凝胶研制成功，其中MMP部分的存在使天然细胞可以控制凝胶的重新塑型，用来替代合成凝胶材料，加入成骨蛋白质等特定的生长因子时，该凝胶能够促使细胞的渗入，并形成大量的组织，试验结果表明新的组织可以治愈实验鼠临界尺寸的头盖缺陷；在微细制作方面的发展也给智能生物材料和药物输送体系的发展提供了新的途径，现已制造出一种带有100个药物容纳井的可植入硅微芯片，每个井都可以根据要求在低电压的作用下，释放出药物，这种有传感器植入的计算机控制药物输送系统将对药物治疗方法进行重大变革；为了得到骨组织良好的黏附性和整合性，骨与植入物之间合适的接触十分关键，一种在操作时处于使用方便的状态(比如液体)，而到达正确目的地后立刻转化为其他状态(比如固体或凝胶)的生物材料已经研究出来；可以在体内受光照射、温度或pH变化的控制固化材料、生物可降解形状记忆聚合物、能根据电位的变化在亲水性和疏水性之间切换的双向开关的表面材料均得到了研究,形状记忆聚合物能在最容易植入的状态下被植入(比如腹腔镜检查),然后在体温作用下变为最终需要的形状,而使外科手术变得简单,切换双向开关的表面材料有可能生产出带有数字化反应表面的医疗器械和传感器。

组织工程将最终给医疗植入物带来一场革命,组织工程将使活的、功能性的替代物代替许多组织器官成为可能。组织工程的研究集中在生物降解高聚物、快速原型制造、药物传输系统、细胞培养、干细胞方法、血管生成和再造细胞外基质的仿生机制方面,生物活性分子的引入,将为生物材料提供生物信号,引起特定的细胞反应,并引导新组织的形成。例如,使用肽链对材料进行表面或本体改性,通过肽链浓度或空间分布进行调节,将对细胞的黏附、增殖和迁移功能进行调控。尽管近年来仿生材料有了很大的发展,但在根据需要设计特定细胞种类的黏附分子来引导组织再生,以及具有与活体细胞类似机械反应能力的材料合成方面仍受到挑战。

诊疗装置是生物医用材料应用的另一个重要方向,智能材料、无污染表面和微型电机概念将应用到这些装置中:一个带有补充的 DNA 芯片排列 100 个不同细菌,能快速地识别细菌感染的起源;带有整个人体基因组的序列装置将可以在婴儿出生时诊断出其一生中可能碰到的问题;包含人体活细胞培养物的微型电机装置可能使合成药物变为根据个人生理情况的需要等。

值得关注的是,使用智能系统和微米或纳米技术的结合,将可能使生物医用材料的发展无限延伸。止血纳米膜可在几秒钟内使伤口止血,而使用生理盐水则需要 200～300 秒才能止血,因此,很适合于战地手术和心脏手术。一种纳米胶已处于临床试验,其特点是在进入阴道 5 秒钟后,可形成保护膜,而有效防止艾滋病病毒。可以预见,随着对生物系统与材料表面互相作用更深刻的理解,它将具有改变人类预期的潜力。

7.3.6 信息工程材料

卫星升空、宇宙探密、星际飞行……都需要监控飞行状态,随时修正运动轨迹,这一切都需要信息的收集、存储、处理、传递和显示,即现代信息技术。现代信息技术通过各种信息功能器件,实现各种信息的收集、存储、处理、传递和显示。这些信息功能器件是以各种信息材料为主构成的。不同的信息功能器件,具有不同的信息功能,它们的构成信息材料也各不相同。

传感器和探测器是具有信息收集功能的器件,它们是由以信息传感材料为主的材料制成的。例如,金属应变电阻材料和半导体压阻材料等用来制作传感器;正温度系数和负温度系数(NTC)热敏材料等用来制作热敏传感器;光敏电阻材料、光电导型和光伏型半导体光电探测器材料用来制作光敏传感器和探测器;半导体磁敏电阻材料和强磁性薄膜磁敏电阻材料用来制作磁敏传感器; n 型或 p 型金属氧化物半导体气敏材料、金属氧化物气敏材料和高分子气敏材料用来制作气敏传感器;陶瓷湿敏材料和高分子湿敏材料用来制作湿敏传感器;生物酶、动植物组织、微生物、抗体、抗原和单链核酸用来制作生物传感器。各类光纤传感材料用于电场、磁场、压力、弯曲、旋转、温度和有害气液体的测量。

存储器是具有信息存储功能的器件,其主要由半导体存储材料、铁电存储材料、磁存储材料、有机光存储染料、磁光存储材料、相变存储材料、光谱烧孔材料、光折变晶体和光折变聚合物材料、分子存储材料、纳米存储材料等信息存储材料制成的。

具有信息处理功能的器件分为微电子信息处理器件和光信息处理器件两大类。用来制作微电子信息处理器件的材料主要有硅、锗等半导体材料和 GaAs 系列、InP 系列等半导体材料，二氧化硅等氧化物材料，微波铁氧体材料，铝、铜等金属电极，引线材料等。用来制作光信息处理器件的材料主要有电光调制材料，声光调制材料，磁光调制材料，非线性光学材料，GaAs 系列、InP 系列、GaN 系列等半导体激光器材料，二氧化硅等氧化物材料，$LiNbO_3$、PMMA 等波导材料等。

具有信息传输功能的器件主要是指用于光通信、微波通信、移动电话通信的一些器件。各种光纤材料、半导体激光器材料(用于提供传输信息用的载体——激光)、光耦合材料、光波导材料、电光材料、掺铒光纤放大器材料、半导体光电探测器材料等被用作光通信的信息材料；微波相控阵天线材料、旋磁微波铁氧体材料和 Si 或 GaAs 微波收发集成电路材料被用作微波通信的信息传输材料；GSM 蜂窝移动电话系统的信息传输材料主要是手机的天线材料、Si 基收发集成电路材料、基站子系统 BSS 和网络交换子系统 NSS 的各种 Si 基或 GaAs 基集成电路的材料等。

用作各种显示器件的信息材料，因显示原理不同，也有很多种。例如液晶显示采用各种液晶的混合物及用于制作 TFT－LCD 中的薄膜晶体管的非晶硅、多晶硅和 CdSe 等半导体材料；等离子体显示主要采用能在真空中被紫外光高效激发的红、绿、蓝三基色荧光粉和放电辐射紫外光的 He:Xe 或 Ar:Hg 混合气体；交流粉末电致发光显示采用掺杂 Cu、Al、Mn 的 ZnS 基质发光粉；交流薄膜电致发光显示采用掺杂 Mn 或稀土元素的Ⅱ～Ⅵ族化合物半导体、氧化物和氟化物基质发光材料；LED 采用以 GaP 为衬底的 GaP 系列半导体发光层材料和分别以 Al_2O_3、ZnSe、SiC 为衬底的 InGa 系列、ZnSe 系列和 SiC 发光层材料。OELD 有机分子电致发光材料主要可分为低分子系和高分子系两大类。低分子系 OELD 有机分子电致发光材料主要有电子传输发光材料、空穴传输发光材料、双极性发光材料和掺杂发光材料等；高分子系 OELD 有机分子电致发光材料主要有聚苯乙烯撑(PPV)等 π 共轭聚合物和掺入低分子发色团的 PVK 聚合物等。

半导体激光器材料是另一类重要的信息材料，由其构成的半导体激光器是光电子信息技术必不可少的器件。例如在光通信中，半导体激光器发出的激光是信息的一种载体，信息通过调制器的调制被激光携带，然后通过激光在光纤内的全反射传输到信息接收方。又如在光存储中，由半导体激光器材料构成的半导体激光器产生的激光能在与光存储材料的作用下实现对信息的存储。同样，信息传感、处理和显示等光电子功能器件中也会用到半导体激光器材料。

硅材料可用来制作集成电路，而各种集成电路是各种微电子信息功能器件的心脏，因此硅材料是一种重要的微电子信息材料。

集成电路芯片的封装材料、印刷电路板材料(包括导电部分和绝缘部分)等，也是信息器件中不可缺少的一个重要组成部分。它们在信息器件中主要起对电信号的连接、传导以及隔绝作用和保护、支撑核心信息元件的作用，而且它们在所有信息技术产品中几乎都被广泛使用，故可以将它们也归属于信息材料。“嫦娥”一号卫星成功发射、多次变轨、绕月飞行、形态测控、月球探测、数据传送等标志着中国在信息材料研发上取得了巨大的进步，而太空行走、载人登月，尚需人们付出艰苦的努力。

7.3.7 生态建筑材料

室内空气浑浊，感觉缺氧的时候，窗户会自动打开通风；穿着“保暖内衣”的外墙，使房间四季如春，而无需空调；安上多功能低辐射玻璃窗，光线可以穿透玻璃，同时又能反射光的热量，防止城市光污染和“热岛效应”；“神奇空调”每小时换风、通风数十次，喷洒盐溶液保证楼内清洁干燥。如此美妙的生态建筑，配置水流潺潺、鸟儿鸣叫、植物飘香的小区环境，体现着人、建筑、自然的和谐统一，使你无法不对它心动。

随着中国城市化发展高潮的来临，城市里由钢筋混凝土构建的“森林”大量崛起，人们需要居住富有生态特色的住宅来调节生活；特别是在世界能源日趋紧缺的时代，能源价格越来越高，广大家庭迫切需要通过节省能源的住宅来降低开支。就采暖耗能而言，许多欧洲国家住宅的实际年采暖耗能已普遍达到 6 L(油)/m^2，大约相当于 8.57 kg(标准煤)/m^2，而在中国，达到节能 50%的建筑，它的采暖耗能也要 12.5 kg(标准煤)/m^2，约为欧洲国家的 1.5 倍。在设计水平、建筑技术、设备材料制造及应用上都与西方发达国家存在较大的差距。

在建筑中，外围护结构的热损耗较大，外围护结构中墙体又占了很大份额。所以建筑墙体改革与墙体节能技术的发展是建筑节能技术的一个最重要的环节，发展外墙保温技术及节能绝缘材料则是建筑节能的主要实现方式。目前世界各发达国家，均对绝热材料的生产和应用十分重视，这就是这些国家建筑节能工作做得好的原因所在。

节能绝热材料是指用于建筑围护或者热工设备、阻抗热流传递的材料或者材料复合体，包括了保热、保冷双重含义。绝热材料一方面满足建筑空间或热工设备的热环境，另一方面节约了能源。随着世界范围内能源的日趋紧张，绝热材料的意义日显突出。仅就居民采暖空调而言，通过使用绝热围护材料，可在现有的基础上节能 50%～80%。据日本的节能实践证明，每使用 1 000 kg 绝热材料，可节约标准煤 3 000 千克/年，其节能效益是材料生产成本的 10 倍。因此，绝热材料已被认为是继煤炭、石油、天然气、核能之后的第五大“能源”。

所谓绝热，就是要最大限度地阻抗热流的传递。因此，要求绝热材料必须热阻大和导热系数小。

就导热系数而言，从材料的组成上看，一般非金属材料小于金属材料；有机高分子材料小于无机材料；气态物质小于液态物质，液态物质小于固体。所以使用有机高分子材料或无定型的无机材料将成为第一选择。从材料的结构上看，当材料的表观密度降低、孔隙率增大，材料内部孔隙主要为封闭的微小孔时，材料的导热系数较小，对于泡沫塑料制品，要满足保温绝热材料的要求，其最佳的表观密度应为 16～40 kg/m^3。

由于孔隙的存在，材料在潮湿的环境下，不可避免地要吸水，而水的导热系数[0.581 5 W/(m·K)]比静止空气的导热系数[0.023 3 W/(m·K)]要大得多，因此，当环境湿度增大时，材料的导热系数将会降低。所以作为保温绝热材料，必须考虑材料自身的吸湿率，或对材料进行憎水处理或用防水材料包覆。另外，保温绝热材料还必须能抵抗一定的冲击荷载，具有与使用环境相一致的机械强度，其黏结性能要好，还得有同构建材料相同的收缩率及与环境相适应的耐久性。

用于建筑外保温的节能材料主要有：聚苯乙烯泡沫塑料板(EPS 及 XPS)、硬质聚氨酯泡沫塑料、岩(矿)棉板、玻璃棉毡以及超轻的聚苯乙烯颗粒保温料浆等。硬质聚氨酯泡沫塑料已走进人们的视线，它的导热系数[0.025 W/(m·K)]是其他材料无法相比的，因此它将成为节能绝热材料的新宠。

玻璃保温技术经历了几个发展阶段。第一代的热反射中空玻璃由能够吸收或反射太阳热量的热反射玻璃(即镀膜玻璃)与普通玻璃复合而成；第二代的低辐射中空玻璃则应用了低辐射玻璃对太阳光的高透过率和对长波辐射的高反射率来实现在寒冷地区的保暖作用；第三代的低辐射-热反射中空玻璃，是由前两代产品复合而成的同时具有双重保温性能的理想组合，目前在欧洲的生态建筑中已被广泛使用。值得关注的是气凝胶玻璃，作为未来的保温玻璃材料已在实验室中研制成功，它的保温性能是同等厚度泡沫塑料的 4 倍，如果能够投入实际应用，将是生态建筑材料上的一大飞跃。

“太空屋”的构想为人类的建筑居住技术提供了一种新的思维方式，有可能在不久的将来逐步取代现有传统住宅，许多太空技术已经为解决地球上的问题提供了新的思路，例如，在建筑材料方面可以采用在太空舱中使用的高度防火材料；一种覆有金属层的塑料薄片，它可以放置到“太空屋”的任何部位以防止雷击。可以说，为了使太空舱在极端环境中维持生命所发展的前沿技术，正是地球上的建筑技术革新。

解决生态建筑材料昂贵的造价，将建造整栋生态建筑大楼的成本控制在以往使用普通建材的成本范围之内是富有挑战的工作，而后期大大减少的运行费用使注重长期利益的客户更乐于接受生态建筑。目前，生态建筑已从控制单项建筑维护结构(如外墙、外窗、屋顶)的最低保温隔热指标，转化为对建筑物能量消耗量的控制，例如，建筑外围护结构的节能设计、窗墙面积比的控制、太阳辐射的控制与改善、自然通风与采光的利用、建筑内余热/冷的回收利用、可再生绿色能源的利用、优秀的建筑能源系统、低能耗的空调通风系统、中水处理及回用系统、智能楼宇自控系统的综合设计。可以预期，随着生态建筑材料的发展，建设人、建筑、自然和谐统一的生态小区将不再是梦想。

7.3.8 环境友好材料

半个世纪以来，人类在最大限度获得各种资源取得经济发展的同时，也以前所未有的速度和范围猛烈改变了全球的生态环境，一些生态系统所遭受的破坏已经无法逆转，牺牲环境发展产生的恶果正在越来越清晰地表现出来。

中国在取得连年经济快速增长的同时，付出了资源高消耗、环境严重破坏的沉重代价，已成为世界第一大煤炭消耗国、世界第一大铁矿石消耗国、世界第一大橡胶进口国、世界第二大石油消耗国，2003 年水泥消耗量为全世界的 50%以上。

中国的化学耗氧量(主要是水污染物)、二氧化硫、消耗臭氧层物质排放量居世界第一，二氧化碳(温室气体)排放量居世界第二。中国每单位产值的排污量是世界平均水平的十几倍，中国每万美元产值消耗矿产资源是日本的 7.1 倍、美国的 5.7 倍、印度的 2.8 倍。中国 1/3 的国土被酸雨侵蚀，7 大江河水系中劣 5 类水质(即丧失水功能，不可农业用、不可工业用，更不可作饮用水源)占 41%。据测算，环境污染和生态破坏造成的损失占 GDP 的 15%。瑞士达沃斯世界经济论坛发布的评估世界各国(地区)环境质量的“环境可持续指数”(ESI)显示，全球 144 个国家和地区中，中国位列第 133 位。

中国连续十余年的经济快速发展是惊人的，经济总量已达到世界前列，但消耗的资源是巨大的，不注重生态发展经济造成的后果是可怕的。当然，如果以人口平均计算还不算高，但其严重性应引起我们足够的重视。因此，科学发展观、可持续发展的提出是非常及时的。

塑料作为一种新型材料，具有质轻、坚实耐用，价格低廉的优点，其应用已深入各行各业和人们日常生活中，贡献巨大。然而，由其产生的废弃物也与日俱增，据报道，塑料正以每年2 500万吨的速度在自然界中堆积。这些“白色污染”不仅破坏了生态平衡，危及人类的健康和生存，而且还要面临石油资源越来越少的危机。我国包装塑料年产量近400万吨，其中难以回收利用的一次性包装材料达30%，则每年产生的塑料包装废弃物约120万吨；此外，塑料地膜年产量为40多万吨，其废弃物由于混入大量沙土，较难回收利用；一次性塑料日用杂品及医疗卫生用品年产量约40多万吨。因此，塑料垃圾年产量达200多万吨。上海每年塑料废弃物约29万吨。

因此，世界各国都将环境友好材料作为当前高新技术重点发展的领域和方向。环境友好材料是指对环境不产生危害，甚至对环境有保护或改善作用的材料，至今尚没有十分明确的定义。但其主要功能是在光、水或其他条件的作用下，会产生相对分子质量下降、物理性能降低等现象，并逐渐被环境消纳，因此被称为环境友好材料。

与之密切相关的是“绿色材料”，1992年，国际学术界对绿色材料给予了明确的定义：绿色材料是指在原料采用、产品制造、产品使用或再循环和废弃物处理等各环节中对地球环境负荷最小和有利于人类健康的材料，也称为“环境调和材料”。严格地说，按照这一定义，真正意义上的“绿色材料”这一概念是不能随便使用的。

众多环境友好材料中最主要的材料是环保型可生物降解材料。所谓生物降解塑料，是指在自然界微生物，如细菌、霉菌和藻类的作用下，完全分解为低分子化合物的塑料材料(包括高分子化合物及其助剂)。一般来说，生物降解材料在有水存在的条件下，能与天然产生的微生物或酶作用，促进其水解降解，化学结构发生明显变化而导致高分子链断裂，相对分子质量逐渐变小，直至最后被代谢为CO_2和H_2O等。而早期开发的降解塑料则不同，它仅能破碎为较小的碎块，要彻底降解则很困难，因此，它仍然会破坏环境。

根据生产方法的不同，生物降解材料可以分为：

(1) 微生物合成型生物降解高分子材料　微生物能够合成聚酯和多糖，并能分解它们。目前对于微生物合成聚酯方面的研究较多。代表性产品是英国ICI公司开发的3-羟基丁酸和3-羟基戊酸酯的共聚物(PHBV)及其衍生物，日本东京工业大学资源研究所开发的聚羟基丁酸酯(PHB)。这类产品虽然生物分解性很高，但是价格昂贵，很难推广。

(2) 化学合成型生物降解高分子材料　该类生物降解高分子材料多为在分子结构中引入酯基结构的聚酯，如聚乙烯醇和在医用领域广泛应用的聚乳酸(PLA)等。目前这两类都是研究开发的热门，还有以聚己内酯(PCL)为原料开发的产品。

(3) 天然高分子材料　天然高分子生物降解塑料是利用生物可降解的天然高分子，如以植物来源的物质和动物来源的甲壳素等为基材制造的塑料。美国、日本、奥地利等国家都在积极研究此类材料。它们可以完全生物降解，透气性很好，其他性能还有待改进。

(4) 淀粉掺混型塑料　例如在PE、PP、PS中添加淀粉或淀粉衍生物制成的降解塑料。

“环境友好材料”前景很好。近几年来，中国可降解材料的研制水平和生产能力都有了显著提高，预计需求量超过100万吨。可降解材料已经深入农业、包装、医药等众多领域，降解塑料地膜处于示范应用阶段，一次性包装材料及日用杂品正有序地推向市场；完全生物降解塑料处于中试阶段，正在积极开拓其产品在医用材料、高档包装材料、涂敷料方面的市场。

7.4 中国材料工业发展现状及展望

7.4.1 金属材料工业

习惯上将金属材料分为黑色金属和有色金属。前者以钢铁为代表，合金钢尤其是特殊合金钢的份额在不断提高；后者包括铜、铅、锌、镍等重金属，铝、镁、钛等轻金属，金、银、铂等贵金属以及钨、钼等稀有金属。它们都是由冶金工业冶炼生产的。钢铁冶炼以高炉炼铁，氧气顶吹转炉炼钢为主；有色冶金则以火法冶金为主，湿法冶金为辅。

从历史上看，古代中国的冶金技术一直走在世界的前沿。殷商时代已大量使用青铜制造生产工具、生活用品和礼器等。青铜器的高速发展，也带来了铁的应用的发展。西周便开始使用铁制造生活用品。到春秋时期，已开始在纯铁的基础上加入碳，提高了强度与硬度，使纯铁变成钢，用于制造兵器。传说中的春秋名剑如干将、莫邪都是用钢制成的。古代金属材料的发展与应用，大大促进了当时生产力的大发展。然而，封建闭关锁国政策导致了近代中国在科学技术的各个领域全面落后于西方，金属材料科学也不能例外。

新中国诞生后，金属材料工业历经 50 多年的发展，已经形成比较完整的工业体系，建立了相当雄厚的物质基础。特别是近十几年来，包括钢铁和有色金属在内的金属材料产量和规模发展迅速，跃居世界前列，产品规格增多。2006 年中国产钢 4.188 亿吨，占世界钢产量的 1/3，连续第 11 年居世界第一位。2002 年，中国 10 种有色金属产量首次突破 1 000 万吨，成为世界有色金属第一生产大国，其中铝、钨、稀土、铅、锑、锌、镁和锡等产量均居世界第一位，稀土产量占世界总产量的 70%以上，镁产量占世界总产量的 50%以上。

上海一直是中国重要的钢铁生产基地。改革开放前，有上钢一厂、上钢三厂等一批生产企业；20 世纪 70 年代末，中央决定在上海市宝山区石洞口、盛桥、月浦一带兴建大型现代化钢铁联合企业——上海宝山钢铁总厂，即现在的宝钢(集团)公司。宝钢在建设中集中了 20 世纪 80 年代初世界钢铁工业的新技术。经过三期建设，宝钢成了中国规模最大、品种规格最齐全、高技术含量和高附加值产品份额比重最大的钢铁企业。宝钢年产钢 2 200 余万吨，赢利水平居世界领先地位，产品畅销国内外市场，是中国最具竞争力的钢铁企业。宝钢实施钢铁精品战略，将建成中国汽车用钢，油、气开采和输送用钢，不锈钢，家电用钢，交通运输器材用钢，电工器材用钢，锅炉和压力容器用钢，食品、饮料等包装用钢，金属制品用钢，特种材料用钢以及高等级建筑用钢等钢铁精品基地，建成中国钢铁工业新技术、新工艺、新材料的研发基地。宝钢的产品结构以板管材为主、棒线材为辅，其生产的汽车板、造船板、家电板、管线钢、油管等高档产品在国内的市场占有率位于前列，同时也是优质工模具钢、高性能轴承钢、弹簧钢、钢帘线用钢以及航空航天用钢的主要供应商。在美国《财富》杂志公布的世界 500 强企业最新排名中，宝钢集团公司以 2006 年销售收入 226.634 亿美元居第 307 位，在进入 500 强的钢铁企业中排第 6 位。这是宝钢连续第四年跻身世界 500 强。

金属材料工业在产量规模、研究开发、科研体系、工业体系以及人才培养等方面已经取得长足的发展和举世瞩目的成就，但是，在资源及资源利用、产品质量和结构、科研创新、产业结构和环境保护等方面存在的问题却非常严重，与发达国家相比存在较大差距。就钢铁工业来说，虽然钢铁产量达到了4亿吨，但钢铁企业多达800余家，产业集中度极低，其中宝钢、鞍钢、武钢3家中央直属企业在全国产量中的比例分别为5%、4%、3%，合计仅占12%。而且钢铁工业的技术水平与装备水平也多层次并存，产品质量参差不齐，低档产品能力过剩，高技术含量的产品(如特殊合金钢)不能满足经济发展的需求。此外，消耗高、环境污染严重也对我国钢铁行业的总体竞争力产生负面影响。我国是有色金属大国，但铜、铝等有色金属资源短缺。随着铜、铝产量的大幅度提高，原材料短缺的矛盾将越来越突出。而且有色金属材料的深加工、精加工技术落后，低档次产品产量过大，高档产品依赖进口。

金属材料在国民经济建设中举足轻重，是支撑航空航天、交通运输、电子信息、能源工业发展和保障国家安全的重要物质基础。因此，我们应该清醒地看到，一方面金属材料必须快速发展，既需钢铁冶炼、浇铸、加工和热处理新工艺和新技术的不断出现，又需高温合金、形状记忆合金、储氢合金、永磁合金和非晶态合金等新型金属材料的不断问世；另一方面，金属材料的发展正受到替代产品的挑战：高分子材料依靠其原料来源丰富、量大价廉，在许多领域取代了金属材料；而先进陶瓷材料在电子工业的应用，进一步缩小了金属材料的使用范围。金属材料一统天下的旧格局已被打破，材料领域——金属、陶瓷、高分子材料——三足鼎立相互竞争、相互替代、相互补充的新格局已经形成。同时，金属材料也正受到资源环境的巨大约束：高品位金属矿产资源迅速减少，采用低品位金属矿产资源势必增加能源消耗和成本；而作为耗能大户的金属工业，对环境污染严重。因此，未来金属材料的技术发展必须面对能源、资源和环境问题。

展望21世纪，中国金属材料工业必将迎来又一个黄金发展期。

(1) 钢铁材料仍将是21世纪主要的结构材料。超细晶粒钢、高性能碳素结构钢、合金结构钢、高强度低合金钢、超高强度钢、不锈钢和耐热钢已成为新一代的钢铁结构先进材料。轻质节能汽车、大跨度重载桥梁、深井采油管和大口径输油(气)管、大型工程机械、大型高性能船舶和高层建筑的迅速发展，对钢铁材料的性能和使用寿命提出了更高的要求。

(2) 轻质高强结构材料在21世纪必将迎来蓬勃发展的大好机遇。具有资源储量丰富、低密度、易回收等优点的镁合金被誉为“21世纪绿色金属结构材料”。近年来，镁合金的用量正以每年20%的速度增长。自20世纪80年代以来，国外已先后研制成功了7055超高强度铝合金，2524损伤容限铝合金，2195、2197铝锂合金，2219、2519、8009高温铝合金，6013、6056耐蚀铝合金。这些先进铝合金的研制成功大大改善了传统铝合金的比强度、比刚度、损伤容限性能、耐热性能和耐腐蚀性能。钛合金以其低密度、高比强度、耐高温、耐蚀性等优异性能，在化工、冶金、能源、电力、船舶汽车制造、航天航空等领域具有广泛的用途。特别是钛合金的粉末冶金技术，材料利用率接近100%，是国际上低成本制备钛合金的首选技术。金属基复合材料尤其是有色金属复合材料具有优异的性能，在国民经济中起着越来越重要的作用。其未来的发展方向主要是：高性能、低成本结构材料；多功能、机敏、智能型复合材料；纳米复合材料；仿生复合材料。并且要着重研究开发新的设计与制备加工方法以解决金属基复合材料的一致性和可靠性问题。

(3) 高温、高持久强度、低成本镍基单晶合金，中温超高强度损伤容限、双性能(组合)粉末涡轮盘合金，中温超高强度低膨胀合金等新型超合金将主要应用于航空、航天发动机。金属间化合物(主要包括 Ni - Al 系、Ti - Al 系、Fe - Al 系)和高熔点金属间化合物，尤其是 Ti - Al (TiAl - Nb)基合金的研究已经成为国际研究开发的热点，美国和欧洲都将其列为重点研究对象，中国也投入相当大的人力从事该领域的研究。

(4) 近些年来，粉末冶金取得了突破性进展，已经成为许多新材料及其制品的主要或唯一的制造手段。粉末制备技术未来的发展方向是超细、速凝、高纯、均质、大规模和多品种。粉末材料与制品将朝着全致密、复合化、高性能、高精度、复杂形状、大批量和系列化方向发展。

(5) 高性能、低成本、短流程、环境友好是材料制备、成型与加工技术发展的总体趋势。这一总体趋势主要表现在以下四个方面：①常规成型加工技术向高效化、高精度化发展；②材料设计、制备与成型加工一体化；③发展先进的成型加工技术，实现高附加值难加工材料、先进材料的成型与组织性能的精确控制；④综合利用计算机技术、信息技术和先进控制技术，发展将材料组织性能设计、零部件设计、材料制备与成型加工过程的实时在线监测和反馈控制融为一体的材料智能制备加工技术。

(6) 建立从材料的设计开始，包含材料的“制备→成型加工→使用→再生”的寿命周期全过程的评估技术，是降低资源与能源消耗、减轻环境负担的关键。在未来 20 年内，既有建筑工程结构维护和修复问题将日益突出，又有对老龄结构剩余寿命的评估及修复技术的需求将迅速高涨。预计未来 10～15 年，将建立较为科学的材料寿命周期全过程评估技术，其在解决材料的可持续发展问题中发挥重大作用。

7.4.2 无机非金属材料工业

传统无机非金属材料工业俗称硅酸盐工业，主要包括陶瓷、水泥、耐火材料、搪瓷、玻璃、磨料磨具及新型建筑材料等工业部门。其主要的生产设备是窑炉。例如玻璃熔制的熔窑(浮法平板玻璃生产用浮法横火焰池窑，玻璃液浮在熔融的锡液上成型)；用于水泥熟料煅烧的干法回转窑和湿法回转窑；陶瓷烧结用的连续式窑和间歇式窑等。

陶瓷是中国古代一项伟大的发明。中国的陶瓷技术和陶瓷器，对世界有重要贡献和影响，英文 China(中国)的另一个意思即是瓷器。通常把胎体没有致密烧结的黏土和瓷石制品，不论有色的还是白色的，统称为陶器。其中把烧造温度较高，烧结程度较好的那一部分称为“硬陶”，把施釉的一种称为“釉陶”。相对来说，经过高温烧成、胎体烧结程度较为致密、釉色品质优良的黏土或瓷石制品称为“瓷器”。按照性能、特点、用途，陶瓷可分为日用陶瓷、建筑陶瓷、电器绝缘陶瓷、化工陶瓷、多孔陶瓷及无线电陶瓷等。

陶器是人类文明的重要标志物——第一次利用天然物按照自己的意志创造出来的一种崭新的东西，陶器的发明揭开了人类认识自然、利用自然的新的一页，是人类生产发展史上的一个里程碑。

陶器在中国有悠久的历史。中国陶器中的精品有旧石器时代(距今 1 万多年)的灰陶、磁山文化(8 000 多年前)的红陶、仰韶文化(7 000 多年前)的彩陶、大汶口(6 000 多年前)的“蛋壳黑陶”、商代(4 000 多年前)的白陶、西周(3 000 多年前)的硬陶，还有秦代的兵马俑、汉代的釉陶、唐代的唐三彩等。到了宋代，制陶业趋于没落，但是有些特殊的陶器品种，如宋、辽三彩器和从明、清至今的紫砂壶、琉璃、法花器及广东石湾的陶塑等仍然具有非凡的魅力。

中国的原始青瓷出现在 3 000 多年前的商代，经过 1 000 多年的发展，到东汉时期终于烧制出成熟的青瓷器，这是中国陶瓷发展史上的一个重要里程碑。

唐代陶瓷的工艺技术有了巨大的改进，精细瓷器品种大量出现，即使用今天的眼光来衡量，它们也算得上是真正的优质瓷。

宋代是我国陶瓷发展史上的第一个高峰。瓷窑遍及南北各地，名窑迭出，品类繁多，除青、白两大瓷系外，黑釉、青白釉和彩绘瓷精彩纷呈。汝、官、哥、定、钧五大名窑的产品举世闻名。耀州窑、湖田窑、龙泉窑、建窑、吉州窑、磁州窑等产品也各领风骚，呈现出欣欣向荣的大好局面。

元代烧制的元青花在中国陶瓷史上具有划时代的意义。

清朝康、雍、乾三代瓷器的发展达到了历史的最高水平，是中国陶瓷发展史上的第二个高峰。景德镇保持举世闻名的中国瓷都的地位。雍正时制瓷工艺已登峰造极，雍正粉彩可以与号称“国瓷”的青花相媲美。另外，康熙时创烧的珐琅彩瓷也闻名于世。

乾隆时期是我国制瓷业盛极而衰的转折点。自此以后，随着国力衰竭，制瓷业一落千丈，长达数千年辉煌的中国古陶瓷发展史，暂告段落，让位给后起之秀的美国、意大利、西班牙等国家。

中国是秦砖汉瓦的故乡，且一直沿用至今。空心砖的生产是战国陶工的一项重要创造。

19 世纪初，当西方资本主义国家开始大规模工业革命时，当时的中国统治者仍以 2 000 年泱泱大国自居，故步自封。落后必然挨打，100 多年半封建、半殖民地统治，中国经济大大落后于世界。1949 年，中国年产平板玻璃 92 万质量箱，水泥 66 万吨，耐火材料 7.4 万吨，卫生陶瓷仅 6 000 件，陶瓷墙地砖 2 300 m^2。

中华人民共和国成立以来，随着大规模经济建设的开展，无机非金属材料工业长上了翅膀，令世界瞠目。平板玻璃年产量超过 3.2 亿质量箱，水泥年产量超过 10 亿吨，耐火材料年产量近 3 000 万吨，卫生陶瓷超过 8 000 万件，陶瓷墙地砖年产量达到 30 亿 m^2。

玻璃，尤其是平板玻璃是一个国家的基础材料，涉及建筑、交通、电子电器等各个生产和生活部门。20 世纪 70 年代在洛阳建成了第一条浮法玻璃生产线，现在 83%以浮法生产。各类品种如平板、厚玻璃(22～25 mm)，本体着色、表面涂膜、单透、钢化、弯钢化、夹层、防弹、中空、Low－E 玻璃，超白玻璃，镜面玻璃，及高档轿车用玻璃(A 绿玻璃，吸紫外线、红外线)全部自主生产，并具有浮法生产线的自主开发、自主设计能力，已向多个国家输出技术。

中国早已是水泥生产的大国，自 1985 年以来产量一直居世界首位。日产 4 000 吨的生产线从设计、设备、施工均已能够国内配套。日产 8 000～10 000 吨熟料的生产线也已建成。

新型建筑材料主要包括新型墙体材料、新型防水密封材料、新型保温隔热材料和装饰装修材料四大类。中国的新型建筑材料工业起步于 20 世纪 70 年代，发展于 20 世纪 80 年代中期，并且逐步走向成熟。“十五”以来，中国墙体材料革新和推广节能建筑取得了积极的进展，新型墙材产量占墙体材料总量的 46%，累计建成节能住宅 11 亿 m^2，可节约标准煤 9 600 多万吨，节约土地 180 多万亩，综合利用废弃物 11.06 亿吨；各类防水材料产量达 6.2 亿 m^2；中国建筑装饰材料行业随着房地产、建筑装饰业的发展也得到了快速发展。中国已经成为世界上装饰材料生产大国、消费大国和出口大国。建筑装饰材料主导产品不仅在总量上连续多年位居世界第一，而且人均消费指数已接近和高于世界先进水平。无机类保温隔热材料主要有矿棉、玻璃棉、硅酸铝纤维、膨胀珍珠岩、铚石类、泡沫玻璃、硅酸钙绝热板等材料，有机类保温隔热材料主要有聚氨酯泡沫塑料、聚苯乙烯等。

上海耀华玻璃厂是全国深加工玻璃生产企业的摇篮，是生产、研发玻璃、玻璃深加工、玻璃纤维及其复合制品的大型国有企业。20世纪50年代，它研制出全国第一块钢化玻璃和夹层玻璃；20世纪80年代与英国波尔金顿合资组建了上海耀华波尔金顿玻璃股份有限公司，主营业务覆盖浮法玻璃、建筑加工玻璃和汽车玻璃三大领域，可年产高品质浮法玻璃80万吨、各类建筑加工玻璃1 700万平方米、汽车玻璃80万套；20世纪90年代从美国、欧洲、日本等国家引进了玻璃深加工设备，对原有的深加工玻璃生产线进行了改造，使产品质量达到国际标准。建厂60年来，为中国在玻璃、玻璃深加工、玻璃纤维领域填补了数项空白。其制造的钢化玻璃、夹层玻璃、热弯玻璃、中空玻璃等为玻璃深加工在多个领域的广泛应用，打下了扎实的基础；开发的防盗、防弹玻璃系列产品，是公安部首批准予生产的企业之一。

中国在无机非金属材料的主要领域（陶瓷、水泥、玻璃、耐火材料、新型建筑材料等）已经是生产大国、消费大国和出口大国，但还不是生产强国。其主要表现为：产业分散、集中度不高，技术还不先进，自主创新能力较弱（尤其是无机新材料），资源和能源消耗高（如中国浮法玻璃生产的能耗为7 500 kJ/kg（玻璃液），国外知名企业平均为6 500 kJ/kg（玻璃液），中国能耗要多15%；而锡耗中国为3～4克/质量箱，国外知名企业平均为0.7～1.0 g/质量箱；窑炉寿命中国平均为5～7年，国外知名企业平均为8～12年），环境污染严重等。

面向21世纪，无机非金属材料工业的发展充满机遇。

传统无机非金属材料应大力改造和提升现有技术，采用先进装备，提高生产效率，节省资源，降低能源消耗，实现清洁化生产、使用、回收、再生利用；先进陶瓷材料是最重要的无机非金属材料，具有难以替代的优良性能。20世纪90年代初，结构陶瓷材料研究开始转向材料制备科学、材料性能稳定性、结构与功能一体化、低成本制备工艺；功能陶瓷发展呈现"复合化"、"多功能化"、"低维化"、"智能化"和"设计、材料、工艺一体化"特点。以碳材料为主体的特殊结构功能材料及其衍生出的新学科和产业生长点，日益引起学术界、产业界的广泛关注。

(1) 结构陶瓷的研究，包括：耐高温、耐磨损、耐腐蚀、耐冲击、高强高韧陶瓷的低成本制备技术，尤其是高温大型陶瓷部件和复杂形状部件烧成制造技术、微细精密陶瓷部件成型加工技术，轻质、低导热、耐高温隔热陶瓷材料，陶瓷基复合材料，陶瓷部件内部缺陷无损检测技术及其服役性能预测。

(2) 功能陶瓷研究，包括：片式电子元器件的高频化、大容量、微型化、多功能化、复合器件化，陶瓷微制造技术、陶瓷低温共烧技术、陶瓷零部件复合化技术，高性能无铅压电材料，新型平面显示材料及器件，透明光学陶瓷材料、压电单晶、铁电薄膜，微传感器与微驱动器，智能材料与结构，纳米尺度有序结构无机材料制备与性能探索。

(3) 碳材料研究，包括：高性能碳纤维及以碳材料为增强剂的复合材料、功能碳材料。

(4) 建筑材料研究，包括："绿色"生产和"绿色"使用技术。

7.4.3 高分子材料工业

高分子材料通常指合成塑料、合成橡胶、合成纤维、涂料、黏合剂。所谓三大合成材料是指前三者。合成树脂、合成橡胶被用作塑料、橡胶、纤维涂料、黏合剂的主要成分。按所用原料和聚合方法的不同，可分为加聚物（由烯类单体经反复多次加成形成的聚合物）和缩聚物（由多官能团单体经反复多次缩合形成的聚合物)。它们主要的生产设备是聚合釜。塑料又可分为热塑性塑料和热固性塑料。前者受热熔融,可进行各种成型加工,冷却时固化;再受热、又可熔融加工,即可重复多次加工。后者受热熔化的同时,发生固化反应,形成立体网状结构;再受热不熔融,在溶剂中也不溶解,当温度超过分解温度时将被分解破坏,即不具备重复加工性。

尽管人类使用天然高分子材料,如毛皮、蚕丝、棉花、大漆等,可以追溯到很远,但其与金属材料、无机非金属材料有漫长发展史不一样,第一个人工半合成的高分子材料——赛璐珞,1869 年才问世;第一个人工合成的高分子材料——酚醛塑料,1907 年才被发明出来;而合成橡胶、合成纤维则是 20 世纪三四十年代的事。因此,对全世界而言,高分子材料工业是一个年轻而发展速度惊人的工业。

1949 年新中国成立时,中国的高分子材料工业几乎是一张白纸:合成树脂总产量还不到 200 吨,合成橡胶和合成纤维都是空白。艰难创业,就是在这样的基础上开始的!

60 多年来,特别是"改革、开放"30 多年来,在技术进步与市场需求的推动下,中国的高分子材料工业获得了高速发展,正处于由市场短缺转变为市场丰富、由全套技术与设备引进转变为国产化技术与设备应用的变革时期,

2006 年中国五大通用合成树脂消费量已超过 4 000 万吨,成为仅次于美国的世界第二大消费国,中国合成树脂生产能力为 2 528.7 万吨,居世界前列。

2006 年用作工程塑料的聚酰胺有 26 万吨,聚碳酸酯生产能力达到 15 万吨/年,聚甲醛生产能力为 11 万吨。还有一批工厂在建设中,不用多久将有较大的突破。

2006 年中国合成纤维(包括长丝和短纤)产量为 1 860 万吨,中国聚酯生产能力超过 1 000 万吨/年,居世界首位。解决了 13 亿人口的穿衣问题,很了不起!我国非纤维聚酯用量约占总产能的 1/10。

2005 年中国生产合成橡胶 163.2 万吨,生胶耗量超过 340 万吨,自 2003 年就已成为世界最大的合成橡胶消费国。轮胎产量约 2 亿个,跃居世界第二。

涂料产量超过 300 万吨;黏合剂、密封胶近 400 万吨,居世界前列。

在"改革开放"的国策下,我们大量引进了国外高分子材料工业先进的生产技术和先进的装备,站在巨人的肩膀上,我国高分子材料发展更快;然而,我们也应该看到,在长期建设独立自主工业体系的实践中,中国有自己的技术、自己的人才,依靠自己的科研成果和技术设计发展成万吨级的大型产业的例子并不少,塑料、合成橡胶和合成纤维都有。例如 20 世纪 50 年代末,依靠自己的科研成果建成了大型聚氯乙烯树脂工厂。20 世纪 70 年代中我国一批原来搞基础研究的科学家与工程技术人员协作,自力更生地建成了大型顺丁橡胶工厂。北京燕山石油化工公司合成橡胶厂顺丁橡胶厂年产量已达到 6 万吨,并已具备技术出口的条件。80 年代我国依靠基础研究科学家与工程技术人员合作,研制的聚丙烯纤维(丙纶)获得成功,在辽阳石油化纤公司化工三厂年产 3.5 万吨的装置上,生产出的聚丙烯适用于较高速度的纺丝。也正因为有了一批高水平的技术专家和工程技术人员,才使我们能很快地掌握国外技术精髓,消化吸收,开发出自己的技术。上海石油化工股份有限公司(上海石化公司)采用中国石化自行开发的第二代环管工艺技术,建成 20 万吨/年聚丙烯生产装置。

上海石油化工股份有限公司(前身是上海石油化工总厂)位于上海市金山区金山卫。1972 年 2 月国家计委进口四套成套化纤、化肥技术设备。其中一套安装在上海。同年 6 月,上海市

委决定在金山卫建设上海石油化工总厂。经历了四期大规模集中建设，上海石化公司现有以现代化、大型化、连续化为主要特征的炼油、化工、塑料、化纤等主要生产装置69套。公司拥有年原油一次加工1 400万吨、年产乙烯95万吨、成品油及化工品510万吨、合成树脂及塑料制品95万吨、合纤原料及合成纤维138万吨的生产能力，是中国目前规模最大的炼油化工一体化、高度综合的现代化石油化工企业之一，是中国发展现代石油化工工业的重要基地。

以循环经济为特色的、世界第三大的上海化工区的建设，将为上海高分子材料工业添上腾飞的新动力。上海还拥有上海高桥化工有限公司(以合成橡胶、聚氨酯原料聚醚为主)、上海天原(集团)公司(以聚氯乙烯为主)等。

然而，问题还不少。譬如，人均年消耗量还很低，差别化纤维品种还不多，生产技术原创很少，资源和能源消耗高，以专用性强、品种多、附加值高、质量轻、易加工、可大面积成膜、原材料来源广泛、技术密集等为特点的、在新材料领域中占有重要地位的功能高分子，如反应性高分子(包括高分子试剂、高分子催化剂和离子交换树脂)、高吸附性树脂(高吸水性树脂和高吸油性树脂)、高分子分离膜(如离子膜、微滤膜、超滤膜、反渗透膜和气体分离膜等)、生物医用高分子等研究得还不深入，生产规模较小等。因此，中国远不是高分子材料生产强国。

展望21世纪，高分子材料在航天航空、建筑、机器人、仿生学和医药等领域的发展潜力巨大，随着其应用范围的不断扩大，必将对人类生产和生活产生深远而广泛的影响。

(1) 与物理学、生物学、医学和信息技术等学科紧密结合，出现许多新的交叉学科和领域；

(2) 高分子材料分子设计和材料设计更成熟，高分子材料高性能化、高功能化、复合化、精细化、智能化和环境友好的步伐更快；

(3) 开发出与人类自身密切相关、具有特殊功能的高分子材料，如仿生高分子材料、高分子智能材料等。

7.4.4 复合材料工业

在人类生产活动和现实生活中，单一材料往往已无法满足特定的要求。例如，为了使飞机、航天器飞得更高、更远，就需要轻质高强的机身(壳身)材料，纤维增强树脂基复合材料可以符合要求。于是，复合材料应运而生，这是现代意义上的复合材料。其实，历史上复合材料应用实例屡见不鲜：筑泥墙时在黏土中加入稻草；石灰、砂子、碎砖加水经夯实而成的三合土；镶金、包银等。复合材料是由两种或两种以上不同质量的材料，用化学或物理的方法复合制成的一种新材料，其性能优于单一材料。因此，复合材料是一种内容和形式都非常广泛的材料(高分子合金也属于复合材料)。目前，复合材料的工业体系主要是指纤维增强塑料、纤维增强陶瓷、纤维增强金属。作为纤维增强塑料按照采用基体材料的不同，可以分为热固性纤维增强塑料和热塑性纤维增强塑料。复合材料的特点包括以下几个方面：

(1) 轻质高强　普通碳钢的密度为7.8 g/cm^3，玻璃纤维增强的树脂基复合材料的密度为1.5～2.0 g/cm^3，只有普通碳钢的1/4～1/5，比铝合金还要轻1/3左右。而机械强度却能超过普通碳钢的水平。若按比强度计算，玻璃纤维增强的树脂基复合材料不仅大大超过碳钢，而且可超过某些特殊合金钢。碳纤维复合材料、有机纤维复合材料具有比玻璃纤维复合材料更低的密度和更高的强度，因此有更高的比强度。

(2) 可设计性好　复合材料可以根据不同的用途要求，灵活地进行产品设计，具有很好的可设计性。对于结构件来说，可以根据受力情况合理布置增强材料，达到节约材料、减轻质量的目的。对于有耐腐蚀性能要求的产品，设计时可以选用耐腐蚀性能好的基体树脂和增强材料；对于其他一些性能要求，如介电性能、耐热性能等，都可以方便地通过选择合适的原材料来满足要求。

(3) 介电性能好　复合材料具有优良的介电性能，例如玻璃纤维增强的树脂基复合材料具有优良的电绝缘性能，可用作高性能的电机、电器的绝缘材料；这种复合材料还具有良好的透波性能，被广泛地用于制造机载、舰载和地面雷达罩。

(4) 耐腐蚀性能好　聚合物基复合材料具有优异的耐酸性能、耐海水性能，也能耐碱、盐和有机溶剂，是一种优良的耐腐蚀材料，用其制造的化工管道、贮罐、塔器等具有较长的使用寿命、极低的维修费用。

(5) 绝热性能好　玻璃纤维增强的聚合物基复合材料具有较低的导热系数，一般在室温下约为 0.35～0.45 W/(m·K)，只有金属的 1/100～1/1 000，是一种优良的绝热材料。选择适当的基体材料和增强材料可以制成耐烧蚀材料和热防护材料，能有效地保护火箭、导弹和宇宙飞行器在 2 000℃以上承受高温、高速气流的冲刷作用。

(6) 工艺性能优良　纤维增强的聚合物基复合材料具有优良的工艺性能，可以采用缠绕成型、拉挤成型、喷射成型、树脂传递模塑等复合材料特有的工艺方法制造制品，能满足各种类型制品的制造需要，特别适合于大型、形状复杂、数量少的制品的制造。

纤维增强聚酯塑料(FRP，俗称玻璃钢)1932 年在美国问世。1940 年采用手糊成型制成军用飞机雷达罩。不久，美国莱特空军发展中心设计制造了 FRP 机身、机翼的飞机。中国的 FRP 起步于 1958 年。

由于复合材料具有诸多优异的性能，使其在航空航天、汽车、船舶、火车、建筑、化工防腐、电机、电子、体育等领域得到了越来越广泛的应用。

复合材料是材料领域中的后起之秀，从航空航天到电子计算机等高技术领域，复合材料的应用已成为传统单一材料不可替代的关键技术材料。世界上各先进国家都将复合材料列为国家发展关键技术，我国“863”计划、“973”计划都把复合材料列为重中之重。我国复合材料工业产量从 20 世纪 80 年代初至今的平均年增长率为 28%，近几年发展速度更快，2004 年我国树脂基复合材料的年产量为 100 万吨，2005 年超过 150 万吨。至今已有 3 500 多家研究和生产单位，且每年在不断增长，在今后相当长的一段时期内，复合材料仍将成为我国工业体系中最有发展前途的增长点。

上海从事复合材料科研和生产的企业有：上海复合材料科技有限公司，该公司是上海航天局的下属企业，专业从事高性能复合材料制品的研制和生产，特色产品是用于制造卫星和航天器的复合材料构件；上海耀华大中新材料有限公司，该公司是上海建材集团的下属企业，主要从事汽车用部件的生产，如汽车保险杠、汽车驾驶室壳体等；上海耀华复合材料有限公司，该公司是上海建材集团的下属企业，主要生产用于市政工程建设的大口径复合材料管道；上海汽轮发电机有限公司，为上海电气集团的下属公司，现有职工 800 多人，主要生产 30×10^4 千瓦、60×10^4 千瓦和 100×10^4 千瓦大型发电机，在大型发电机的制造过程中大量采用并制备复合材料用作发电机的绝缘材料，年产值 20 多亿元人民币。

复合材料发展到今天已经形成了一个比较完整的工业体系，由主要用于航空航天等军工部门，逐渐在民用部门得到广泛应用，但是与传统材料相比，复合材料的使用量还是较小，影响其大量使用的主要障碍是成本太高。因此，降低复合材料的成本是今后的一个发展方向；作为复合材料的关键是基体材料和增强材料，但两者结合的界面问题不容小觑，提供良好的界面结合力和界面层以及界面处理技术，是科技工作者长期追求的目标；应重视成型加工技术的开发，好的成型加工技术可以使基体材料和增强材料的性能发挥到近乎完美，并直接决定成本；功能复合材料、智能复合材料、仿生复合材料和环保型复合材料受到世界各国的普遍重视，预计在今后的应用中所占份额越来越大。感兴趣的课题有：可在 350℃高温下持续工作的聚合物基复合材料进入实用阶段；开发出金属间化合物基高温结构材料；新型低成本类陶瓷/树脂/金属多组元复合材料得到广泛应用；高温、高性能陶瓷纤维和陶瓷基复合材料技术突破并获得应用；生物复合材料取得较大进展，开发出与人骨基本相同的磷灰石基复合材料；热塑性树脂基复合材料，高性能碳纤维材料和特种有机纤维得到广泛应用等。

7.4.5 纳米材料工业

20 世纪 60 年代诺贝尔物理奖获得者 Richard P. Feynman 在美国物理年会上作了极富预见性的报告：若从原子和分子水平上控制物质，将会出现新的作用力和新的效应，纳米材料的认知、研究和开发从此揭开序幕，并逐渐为人们所接受。进入 20 世纪 80 年代，纳米材料各种神奇的功能的发现，更引起各国科学家的浓厚兴趣，其作为一种物质存在的状态已不断获得新的应用，并迅速发展、日趋成熟。目前，相关纳米的技术已形成一门涉及材料、物理、化学及化学工程等多门学科的交叉科学技术，被誉为 21 世纪三大科技之一，在国民经济和人们生活中占有十分重要的地位。

纳米实质为长度单位，1 纳米(nm)＝10^{-3}微米(μm)＝10^{-6}毫米(mm)＝10^{-9}米(m)＝10 埃(Å)，是一个介于原子、分子和宏观物质之间的尺度。纳米技术就是专门研究在 0.1～100 nm 尺度范围内的物质组成的体系的运动和相互作用以及可能的实际应用中的技术问题。我们知道，固体物质颗粒的比表面积随着其粒径的减小而迅速增大，所以纳米粒子具有很大的比表面积，其表面原子数目迅速增加，处于高度活化状态，具有很高的表面能，产生了块状材料所不具备的一些独特的性能，如小尺寸效应、量子尺寸效应、宏观量子隧道效应和表面界面效应等，使得纳米微粒和纳米固体呈现出许多奇异的物理、化学性质，出现一些反常现象。而将它用于复合材料中更突显优势，使复合材料的力学性能和热学性能等得到提高，还能赋予一些新的性能，如高阻抗性、高导电性、优良的光学性能和磁性能等一些特殊的性能。由此，可以获得绝缘的"纳米铜"，优良导电性的"纳米硅"，及在室温下可以任意弯曲的"纳米陶瓷"。生活中所见的荷叶出污泥而不染，正是大自然运用纳米技术在叶面上布满纳米级的凸状物加上表面的蜡质达到自清洁功能，我国科学家已研制出仿荷叶结构的"纳米防水布"。

由于发展纳米科技具有重要战略意义，美国、英国、日本、德国等国家竞相大力开展系统研究，将其列入各自科技战略开发重点，如美国实施一项称为"国家纳米行动计划——导致下一次工业革命"的纳米技术计划、西欧的"尤里卡计划"和日本的"高技术探索"研究；韩国政府把全国各大学研究纳米技术的优秀人才都集中到汉城大学，成立了一个纳米技术学院，由国家调配人才。与各国政府对纳米技术重视相呼应的是，各国工业界将纳米科技和纳米材料应用到工业生产的各个领域，用以提升产品性能，改造传统工业，并成为其技术秘密。英特尔、IBM、

SONY、夏普、东芝、丰田、三菱、日立、富士、NEC等具有国际影响的跨国公司纷纷斥巨资开发自己的纳米技术，并取得了令世人瞩目的研究成果。如1996年11月，IBM公司在瑞士苏黎世研究室工作的物理学家们，用一台扫描隧道显微镜和一些布基球，制成一个能计算的机器——分子算盘，储存信息容量是常规电子计算机存储器的10亿倍，这可能是将来制造出分子般大小的机器的第一步。移动单个分子或原子的技术，将是下一代电子元件和开发纳电子集成电路的关键。在电子信息领域，应用纳米技术克服以强场效应、量子隧穿效应等为代表的物理限制，以功耗、互联延迟、光刻等为代表的技术克服制造成本昂贵、用户难以承受的经济限制，开发出新型纳米器件和制备技术，将引起信息及相关产业深刻的革命，这些技术的突破将全面地改变人类的生存方式。正如美国《新技术周刊》指出，纳米技术在电子信息产业中的应用，将成为21世纪经济增长的一个主要发动机，其作用可使微电子学在20世纪后半叶对世界的影响相形见绌。在生物医学、药学、人类健康等生命科学领域，发展生物芯片技术、形成新型生物分子识别的专家系统、临床疾病检测系统、药物筛选系统和生物工业活性监测系统等实用化技术，具有重要的社会与经济前景。预计到2015年，仅纳米技术在生物医药领域中的应用，全球市场将达到2 000亿美元。

我国从“八五”起，就已将纳米材料及纳米技术，列入“863”计划、“自然科学基金”、“火炬计划”和“攀登计划”中，并取得了较突出的成果，如以碳纳米管为代表的准一维纳米材料及其阵列体系、非水热合成纳米材料方面处于国际领先地位；纳米铜的超延展性、块体金属合金、纳米复相陶瓷、巨磁电阻、磁热效应、介孔组装体系的光学特性、纳米生物骨修复材料、二元协同纳米界面材料等领域都处于国际先进水平。在纳米复合材料改造传统材料和产品方面，部分成果已经实现产业化。在纳电子方面，成功地研制出波导型单电子器件晶体管和对电荷超敏感的库仑计；实现6纳米宽的半导体量子线台面和6纳米宽的线条金属栅，制备出间隔仅为10纳米的多种“纳米电极对”。据统计，我国有300多家公司在从事纳米材料和技术的研究及产业化，中国的纳米材料专利占全世界该领域专利申请总数的20%以上，但专利质量和国外相比有一定差距，尤其是纳米技术在电子信息与生物等技术含量高的领域的应用严重不足。

纳米科学的最终目标是直接用原子、分子制成纳米尺度的物质，并利用纳米尺度物质呈现的特异性能，制成具有特定功能的产品，实现生产方式的大飞跃。各国科学家预言，纳米时代的到来不会很久了，纳米材料与纳米技术在未来的应用，将远远超过计算机工业，并成为未来信息时代的核心。美国国家科学和技术委员会2000年发布的研究报告描述说，若把纳米技术用于存储器，可使整个图书馆的信息放入一个只有糖块大小的装置中。我国科学家钱学森预言，纳米技术将带来一次技术革命，从而引起21世纪又一次工业革命。科学家预测，未来5～10年内，将出现基于纳米技术的先进功能材料，其强度是钢铁的10倍，质量却仅为其1/10。纳米医学方面，纳米传感器可在实验室条件下对多种癌症进行早期诊断。

7.4.6 宝玉石材料

国富民强、社会昌明，人类更祈求丰富的精神世界。作为精神文化和物质文明的载体——珠宝玉石已成为时代的宠儿！进入21世纪，世界各地掀起投资宝玉石的热潮，极大促进了宝玉石市场的发展。宝玉石在一个国家的普及程度成为衡量这个国家经济发展的速度、生活水平和文化修养的灵敏指标。市场动向表明：人们在衣食住行等基本生活方面得到满足之后，就希望得到在文化、精神和心理上能满足自己的商品，宝玉石装饰品和工艺品即属于这类商品。据统计，世界宝玉石市场的贸易量正以每年10%以上的速度增长，宝玉石首饰是国际贸易中年贸易额增长幅度最大的品种之一。宝玉石文化和资源的开发，已成为一些国家如博茨瓦纳、南非和澳大利亚等的支柱产业。

中国宝玉石业历史悠久，技艺精湛，风格独特，品种纷繁，誉满海内外。考古表明：中国宝玉石文化历史丰厚。

宝玉石滥觞于石器。从约一万年前的新石器时代起，宝玉石就从实用的石器中分化出来，远早于有文字的历史。珍珠也应在渔猎时代里早早被人类认识。其后，宝玉石的发展一直随着人类文明的发展而前进着。在阶级社会里，珠宝玉石成为帝王贵族追逐、垄断的对象，用以抬高身价，巩固统治地位。所以，宝玉石的历史中充满了皇权和神权的色彩，而这种色彩反过来也使其在平民百姓中产生高贵、神圣的魅力。至今，人们在购买那些并非珍奇，无可保值，在装饰功能上又未必及得上人造、合成宝石的饰品时，其潜意识中多少还残留着爱屋及乌的余音。

随着宝玉石进入平民大众之中，珠宝玉石除了高贵和神圣的一面，更多地被用来表达美好的祝愿，成为最好的礼品和信物。它们也被用作民族、社团、国家的象征。更有人用它显示自己的身价、财富。在中国封建时代里，文人就以“君子无故，玉不去身”而自命不凡。宝玉石文化中展现的民俗风情是极为丰富多彩的。无论中外，都有将宝玉石入药或防病健体的，这是宝玉石的文化进入了医学文化的现象。珠宝玉石作为装饰品是服饰文化的重要组成部分。宝玉石也是旅游文化的宝贵资源。

珠宝玉石来自天然，以独特性、唯一性、不可复制性取胜。而其真正的价值来源于它的社会价值，来源于历史文化。

早在石器时期，人们就开始利用石质装饰物来美化自己。如距今两万年的北京周口店山顶洞人，就将石珠贝壳等染色加工成串饰(古时的项链)佩戴在身上，用以装饰，这是石类装饰品的诞生和宝玉石业起源的标志。新石器中晚期，随着社会生产力的发展，出现了大量的石质工具、玉器和宝玉石工艺品，如用岫玉、绿松石等制成珠、环坠、镯等，使宝玉石开始向独立的行业迈进，浙江良渚文化和内蒙古红山文化是这一时期的代表，其工与形已极为精致优美。

夏商周时“上至天子，下至庶人，未有身不佩玉者”。在距今3 000多年的河南安阳殷墟妇好墓出土玉器700多件，其中有各种祭器、礼器，如璋、璧、圭、环、珠、琮、决、刀、戈等。商朝玉器工艺已具有较高的水平，造型生动、准确。

春秋战国时期宝玉石品种、原料及加工业均有所发展，并将玉人格化，如“君子比德如工，德明而玉之真伪自判矣”。可见，春秋战国玉文化，对中华民族文化发展影响之深远。

秦代是玉器衰萎时期。秦始皇在灭六国统一全国后，毁弃了先前的礼制和玉制，除玉玺外，几乎没有遗留任何玉器。

汉代是中国宝玉石业的转折点，其得到了振兴和发展。东汉时在南阳建立了玉器生产基地，工艺图案更为精细。

晋朝(公元3世纪)时，印度(天竺)的钻石传入中国，促进海内外的宝玉石和宝玉石知识的交流。

唐宋时随着经济文化的发展，宝玉石业进一步繁荣发展。在玉器业方面，除了生产传统摆件外，随着贵金属的广泛应用，金银镶玉镶宝首饰有很大发展，如出土的南唐之银鎏金玉步摇、宋代的玉折之花饰等。提供用玉制砚、镇纸、笔洗、墨床等文具以及铭刻佛经的玉器也都是此时期的一个特点。在南宋出现了民办宝玉石商品交易，如杭州(临安)的“七宝社”出售玉花瓶和水晶、宝石等。从唐代开始，被视为广义的宝玉石工艺品的一个分支——砚石业得到了发展。端州砚石开采即始于唐武德年间。

元明清三代的宝玉石行业有了更大的发展，生产、贸易和文献著作空前繁荣。期间，出现了大型玉雕，如元代的“山大玉海”，浮雕(各种海兽栩栩如生)，用玉料 3 000 多千克；清代的“大禹治水”玉山子重达 5 000 千克，这些工艺品反映了当时玉石开采、鉴定、雕琢技艺已经达到了新的水平。国内宝玉石原料开发规模进一步扩大，当时辽宁阜新地区近千人开采玛瑙，乾隆年间从新疆运大玉料六块，重三万多千克。缅甸翡翠开始由云南大量输入中国，很快掀起“翡翠热”。印章石刻艺术品向民间发展，名贵品种不断被发现。其中主要有：福建的寿山石、浙江的青田石和昌化石、内蒙的巴林石。而田黄、田白和鸡血石的价值极高，宝玉石著作亦有一定的增加。

清末至民国时期宝玉石业由封闭转向开放，宝玉石原石及其制成品品种有所扩大；加工工艺吸收了欧美经验，掌握了托镶、挤镶宝石和钻石的方法，北京、上海、河南、湖北等地涌现出一批优秀人才；宝玉石学术研究中最有影响的是章鸿钊的《石雅》(1921 年)和《宝石学》(1930 年)。

新中国成立后宝玉石业有了较快的发展，特别是近 10 年，宝玉石业在勘查、开采、加工工艺、改善技术、合成生产、科学研究和教育培养等方面都取得了很大的成就。宝玉石业飞速发展，市场空前繁荣。资源稀缺，一品一饰，饰品的唯一性，是其备受人们青睐的根本原因。

中国宝玉石业的发展势头强劲，城镇乡村普通百姓已由世袭传承传统黄金首饰向购买多姿多彩的宝玉石饰品转化，以钻石、翡翠、红蓝宝石等中高档的宝玉石为主的饰品已成时尚，宝玉石业在中国已逐渐形成一个新型的朝阳行业。宝玉石的开采、设计、加工、改质、合成、检测，以至销售、贸易等都应引起我们的重视，进行深入研究。

当前，从事宝玉石加工、贸易及销售的企业数以万计，遍布全国。广东、深圳宝玉石加工企业较为集中。上海经过近几年的努力已成为全国钻石交易集散地，钻石进出口态势良好。上海钻石交易所是经国务院批准设立的国内唯一办理钻石进出口手续和钻石交易的场所。目前，上海钻交所已拥有会员 157 家，包括来自比利时、以色列、印度、美国、南非等国家的钻石贸易商，周大福、周生生等港资企业也已加盟，交易活跃。

上海老庙黄金有限公司创建于 1982 年，是国务院批准国内恢复销售黄金饰品后上海开设的第一家黄金零售点，主要进行黄金、铂金、钻石、珠宝等饰品的生产、批发、零售与维修。公司拥有黄金厂、铂金厂、钻石公司、珠宝科研检测中心、贵金属提炼公司、销售公司、国际贸易公司、上海连锁投资公司等下属企业，以及位于城隍庙内的银楼、钻石楼，南京东路步行街银楼和遍布全国各地的近 300 多个专卖网点。公司已发展成为产供销一条龙、科工贸一体化的大型珠宝首饰专业企业。公司拥有自己的产品设计室，并多次在各类比赛中获奖，主要有：戴比尔斯钻石设计大赛三等奖；第三届国际南洋珠首饰设计比赛铜奖；国际黄金经典大赛大奖；中国金都杯特等奖、一等奖；DTC 国际钻石大奖赛大奖等。

创业于 1848 年的老凤祥已走过了 160 多个春秋，是中国首饰业的世纪品牌。老凤祥银楼是国内唯一的由一个半世纪前相传至今的百年老店。上海老凤祥有限公司正是由创始于1848年的老凤祥银楼发展沿革而来，其商标“老凤祥”的创意，也源于老凤祥银楼的字号。

老凤祥公司已发展成为集科工贸于一体，拥有老凤祥银楼有限公司、老凤祥首饰研究所有限公司、老凤祥珠宝首饰有限公司、老凤祥钻石加工中心有限公司等20多家子公司，首饰厂、银器厂、礼品厂、型材厂四个专业分厂，以及60余家连锁银楼和1 000多个销售网点的大型首饰企业集团。老凤祥是首饰行业中首家获得生产、销售全过程ISO认证的企业。

上海城隍庙第一购物中心有限公司位于城隍庙地区，是经营珠宝首饰的专业大型企业。公司由总店三个商场及八家分店组成，总面积达16 000 m^2。旗下不仅汇集了国内外数百家知名珠宝品牌的产品，更配备了美国NICOLET公司进口的先进珠宝检测设备及数十名国际国内珠宝专业检测人员，具有雄厚的技术实力。作为全国珠宝首饰行业放心示范店，通过了ISO9001—2000质量体系认证，城隍珠宝更是获得了中国商业名牌、中国珠宝首饰业驰名品牌、上海市著名商标等百项荣誉。秉承诚信、时尚、创新的珠宝文化主题，城隍珠宝将珠宝与品位文化相结合，已成为引领沪上新珠宝时代的先驱品牌。

7.5 材料类专业的培养方案

7.5.1 材料类专业的历史与现状

我们已经知道，人类文明史，也是一部如何更好地利用材料和创造材料的历史。在社会进步过程中，材料的发展水平始终是时代进步和社会文明的标志。在当代，材料和能源、信息是构成社会文明和国民经济的三大支柱产业，新材料、信息技术、生物技术并列为新技术革命的重要标志，其中新材料更是科学技术发展的物质基础和技术先导。

材料类专业的主干学科是材料科学与工程学科，它是伴随着社会发展需要对材料进行研究而形成和发展的。尽管，材料的使用几乎和人类社会发展一样古老，但材料科学与工程学科的形成和发展的历史却只有50年。随着材料工业由低级到高级，由小到大到强，材料学科也从建立到进步到发展到完善，至今还在不断上升中。但其对现代科学技术的发展、人类社会的进步的重要作用已经充分显示出来。

(1) 欧美国家材料科学与工程学科办学历史演变　随着蒸汽机的发明和改进，人类迎来了工业革命。钢铁工业、纺织工业开始大规模工业生产，采矿等工业也随之发展起来，工业的迅猛发展需要相应的科学技术与专门人才，材料科学和工程学科亦随之建立并发展起来。

17世纪中叶，英国皇家学会成立。之后，在大学中开始设立工程学科，有力促进了学科发展和人才培养。

1865年，美国密歇根理工大学(后归Michigan大学)、哥伦比亚大学、Carnigie-Mellon大学创立第一批矿冶系。1865—1870年，英国谢菲尔德大学、伯明翰大学、Emperical mining学院先后开设矿冶系，按炼钢、铸铁、冶炼工艺组织教学，但各有侧重点。20世纪50年代前，美国材料学科教育以金属材料为主，并主要设在冶金系。这与当时材料工业以金属材料为主是相适应的。

20世纪40年代后以硅材料为代表的无机非金属材料有了新发展：1945年晶体管出现，半导体材料异军突起。与此对应,1955—1956 年伯明翰大学教授 Raynor 将该校理论冶金系(物理冶金)与工业冶金系(化学冶金及冶金加工)合并,组建冶金与材料系。同时,剑桥大学教授 Cottrell 也将该校冶金系改名为材料与冶金系。在教学计划中增设了"广泛材料"基础理论及非金属材料课程。

20 世纪六七十年代,原设置冶金系的大学也逐步更名为材料系或冶金与材料系。20 世纪 80 年代,美国大学多以材料科学与工程系命名。

综观材料学科办学史,材料系多由冶金系演变而来。20 世纪 60 年代后,部分化学化工系也转向材料。据统计,英国著名的牛津大学、剑桥大学、伯明翰大学均以冶金材料系命名,美国 90 所设有材料教学计划的高校中有 36 所设置了冶金系或材料冶金系,有 6 所为化工与材料系。

(2) 中国材料科学与工程学科办学历史演变　与欧美国家相仿,中国的材料科学与工程教育始于部分高校的采矿系、矿冶系等,已有 100 年历史。专业设置经历了从宽广到细分又从细分到综合的变化过程,体现了社会需求与材料科学与工程学科专业结构、人才素质之间的相互作用关系,其形成和发展大体上可分成四个阶段。

① 1949 年以前在若干大学设置了矿冶学科,开创了我国现代材料教育的先河。1895 年创建的现代意义上中国最早的大学——北洋西学学堂在其工科中设置了采矿系,开创了中国高等材料教育的历史篇章。之后,国立唐山工学院(1905 年)、东北大学(1912 年)、武汉大学(1913 年)、国立贵州大学(1941 年)等院校相继设置矿冶系。1946 年,清华大学从西南联合大学回北京复校后,在工学院中增设了化学工程系,将材料学科教育扩宽到非金属领域。这一时期,中国材料教育主要是培养矿冶人才,其突出特点是不分专业,教学内容包括采矿、选矿、冶金、材料等,是一种宽领域培养模式。按宽学科口径培养的老一辈材料学家,在长期的实践中为中国材料科技、教育和材料工业发展作出了重大贡献。

② 1949—1966 年间按苏联模式大规模进行院校调整。1951 年,大连大学(现大连理工大学)冶金系调到东北工学院(现东北大学),增强其金属材料学的教学规模;1952 年,经数个校院系合并创建了北京钢铁学院(现北京科技大学,同时增设了金相、轧钢、金属材料热处理、腐蚀与防护等材料专业)、中南矿冶学院(现中南工业大学,并相继增设了有色金属冶金及热处理、有色金属及其合金压力加工、粉末冶金物化等材料专业)。这三所院校成为培养冶金工业高级技术人才的重要工科大学。院系调整后新成立的北京航空学院(现北京航空航天大学)增设了高分子材料 (含复合材料)等专业、华东化工学院(现华东理工大学,由交通大学等五所院校化学化工系合并成立的新中国第一所化工大学)设有无机材料(硅酸盐)专业,之后增设了高分子材料、化学工程等专业。经这一系列调整,建立和发展了较完整的材料高等教育体系,中国材料科学与工程教育水平得到较大的提高,规模有很大发展,为国家造就了一支宏大的材料学科队伍。按照苏联的培养模式与教学体系,材料科学技术人才被分割在十几个专业,分属于冶金、机械、化工等系。仅金属材料就被细分为冶金物理化学、金属材料及热处理、铸造、焊接、压力加工、金属腐蚀与防护、粉末冶金、高温合金、精密合金等专业。尽管按这种模式培养的学生多能在对口行业(或工种)工作并能较快适应岗位,为我国的经济建设发展作出很大贡献。但是,学科专业划分过细且不合理,学生知识面狭窄等弊端逐渐暴露出来。更为严重的是,正当全球材料科学技术迅速发展、"材料科学与工程"一级学科领域形成、欧美诸国纷纷进行材料

科学与工程教育改革这一关键时期，中国材料科学与工程教育却因受到“十年浩劫”而停滞，与当代材料科学与工程教育的距离被拉大了。

③ 1978 年至 20 世纪 90 年代初，中国改革开放逐步深入，在材料科学技术加速发展的同时，逐步了解欧美等国家材料科学与工程教育的改革，中国材料科学与工程教育模式与内容的弊端逐渐被人们认识，材料科学与工程教育改革随之开展。经济建设和科学技术的发展，模糊了材料科学与材料工程之间的界限，几大材料之间的内在联系和共性被更多的人认识；而复合材料、陶瓷材料、功能材料等新材料的发明和广泛应用，计算机等先进技术的突飞猛进，使科技创新更加强调基础及横向与纵向的联系，学科之间相互交叉、渗透、借鉴和移植更受重视，各种不同材料大规模的相互替用、组合已屡见不鲜。在这样的背景下，浙江大学率先，北京科技大学、复旦大学、清华大学等院校随后相继设立材料科学与工程（或相近名称）系。在此期间，扩充专业教学内容（如在金属材料与热处理专业教学中增加非金属工程材料和功能材料内容等），试办新专业（如材料科学、材料工程、材料物理、热加工等），原专业设置界限被逐步打破、专业间的渗透与联系被加强，中国材料科学与工程教育改革取得了一定成绩与经验。但总体上来说，尚没有从根本上突破教育思想与人才培养上的苏联教学模式。

④ 20 世纪 90 年代后期至今，1998 年原国家教委颁布《普通高等学校本科专业目录》，对现有专业进行了第四次大规模修订，改革高校专业划分过细、专业过窄，有的专业名称欠科学规范，门类之间专业重复设置的现象。本着科学、规范、拓宽原则，结合我国国情，借鉴国外高等教育专业设置的成功经验，由行业划分专业向以学科划分专业过渡。新的专业目录由 504 个减少到 232 个。与此同时，国家启动了面向 21 世纪课程体系与教学内容改革的研究。

中国招生规模连年扩大，已由精英教育转入大众化教育，毕业生分配制度也必须进行改革。从 2000 年开始，国家不包分配，实行双向选择、自主择业，将毕业生分配推入人才市场。这一改革，要求学校培养人才的规格，必须服从于经济建设的需要和人才市场的需求。厚基础、宽专业、高素质、强能力成了保证毕业生自主择业的主要条件，也成了高等学校人才培养的主要目标。

中国高等学校材料类本科专业设置整合、中国材料科学与工程教育改革被推上了前台，也为探索与形成有中国特色的材料教育培养模式开创了新的局面。

专业设置调整后，将矿物岩石材料归并为材料物理专业，保留材料化学专业，这两个专业属理学材料科学类；将钢铁冶金、有色金属冶金、冶金物理化学、冶金归并为冶金工程专业，将金属压力加工、粉末冶金、腐蚀与防护、焊接工艺及设备，以及部分金属材料与热处理、复合材料、塑性或塑性工艺及设备归并为金属材料工程专业，将无机非金属材料、硅酸盐工程以及部分复合材料归并为无机非金属材料工程专业，将高分子材料及化学、部分复合材料归并为高分子材料科学与工程专业，这四个专业属工学材料类。此外，在引导性目录中设置了面向材料科学与工程一级学科的材料科学与工程专业，其覆盖了归并后的按二级学科设置的冶金工程、金属材料工程、无机非金属材料工程和高分子材料科学与工程四个专业，鼓励在一级学科的层面办学，使学生具备更开阔的视野。之后，教育部又同意试办复合材料与工程、焊接技术与工程、宝石及材料工艺学、粉体材料科学与工程、再生资源科学与工程、稀土工程、高分子材料加工工程和生物功能材料等材料类专业。1994 年和 2005 年中国高校材料类专业招生院校数比较见表 7 - 2。

2001 年,教育部组建了新一届教学指导委员会,设置了材料科学与工程学科教学指导委员会,并按二级学科设置了材料化学与物理、金属材料及冶金、无机非金属材料、高分子材料与工程等四个分委员会。

表 7-2 1994 年和 2005 年中国高校材料类专业招生院校数比较

专业名称	1994 年	2005 年
材料物理		63 所
材料化学		107 所
冶金工程	24 所	29 所
金属材料工程	76 所	69 所
无机非金属材料工程	53 所	68 所
高分子材料与工程	42 所	120 所
材料科学与工程	23 所	98 所
复合材料	9 所	7 所
焊接技术与工程		4 所
宝石及材料工艺学		5 所
粉体材料科学与工程		1 所
再生资源科学与工程		1 所
稀土金属		1 所
高分子材料加工工程		1 所
生物功能材料		1 所

7.5.2 材料类专业的培养目标与规格

材料科学与工程学科建立于 20 世纪 60 年代初,已发展成为一门独立完整的学科;与抽象的、衍生的科学不同,它是一门实用的、直接的科学与技术。多学科性是其重要特征。从某种意义上来说,材料科学与工程是以 90 多种元素为原料,从理论研究、应用到制造成为人类需要的、有价值的新物质的一个科学技术领域。它涵盖了从微观世界(≤0.1 mm)的探索到宏观(以 m 计)的制造、性质和应用,在微观和基础研究到工程应用之间架起了一座桥梁。材料科学与工程是研究金属材料、无机非金属材料、高分子材料及其复合材料的组成与结构、合成与加工、测试与表征、性能与应用四要素及其关系的科学技术与生产。材料的四要素贯穿于每一种单一材料中,也应贯穿于材料教育的整个过程中。对材料基本四要素的认识和理解、说明和控制应放在更高、更深的层次,即从原子尺度上去探索。四要素是一个整体,内部有机联系是其核心与活力所在。

显然,由于建国初期大规模经济建设急需大量工程技术人才,以及受到计划经济体制束缚和全盘接受苏联高等教育人才培养模式,在相当长一段时间里将专业人才的培养目标定在为行业培养通晓某一专业技术的工程技术人员,毕业后能够立即到国营工业领域担任设计、施工、运行等事业性工作的工科人才,这样的培养目标已无法适应社会主义市场经济的要求。

材料科学与工程类专业培养目标表述为:本专业培养具备材料科学、材料工程领域的较宽的基础知识或材料科学与工程系统知识，能在某一类材料的制备、加工成型、结构与性能、应用等领域或材料综合领域从事科学研究与教学、技术开发、工艺和设备设计、技术改造及经营管理等方面工作，适应社会主义市场经济需求的多层次、高素质、全面发展的科学研究与工程技术人才。

人才培养规格为：按研究型或应用(技术)型规格培养 4 年制理学或工学学士。通常，根据各个普通高等学校的教学软件和硬件条件，或按是否是“211 工程”重点大学或学科，划分为研究型大学和技术型大学，前者着重培养高层次的研究型人才，后者重点培养工艺工程师和高等职业技术人才。而同一所大学的学生，也可按兴趣爱好和需要，有所侧重地培养成直接面向技术和应用型工作的人才或继续深造从事科学研究工作。

7.5.3 材料类专业的教学内容与课程体系

普通高等学校理工科本科专业人才的培养应体现知识、能力、素质协调发展。能力培养和素质教育是以适当的知识体系作为载体的，因此，有必要强化知识结构的设计与建设，使每一个知识模块构成一个适当的训练系统。

理工科本科专业教育内容和知识体系由普通教育(通识教育)内容、专业教育内容和综合教育内容三大部分及 15 个知识体系构成。

普通教育内容包括：①人文社会科学；②自然科学；③经济管理；④外语；⑤计算机信息技术；⑥体育；⑦实践训练等知识体系。随着经济全球化，人才必须国际化。外语已不仅仅是交流的工具，而是具有国际视野、通晓国际办事准则所必需的工具；而计算机信息技术是迅速获取、解读、存取信息，解析、处理数据，快速决策、应对必须具备的；人文社会科学、自然科学、经济管理、体育、实践训练等知识体系对基础知识、品质、性格、意志、创新精神等的培养很关键。

专业教育内容包括：①相关学科基础；②本学科专业；③专业实践训练等知识体系。科技不断创新，新技术层出不穷，知识快速更新，新职业、新岗位、新机遇频频降临，具备扎实、宽厚的专业基础，就有强的竞争力。专业基础建在一级学科上很有必要。

综合教育内容包括：①思想教育；②学术与科技活动；③文艺活动；④体育活动；⑤自选活动等知识体系。这对世界观、人生观、团队精神、创新能力，甚至领导能力的养成十分重要。

知识体系由知识领域、知识单元和知识点三个层次组成。一个知识领域可以分解成若干个知识单元，一个知识单元又包括若干个知识点。知识单元又分为核心知识单元和选修知识单元。核心知识单元提供的是知识体系的最小集合，是该专业在本科教学中必要的、最基本的知识单元；选修知识单元是指不在核心知识单元内的那些知识单元。核心知识单元的选择是最基本的共性的教学规范，选修知识单元的选择体现各校的不同特色。学校应尽可能多地提供不同门类、不同层次、不同规格的课程供学生选修。材料科学与工程四要素的内容分散在以材料为载体的各个知识点中。

材料科学与工程类专业知识体系一览：

(1) 相关学科基础：数学、物理、化学、机械、化工、电工与电子等；

(2) 本学科专业：材料科学、材料工程、材料研究；

(3) 专业实践训练等知识体系：专业实验、专业实习、课程设计、毕业论文(毕业设计)。

上述知识体系的知识领域如下所示。

(1) 数学:高等数学、线性代数、概率论与数理统计;
(2) 化学:无机化学、有机化学、分析化学、物理化学;
(3) 物理学:力学、热学、电磁学、光学;
(4) 机械:工程图学、工程力学、机械设计基础;
(5) 化工:化工原理;
(6) 电工与电子:电工学、电子学;
(7) 材料科学:材料物理与化学、材料结构与性能;
(8) 材料工程:材料工艺与设备、材料设计与应用;
(9) 材料研究:材料研究方法、材料制备与性能测试。

7.6 材料类专业的人才培养模式与知识、能力、素质结构

7.6.1 材料类专业的人才培养模式

20世纪50年代以来,世界高等教育呈现出大众化、多样化、国际化和信息化的趋势,欧美国家著名大学不再强调专才教育,而把通才教育放在首位,专业培养放在次要地位,使本科生具有广博的知识结构。对于材料科学与工程类专业则更加注重材料现代基础科学与人文社会科学课程的设置,培养学生具有宽厚的基础理论知识、广泛的兴趣和宽阔的视野。如麻省理工学院实施旨在培养创新人才的"本科生科研计划",把学生的创新思想、创新能力、实践能力和终身学习能力的培养放在教育的首位。

面向21世纪,中国高等教育紧跟国际发展的潮流开展一系列改革和实践。"九五"期间,教育部面向21世纪教改计划"工科材料类专业人才培养方案及教学内容体系改革的研究与实践"项目研究和实践了两种办学模式,即以材料科学与工程一级学科(俗称大材料)设置专业和以面向材料科学与工程一级学科,构建材料类公共基础课平台,按二级学科(俗称中材料)设置材料类专业。两种办学模式的实践均取得成效,并得到肯定。不少高校实践了立足中材料、面向大材料、构建材料类课程公共基础课的教改思路,力求使学生了解和掌握材料四要素及其相互关系,从总体上把握材料科学与工程的精髓。事实证明:这是符合中国国情的、是切实可行的。不同的学校可根据不同的类型、不同的办学条件按一级学科或二级学科设置专业并选择确定培养模式。

中国材料科学与工程招生专业及招生规模有较大变化。20余个材料专业按照教育部1998年公布的本科专业目录合并为6个二级学科专业(材料物理、材料化学、冶金、金属材料、无机非金属材料、高分子材料)和一个一级学科专业(材料科学与工程)。2003年材料类专业招生人数达20 300人,在校人数达73 300人,培养宽口径材料类人才有明显的上升趋势;已有专业的界限被逐渐打破,由原来的按工种(行业)设置专业的单一培养模式("专业培养")向"学科培养"发展;从学科式课程设置向整合式课程设置转变,注重课程体系的创新;专业课程从中心地位转变为载体地位;课程内容则从以学科发展为中心转向以培养学生为中心。

在人才培养上更加注重材料科学与材料工程相结合的综合型人才。这是因为随着科技发展及全球经济一体化,现代科学与技术的结合越来越紧密,基础研究和应用开发研究越来越难

以分开；而且，材料的研究涉及多种学科，只有多学科的交叉，在材料研究、开发、应用和产业化过程中系统组织和全面协同，使材料科学与材料工程有机结合，才能转化为生产力，为人类社会进步和科学技术发展作出贡献。

在教学模式上倡导建立以理论教学、实验教学、科学研究三个维度为基本的框架，推动科研与教学互动，提倡科研成果进教材、进课堂、进实验，通过三个维度相互交叉、有机结合构建新型的教学模式，培养学生的创新精神和创新能力，提高人才培养质量。

理论教学是构建框架的基础，以全面系统的知识学习和综合思考能力培养为主，强调宽厚的基础教育、学科知识横向与纵向之间的联系。

实验教学是理论教学的延续，通过对学校资源和教学内容有效整合，开设综合性、设计性实验，改变以往实验教学仅作为理论再现和简单证明的手段，强调理论在应用中的相关性和综合性。同时，也是引导和激发学生走向科学研究的起点。需要强调的是：材料科学与工程是实践性很强的学科，学生时代加强实验技能和实验动手能力的培养十分重要，要善于从实验现象中发现问题、提出问题、分析问题、解决问题，才能有所发现、有所创造。

科学研究是使学生在把理论教学和实验教学中学到的知识和技能用于解决实际的科学研究问题的同时，充分发挥和体现其个体的主动性和创造性。应通过教学安排的调整、实施导师制等，创造条件让学生尽早进入实验室，参与教师的研究工作。

7.6.2　材料类专业人才的知识、能力、素质结构

进入 21 世纪，中国高等教育形成了共识，材料类专业必须培养材料科学和材料工程相结合的综合型人才，社会需要能对材料从合成到应用的全过程进行综合研究的材料科学与工程专家。除了化学家和物理学家所关心的问题以外，材料专家还应特别重视材料在制备过程中的重现性和材料品质的一致性等极为重要的实际问题。一个材料专家既能和化学家一起深入进行材料合成与制备研究，又能和物理学家一起进行材料结构和性能研究。一个好的材料专家在物理学家看来是化学家，在化学家看来是物理学家，被科学家看作工程师，被工程师看作科学家。

社会需要材料科学与工程综合型人才有其深刻的历史根源和现实原因。1957 年 10 月 4 日苏联成功发射第一颗人造地球卫星，美国朝野震惊，检讨太空技术落后的原因，一致认为材料研究方面的落后是重要因素之一。于是，美国国会在 20 世纪 60 年代初通过立法，在一些大学和研究机构中建立了十几个材料研究中心，政府与科学界通力合作，加强材料研究，大批与材料有关的化学家、物理学家、冶金学家和工程师投入对材料的广泛研究中，从而催生了新兴的、相对独立的材料科学与工程学科。材料科学与工程的形成与发展内在的、更深刻的原因是材料的研究涉及多种学科，以往分散在不同学科中各自进行的研究受各学科本身以及从事研究的科学家和工程师自身的理论基础、经验和方法的限制，常常只局限于材料的某一方面的问题，缺少对材料进行多学科、多方面的综合性研究，往往只见树木（甚至树枝）不见森林，无法从整体上把握材料、了解材料，以致对材料从制备到应用中的许多复杂问题，如材料制备过程中的一致性和重现性、材料在使用中的可靠性等极其重要的问题认识不深、重视不够，致使长期得不到妥善满意的解决，许多新材料无法进入实际应用。随着社会主义市场经济的建立和经济全球化的激烈的国际竞争，中国已成为制造业大国，但还不是制造业强国，面对材料生产企

业自主开发研究能力不强、产品技术含量不高、市场竞争力不足、科技成果难以转化为生产力的现实，培养既具有较深理论基础，能深入进行材料研究；又具有丰富工程知识，能将成果尽快转化为生产力从而创造效益的材料科学与工程相结合的复合型、创造型、应用型人才迫在眉睫。

因此，在制订培养方案时，学校应以终身教育、素质教育和创新教育的思想观念为指导，拓宽专业，调整专业课与基础课的比重，增加基础课的比重，使学生具有较宽的基础知识和专业知识，将素质教育、能力培养贯穿于学校教育的各个环节之中，且培养方案应随社会需求的改变而动态变化。

就材料科学与工程教育而言，无论采用哪种形式办学都应坚持一个共同点：材料专业类人才培养应主要以由材料制备与加工、组织结构与成分、性能及应用性能等四要素及其关系构成的材料学科的共同基础知识作为重要的教学内容，同时，在课程设置上必须克服轻化学、物理基础的现象，加强基础理论教学。必须认识到只有把各类材料和相关的合成加工技术及分析测试技术作为一个整体考虑，形成“大学科”才能满足时代发展的要求，才能从本质上把握材料科学与工程学科的精髓。因此，材料类专业的课程体系应在材料“大学科”背景下，从课程平台的建设、实验和工程实践环节的设计、跨学科课程和专业主修课程之间的关系、基础课与专业课比例等方面进行创新设计。

材料类专业综合型人才的规格要求是多元化的，并具有显著的地方性特征。但其对人才规格的总体要求具有一定共性，由培养体系体现，包括三个方面。

(1) 素质结构要求

思想道德素质：包括政治素质、思想素质、道德品质、法制意识、诚信意识、团体意识。社会历来都将其放在第一位。合格的材料专门人才应该热爱社会主义祖国，拥护中国共产党的领导，掌握马列主义、毛泽东思想和邓小平理论的基本原理；愿为社会主义现代化建设服务，有为国家富强、民族昌盛而奋斗的志向和责任感；具有敬业爱岗、艰苦奋斗、热爱劳动、遵纪守法、诚实守信、团结合作的品质；具有良好的思想品德、社会公德和职业道德，这是社会对材料类专门人才需求的首要标准。

文化素质：包括文化素养、文学艺术修养、现代意识、人际交往意识，是人才培养的基本要求。现代社会从各方面都体现着对人文精神的重视，社会人的文化素质体现了一个社会的文明，一个国家、一个地区，甚至一个企业的文明程度都与其基本组成单位人的文化素质密切相关，因此具有一定的人文社会科学知识、较好的文化和文学艺术修养、具有一定的交际能力和与时俱进的现代意识的材料专门人才是社会对材料类专门人才需求的基本条件。

专业素质：是开展专业研究的基础。只有掌握本专业的基础知识、基本理论、基本技能，具有独立获取知识、提出问题、综合分析问题和解决问题的基本能力及开拓创新精神，具有科学的思维方法、掌握科学研究的基本方法，具有较强工程意识、价值效益意识和革新精神的材料类专门人才才能获得社会的认可。

科学素质：包括科学思维方法、科学研究方法、求实创新意识、科学素养。

工程素质：包括工程意识、综合分析素养、价值效益意识、革新精神。

身心素质：具备健全的心理和健康的体魄，已经成为社会对材料专门人才需求的基本要求。

(2) 能力结构要求

获取知识的能力：包括自学能力、表达能力、社交能力、计算机及信息技术应用能力。教育终身化是知识经济时代的必然要求。只有具备更新自己原有专业知识的能力、具备学习新知识的能力、具备综合各门学科知识的能力，才能保证与时俱进。

应用知识能力：掌握知识的目的在于综合应用知识解决问题，社会需要具备良好的综合实验能力、工程实践能力、工程综合能力的材料专门人才在具体的工作岗位上发挥作用以解决实际问题。

创新能力：创新能力是发展的原动力，具有较强的创造性思维能力、创新实验能力、科技开发能力、科技研究能力的人才能适应社会经济高速发展的要求。

能力培养应通过系统的实践教学环节实现。

(3) 知识结构要求

工具性知识：在信息社会里具有坚实的工具性知识是获得信息的必要条件。掌握基本的外语、计算机及信息技术应用、文献检索、方法论、科技方法、科技写作等方面的知识是适应知识经济的必备能力。

人文社会科学知识：人类创造精神文明和物质文明是为了使人自身生活更美好，使人的价值获得最充分的表现、潜力得到最大限度的挖掘。要实现人的自身价值和全面发展，就必须了解和掌握文学、历史学、哲学、思想道德、政治学、艺术、法学、社会学、心理学等方面的知识。

自然科学知识：包括掌握基本的数学、物理学、化学、生命科学、地球科学等方面的知识，以此为基础才能更好地掌握专业知识。

工程技术知识：包括较好地掌握工程制图、机械学、电工电子学、工程原理、工程环境等方面的知识。

经济管理知识：包括了解经济学、管理学等方面的知识。

专业知识：包括材料物理与化学、材料结构与性能、材料工艺与设备、材料设计与应用、材料研究方法、材料制备与性能测试等基本理论、基本方法和基本实验技能。掌握材料性能、材料组成结构、材料制备、材料应用的相关知识及各因素间相互影响、相互制约的关系是材料类专门人才必须具备的专业知识。由于材料是具体的、是有个性的，专业知识也可指一级学科(大材料)的公共基础课知识和相关二级学科的专业知识。

7.7 材料类人才的机遇和挑战

7.7.1 材料类人才的现状和需求

自 20 世纪 60 年代材料科学与工程学科作为一个独立的学科形成以来，中国的材料类专业高等教育格局已逐步建立，并得到很大的发展，培养的人才为国民经济建设、国防建设和人们生活水平的提高作出了巨大贡献。2004 年材料科学与工程专业教学指导委员会及其下设的二级专业教学指导委员会对 11 所院校无机非金属材料工程专业、11 所“211 工程”重点建设院校高分子类专业、26 所院校材料类专业本科毕业生就业情况及研究生招生情况进行调查，并以此作为依据，进行我国社会对材料人才培养及需求现状分析。

(1) 无机非金属材料工程专业

2000—2003年招生与就业情况调查结果表明，已连续4年社会的需求量大于本科毕业生人数，需供比为2左右，重点院校达3以上；需求主要来自于具有工程应用背景的企业，而提供23%就业岗位的研究院所中也有相当多对工程、工艺知识要求高的设计院所；同时，有平均58%的学生在材料领域就业，21%跨行业就业，有1%自主创业；考取研究生的比例逐年上升，平均为19%；"211工程"院校学生就业结构与一般院校有一定区别，考研率、研究院所就业率及跨学科就业率都高于一般院校。

企业需求仍是主流。这也表明，在重视工程教育的同时，应兼顾科学研究能力的培养。

(2) 高分子科学与工程专业

调查表明：从事本专业工作（包括考上硕士研究生的人数）占毕业总人数的76.12%，说明目前毕业生人数与社会需求总体相适应；本科毕业生向往取得更高学历；从事高分子合成的毕业生人数逐年减少，从事高分子材料加工的毕业生人数大致持平，而从事高分子材料应用的毕业生人数略有增加，在三者中约占50%。这一比例与中国高分子材料消费量快速增长完全吻合。可以预测，随着中国高分子材料工业迅速发展和人均消费量不断提高，在今后一段时期，以研发和营销为主的高分子材料应用人才的需求将进一步增大。

学位教育调查统计表明，高分子材料类专业已形成了合理的多层次人才梯队：即以本科教育为基础，包括硕士、博士的培养体系已经形成。其中，高层次人才培养中的理科和工科的比例也显示以工科为主的明显特点，从而体现高分子材料是应用性较强，对工程人才需求较大的一个领域。

(3) 材料物理、材料化学专业

对近4年材料物理与材料化学专业招生时间和规模、毕业生就业情况统计表明，本科生的招生规模上升最快，而博士生和硕士生的招生规模在2003年有一个明显的增加，这表明社会对这两个专业人才的需求在逐年增加；各高校在材料类、非材料类的就业情况相差很大，攻读硕士学位的比例略有增加，这种差别与各高校的办学特色是分不开的，同时也表明，这两个专业毕业生的就业面比较广泛，而并不仅仅限于材料类。因此，在材料物理与材料化学专业教育中，要结合市场需求，注重发挥本校的特色。

(4) 金属材料工程专业

近年来金属材料学科以其深厚的基础理论和完善的现代实验体系及方法，与信息材料、光电材料、生物材料、能源材料等新型学科相互交叉发展，已经开拓了许多极具发展前景的新领域。目前国内主要侧重于铁合金、铝合金以及其他一些特种金属材料的研究开发。近年来，这一领域还有许多新的发展，比如储氢材料、摩擦材料以及和纳米技术相结合的协同材料等。

材料类专业人才培养能适应社会需求，普遍受欢迎，就业形势良好；专业领域内就业仍占主要地位，以研发和营销为主的应用人才需求会有较大增长，对工程人才的需求较大，但需注意科学与工程相结合的综合型人才的培养；博士、硕士、学士多层次培养体系已经形成。

7.7.2 材料类人才面临的挑战

节约型社会是指在生产、流通、消费等领域，通过深化改革、调整结构、改进技术、加强管理等手段，动员和激励全社会节约和高效利用各种资源，以尽可能少的资源消耗满足人们不断增长的物质文化需求。节约型社会包含节约型的产业结构、节约型的城市化模式和交通运输体系、节约型的消费结构以及树立节约型的社会观念。

循环经济理论和可持续发展理论是节约型社会的理论基础。循环经济本质上是一种生态经济,它要求把经济活动组织成一个"资源—产品—再生资源"的反馈式流程,使所有物质和能源在这个不断进行的经济循环中得到合理和持久的利用,以把经济活动对自然环境的影响降低到尽可能小的程度。可持续发展是20世纪80年代提出的一个新概念,按国际通行的解释,是既要满足当代人的需求又不损害后代人满足需求的能力。即在发展经济的同时,要保护好人类赖以生存的大气、淡水、海洋、土地和森林等自然资源和环境;既要安排好当前的发展,又要为子孙后代着想,使他们能够永续发展和安居乐业,而决不能吃祖宗饭,断子孙路。

提出建设节约型社会是基于中国经济增长方式仍然是资源消耗高、浪费大、环境污染严重的粗放型的经济增长方式;中国是一个资源贫乏的国家,水、土地、森林、铁矿石、有色金属、石油和煤炭等储量都低于世界平均水平,其中水资源仅为世界平均水平的1/4,土地仅为1/5。资源浪费严重,节约意识缺失,资料显示:中国GDP占世界总量的1/30,但消耗的钢铁占世界总量的1/4、煤炭占1/3、水占1/2。材料工业是资源消耗和能源消耗的大户。因此大力推进能源节约,深入开展节约用水,积极推进原材料节约,强化节约和集约利用土地,加强资源综合利用是基本国策之一。

建设中的上海化工区在实现循环经济节约上下了大力气:按传统的生产流程,氯碱工业电解食盐产生的氯气,直接用于生产氯乙烯和聚氯乙烯;而在化工区则将其先用于2,4-甲苯二异氰酸酯(TDI)和二苯基甲烷二异氰酸酯(MDI)的生产,然而将生产TDI、MDI副产的氯化氢送去生产氯乙烯和聚氯乙烯,氯气被用了两次。在化工区,这种例子还不少。

国际学术界将把科技创新作为基本战略,大幅度提高科技创新能力,形成日益强大的竞争优势的一类国家称之为创新型国家。目前世界上公认的创新型国家有20个左右,包括美国、日本、芬兰、韩国等。这些国家的共同特征是:创新综合指数明显高于其他国家,科技进步贡献率在70%以上,研发投入占GDP的比例一般在2%以上,对外技术依存度指标一般在30%以下。而且,这些国家所获得的三方专利(美国、欧洲和日本授权的专利)数占世界数量的绝大多数。

人类社会已经进入了一个科技创新不断涌现、经济结构加快调整的重要时期。知识在经济社会发展中的作用日益突出,国民财富的增长和人类生活的改善越来越依赖于知识的积累和创新。科技竞争成为国际综合国力竞争的焦点。世界各国尤其是发达国家纷纷把推动科技进步和创新作为国家战略,大幅度提高科技投入,加快科技事业发展,重视基础研究,重点发展战略高技术及其产业,加快科技成果向现实生产力转化,以利于为经济社会发展提供持久动力,在国际经济、科技竞争中争取主动权。

大量国际经验表明,一个国家的现代化,关键是科学技术的现代化。新中国成立以来特别是改革开放以来,随着社会主义市场经济的建立和国民经济持续增长,比较完整的学科体系已建立,科技人力资源总量和研发人员总数位居世界前列,取得了一批以"两弹一星"、载人航天、杂交水稻、陆相成油理论和应用、高性能计算机、人工合成牛胰岛素、基因组研究等为标志的重大科技成就,部分重要领域的研究开发能力已跻身世界先进行列,在农业、工业领域拥有了一批具有重要作用的自主知识产权,一批高新技术产业群迅速崛起,造就了一批拥有自主知名品牌的优秀企业,全社会科技水平显著提高,我们已经具备了建设创新型国家的重要基础和良好条件。

然而,同世界先进水平相比,中国科技的总体水平差距仍较大,主要是:关键技术自给率低,自主创新能力不强,特别是企业核心竞争力不强;农业和农村经济的科技水平还比较低,高新技术产业在整个经济中所占的比例还不高,产业技术的一些关键领域存在着较大的对外技术依赖,不少高技术含量和高附加值产品主要依赖进口;科学研究实力不强,优秀拔尖人才比较匮乏;科技投入不足,体制机制还存在不少弊端。

为了实现进入创新型国家行列的奋斗目标,必须坚持走中国特色自主创新道路,加强原始创新、集成创新和引进消化吸收再创新。自主创新能力是国家竞争力的核心,是我国应对未来挑战的重大选择,是统领我国未来科技发展的战略主线,是实现建设创新型国家目标的根本途径。一个国家只有拥有强大的自主创新能力,才能在激烈的国际竞争中把握先机、赢得主动。科技创新,关键在人才。杰出的科学家和科学技术人才群体,是国家科技事业发展的决定性因素。当前,人才竞争正成为国际竞争的一个焦点。无论是发达国家还是发展中国家,都把科技人力资源视为战略资源和提升国家竞争力的核心因素,大力加强科技人力资源能力建设。源源不断地培养造就大批高素质的具有蓬勃创新精神的科技人才,直接关系到我国科技事业的前途,直接关系到国家和民族的未来。

挑战是巨大的,机遇也是巨大的。抓住机遇,面对挑战,中国高等学校必须迎难而上,在建设创新型国家的征程中,为国家、为民族源源不断地输送具有创新精神和创新能力的人才!材料类专业重任在肩、义不容辞。有挑战,才有机遇,才有辉煌!

8 高分子材料与工程

材料是人类赖以生存和发展的物质基础，是工业革命的先导。进入21世纪，新材料、生物技术和信息技术被认为是构成现代文明的三大支柱，而新材料又是高新技术发展的重要基础平台。

高分子材料作为新型有机材料被广泛应用，随着20世纪60年代初材料科学与工程学科的建立，高分子材料学科又成为其中一员，高分子材料学科与金属材料学科和无机非金属材料学科并列成为材料科学与工程学科中的重要分支领域。高分子材料学科的内涵是，以材料的共性为基础，研究高分子材料的基本特性，研究高分子材料制备、加工、应用中的科学问题和工程问题，及与其他材料的复合问题。因此，当今高分子材料科学与工程学科呈现出在化学和材料科学与工程两个学科中并肩发展的新局面，显示出朝气蓬勃的青春活力。

人类社会对高分子材料的需求是高分子材料科学产生和发展的推动力，和其他学科的交叉、融合则是高分子材料科学成长过程的特点。

8.1 高分子材料与工程专业在人类社会发展中的地位和作用

高分子是指以化学键相连接的大量有机小分子的聚集体，高分子材料则是从应用的角度对高分子进行归类，如分为塑料、橡胶、纤维、涂料、黏合剂、功能高分子、聚合物基复合材料等。

1. 古老而年轻的高分子材料学科

高分子材料学科是一门古老而年轻的学科。古老，指的是使用方面，天然高分子在自然界和生物体内已存在数亿年，人类对天然高分子材料的使用，一直可以追溯到史前时期，从远古时期开始，人类就已经学会使用天然高分子材料，如存在于自然界中的树脂、橡胶、皮毛、蚕丝、棉花、纤维素、木材等。年轻，指的是从科学和工程的意义上研究高分子材料，从半合成和合成高分子材料出现之后，才不过一个半世纪，而高分子材料学科的建立，至今不到80年。虽然丝、棉、麻等天然高分子材料对人类历史的发展起到了巨大的推动作用，人类也对天然高分子（如天然橡胶、纤维素和丝绸等）进行了不同程度的改性，但是高分子概念的形成和高分子材料学科的出现则始于20世纪20年代末，随后高分子科学正式诞生。“高分子化学”是高分子科学的基本内涵，它脱胎于有机化学，以Staudinger的大分子链概念和Carothes等的缩合聚合和自由基加成聚合的概念为最初的理论基础。由于大批新合成高分子的出现及其应用和性能表征、结构与性能关系研究的需要，20世纪四五十年代逐渐形成“高分子物理”的研究领域。随着高分子化学、高分子物理研究工作的深入及高分子材料制品向人类生活各个领域的迅速扩展，高分子材料成型加工原理及技术研究、高分子化合物生产中工程问题的出现，又形成了涉及高分子成型加工及聚合反应工程的“高分子工程”领域。高分子化学、高分子物理和高分子工程等组成了高分子科学的三大分支领域,并称为“高分子科学与工程”学科(简称高分子学科)。目前,高分子化学与物理学科已成为化学学科中的二级学科,与无机化学、有机化学、分析化学、物理化学等二级学科并列。

2. 最有发展前途的高分子材料学科

高分子学科一经建立即表现出它与高分子工业密切联系的特征。第一个合成高分子——酚醛树脂的工厂是1907年问世的。然而,直到20世纪30年代高分子学科建立后,高分子材料工业才步入真正的发展阶段,聚氯乙烯、尼龙、聚苯乙烯、聚甲基丙烯酸甲酯、聚乙烯、聚丙烯、聚酯、聚碳酸酯、聚甲醛等聚合物及改性品种层出不穷。经历半个多世纪的持续发展,从农业、建筑、汽车、机械、电子、电器、包装、轻工、纺织、航空航天到国防军工等各个领域,从传统产业到高新技术产业,高分子材料渗透了人类社会生活的方方面面,极大地促进了社会进步、国民经济发展和人们生活条件的改善,在人类文明发展过程中发挥了不可替代的作用。

20世纪六七十年代,有统计数据表明,在美国30%的化学家、50%的化学系毕业生从事的工作与高分子材料相关。表8-1给出了1985年美国劳工部统计的美国化学工业职工中各行业所占的比例。

表8-1 1985年美国化学工业职工情况

行业	人数/万	比例/%
无机化工	14.3	8.2
颜料	20.5	11.7
肥皂和清洁剂	14.8	8.5
有机化工	16.4	9.4
农用化学品	6.0	3.4
高分子材料	102.6	58.8
合计	174.6	100

材料行业的结构也发生了变化,美国20世纪60年代钢铁年产量近1.2亿万吨,后呈下降趋势,最低达6 000多万吨,后缓慢上升到目前的9 000万吨。出现了工程塑料替代金属材料的趋势,目前工程塑料的体积与金属材料相当,高分子材料的体积已超过金属材料。20世纪70年代开始,美国材料市场中聚合物材料所占的份额和比重不断上升,见表8-2。由此可见,人类进入了高分子材料时代。

表8-2 美国材料市场的经济份额和比重(单位:10亿美元)

材料	1970		1980		1990		2000	
金属	120	49%	132	46%	135	41%	141	38%
聚合物	36	15%	53	19%	76	23%	96	26%
无机材料	38	16%	45	16%	53	16%	63	17%
其他材料	49	20%	55	19%	60	20%	70	19%

进入 20 世纪，高分子学科在科学研究和工业生产方面又取得了一系列突破性的进展。茂金属催化剂的应用不仅使聚丙烯、聚苯乙烯等聚烯烃实现了间同聚合，又突破了齐格勒-纳塔催化剂的局限，实现了聚烯烃的多元共聚，获得了新型的聚丙烯材料和乙丙类热塑性弹性体。发展了原子转移自由基聚合方法；设计、合成了不同种类的树枝状及支化、超支化高分子、嵌段聚合物。高分子光电信息材料与器件也取得了重大进展，包括导电高分子、高分子半导体和超导体、发光材料、非线性光学材料、磁性材料等。其中，基于发光共轭聚合物的显示器件已进入实际应用的阶段。超分子高分子的研究极大地推动了分子自组装技术的发展，从而为“由下到上”实现纳米信息材料与器件提供了可操作的途径。在生物医学高分子领域发展出具有生物活性的物质或与细胞相结合的生物高分子材料——生物活性物质的复合体，它已具备了可以替代、修复人体组织或器官中有缺损或坏死的活组织或器官的功能，成为在生理环境中能与活体细胞相互作用、产生特殊的细胞响应，从而能诱导、发展成有生命力的新生组织的生物材料。

采用可控、高效、节能、环境友好的聚合方法制备具有不同应用性能的高性能高分子材料是 21 世纪高分子科学发展的重要方向之一，也是新时期国民经济可持续发展、社会进步和国家安全的一个重要保证。其主要涉及以下几个领域：高分子材料合成的新方法、新高效催化体系、绿色高分子合成化学，生物高分子物质的分子化学与物理机制、生物活性的高分子材料的制备和功能化，高聚物凝聚态物理及软物质特性，光、电、磁信息功能高分子材料的合成与新型器件、超分子与自组装高分子材料，通用高分子材料的高性能化及加工过程，天然高分子材料作为可再生资源在能源、材料领域的综合利用以及生物可降解材料。

8.2 高分子材料与工程专业技术与研究内容

高分子材料是以高分子化合物为主要组分的材料。高分子化合物系指相对分子质量很高的物质，有时简称高分子、大分子或聚合物。常用高分子的相对分子质量高达 $10^4 \sim 10^6$，而一般有机化合物的相对分子质量都在 500 以内，少数高于 500，但也在 1 000 以下。因此，相对分子质量高是高分子化合物的基本特征，也正是由于其相对分子质量高，才具有许多与低分子化合物截然不同的性质和性能。

自从 1869 年第一个人工半合成的高分子材料——赛璐珞问世以来，高分子材料已发展到成百上千个品种，但最常用的品种仅数十种，却占到总产量的 95%以上。高分子材料通常是指塑料、橡胶、纤维、涂料、黏合剂，而所谓的三大合成材料则是指合成塑料、合成橡胶、合成纤维。

8.2.1 高分子材料的种类

高分子材料可以分为天然高分子材料和合成高分子材料。天然高分子材料有天然橡胶、纤维素、淀粉、蚕丝、甲壳素等。合成高分子材料大体可以分为塑料、橡胶、纤维、黏合剂、涂料，以及聚合物基复合材料、聚合物合金、功能高分子材料、生物高分子材料等。

1. 塑料

塑料主要是通过以合成树脂为基础，加入助剂（如填料、增塑剂、稳定剂、润滑剂、交联剂及其他添加剂）制得的。

塑料按其加工性能和热效应可分为热塑性塑料和热固性塑料两大类。热塑性塑料受热时熔融，可进行各种成型加工，冷却时硬化，再受热，又可熔融、加工，即具有多次重复加工性，它的加工过程基本是物理变化。热固性塑料受热熔化成型的同时发生化学交联反应，将线形的分子交联形成立体网状结构，再受热不能熔融，在溶剂中也不溶解，即不具备重复加工性。

塑料按使用范围和用途可分为通用塑料、工程塑料、特种工程塑料三大类。通用塑料的产量大，价格低，用途广，性能一般，使用温度在100℃以下，占塑料应用量的80%以上，主要用于非结构材料和生活用品上，主要有聚乙烯、聚丙烯、聚氯乙烯、聚苯乙烯、ABS、酚醛塑料、氨基塑料等。工程塑料具有较好的力学性能，使用温度在100～150℃，可作为结构材料，其中通用工程塑料主要有聚酰胺、聚碳酸酯、聚甲醛、聚苯醚、热塑性聚酯等。特种工程塑料，使用温度在150℃以上，力学性能更好，主要用于要求质量轻、力学性能高的领域中，能代替金属材料在航空、航天等领域中使用，主要有聚酰亚胺、聚芳酯、聚苯酯、聚砜、聚苯硫醚、聚醚醚酮、氟塑料等。

20世纪80年代之后，在开发新树脂的基础上，人们把主要的精力放在对现有高分子材料的改性研究上，对高分子合金、复合材料的开发，对高分子合金的聚集态结构和界面化学物理的深入研究，对反应性共混、共混相容剂和共混技术装置的开发，大大推进了工程塑料合金的工业化进程。通过共聚、填充、增强、合金化等手段，使通用塑料工程化、高分子材料功能化，大大提高了材料的使用价值和应用范围。通过合金化的途径，发展互穿聚合物网络技术，可实现工程塑料的高性能化、结构功能一体化。通过不同的合金化路线、改进加工工艺、发展复合材料技术和开发纳米材料，促进了高性能工程塑料的功能化和实用化，促进了高分子材料的发展和进步。图8-1是塑料(树脂)的分类。

2. 橡胶

橡胶是一类线形柔性链的高分子聚合物。其分子链柔性好，在使用温度下具有高度伸缩性和极好的弹性，它在较小的外力作用下能产生很大的变形，当外力取消后又能很快恢复到原来状态。橡胶是橡胶工业的重要原料，常用于弹性材料、密封材料、减震防震材料和传动材料，可用于制造轮胎、胶管、胶带、胶鞋、电线电缆等各种橡胶制品。橡胶还广泛用于塑料改性等方面。

橡胶按其来源可分为天然橡胶和合成橡胶两大类(图8-2)。天然橡胶是从自然界的植物中采集出来的一种高弹性材料。合成橡胶是各种单体经聚合反应合成的高分子材料。按其性能和用途可分为通用合成橡胶和特种合成橡胶。通用合成橡胶主要包括丁苯橡胶、顺丁橡胶、乙丙橡胶、丁基橡胶、氯丁橡胶等；特种合成橡胶主要有丁腈橡胶、硅橡胶、氟橡胶、丙烯酸酯橡胶、聚氨酯橡胶等，专门用于制备各种耐寒、耐热、耐油、耐臭氧等特种橡胶制品。

橡胶制备成型的基本过程包括塑炼、混炼、压延、挤出、注压、模压和硫化交联等过程。橡胶是高分子弹性体，它的使用温度一般在聚合物的高弹态范围内。

橡胶的结构应具有如下特征：大分子链一般都含有一定量的双键，因此具有足够的柔性；在成型过程中必须交联成网状结构，使弹性和强度提高。

- 塑料（树脂）
  - 热塑性塑料
    - 通用塑料
      - 聚乙烯（PE）
        - 低密度聚乙烯(LDPE)
        - 高密度聚乙烯(HDPE)
        - 中密度聚乙烯(MDPE)
        - 线形低密度聚乙烯(LLDPE)
        - 低分子量聚乙烯(LMPE)
        - 超高分子量聚乙烯(UHMWPE)
        - 粉末聚乙烯
        - 改性聚乙烯（CPE、EVA）等
      - 聚丙烯（PP）
        - 等规聚丙烯（iPP）
        - 间规聚丙烯（sPP）
        - 无规聚丙烯（aPP）
        - 粉末聚丙烯
        - 改性聚丙烯（PPC）等
      - 聚氯乙烯（PVC）
        - 悬浮法聚氯乙烯
        - 乳液法聚氯乙烯
        - 本体法聚氯乙烯
        - 微悬浮法聚氯乙烯
        - 高分子量聚氯乙烯（HMWPVC）
        - 立体规整的结晶性聚氯乙烯
        - 改性聚氯乙烯（CPVC）等
      - 聚苯乙烯（PS）
        - 通用聚苯乙烯（GPPS）
        - 等规聚苯乙烯
        - 高抗冲聚苯乙烯（HIPS）
        - 改性聚苯乙烯（EPS、SBS）等
      - ABS树脂
        - 丙烯腈-丁二烯-苯乙烯共聚物（ABS）
        - 甲基丙烯酯-ABS共聚物（透明ABS）
        - 丙烯腈-苯乙烯-丙烯酸酯共聚物（ASA）
        - 丙烯腈-氯化聚乙烯-苯乙烯共聚物（ACS）
        - 乙烯-丙烯-苯乙烯-丙烯腈共聚物（EPSAN）
        - 甲基丙烯酸甲酯-丁二烯-苯乙烯共聚物（MBS）
        - 阻燃ABS
        - 增强ABS
    - 工程塑料
      - 通用工程塑料
        - 聚酰胺PA（PA6、PA66、PA1010、PA11、PA12）等
        - 聚碳酸酯（PC）（双酚A型、改性）等
        - 聚甲醛POM（共聚、均聚、含油聚甲醛）等
        - 聚对苯二甲酸-丁二醇酯（PBT）
        - 聚对苯二甲酸-乙二醇酯（PET）
        - 聚苯醚（PPO）
        - 聚甲基丙烯酸甲酯（PMMA）
        - 超高分子量聚乙烯等
      - 特种工程塑料
        - 聚苯硫醚（PPS）
        - 聚酰亚胺（PI）
        - 聚砜（PSF）
        - 聚醚酰亚胺（PEI）
        - 聚醚醚酮（PEEK）
        - 聚三氟氯乙烯（PCTFE）
        - 液晶高分子（LCP）
        - 聚四氟乙烯（PTFE）
        - 聚醚砜（PES）
        - 聚酰胺酰亚胺（PAI）
        - 聚芳香酯（PAR）
        - 聚三嗪等
      - 塑料合金-PPO/PS、PC/ABS、PC/PBT、PC/PET、PA、PP等(共混物)
  - 热固性塑料
    - 环氧树脂（EP）
    - 聚氨酯（PUR）
    - 氨基树脂（UF或MF）
    - 不饱和聚酯树脂（UP）
    - 酚醛树脂（PF）
    - 有机硅树脂
    - 醇酸树脂（AK）
    - 烯丙基树脂
    - 二甲苯甲醛树脂
    - 聚酚醚树脂（XYLOK）
    - 呋喃树脂等

图 8-1 塑料(树脂)分类

- 按其来源分类
  - 天然橡胶(NR)
  - 合成橡胶
    - 通用合成橡胶
      - 丁苯橡胶(SBR)
      - 顺丁橡胶(BR)
      - 异戊橡胶(IR)
      - 氯丁橡胶(CR)
      - 乙丙橡胶(EPM、EPDM)
      - 丁基橡胶(IIR)
    - 特种合成橡胶
      - 丁腈橡胶(NBR)
      - 硅橡胶(SiR)
      - 氟橡胶(FPM)
      - 聚氨酯橡胶(PUR)
      - 氯醚橡胶(CO、ECO)
      - 丙烯酸酯橡胶(ACM)
      - 氯化聚乙烯(CPE)
      - 氯磺化聚乙烯(CSM)
      - 聚硫橡胶(TR)

图 8-2　橡胶的分类

橡胶主要有以下基本特征。

(1) 弹性模量非常小。这是橡胶的最大特征,橡胶的弹性模量仅为 2～4 MPa,仅为钢铁的 1/30 000,而橡胶的伸长率则高达钢铁的 300 倍;橡胶与塑料相比,伸长率虽接近,但模量只有塑料的 1/30。在－50～＋130℃的广泛温度范围内均能保持正常的弹性。

(2) 综合性能优良。橡胶具有良好的耐透气性、耐化学介质性能和电绝缘性能,还能耐各种弯曲变形,因为滞后损失小,往复 20 万次以上仍无裂口现象。

(3) 橡胶能与多种材料并用、共混、复合,由此极大地拓展了橡胶的使用性能和应用领域。橡胶用炭黑等填料进行补强时,能使耐磨性能提高 5～10 倍。

图 8-2 是橡胶的分类。

3. 纤维

纤维是指长度比直径大很多并具有一定柔韧性的细状物质,可分为天然纤维、人造纤维和合成纤维。天然纤维是从植物和动物中得到的,如棉花、麻、蚕丝等。人造纤维是以天然聚合物为原料,并经过化学处理与机械加工而得到的纤维,主要有黏胶纤维、铜铵纤维、乙酸酯纤维等。合成纤维是由合成的聚合物制得的,最主要的产品有聚酯纤维(涤纶)、聚酰胺纤维(尼龙)、聚丙烯腈纤维(腈纶)三大类。这三大类纤维的产量占合成纤维总产量的 90%以上。人造纤维及合成纤维,统称为化学纤维。

天然纤维具有穿着舒服、透气、保暖、环保等特点,深受人们的欢迎。合成纤维具有强度高、耐酸碱、耐磨损、质量轻、保暖性好、抗霉蛀、电绝缘性好等特点,而且用途广泛、原料丰富易得、生产不受自然条件的限制,因此发展比较迅速。

合成纤维常用的分类方法是按照纤维形态,可分为长丝纤维和短纤维。长丝纤维有单丝、复丝等。单丝是指以单孔喷丝头纺制而成的一根连续纤维或以 4～6 根单纤维组成的连续纤维;复丝一般是指由 8～100 根单纤维组成的丝条。短纤维指被切断成长度为几厘米至十几厘米的纤维，又分为棉型、毛型、中长型。棉型短纤维指长度在 25～38 mm、线密度在 1.3～1.7 dtex 的较细纤维，类似于棉花，主要用于和棉混纺，如“涤棉”织物等。毛型短纤维指长度在 70～150 mm、线密度在 3.3～7.7 dtex 的较粗纤维，类似于羊毛，主要用于和羊毛混纺，如“毛涤”织物等。中长型短纤维指长度在 51～76 mm、线密度在 2.2～3.3 dtex 的纤维，介于棉、毛之间，主要用于织造中间纤维织物，如“中长毛涤”织物等。

合成纤维按化学组成分类，则可以分成聚丙烯腈纤维、聚酯纤维、聚酰胺纤维、含氯纤维、聚丙烯纤维以及特种纤维。特种纤维是具有特殊的物理化学结构、性能和用途或具有特殊功能的化学纤维的统称，基本用于产业及尖端技术。特种纤维又可分为功能纤维和高性能纤维两大类。功能纤维有医用功能纤维、中空纤维膜、离子交换纤维以及塑料光导纤维等；高性能纤维有耐高温纤维、弹性纤维、高强度高模量纤维以及碳纤维等。图 8－3 是纤维的分类。

- 纤维
  - 天然纤维
    - 动物纤维：蚕丝、羊毛等
    - 植物纤维：棉花、麻等
    - 矿物纤维：石棉等
  - 化学纤维
    - 人造纤维
      - 再生蛋白纤维
      - 再生纤维素纤维：黏胶纤维、铜铵纤维
      - 纤维素酯纤维：二乙酯纤维、三乙酯纤维
    - 合成纤维
      - 杂链纤维
        - 聚酰胺纤维（聚酰胺）
        - 聚酯纤维（涤纶）
        - 聚氨酯弹性纤维（氨纶）
        - 其他：聚脲、聚甲醛、聚酰亚胺、聚酰胺-酰肼、聚苯并咪唑等
      - 碳链纤维
        - 聚丙烯腈纤维（腈纶）
        - 聚乙烯醇缩醛纤维（维纶）
        - 聚氯乙烯纤维（氯纶）
        - 聚烯烃纤维（丙纶、乙纶等）
        - 含氟纤维

图 8－3　纤维的分类

4. 涂料

涂料是指具有保护和装饰作用的膜层材料。涂料主要由三大部分组成：成膜物、颜料和溶剂。

成膜物也称基料，是涂料最主要的成分，它对涂料的保护性能、力学性能等起主要作用。涂料应能溶于适当的溶剂，并能在物体表面形成均匀的薄膜，与物体表面具有良好的结合力。成膜物可以分为两大类：一类是转化型或反应型成膜物；另一类是非转化型或挥发性成膜物。反应型成膜物在成膜过程中伴有化学反应，形成网状交联结构。因此，此类成膜物均属于热固性聚合物，如环氧树脂、醇酸树脂等。挥发性成膜物在成膜过程中未发生任何化学反应，成膜过程仅是溶剂挥发，成膜物为热塑性聚合物，如纤维素衍生物、氯丁橡胶、热塑性丙烯酸树脂等。

颜料主要起遮盖和着色作用，一般可分为无机颜料和有机颜料，无机颜料如铅铬黄、铬黄、铁红、钛白粉等，有机颜料如炭黑、酞菁蓝、耐晒大红等。

溶剂是将成膜物溶解形成易挥发性的溶液。当涂料涂敷于物体表面后，溶液中溶剂挥发，

成膜物在物体表面形成一层膜。溶剂对成膜物质的溶解力决定了所配成的溶液的均匀性、贮存稳定性,溶剂的挥发速度会极大地影响涂膜的干燥速度、涂膜的结构和涂膜外观的完美性。常用的溶剂有:甲苯、二甲苯、丁醇、丁酮、乙酸乙酯等。

涂料中一般都加有其他添加剂,如增塑剂、湿润分散剂、浮色发花防止剂、抗沉降剂、防腐剂、防结皮剂、流平剂等。涂料的环境保护问题越来越引起人们的关注,发展水性涂料、无溶剂涂料、无污染涂料等已成为当前涂料工业发展的方向。

5. 黏合剂

黏合剂是一种可以把各种材料紧密地结合在一起的物质。

一般来讲,相对分子质量不大带有极性的高聚物都可以作黏合剂,如聚乙烯醇、聚乙烯酸缩醛、聚丙烯酸酯、聚酰胺类等热塑性树脂;环氧树脂、酚醛树脂、不饱和聚酯等热固性树脂;以及氯丁橡胶、丁基橡胶、丁腈橡胶、聚硫橡胶、热塑性弹性体等橡胶。

黏合剂一般是多组分体系。除了上述的树脂、橡胶外还应加入助剂来完善性能,如促进剂、硫化剂、增塑剂、填料、溶剂、稀释剂、偶联剂、防老剂等。

高分子黏合剂的粘接方法对材料的适用范围比较宽,被粘材料无论是金属材料、无机非金属材料还是有机高分子材料都可采用黏合剂来粘接,因此高分子黏合剂的发展受到越来越广泛的重视。

6. 聚合物基复合材料

复合材料是由两种或两种以上性质不同的材料组成的,并且组合后具有更好的性能的多相固体材料。一般根据组成复合材料的物质在复合材料中的形态,可将它们分为基体材料和分散材料。基体材料为连续相的材料,而分散材料可以是一种或两种以上。分散材料一般是颗粒状、纤维状、片状、织物材料或它们的组合,它们多数能对基体材料起一定的增强作用,又称为增强材料,主要有玻璃纤维、碳纤维、芳纶纤维等。复合材料分为:金属基复合材料、聚合物基复合材料、无机非金属基复合材料。聚合物基复合材料是以高分子聚合物为基体,添加各种增强材料制得的一种复合材料,其加工方便,具有许多优异的性能,如,比强度及比模量高、耐疲劳性能好、过载安全性好、耐高温性好、可设计性强,是应用最广的复合材料。

7. 高分子改性材料

高分子改性材料主要包括功能高分子材料和高分子合金。

功能高分子材料是当前高分子材料领域中发展最快的新材料。功能高分子材料除了具有聚合物的一般力学性能、绝缘性能、热性能和一般高分子材料的表面和界面功能外,还具有物理功能(如电学功能、磁学功能、光学功能、热学功能、声学功能等)、化学功能(如反应功能、催化功能、分离功能、吸附功能等)、生物功能(如抗凝血高分子材料、高分子药物、软组织及硬组织替代材料、生物降解医用高分子材料等)和转换功能等。功能高分子材料的多样化结构和新颖性功能不仅丰富了高分子材料研究的内容,而且扩大了高分子材料的应用领域。

高分子合金是为了获得更好的性能,把两种或两种以上不同种类的聚合物加以混合得到具有一定形态结构的高分子材料。制备高分子合金的主要途径有物理共混和化学共混,物理共混包括机械共混、溶液共混和胶乳共混,化学共混是以具有化学反应为特征的共混。目前较多的是对共聚物和共混物的结构、形态和材料性能之间的关系进行了深入的研究,试图达到理论与实际实验的统一,从而实现高分子合金的分子设计。

8.2.2　高分子材料应用

高分子材料已经成为不可或缺的重要材料，在机械、化工、纺织、建材、基础设施、电子电器、包装材料、医药卫生、文体用品、交通运输、农业水利、环保产品等人们生活和生产的各个领域以及军工国防、航空航天等高新技术领域发挥着越来越重要的作用。

高分子材料工业虽然仅有100年的历史，但它的迅速发展是高分子材料自身的优越性能和市场需要的结果。一方面，高分子材料的广泛应用推动了各个相关工程应用领域的技术进步和经济发展；另一方面，工程应用中的需求也给高分子材料不断提出新的课题，促使高分子材料工业不断技术创新，更好地适应和满足工程应用中的需要。

在现代生活日用品中，高分子材料无处不在，在人们的吃、穿、住、行中到处都充满了高分子材料的身影。在食品包装上高分子材料占据了一半的市场份额；服装、纺织用的化学纤维已成为主导的纤维；房屋建筑中越来越多地采用高分子材料以提高建筑的保温、节能、装饰和多功能性；交通运输中塑料、橡胶、化纤的大量应用有利于降低燃料消耗、节省资源、节能减排、保护环境以及提高安全性。高分子材料已经成为现代生活不可缺少的重要部分。

高分子材料的主要应用有以下几个方面。

1. 包装材料

高分子材料以它的质轻、易加工的优势进入包装领域已有60多年的历史，特别是20世纪70年代以后，高分子包装材料在包装领域迅速崛起，其发展速度大大超过了传统的包装材料。高分子包装材料的快速增长得益于其安全、清洁、卫生、透明、美观、质轻、耐冲击、成本低廉、节约能源等一系列优点，为越来越多的人所认识。迄今为止，高分子包装材料的产值占世界包装业总产值的40%左右。

高分子材料用于包装主要以薄膜、容器和以保护产品、抵御冲击破坏以及隔热的泡沫包装材料形式出现。以用量计算，薄膜消耗量位居第一，但容器(不包括塑料袋、编织袋)发展异常迅速，消耗量占塑料包装材料的30%左右。塑料容器，包括各种瓶、罐、桶、盒、杯以及周转箱等，其最重要的应用是作为食品、化妆品、化学用品、医药用品的包装材料。

(1) 食品包装　高分子包装业最早涉足的领域是食品包装，也是目前应用最多的包装门类。在食品包装中，塑料容器占30%，主要应用于饮料、果酱、奶制品、食用油、酒类的包装等。以PET瓶为包装容器的饮料包装有很大的市场需求量，占整个饮料行业包装市场的60%以上，这其中包括95%的瓶装水、70%左右的碳酸饮料、50%以上的果汁饮料都采用PET瓶为包装容器。

(2) 化妆品包装　传统市场是玻璃包装，但近些年，高分子材料的包装，以其良好的耐破裂性，比玻璃包装更丰富的色彩效果及更方便的加工性能和低廉的价格，悄然进入高档化妆品市场。根据全球化妆品业的报告，全球总值110亿美元的香水及个人护理用品将继续由玻璃包装转向使用塑料包装。

(3) 化学品包装　高分子材料良好的耐化学性和耐冲击性占据了很大的化学品包装的市场。由于玻璃包装破损率高，既造成损失，又污染环境，诸多不安全因素使塑料包装逐步取代玻璃包装成为必然的结果。采用塑料包装的化学品包括杀虫剂、除草剂、漂白剂、洗净剂、去污剂、涂料、化学试剂等。

(4) 医用包装　是高分子包装材料在医学领域应用的一个重要部分，医用包装包括药品包装和医疗器械包装。药品用高分子材料包装现在已经相当普遍，铝塑复合包装，多层塑料复合包装，泡罩包装，各种盛装固体、液体药品的药瓶和输液瓶，都是主要的药品包装形式。

2. 建筑材料

高分子材料是继钢材、木材、水泥之后，被誉为第四类重要的建筑材料。高分子材料在建筑领域中的应用主要包括塑料管材、塑料门窗、塑料型材、保温材料、采光材料、装饰材料、粘接材料、防水材料、各种涂饰材料等，它对建筑技术的发展、建筑功能的改善、建筑装饰水平的提高起到了重要作用。

目前世界各国用于建筑的高分子材料约有 50 多个门类，400 多个品种，消费总量占高分子材料总消费量的 25%以上。

高分子材料比传统建筑材料具有更为优越的性能，如质轻，隔热保温、吸音隔音、防水防腐、加工方便、装饰效果好等，尤其是高分子材料还具有节能、环保、改善生态环境等作用，因此，高分子建筑材料具有巨大的市场潜力。

3. 电子电器

高分子材料良好的电气绝缘性使其在电子电器领域的应用日益广泛，主要用途包括电线电缆绝缘材料、电容器介质、封装材料、电气设备的绝缘部件、产品外壳、电器开关、插座、印刷线路板、接线板、骨架、绕线轴、接插件等。

随着热塑性工程塑料的开发应用，其质轻、良好的冲击韧性、优良的成型加工性、表面光洁、色彩鲜艳的特点，结合塑料的电绝缘性能和设计的灵活性，使塑料逐渐成为电子电器产品的壳体、内外装饰件、控制面板、功能部件的首选材料。许多以塑料为外壳材料和功能部件的电子电器产品已经走进千家万户，例如，家用电器中的洗衣机、空调器、冰箱，厨房电器中的食品搅拌机、洗碗机、电饭锅、电水壶，视听设备中的电视机、VCD、DVD、组合音响、收音机，个人护理产品中的电吹风、电动剃须器，以及家用照明电器、电动工具等。

随着科学技术的进步，高分子材料在通信、计算机等以信息的传输、记录、保持、复制为特征的新兴产业中，发挥着越来越重要的作用。相关的产品有电话机、手机、寻呼机、计算机及传真机、复印机、打印机、扫描机等外围设备。由塑料制成的 CD 光碟能在较小的空间内存储大量的数据和信息，只要几十张光盘就可以带走一个图书馆，而在这之前是根本难以设想的。正是由于现代的高科技结合了高分子基材的优势，才确立了高分子材料在电子电器产品中不可替代的作用和地位。

4. 交通运输

高分子材料以它比强度高、加工容易的特性在现代交通运输领域有广泛的应用，主要包括汽车、火车、地铁、船舶、飞机等。

在最近的 10 多年里，高分子材料在汽车中的使用量呈大幅度增长趋势。用在汽车上的橡胶轮胎、内饰织物、饰件、外饰件、功能件和其他部件上的高分子材料制件多达 800～1 000 件，每辆汽车上高分子材料的平均使用量已占汽车自重的 10%～20%，平均为 220 kg 左右。德国是汽车中使用高分子材料最多的国家，每辆汽车平均使用塑料近 400 kg，占汽车内耗材的 32%，由于以塑代钢，起到了降低自重、节约能源、降低汽车废气排放的作用。试验表明，采用塑料制作成的大客车，比起同样规格的普通大客车，不仅质量减轻 43%，节省燃油 25%～

35%，而且使用寿命也可延长2.5倍。而且用塑料制作成的车体，耐腐蚀性要比钢制车身强。采用塑料保险杠，能有效地吸收冲击能，并使之在瞬间迅速衰减到人体能够承受的生物力学上限，保护驾驶员和乘客不受伤害。泡沫塑料内饰件的使用，不仅大大增加了抗冲击性能，而且有隔热保温作用，并能提高舒适度。一些重要的汽车部件，如风扇叶、传动轴、驾驶杆、制动片、防泥板等，采用塑料可以起到吸音消音的作用。可以预见，今后汽车的发展，将更注重于降低燃料消耗、节省资源、节能，减少有害物质排放、保护环境以及提高安全性，高分子材料将起到重要的作用。

5. 医疗卫生

各种高分子功能材料的开发和应用，使得越来越多的高分子材料制品进入医疗卫生领域，并渗透到该领域的各个方面。用于人类疾病的预防、检查、诊断、监护、治疗、保健和康复等的高分子材料制品已经普遍使用。据统计，医疗领域消耗的高分子材料每年以10%～20%的速度增长，医用高分子材料已成为最具发展潜力的市场之一。

高分子材料所具有的不同特性可以满足不同的医学需求，例如医用输液管要求具有不发生断裂的柔韧性；医学观察要求的透明性；为足够的防护而要求的刚性；防止艾滋病及其他传染疾病的传播，提高安全度而要求的防破碎性；植入人体内或与身体相接触所要求的生物体替代性和生物体相容性。因此，它是其他材料所不能取代的。

目前已成为研究开发热点的生物降解材料聚乳酸等具有良好的生物相容性和生物降解性，可广泛用于骨科固定、组织工程和医用手术缝合线等方面。

可以相信，医用高分子材料必将为造福人类作出更大贡献。

6. 航空航天

以聚合物为基体的高分子复合材料具有轻质高强的特性，是一种新型材料，已在航空航天领域得到广泛应用。

在航空方面，高分子复合材料可作为战斗机的机翼、机身、翼肋和加强筋等主承力构件。复合材料的使用不仅降低了飞机的质量，并且改善了飞机的总体结构，减少了构件的数量，提高了飞机的安全可靠性。

高分子复合材料在宇航方面的应用主要有火箭发动机壳体、航天飞机的构件、宇宙飞行器承受高温载荷的部件、空间站构件、卫星构件等。

此外，21世纪高分子材料方面的热点是纳米复合材料、热塑性弹性体和天然纤维复合材料，其发展前景非常广阔。

8.2.3　高分子材料的研究内容

高分子材料学科研究的终极目标是材料的(使用)性能，故其研究的内容都是围绕一个目的，就是追求材料的高性能化，并达到材料应用所需的综合性能。

1. 高分子材料研究方法论

从研究路线上看，随着人们对材料性能影响因素认识的深入，本学科研究的方法论可分为三个层次。

(1) 初级层次，即试差法(Try and Error)，俗称炒菜法，即关心合成/加工过程中组成(配方)与性能、制备(加工)工艺与性能的关系，根据经验得到所需的性能。试差法遵循的是合成/

加工→性能关系路线。这一方法虽然科学性较差,因其简便易行,至今仍在广泛使用。

(2) 中级层次,即剪裁法(Tailoring)。人们认识到合成/加工与性能之间缺少了一个重要环节,即材料的结构。不同的合成/加工条件导致了不同的结构,使材料具备了不同的性能。从而结构与性能关系成为研究的主线。根据对结构→性能关系的大致了解,从合成、加工的角度对结构进行"剪裁",从而得到所需的性能。

(3) 高级层次,即材料设计。首先,人们认识到在合成/加工→结构→性能的链状关系上,结构与性能之间仍缺少一环,即材料的性质。材料结构直接影响材料的性质,而性质才直接影响材料在使用环境下的效能。其次,人们认识到合成/加工、结构、性质、性能四者之间不是简单的链状关系,而是相互影响、相互依存的四面体关系。高性能材料的获取,取决于四个因素间的平衡,于是产生了从应用出发全面综合考虑的材料设计方法。在计算科学高度发达的今天,材料设计为越来越多的研究者所采用。

从方法论的性质上看,高分子材料研究离不开自然科学研究中最基本的理论方法与实验方法。理论方法是利用基于最基本的结构单元——原子或分子的物理常数,建立数理模型,从中计算出结构单元的结构常数、材料性质及运动规律。实验方法也是根据一定的模型(多数情况下是已有的模型),对材料的结构、性质及运动规律进行预判,通过实验手段进行实际测定,并通过测定的数据肯定或否定模型的适用性。

随着计算机技术的飞速发展,材料科学中出现了第三种研究方法,即计算机模拟方法。该方法是选择一个模型体系,穷举体系中结构单元各种可能的运动方式,其中能量最低、出现概率最大的方式即被认为是所用条件下的运动规律。

此外,一些经典的方法论也被逐步引入高分子材料的研究领域,如系统论、控制论与信息论。

系统论方法是用系统观点来认识和处理问题的方法。当聚合物作为高分子材料使用时,其性质的体现与功能的发挥,不是单靠分子链的化学结构,还依赖于介于化学结构和宏观结构之间的中间层次上的结构,即靠高分子聚集体中由物理方法得到的、非化学成键的分子链间的相互作用的支撑和协调。有时这种高分子聚集体和这些高级结构,如相态结构和聚集态结构,对高分子材料,尤其是高分子功能材料的影响更为明显。对高分子材料进行研究时,必须将整个材料体系视作一个完整的系统,孤立地考虑某一层次的结构、某一层次的运动将无法得到高分子体系整体的运动规律。

由于高分子体系的复杂性和多层次性,往往不能明确地了解体系的精确结构,无法从分子的层次对运动规律进行描述。在这种情况下借助以下两种控制论方法进行研究。

(1) 唯象模拟(或模型)方法。针对宏观现象建立模型,通过动态模型,研究系统的行为(规律、特性),进行分析与综合,得到体系的运动规律。

(2) 黑箱方法。即把系统当作一个黑箱,通过对黑箱的输入-输出关系的研究,导出系统的运动规律,描述为系统的动力学模型。

高分子科学与高分子材料中的信息论方法体现为用各种现代化分析表征手段对材料的信息进行获取、传递、处理及利用,使用信息分析法和信息模拟法,配合其他方法得出具有普遍的指导意义的系统规律。

高分子材料研究的方法论是广谱的,综合性的。学科中的方法论与其他学科有相通之处。

但研究的目标是独特的，即追求材料的高性能化、并达到材料应用所需的综合性能。正是这一点构成了本学科方法论的独特之处。

2. 高分子材料研究的相关学科

本专业以高分子材料的设计、合成、改性、加工和应用为主要研究对象。与化学和物理学有着深刻的亲缘关系，其发展依赖于化学和物理学的进步，同时也对这两大轴心科学的进步产生深刻影响。在材料设计方面，与量子化学、量子物理、统计物理等学科相毗邻；在合成方面，与化学工程、化学工艺学科相融合；在改性、加工方面，与机械学科相交叉；在应用方面，更是与几乎所有的高科技领域紧密结合。随着高分子科学技术的不断发展，高分子材料的应用渗透到生命、医药、电子、信息、能源、环境、航空航天等各个尖端领域。在科学技术发展的引导以及社会需要的推动下，高分子材料学科与其他学科专业的交叉面将不断扩大，涉及高分子材料的边缘学科将不断出现。上述各高科技领域的发展将进一步拓宽高分子材料学科的业务范围，而高分子材料学科的发展，也将推动新世纪的科技革命和产业革命。

3. 影响高分子材料研究的因素

影响本专业研究的因素分为外部因素与内部因素。

外部影响因素可分为需求因素、能源因素与环境因素。

(1) 需求因素。随着高分子材料应用领域的日益扩大，高分子材料不断渗透到国民经济的各行各业，如信息领域、医药领域，尤其是国防科技领域。为保卫领土不受侵犯、反对国家分裂，国防工业中自主研发兵器的水平日益提高，对高分子材料性能的要求不断翻新。这就要求本专业既要注重大吨位的、关系国计民生的传统材料，又要关注小批量的、在极端条件下使用的特殊功能材料。需求的推动使本专业领域与应用领域的学科加速融合，本专业的研究必须覆盖其他领域的基础知识。由于材料需求的推动，对本专业人才的需求持续高涨，在未来一个阶段内将连续保持上升的趋势。

(2) 能源因素。目前绝大多数高分子材料以石油为基础原材料。随着石油资源的日益短缺，价格日益高涨，高分子材料也必须逐步摆脱对石油的依赖。原材料的转型将沿着两条路线进行，一是利用生物技术从农产品中获取所需要的传统单体，二是直接利用天然资源，开辟新的高分子单体。这就要求加强天然高分子物质的研究，与生物学科进一步融合。将新的材料来源与天然材料的加工技术逐步引入本专业的研究内容。

(3) 环境因素。高分子材料废弃物早已引起人们的关注。可重复利用、可降解、无毒无害、无公害生产加工等将成为高分子材料设计中必然考虑的因素。此外，对高分子材料性能的要求将不再局限于传统的力学性能与光电磁性能，还必须要求降解性能、阻燃性能与再加工性能等。这将对本专业的研究内容造成一定影响。

内部影响因素则是本学科科技的发展。与传统的金属材料、陶瓷材料相比，高分子材料虽是较年轻的材料，但具有“后发”优势。由于高分子材料大多数由单体合成，天然具备“自下而上”的设计特征。这使得高分子具有广阔的设计自由度，可以根据需求任意地设计分子结构，新的材料品种、合成方法、加工方法将不断产生。这些新的知识将被持续引入本专业的研究体系之中，使研究内容不断丰富，甚至将改变本专业的研究体系。

8.3 高分子材料与工程专业的发展状况与发展趋势

8.3.1 高分子学科的发展

尽管高分子材料已在不知不觉中伴随着人类走过了几千年的路程。自古以来,人类生活就与高分子材料密切相关。在人类发展的漫长岁月里,人们一直都在自觉不自觉地使用着高分子材料,无论是用来充饥而赖以生存的淀粉和蛋白质,还是用来御寒的棉、麻、丝、毛、皮,或者是用于制造房屋和运载工具的木、竹等,都是天然的高分子化合物,就连人体自身也是由各种生物高分子构成的。尽管如此,人类对高分子的认识还是经历了一个相当漫长的过程。

蚕丝、棉、麻等高分子材料早在公元前就进入了人类的生活,我国是世界上最早生产和使用蚕丝的国家。而材料骄子——橡胶的“发现”,更为人类自觉开发和使用高分子材料开启了大门。从 15 世纪起,美洲玛雅人开始使用天然橡胶作为容器、雨具等生活用品。虽然哥伦布从美洲带回欧洲的只是一时被认为没确切使用价值的原胶,但这些既能流动又具弹性的奇特物质已经透露出材料新世纪的曙光。从 18 世纪中叶开始,人类开始理性地使用和开发高分子材料。1839 年,Goodyear 发现,与硫黄共同加热的原胶就会变成一种从未见过的高弹性材料,这就是我们今天仍在使用的汽车轮胎材料——硫化橡胶。橡胶硫化的发现无疑是高分子材料现代史上的第一个里程碑。

从那时起到 20 世纪初,高分子新材料不断涌现,部分来自天然材料的改性,部分则完全出自人工合成。如 1839 年 Simon 就发现苯乙烯液体加热后可变成聚苯乙烯,1869 年 Hyatt 发明第一种人工合成塑料——“赛璐珞”,1887 年 Chardonnet 用硝化纤维素制得了第一种人造丝,1909 年 Backeland 制造出第一种完全人工合成的塑料——酚醛树脂。但当时人们并没有认识到所开发、使用的材料的高分子本质。高分子材料为人类带来了新的享受,但却给科学家们增添了新的苦恼。硫黄与原胶共热的过程中究竟发生了什么?液态的苯乙烯转变为固态的聚苯乙烯的过程究竟是什么过程?苯酚与甲醛怎样结合就成为了酚醛树脂?在这些问题面前科学家们百思不得其解,发展了数百年的物理学和化学在这类新材料面前显得那样地苍白无力。一个似是而非的解释为当时的学术界普遍接受,那就是胶体学说,即由小分子的凝聚形成了我们面前的高分子物质。由于胶体学说不能自圆其说,有心的科学家仍不断地在探究高分子物质的本质。1877 年 Kekule 提出与生命有关的天然有机物蛋白质、淀粉、纤维素等应具有长链结构;1880 年发现了甲基丙烯酸甲酯的聚合现象等。高分子的一些物理化学行为解释为小分子聚集成胶体状态的性质。

1920 年前后,德国苏黎世联邦理工学院有机化学教授 H. Staudinger(当年 39 岁)在多年的研究中已形成了大分子的概念并决心为之奋斗。当时化学界的权威人士以不屑一顾的态度评价这一领域,他们认为相对分子质量大于 5 000 的有机分子根本不存在,那些不能用蒸馏和结晶方法来纯化的油脂状化合物都是具有胶体行为的小分子缔合体。

Staudinger 关于“高分子化合物”是由共价键连接的长链分子所组成的猜想,最早是于 1917 年向瑞士化学会作的一次有关橡胶的讲演中提出的,并于 1919 年以论文形式在瑞士发表。次年,他又详细阐述了这一观点,并以甲醇、溴乙烯、苯乙烯的聚合为例,提出“大量的分子,可能是成百个分子,结合直到建立起大分子间的平衡,此平衡依赖于温度、浓度和溶剂”。

1920年Staudinger发表了题名为“论聚合作用”的论文，指出聚合是小分子以共价键结合，形成长链大分子的过程，高分子溶液性质是长链大分子的“分子胶体”的行为，不同于小分子缔合形成的胶束状态。此后，他的6个学生对此进行了更系统的研究并于1929年进行了广泛的总结并发表，共有以下四个重要结果，成为研究长链分子的一个重要里程碑。

（1）聚合物不是缔合胶体，而是具有普通价键的长链分子。

（2）这种链的链端没有自由价，而是为特殊官能团所终止。

（3）通过测定端基浓度可以估算聚合物的平均链长。

（4）长链分子可以结晶。晶胞的大小或晶体的大小都与线形高分子的长度无关，从而解决了长期以来有机化学家确信非常大的分子似乎是无定型的问题。

至此，高分子学说已经建立，并被多数化学家接受，宣告了高分子科学的诞生。1930年H. Staudinger进一步提出了高分子稀溶液的黏度与相对分子质量之间的关系，从而进入了定量测定高分子相对分子质量的阶段。高分子学说的建立，是20世纪最伟大的科学进展之一。

由于Staudinger的系列研究，在与胶体缔合学说的论争中建立了大分子概念，提出了高分子材料分子单体的组成、结构的基本理论，开创了高分子科学，并为其打下坚实的理论基础，对高分子科学作出了杰出贡献，于1953年以“链状大分子物质的发现”而荣获诺贝尔化学奖。Staudinger也被誉为高分子之父，高分子科学的开山祖师。

高分子学说的建立促进了高分子化学与工业的蓬勃发展。W H. Carothes从1929年开始研究了一系列的缩合聚合反应，1935年成功地合成了尼龙66，相对分子质量高达20 000，并于1938年实现了工业化。Carothes等的缩合聚合和自由基加成聚合的概念建立了高分子科学最初的理论基础。在此阶段，出现了一系列结构明确的、具有工业意义的高分子材料如聚苯乙烯、聚氯乙烯等，从此开创了高分子材料的新世纪。

此后的30年(1930—1960年)，是高分子科学蓬勃发展、高分子新材料相继问世的年代。单链统计理论、溶胀理论、凝胶理论、橡胶弹性理论、溶液热力学等经典理论都产生于这一时期。尼龙、丁苯橡胶、聚酯等重要聚合物先后实现工业化。

1930年，Kuhn首次把统计理论用于高分子，得到了长链高分子的相对分子质量分布曲线。1939年，Guth、Mark和Kuhn分别讨论了高分子链的构象统计，建立了橡胶弹性统计理论的基础，结合相对分子质量和相对分子质量分布，聚合物结晶和取向等结构和性能测定方法的建立和完善，从而奠定了高分子物理学的基础。

杰出的高分子物理学家Flory从20世纪40年代开始展露才华。Flory是高分子科学理论的主要开拓者和奠基人之一，在高分子物理化学的各个方面几乎都有重大的贡献，完善了高分子理论体系。其最重大的贡献如下。

1936年，Flory把概率论运用到高分子研究中去，得到缩聚产物的相对分子质量分布——Flory分布。

1942年，Flory针对柔性链高分子溶液的热力学性质提出了混合熵公式（即Flory-Huggins晶格理论），该公式可以说明高分子溶液的渗透压、相分离和交联高分子溶胀现象等。

1965年，Flory提出溶液热力学的对应态理论，该理论可适用于从小分子溶液到高分子溶液的热力学性质。

Flory还建立了高聚物和共聚物结晶的热力学理论，提出著名的特性黏数方程式。

Flory 无论是在高分子物理还是高分子化学，无论是在理论还是实验方面都作出了巨大的贡献，堪称高分子史上迄今为止除 Staudinger 之外的第一人。1974 年 Flory 以“高分子物理化学的理论与实验方面的基础研究”获得了诺贝尔化学奖。

20 世纪 50 年代 Ziegler 和 Natta 发明了配位定向聚合，其最大的贡献在于研制成功了四氯化钛-三乙基铝[$TiCl_4$ - $Al(C_2H_5)_3$]（后被誉为 Ziegler - Natta 催化剂）及其常压催化乙烯聚合的工艺，生产出了立体规整性好、密度高、结晶度高的聚乙烯。Ziegler 和 Natta 的成就还大大推动了催化剂理论和实践的发展，开拓了金属配位催化剂的新领域。金属配位催化剂属定向催化剂，用其催化高分子聚合，能严格控制聚合物的化学结构，适合于合成规整性的高聚物，使高分子化学工业可控性大大加强，高分子工业的发展又向前迈进了一大步。Ziegler 和 Natta 实现了乙烯、丙烯的工业化生产。聚乙烯、聚丙烯至今仍然是世界上产量和消耗量最大的高分子化学产品。Ziegler 与 Natta 的发明不仅开创了高分子材料可设计合成的新时代，而且具有极大的社会经济意义。1965 年这两位科学家以“关于有机金属化合物及聚烯烃的催化聚合的研究”获得了诺贝尔化学奖。

20 世纪 60～80 年代，是高分子科学的成熟期，爬行理论、半稀溶液理论和标度理论的提出，标志着人们对高分子的认识已进入一个新的层次。高分子科学的发展进入了一个转折点，从基础规律性研究转向设计创新。Kevlar 纤维与导电聚合物的发明，使高分子材料登上了高性能材料和功能材料的舞台。从 20 世纪 80 年代到当前，以及今后的至少 10 年内，是高分子科学与高分子材料的创新高峰期。Metallocene 催化剂，特别是后过渡金属催化剂具有较好的发展趋势。活性自由基聚合、配位活性自由基聚合、阳离子活性聚合等将成为产生新材料的重要途径。

近年来，合成高分子化学向结构更精细、性能更高级的方向发展，如超高模量、超高强度、难燃性、耐高温性、耐油性等材料，生物医学材料，半导体或超导体材料，低温柔性材料及具有多功能性的材料等。

2000 年 10 月 10 日，日本筑波大学的白川英树（Hideki Shirakawa）、美国加利福尼亚大学的黑格（Alan J. Hegger）和美国宾夕法尼亚大学的马克迪尔米德（Alan G. MacDiarmid）因在导电高聚物领域对高分子科学的发展作出了开创性或奠基性工作而荣获诺贝尔化学奖。

8.3.2 高分子材料工业的发展

尽管人类早期对高分子还没有明确的认识，但从 19 世纪中叶就已经对天然高分子通过化学反应进行了改性，并相继合成了酚醛树脂和橡胶。从第一个人工半合成的高分子化合物出现算起，高分子材料工业已经经历 100 多年的发展，大致可分为三个阶段。

1. 高分子材料工业的初创时期

将高分子材料用作材料是人类认识上的一个飞跃。1826 年，M. Faraday 发现天然橡胶的组成是 C_5H_8；1832 年德国的 F. Ludersdorff 将橡胶与松节油和 3%的硫黄共煮，以减少它的黏性，1838 年，美国的 C. N. Goodyear 进一步研究天然橡胶硫化，经过几年的努力，得到不黏而有弹性的橡胶制品，并于 1843 年申请了专利；同期，英国的 Montosh 和 Hancock 也在这方面做了大量工作。橡胶的硫化对于橡胶工业的兴起是十分关键的，这是最早将线形天然橡胶分子用硫磺作交联剂，使其形成网状结构的开创性工作。

第一个半合成的高分子材料出现于1869年,1833年H. Braconnot就报道了各种纤维素的硝化作用。1845年C. F. Schonbein用硝酸硫酸混合酸处理纯净的纤维素得到氮含量12.0%~13.5%的硝化纤维(三硝酸纤维素),用于制备无烟炸药;1872年,J. W. Hyatt发现含氮量较少(10.5%~11%)的二硝酸纤维素添加樟脑后容易加工成性能柔韧的产品,从而出现了叫做赛璐珞的硝化纤维塑料;然后实现各种成型制品的工业化,标志着热塑性塑料时代的到来。

1872年A. Von Bayer研究了苯酚和甲醛的缩合反应,得到了树脂状物质,由于无法用经典的有机化学方法结晶提纯,未能深入研究下去;1891年,W. Kleeberg用浓盐酸催化苯酚和甲醛的反应,反应剧烈,得到不溶的多孔物质,也因无法结晶提纯而终止了研究;1894年,L. Lederer与O. Mauassel改用苯酚的钠盐水溶液与甲醛反应,只得到邻羟基苯甲醇;1907年美国的L. Baekeland在前人工作的基础上,深入研究了苯酚和甲醛的缩合反应,完成了以催化剂类型和用量控制缩聚反应,树脂的三阶段固化机理,树脂中加入木粉以克服其脆性,以高温热压法缩短固化时间和消除释放挥发物在模塑制品中产生空隙等研究,使酚醛树脂成为工业生产的第一个合成高聚物。1907—1909年开始少量生产,1910年建立了日产180kg的正式工厂,主要用于电绝缘器材上。后来,美国和德国分别成立了酚醛公司,开始了酚醛树脂的大规模工业化生产。Baekeland的酚醛树脂是第一个人工合成的高分子材料,开创了塑料的时代,也揭开了高分子真正走进人类生活和发展史的序幕。可以说,Baekeland在高分子发展史上的贡献远远大于他对高分子科学本身的学术贡献,正是因为他,使高分子真正从空中楼阁走进了人类的生活,使高分子学科逐渐成为新兴的、充满前途的学科,也间接促使了日后大量优秀的人才投身高分子事业,推动其高速发展。Baekeland也被誉为塑料之父。

2. 高分子材料工业的发展时期

这一时期约从20世纪30年代到70年代。任何发现都会带来技术上和科学上的进步,而科学上的进展将极大地推动技术的进步,并促进工业飞速的发展。在这一时期,聚合理论、结构与性能关系的研究已十分深入,各种聚合方法和成型加工技术的确立,尤其是Ziegler-Natta催化剂的发现及其在烯烃聚合中的应用,极大地推动了高分子材料工业的发展,绝大多数的通用塑料(如PE、PP、PVC、PS等)及工程塑料(如ABS、PA、PC、POM、PPO、PSF、含氟和含硅聚合物等)在这一时期相继问世并工业化。1948年出现的机械共混法生产的ABS是第一个高分子合金材料。

Carothers从1929年开始研究了一系列缩合聚合反应,1935年成功地合成了尼龙66,并于1938年实现了工业化。

1940年英国的T. R. Whinfield与J. T. Dichson首先合成了聚对苯二甲酸乙二醇酯(涤纶),并发现其具有很好的纤维性能。由于第二次世界大战的影响,搁置至1945年英国ICI公司才进行工业化研究,并于1950年建成年产5万吨的规模。随后,各国也相继生产,至20世纪70年代已经成为合成纤维中发展最快、产量最大的第一号品种。

20世纪40年代后期利用自由基聚合方法合成并生产了聚丙烯腈,目前已成为合成纤维的三大品种之一。

美国的J. A. Nieuwland和R. T. Collins首先由乙炔制得2-氯-1,3-丁二烯,并聚合得到氯丁橡胶,1932年开始工业化生产。1943年美国正式生产丁基橡胶,德国于1934年采用乳液共聚合生产丁苯和丁腈橡胶，当时苏联则生产丁钠橡胶，1948 年美国又开始生产低温丁苯橡胶。到 20 世纪 60 年代，由于 Ziegler-Natta 催化剂的出现，又合成了新型的乙丙橡胶、顺丁橡胶和异戊橡胶等。

氯乙烯的自由基聚合在 1921 年就已经被发现，但一直无法加工成型。至 1928 年，氯乙烯与乙酸乙烯酯共聚合成功，利用内增塑解决了它的加工成型问题。1932 年又发现了聚氯乙烯的增塑剂，成功地解决了加工问题，从此聚氯乙烯成为产量最大的热塑性塑料。

德国的 I. G. 工厂于 1930 年、美国的 DOW 公司于 1934 年开始生产聚苯乙烯，第二次世界大战后，聚苯乙烯及其共聚物塑料获得迅速发展，成为热塑性塑料的第二大品种。

Rhom-Hass 公司于 1927 年在德国、1931 年在美国先后生产聚甲基丙烯酸甲酯，它是透明性的塑料，被称为有机玻璃。

1938 年发展了四氟乙烯的聚合，1950 年由美国 Du Pont 公司正式工业化。聚四氟乙烯具有优异的耐化学腐蚀性，甚至连王水都不能使其溶解，又具有很好的电绝缘性能，具有“塑料之王”之称。

1939 年英国 ICI 公司正式生产高压聚乙烯，1943 年以后其他各国相继生产。

1953 年，德国 Max Planck 研究所的 K. Ziegler 初次在常温常压下聚合得到聚乙烯，1955 年，Hoechst 公司建立了第一个低压聚乙烯工厂。1955—1956 年，意大利的 G. Natta 将 Ziegler - Natta 催化剂进一步改为 α -三氯化钛与烷基铝体系，实现了丙烯的定向聚合，1957 年，意大利 Montecatini 公司首先生产。

3. 高分子材料工业的成熟创新时期

这一时期从 20 世纪 70 年代一直至今，主要表现为高分子合金和功能高分子的开发。

高分子化合物的生产已处于成熟期，产量大幅度增长，塑料的年产量已突破 1.5 亿吨。在这一阶段，高分子材料开发，已从开发新的高分子化合物，转向通过催化剂(如茂金属催化剂)的改进合成具有可设计性能的或综合性能更优的聚合物；转向更加重视添加剂的开发、更为普遍使用添加剂来提高制品的品质和内在质量。高分子合金化及其技术、反应性加工技术、功能高分子材料、聚合物/无机物复合技术已成为开发重点。人类更加重视与环境友好，可持续发展战略已为大多数人接受，废弃高分子材料的回收利用已引起全人类的关注。

信息、生物、能源、环境等技术的发展，呼唤新材料。进入 21 世纪，高分子材料结构与性能的研究将深入微观和亚微观的尺度，建立定量或半定量的关系，通过功能化、复合化和精密化来发现新的性能和新的应用领域。

8.3.3 高分子材料科学和工业发展历史回顾

回顾高分子科学的发展历史可以看到，从 19 世纪中叶一直到当今 21 世纪，高分子科学的发展经历了蒙昧期—萌芽期—初创期(争鸣期)—繁荣期—发展期，高分子材料工业的发展经历了移植初创—发展—成熟—创新时期。

高分子科学与高分子工业的发展一直是相互促进、密切相关的，它为现代工业、农业、交通运输、医疗卫生、国防尖端技术、航空航天以及人们的衣食住行提供了新型的高分子材料，因此它也是现代材料科学的一个重要组成部分。在 1940—1970 年的 30 年里，每 10 年全世界三大合成材料的年产量就翻了两番。从 20 世纪 70 年代到 80 年代，尽管受石油危机的严重影响，全世界合成聚合物的产量仍增加了一倍多。

当前，合成橡胶的产量已为天然橡胶的两倍，化学纤维的产量已与天然纤维相当。与此同时，一支庞大的高分子科技队伍已经形成。据估计，欧美各国有 1/3～1/2 的化学化工技术人员实际上从事着与合成聚合物有关的生产或研究工作。

高分子科学之所以能如此快速地发展，其动力在于：(1)高分子材料的原材料丰富；(2)实验室研究工作活跃；(3)高分子材料及其制品商品化；(4)高分子理论研究日趋完善。

纵观高分子材料科学和工业的发展历程及趋势，可以发现如下几个鲜明的历史特征。

(1) 理工结合：高分子材料学科既是一门基础科学，又是一门应用科学，正是这种“基础性质”和“应用性质”的水乳交融，理论研究与工业发展的相互促进，推动着高分子材料学科的迅猛发展，显示出强大的竞争力和生命力。

(2) 学科交叉：由于高分子材料学科的产生背景和应用特征，使其关联、交叉的学科领域十分广泛，高分子材料学科与化学、化工、物理、工程、机械、医学、生物、生命等学科息息相关，形成了多学科交叉、多学科融合、立体发展的重要特征。

(3) 与国民经济发展相互依存：高分子材料作为三大类材料的重要成员，因其广泛的市场需求及带动相关行业发展的关系，已成为国民经济发展的支柱型产业之一。高分子材料工业的生产和应用水平已成为显示一个国家综合实力的重要标志之一。

(4) 新材料：高分子材料学科一经诞生即与新材料结下了不解之缘，层出不穷的高分子新材料的不断发明和发展正是高分子材料学科显示出巨大生命力的原因所在。

(5) 时代特征：能源、新材料、社会与环境是当今世界的时代特征，而高分子材料与其息息相关。

目前，高分子科学已经发展成为一门独立的，与无机化学、有机化学、分析化学、物理化学并列的二级学科，它已不仅是应用科学，也是一门基础科学，并形成了高分子化学、高分子物理和高分子工程三个分支。另外，高分子科学正向生物学和医学渗透，形成了生物医学高分子这样一门边缘学科，任务是配合分子生物学，从分子水平去研究生命过程，并运用高分子科学的理论和实践，向着人工合成生命物质的道路迈进。

高分子科学与工业将在通用高分子改性、特种高分子开发、生命现象研究及仿生高分子、高分子理论完善与定量化等方面加快科学研究和创新，朝着高分子材料的可控、高效、节能、环境友好、高性能、多功能、不同应用领域方向发展。

8.3.4 高分子材料与工程专业的发展

1. 我国高分子科学研究的现状及发展趋势

我国高分子科学的研究始于 20 世纪 50 年代初，于 1955 年成立了中国化学会高分子学科专业委员会，20 世纪 80 年代在新成立的中国材料研究学会中组建了高分子材料分会。长期以来，中国化学会高分子学科专业委员会在我国高分子学术界发挥着主导作用。20 世纪 80 年代以来，我国的高分子科学研究进入了一个全面发展阶段。在国家自然科学基金(化学部和工程与材料科学部)，“863”计划，“973”计划，国家科技攻关等项目的资助下，我国高分子科学的研究得到了较大的发展，取得了一些在国际上有影响的成果。但是，与国际水平相比，我国高分子科学研究的深度和学术水平总体上存在着一定的差距。在科学技术和工业发展及社会需求的强力推动下,我国的高分子科学和技术研究正在进入一个新的发展时期,并对高分子学科高层次研究人才的培养提出了更高的要求。凝聚研究力量,加强与高分子材料工业界的密切结合,培养基础扎实、综合素质优良、创新能力强的高层次人才,提高研究人员的综合素质和研究能力,改善研究条件是提高我国高分子科学研究水平,缩小同国际水平的差距需要解决的主要问题。

2. 我国高分子材料工业的现状及发展趋势

我国高分子工业起步较晚,但近年来发展很快,呈逐年上升的趋势。然而,我国高分子材料的消费水平与世界相比仍处在一个很低的阶段,尤其值得注意的是,与消耗量相比较,我国高分子材料的生产量远远落后于市场的需求,例如五大合成树脂(聚乙烯、聚丙烯、聚苯乙烯、聚氯乙烯和 ABS)的自给率不足一半。与世界发达国家水平相比,我国高分子材料的品种、产量、制造工艺、技术水平和人均消耗量均存在非常大的差距,研究能力比发达国家落后近 10 年,产业化能力比发达国家落后近 20 年。但是,这种状况正在发生着变化。近年来,国内企业的调整、合并、转制,新产品、新技术和新工艺的采用,生产装置的更新和扩大规模,以及日益高涨的市场需求促进了我国高分子材料工业的迅速发展。中国加入 WTO 大大加速了中国高分子材料工业融入全球化的步伐,也大大吸引了外商在中国的投资。国际大公司实施业务重组,市场向中国转移,掀起在华投资的新一轮浪潮。在沿海地区和长江沿岸已初步形成了以高新技术、高附加值、高功能化产品和深加工为特征的众多现代化工生产园区。一批大型及世界级的石化联合装置和高分子合成装置正在建设或筹建之中,生产正走向经济规模。塑料加工业是经过输运、共混、复合、化学改性等加工与成型过程将聚合物原料制备成可供使用的高分子材料及制品的一个重要产业。近年来,我国的塑料加工装备水平有了很大的提高,某些领域已达到国际先进水平并形成了一定规模,在珠江三角洲和江浙地区形成了大规模的塑料加工产业。随着高分子材料应用领域的不断扩大,各种各样的新型高分子材料及制品层出不穷,塑料、橡胶、合成纤维、涂料、黏胶剂、聚合物基复合材料、生物医用高分子材料和制品,以及光电信息、膜分离等各种功能高分子材料方兴未艾。我国的高分子材料工业生产及应用正在进入一个蓬勃发展的新时期。

3. 我国高分子材料与工程专业的演化过程及特点

我国高分子类专业设置始于 1953 年,是从化学和化工类专业中形成和分离出来的。最早的理科高分子化学教研室建于北京大学化学系,而工科的塑料工学教研室则建于成都工学院(今四川大学)化工系;最早的高分子化学与物理系是在中国科技大学建立的,而高分子化工系则始建于成都工学院。

自 20 世纪 50 年代以来,在我国高校中陆续设置了高分子化学、塑料工学(塑料工程)、合成橡胶、橡塑工程、化学纤维、高分子物理、高分子化工、高分子材料、复合材料等高分子类专业。这些专业的办学口径相当于现在的三级学科。为拓宽专业口径,1998 年教育部在本科专业目录调整中,对上述专业进行了归并、重组。在新颁布的专业中,将与高分子材料相关的工科类专业统一为“高分子材料与工程”专业(涵盖原工科高分子材料类所有的三级学科专业),将高分子化工专业并入化学工程专业,理科类的高分子专业并入材料化学专业(高分子化学与物理方向)和化学专业(高分子化学与物理方向)。通过这次整合,将高分子材料类专业的办学口径拓宽到二级学科。由于高分子材料的应用范围广,与其他学科有广泛的相互渗透关系,仍有部分院校的高分子材料类专业没有改名，仍沿用如高分子化工、高分子材料成型加工和复合材料工程等名称办学。还有相当一部分学校在一级学科口径的“材料科学与工程专业”下设立高分子材料方向，重视以高分子材料为重心的教育。这些高分子类专业各有特色、各有侧重，但核心的培养目标是基本相同的。目前，全国有多所高校建立了高分子系，部分高校还建立了高分子科学与工程学院。

至2008年，全国有142所高等院校以高分子材料与工程专业招生，其中教育部直属院校17所，省属院校117所，其他委办所属院校8所。还有一些院校以“材料科学与工程专业”及其他名称招收高分子材料方向的本科生。

分析各院校高分子材料与工程专业设置的时间来看，在经济发展时期，专业设置的数量都有一个高峰，1990年以前，全国仅有32所院校以高分子材料与工程专业招生，1991年至2007年增加了110所院校，而且主要集中在2000年以后。20世纪80年代初至90年代末期的18年中，共增加27所院校，而从1998年教育部新专业目录颁布后到2007年的短短9年内就净增96所院校，使总数达142所。将这些院校进行分类后可以看到，省属院校为117所，占82.4%，且近年增加本专业设置的院校绝大多数是省属院校，见表8-3。这说明高分子材料的需求与经济的发展紧密相连，满足社会广泛的需求是高分子材料类专业设置和调整的基本动机之一。

从全国设置高分子材料与工程专业院校的地区分布来看，设置高分子材料与工程专业的院校数较多的地区主要集中在华东、华北、东北和华中地区，表明高分材料与工程专业设置数量与地区经济发展水平有非常强的关联性：即经济发达地区设置该专业的院校多，经济欠发达的地区设置该专业的院校少。

表8-3 全国本科高分子材料与工程专业设置院校的情况统计

专业设置时间	专业设置院校数/所	按主管部门分类的专业设置院校数/所				
		教育部	省属	国防科委	中科院	其他
1953—1980年	22	4	10	4	1	
1981—1990年	13	3	10			
1991—1997年	14	4	9	1		
1998—2007年	96	6	88			2
合计	142	17	117	5	1	2

8.3.5 高分子材料与工程专业的培养模式

高等学校的专业人才培养方案、专业设置与划分、课程体系等均取决于人才培养模式和规格，而培养模式和规格的确定又来源于社会发展的水平、学科的要求，以及人才市场的需求。

1. 社会经济发展与高分子材料与工程专业人才培养模式

20世纪50年代新中国建立初期，由于工程人才极其缺乏，加之受计划经济体制制约和苏联高等教育人才培养模式的影响，我国专业人才的培养目标主要是为行业培养通晓某一专业技术的工程技术人才，专业划分很细。就高分子类专业而言，自20世纪50年代以来，在我国高校中陆续设置了高分子化学、塑料工学(塑料工程)、合成橡胶、化学纤维、高分子物理、高分子化工、高分子材料、复合材料等三级学科高分子类专业，这些专业大多以培养行业对口的专门人才为目标。应该肯定，这种“专门人才”教育，在过去相当一段时间内，的确也适合我国国情，为我国培养出了一批业务精湛的高分子工程师，为我国高分子工业的发展作出了贡献。随着社会经济体制的转型，过细、过窄的专业设置，已很难满足社会主义市场经济的要求。20 世纪 90 年代以来，在欧美国家“通才教育”和“宽专业”人才培养模式的影响下，特别是扩招以来，高校从“精英教育”转向“大众教育”，我国高分子材料类人才培养步入了一个以培养高素质、强基础、宽口径的复合型人才为目标的新阶段。在 1998 年教育部本科专业目录调整的基础上，2001 年，教育部调整、组建了新一届教学指导委员会，设置了材料科学与工程学科教学指导委员会，并按二级学科设置了四个分委员会：材料化学与物理、金属材料及冶金、无机非金属材料、高分子材料与工程。其中，高分子材料与工程专业教学指导分委员会由原隶属于不同部委(化工部、轻工部、纺织部、建材部、教育部)的五个不同的教学指导委员会(高分子材料与化工、塑料工程、化学纤维、复合材料、材料科学中的高分子科学部分)归并而成，理工结合，涵盖了原所有高分子类专业。专业和教学指导委员会的调整和整合，为按学科基础培养高分子材料类专业人才、加强教学交流、实施宏观调控创造了有利的条件。

2. *学科发展与高分子材料与工程专业人才培养模式*

材料科学与工程学科是 20 世纪 50 年代末期在金属、无机非金属、高分子等材料及学科的基础上逐步形成、建立和发展起来的，已形成了一个完整的独立学科体系。国外很多大学已逐步从某个单一材料的教育转向材料科学与工程教育(MSE)，形成了较大的规模。

然而，我国实施的材料科学与工程教育，如何既拓宽各材料类专业，又保持专业特色，必须符合我国国情。实践表明，以材料科学与工程一级学科为基础，按二级学科设置高分子材料与工程专业的思路是完全适合我国国情的，是切实可行的。

图 8-4 是高分子材料专业拓宽的总体框架。可以看到，高分子材料专业是以化学和材料科学作为学科基础，以材料制备、成型加工和应用为工程背景，反映了高分子材料与工程专业是与化学专业、材料类专业、化工专业和机械专业相互交叉和渗透的。由于高分子类专业传统上是在化学化工类专业中形成、发展和剥离出来的，至今保留着鲜明的化学化工色彩，因此在

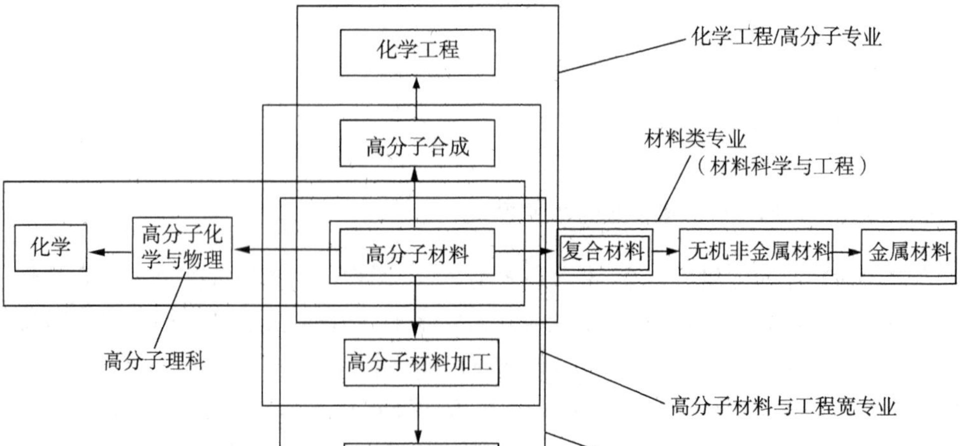

图 8-4 高分子材料专业拓宽的总体框架

现阶段强化向材料科学与工程学科领域的拓宽，让学生在了解材料共性规律的基础上，学习高分子材料的专业知识，是一项具有重要意义的工作。

就学科内涵而言，材料的成分与结构、制备与加工、物化性质、使用性能，是材料科学与工程的四大基本要素，是相互有机联系的统一体。因此，高分子材料与工程专业人才的培养模式，要从传统注重化工以培养合成、制备、加工的工程技术人员为目标，转向化工与材料相结合，培养既掌握材料科学与工程四大要素的基本原理，又通晓高分子材料制备与加工、组成与结构、性能和应用系统知识的宽专业复合型人才。

高分子材料与工程专业除了可向化工、机械和其他材料类专业拓宽外，还具有理工结合的鲜明特征。在本科教育中，目前我国不少理科院校的材料化学、化学、化工专业都以高分子作为专业方向开设课程。另一方面，高分子材料作为具有强劲生命力的一类新材料，正在与生物、医学、信息等学科交叉发展，虽然高分子材料与工程为工科专业，但不少理科院校也相继设立了高分子材料与工程专业。因此，在培养模式及目标上，应注意理科与工科的结合，有所侧重，体现特色。

3. 社会需求与高分子材料与工程专业人才培养模式

如前所述，一方面我国的高分子科学研究、高分子工业生产、高分子材料消费和人才培养规模呈不断发展的趋势，另一方面，2007 年我国高分子材料与工程专业的招生院校已达 142 所，在材料类专业中位居首位，其中 1998—2007 年 9 年内新增的招生院校就达 96 所，这些不同院校的高分子材料与工程专业在办学条件、办学水平方面存在着很大的差距。因此，必须按照社会的需求培养出不同规格、不同层次、不同类型的高质量的高分子材料与工程专业人才。

就目前的情况，我国高分子材料与工程专业的人才培养规格可划分为研究型(学科型)、技术型和职业型三种类型。在研究型大学或学科中，着重培养综合素质高、创新能力强、具有向高层次发展潜力的研究型人才，其中，理科院校侧重培养以高分子基础性研究为主的人才；而工科院校则着重培养从事工程技术研究、高分子材料改性和新材料开发的应用型人才。工科普通院校主要培养一大批从事高分子合成、高分子加工和高分子材料营销等方面的工程技术型人才，成为传统意义上的工艺工程师和销售工程师，满足高分子材料工业及应用发展的需求；高等职业院校则培养一大批能在高分子合成、高分子材料加工生产第一线上工作的职业技术工人。

上述三种不同的培养规格，对应着三种高分子材料与工程专业人才的不同的培养方案、不同的课程体系。研究型规格，要强调理工结合，强化基础，着重提高综合素质和创新能力；技术型规格，要强调工程意识和能力，拓宽基础和知识面，加强实践环节，提高综合素质；职业型规格，要强调生产技能，强化专业知识，提高综合素质。

8.3.6 华东理工大学高分子材料与工程专业

华东理工大学高分子材料与工程专业是在李世瑨教授于 1957 年创立的“塑料工学专业”基础上发展起来的，是我国最早的高分子材料专业之一。50 余年来，经历了从塑料工学到高分子化学、合成橡胶工学、高分子、高分子合成、高分子化工、高分子材料、高分子材料与工程的专业发展过程。1981 年成为我国首批获得高分子材料博士和硕士学位授予点的专业。专业所依托的材料学学科是国家重点(培育)学科、上海市重点学科，是国家“211”工程建设的重点，该学科现有材料科学与工程一级学科博士点和博士后科研流动站,拥有材料学、材料物理与化学、材料加工工程、高分子化学与物理、纳米材料与技术、生物材料博士学位授予权以及相应的硕士学位授予权,以及材料工程领域工程硕士专业学位授予点。本专业建有特种功能高分子材料及相关技术教育部重点实验室、上海市先进聚合物材料重点实验室。2008 年,高分子材料与工程专业被批准为国家级特色专业。

在多年发展的基础上,高分子材料与工程专业形成了自己的办学特色和研究方向,包括活性聚合、新材料的合成与开发、聚合物结构与性能、反应性加工、先进复合材料及应用、超细材料及纳米材料、生物材料、新型功能材料、化学建材和化学纤维等,实行应用基础研究和工程开发研究相结合。多年来与国内外著名企业、公司建立了广泛的科研协作关系,在教学和科研中获得了多项国家和省部级奖项,出版了一批专业教材和著作。

高分子材料与工程专业包括高分子材料、高分子化工两个专业方向。高分子材料方向以高分子材料的制备、加工、改性及结构和性能的研究为基础。高分子化工以高分子化合物的合成工艺与工程为主体,以聚合物的制备、聚合工艺开发、聚合设计和控制为方向。

高分子材料与工程专业现有教师 72 名,其中教授 17 名、副教授 19 名,有教育部高分子材料与工程专业教学指导委员会委员和教育部材料物理与材料化学专业教学指导委员会委员各 1 名。

为提高本科生的竞争能力,本专业多年来精心设计课程体系,注重教学质量,制订并实施了面向 21 世纪的教育培养计划,近年来在获得上海市优秀教学成果奖的基础上,建立了上海市实验教学示范中心——材料实验教学中心和高分子材料加工中心,其中高分子材料加工中心的面积达 600 平方米,拥有齐全的高分子材料加工设备和仪器,使学生的专业能力和基本技能得到极大提高。

本专业的主要课程包括:大学英语、高等数学、线性代数、概率论与数理统计、大学物理、现代基础化学、分析化学、有机化学、物理化学、实验化学、化工原理,以及社会学、经济学、体育和计算机等基础课程;过程设备机械设计基础、高分子化学、高分子物理、高分子材料成型加工、聚合物制备工程,以及专业实验等专业必修课程。其中高分子科学与工程实验、高分子物理为国家精品课程,高分子化学、高分子材料成型加工为上海市精品课程。本专业课程体系中还设置了材料学科公共平台课,如材料概论及实验、材料表界面、材料研究方法,这些课程为学生在材料学科上的继续发展奠定基础。本专业还设有下厂实习、毕业设计和毕业论文等实践环节,建有包括上海轮胎橡胶有限公司、上海石化股份有限公司、上海胜德塑料厂、上海化工厂、上海氯碱化工股份有限公司、紫江企业股份有限公司、上海沪峰汽车塑料制品有限公司等一批实习教学基地。

本专业培养德、智、体全面发展,掌握高分子材料合成、加工的基本原理以及工艺设计和机电综合知识,能从事高分子材料合成和加工的研究与开发、质量管理和教学工作,并具有竞争能力的工程技术人才。本专业毕业生适合于高分子材料合成、复合材料、橡胶和塑料制品企业以及研究单位和高等院校,主要面向化工、建材、医药、轻工、石油化工、航天、航空、环保、电子、家电、汽车、包装、机电、造船等行业。

8.4 高分子材料与工程专业培养方案

本方案由教育部高分子材料与工程专业教学指导委员会制订。

8.4.1 培养目标

本专业培养德、智、体全面发展，具备材料科学与工程的基础知识和高分子材料与工程的专业知识，能在高分子材料的合成改性、加工成型和应用等领域从事科学研究、技术和产品开发、工艺和设备设计、材料选用、生产及经营管理等方面工作的工程应用型人才与职业技术人才。

培养要求：本专业学生主要学习材料科学与工程的基础知识、高分子化学与物理的基本理论和高分子材料的组成、结构与性能知识及成型加工技术知识，具有扎实的高分子科学和高分子材料与工程的基础知识和实验技能。

毕业生应获得以下几方面关于高分子材料的知识和能力：

(1) 掌握高分子材料合成、改性的基本原理，掌握合成高分子材料的主要工业方法及相关化学工程技术。

(2) 掌握高分子材料的组成、结构和性能关系；

(3) 掌握聚合物加工流变学、成型加工工艺和成型模具设计的基本理论和基本技能；

(4) 具有对高分子材料进行改性及加工工艺研究、设计和分析测试，并开发新型高分子材料及产品的初步能力；

(5) 具有应用计算机的能力；

(6) 具有对高分子材料改性及加工过程进行技术经济分析和管理的初步能力；

(7) 具备从应用目标出发对高分子材料进行成本、工艺、环保、性能和效益综合评估及材料选用的初步能力；

(8) 了解本学科专业在光、电、磁功能高分子材料，生物医用高分子材料和精细高分子材料等新兴学科交叉领域的发展，具有一定的从事科学研究、新材料开发的能力。

8.4.2 培养规格

本专业基本学制 4 年，实行学分制的学校可根据具体情况把提前修满学分的学生的学制缩短为 3 年，也可把入学满 4 年时尚未修满学分的学生的学制适当延长，但最多不能超过 6 年。本专业培养工学学士。

高分子材料与工程本科专业实施普通教育基础上的应用型(技术型)专业教育。毕业生面向高分子材料合成或加工企业(公司)、工业研究机构、高分子材料及产品的应用与营销单位等，可从事高分子材料的合成、改性、加工成型及应用等领域的技术和产品开发、工艺设计、生产及经营管理等方面的工作。实行宽基础、宽口径教育，专业方向灵活多样。培养过程体现知识、能力、素质协调发展的原则。

本专业的毕业生的基本要求为：

(1) 具备一定的思想道德素质、文化素质、专业素质、身心素质。

思想道德素质：政治素质、思想素质、道德品质、法制意识、诚信意识、团体意识。

文化素质：文化素养、文学艺术修养、现代意识、人际交往意识。

专业素质：科学思维方法、科学研究方法、求实创新意识、科学素养等科学素质和工程意识，综合分析素养、价值效益意识、革新精神等基本工程素质。

身心素质：身体素质和心理素质。

(2) 具有一定的获取知识的能力、应用知识的能力、创新能力。

获取知识的能力：自学能力、表达能力、社交能力、计算机及信息技术应用能力。

应用知识的能力：综合应用知识解决问题的能力、综合实验能力、工程实践能力、工程综合能力。

创新能力：创造性思维能力、创新实验能力、科技开发能力、科技研究能力。

(3) 具有一定的专业知识、工具性知识、人文社会科学知识、自然科学与数学知识、工程技术知识、经济管理知识。

专业知识：材料科学与工程、高分子材料的组成与结构、高分子材料的测试与表征、高分子材料的合成与加工、高分子材料的性能与应用的基本理论、基本方法和基本实验技能。

工具性知识：外语、计算机及信息技术应用、文献检索等方面的知识。

人文社会科学知识：哲学、思想道德、政治学、法学、文学、历史、社会学、艺术、心理学等方面的基本知识。

自然科学与数学知识：数学、物理学、化学等方面的知识。

工程技术知识：工程制图、工程设计基础、电工电子学、化学工程等方面的知识。

经济管理知识：经济学、管理学等方面的知识。

8.4.3 教学内容

1. 知识结构

本专业人才培养的知识结构由普通教育(通识教育)知识体系、专业教学知识体系、专业教学实践体系三大部分内容组成。

(1) 普通教育知识体系

哲学：马克思主义、毛泽东思想基本原理，邓小平思想，“三个代表”重要思想以及科学发展观；

数学：微分学、积分学、常微分方程；

自然科学：物理学、化学；

人文社会科学：中国文学、政治经济学、经济学、企业管理学、中国近代史；

外语：大学英语、专业英语、文献查阅；

计算机：微机原理、程序设计语言；

身体与心理：体育、心理学、艺术。

(2) 专业教学知识体系

工程基础：机械制造基础、电工电子基础、化工原理；

专业科学基础：高分子物理、高分子化学、聚合物表征与测试、材料科学与工程基础；

专业工程知识：聚合反应工程、聚合物加工工程；

专业知识：高分子材料、聚合物复合材料工程。

(3) 专业教学实践体系

实验技能：专业实验

工程实践

毕业论文(设计)

社会实践

2. 专业教学知识体系

高分子材料与工程专业教学的知识体系由知识领域、知识单元和知识点三个层次组成,共有 8 个知识领域(各学校可根据情况至少选择 7 个)、56 个知识单元(至少 48 个)、共计 278 个核心学时(至少 248 个)、63 个选修学时。

(1) 知识领域

材料科学与工程的顶层模式是利用成分和结构、合成和加工、物化性质、使用性能四大要素之间的关系来选择或设计一种材料以满足具体应用的综合性能标准。这是本专业教育内容与知识结构设计的主要依据。

聚合物分子及聚集态结构、结构演化、结构单元的运动规律是高分子物理的核心内容,聚合物的合成反应机理是高分子化学的主要内容,聚合物结构的分析与表征是阐明结构-性能关系的前提,这三部分内容构成了高分子科学知识的基础,形成了三个知识领域:高分子物理、高分子化学、聚合物表征与测试。

聚合物的制备过程与加工过程是高分子材料的两个主要工程过程。它们构成本专业工程层次的两个知识领域:聚合反应工程与聚合物加工工程。

各种材料的结构-性能关系之间具有共性,作为材料专业的学生必须了解材料科学与工程的基本原理,了解宽广范围的材料知识,重点了解高分子材料的品种、性能及其应用,以及聚合物基复合材料。故在专业知识方面设立三个知识领域:材料科学与工程基础、高分子材料和聚合物基复合材料工程。

概括起来,知识领域具体包括:高分子物理、高分子化学、聚合物表征与测试、材料科学与工程基础、聚合反应工程、聚合物加工工程、高分子材料、聚合物基复合材料工程,其中,聚合反应工程、聚合物加工工程、高分子材料和聚合物基复合材料工程 4 个知识领域可选择其中三个。

(2) 知识单元

知识体系各部分的详细情况见表 8-4。表 8-4 中各知识单元后面的括弧内给出了它们各自的核心学时数。

表 8-4 知识领域和知识单元

知识领域	知识单元(278 核心学时)	知识单元(选修)
高分子物理 (80)	高分子链结构(4) 高分子的聚集态结构(6) 聚合物相对分子质量与相对分子质量分布(4) 聚合物的分子运动和热转变(10) 聚合物的力学性能(16) 聚合物的流变行为(4) 高分子溶液(4) 高分子物理实验(32)	聚合物的电性能、热性能、光学性能和其他性能(2)

(续表)

知识领域	知识单元(278 核心学时)	知识单元(选修)
高分子化学 (76)	高分子化学基本概念(4) 自由基聚合(10) 逐步聚合(8) 离子聚合(6) 配位聚合(6) 共聚合(8) 聚合物化学反应(2) 高分子化学实验(32)	开环聚合(2)
聚合物表征与测试 (14)	光谱分析(3) 热分析(3) X 射线衍射(3) 电子显微分析(3) 材料测试方法的综合应用(2)	核磁共振(3) 材料研究方法实验(4)
材料科学与工程基础 (32)	原子间相互作用与结合(2) 晶格结构(5) 相图和相转变(3) 材料的表面结构(2) 材料组成与结构(6) 材料力学性能(5) 材料物理性能(7) 材料的成型加工性(2)	材料的耐腐蚀性能(3) 材料的制备原理(3) 材料强化机理(2) 陶瓷增韧机理(2)
聚合反应工程 (30)	自由基(本体、悬浮)聚合工艺(8) 配位聚合工艺(4) 离子聚合工艺(4) 化学反应工程基础(4) 聚合反应工程分析(2) 聚合釜内流体的流动和混合(2) 传热与传质(3) 聚合工程(3)	高分子化合物的生产过程(2) 自由基乳液聚合工艺(3) 自由基溶液聚合工艺(2) 线型缩聚物生产工艺(2) 体型缩聚物生产工艺(2)
聚合物加工工程 (16)	混合及混炼(2) 挤出成型(4) 注射成型(4) 压延成型(2) 压制成型(2) 纺丝过程(2)	其他成型方法(3)

（续表）

知识领域	知识单元(278 核心学时)	知识单元(选修)
高分子材料 (14)	通用塑料(3) 工程塑料(3) 化学纤维(2) 弹性体(3) 添加剂(3)	涂料(2) 黏合剂(2) 光电磁高分子材料(4) 生物医用高分子材料(2) 配方设计(2)
聚合物基复合材料工程 (16)	材料复合原理(3) 复合材料界面(3) 复合材料强化与韧化(2) 复合材料设计(2) 复合材料成型原理(2) 材料复合新技术(2) 复合材料应用(2)	复合材料结构与性能(4) 功能复合材料设计(2) 纳米复合材料制备方法(2) 复合材料与环境(2)

3. 专业教学实践体系

为提高学生的实践能力，高分子材料与工程专业必须加强实践性环节的教学，将高分子材料与工程验证性实验、综合性实验、研究性实验有机结合。实践教学体系主要培养以下几个方面的能力：(1)实验技能；(2)工艺操作能力；(3)工程设计能力；(4)科学研究能力等。实践教学包括独立设置和非独立设置的实践教学环节，包括 4 个实践领域、15 个实践环节。

(1) 实践领域

包括：专业实验，工程实践，毕业论文(设计)，社会实践。

(2) 实践环节

专业教学实践体系各部分的详细情况见表 8－5。表 8－5 中各实践环节后面的括弧内给出了它们各自的核心实践周数。

表 8－5 实践领域和实践环节

实践领域	实践环节(核心 27 周)	实践环节(选修)
专业实验 (2.5)	聚合物制备和加工工程实验(1) 材料物理性能测定实验(1) 材料力学性能实验(0.5)	综合实验(1) 材料研究方法实验(1，参观演示)
工程实践 (6.5)	认识实习(1) 设计实习(1.5) 金工实习(2) 生产(或毕业)实习(2)	工艺设计(2) 工厂、车间设计(2)
毕业论文(设计)(16)	毕业论文，或毕业设计(16)	
社会实践 (2)	军训(2)	社会调查(1) 公益劳动(1)

8.4.5 华东理工大学高分子材料与工程专业培养方案

1. 培养目标

本专业致力于培养德、智、体全面发展，适应国家化学与材料工业及其相关领域经济建设需要和国际人才市场需求，掌握扎实的高分子材料合成、加工的基本原理和专业知识及工程实践能力，具有社会责任感和道德修养、良好的心理素质，具备较强的创新意识、团队精神、国际视野和管理能力，能进行高分子材料合成与加工科学研究、工程设计、生产与管理、新材料研究与工程开发工作的高级工程技术人才。本科毕业可以继续攻读材料学及其他相关学科的硕士及博士学位。

2. 培养要求

(1) 热爱祖国，遵纪守法，具有较强的人文科学素养、社会责任感和良好的道德情操。

(2) 系统地掌握本专业所必需的自然科学和工程技术方面的基础知识，受到工程设计和科学研究的基本训练，具有工程设计、实验研究等基本技能。

(3) 具有从事高分子材料合成与加工科学研究、工程设计、生产与管理、新材料研究与工程开发工作的能力。

(4) 了解材料科学与工程的基础知识、基本理论和基本技能及企业生产与经济管理知识，了解高分子材料学科前沿信息与发展趋势。

(5) 具有较强的计算机应用能力，掌握文献检索、资料查询及运用现代信息技术获取相关信息的基本方法。掌握一门外国语，能较熟练地阅读专业外文资料，具有较好的国际视野与跨文化交流能力。

(6) 具有较强的适应性和终身学习的能力，并具备一定的组织管理能力、较强的表达能力和沟通交往能力，在团队中发挥作用的能力。

(7) 掌握科学的锻炼方法，具有良好的生活习惯，身体健康，达到国家大学生体质健康标准。

3. 学分及学位要求

本专业学生在学期间必须修满专业培养方案规定的 181 学分，其中通识教育平台课程 48.5 学分，学科基础教育平台课程 49 学分，专业教育平台课程 51 学分，实践性教学环节 32.5 学分。学生修满规定学分并达到《大学生体质健康标准》，可获得毕业证书。获准毕业并符合国家学位授予条例，且通过华东理工大学大学英语学位考试者，可获工学学士学位。

8.5 高分子材料与工程专业人才面临的机遇与挑战

高分子材料与人类文明和物质生活的进步有着最密切的关系，其物质产品已成为美好生活的基础。高分子材料科学与工程最根本的目的，就是要根据人类进步的需要，在深入发展和优化天然高分子产物的性质和应用的同时，创造出数量更多、品质更优的合成高分子材料和制品。除了采用复合化技术对通用高分子材料不断进行改进和优化以外，那些具有高强度和能够耐受诸如高温和强辐射等恶劣环境条件的特种高分子材料，具有特殊光、电、磁性能以及高效率能量传递和转化性能的高功能性材料，具有生物或医学功能而能对生命过程发挥积极作用的生物功能和医用高分子材料，对各种刺激发生智能反应的高分子，环境友好高分子等，是高分子材料学科在新世纪中的发展方向。

我国的高分子材料工业可以用“起步晚，发展快；差距大，前景好；竞争力弱，亟盼创新”来描述。

起步晚、发展快是指建国初高分子材料几乎是空白的，1958 年时才有了第一个 3 000 吨/年的聚氯乙烯树脂工业化生产装置。起步虽迟，但发展是迅速的。1977 年时塑料的年产量为 76 万吨，到了 1997 年塑料年产量为 1 530 万吨，仅次于美国，位居世界第二(当年树脂产量为 620 余万吨)。进入 21 世纪，我国高分子材料工业发展更为迅猛，据报道，我国塑料年产量已超过 2 000 万吨。

差距大、前景好是指我国年人均塑料消费量约为 10 kg，而 1997 年世界人均塑料消费量约为 27 kg，发达国家更多，为 60 kg，美国、德国等一些国家则在 100 kg 以上。其二表现在树脂和高分子合金的品种、牌号、产量、加工技术、加工机械与模具等，也包括废弃高分子材料的回收利用与世界先进水平相比均差一大截。譬如，通常以塑钢比来衡量一个国家的工业发展水平，美国在 40%以上，我国仅为 15%左右。然而，这也提供了发展的机遇和空间，我国高分子材料工业的发展潜力是很大的。

竞争力弱、亟盼创新是指随着经济全球化的进程，竞争空前激烈。迄今为止，我国高分子材料工业自主开发能力弱，竞争力不强，在国外资本和技术大量进入面前，形势相当严峻。走出困境的唯一出路，在于技术创新。即在高分子材料复合化、功能化和精细化上，在塑料机械和模具的精密化、自动化和多功能化，尤其是计算机控制工程(CAE)的应用上加大科技投入，依靠技术进步开发新型材料，实现我国高分子材料工业的新飞跃。

9 复合材料与工程

材料是人类社会发展的基础和先导，人类社会发展的每一个阶段都与材料的进步与发展密切相关。与传统材料相比，复合材料是在金属材料、无机非金属材料和高分子材料的基础上发展起来的一种新材料，可以将无机非金属材料与高分子材料复合、金属材料与无机非金属材料复合、金属材料与高分子材料复合制成复合材料。

复合材料学科既有其自身特点，又有多学科交叉带来的种种优势。复合材料学科研究复合材料结构与性能、复合材料设计、复合材料界面、复合材料制造和应用中的科学和工程问题。复合材料学科发展的同时，带动了高分子材料、无机非金属材料和金属材料等兄弟学科的发展。

9.1 复合材料在人类社会发展中的地位和作用

复合材料是由两种或两种以上的材料，用化学或物理的方法复合制成的一种新材料，其性能优于单一材料，因此，复合材料是一种内容和形式都非常广泛的材料。

1. *历史悠久的复合材料*

根据复合材料的定义，人类祖先使用复合材料的例子可追溯到 7 000 年以前，西安半坡村遗址中发现用草拌黏土制成的墙壁和砖坯，这是人类早期使用复合材料的先例。出现在 4 000 年以前的漆器是现代复合材料的雏形，它是用丝、麻织物作为增强材料，生漆作为黏合剂一层一层铺贴在模具上，生漆固化后制成漆器。用这种方法制成的漆器表面光洁、经久耐用。保存在扬州的鉴真法师漆器像，距今已有 1 000 多年，仍保持完好。图 9－1 是保存完好的汉代漆器，图 9－2 是精美的现代漆器工艺品。漆器不但具有实用价值，而且具有艺术收藏价值。

图 9－1 汉代漆器

图 9－2 现代漆器工艺品

现代复合材料于20世纪30年代诞生，20世纪40年代美国用纤维增强聚酯树脂制造了飞机的雷达罩和远航飞机的油箱，60年代制造了导弹发动机壳体，随后，复合材料逐渐转向民用工业应用。目前，复合材料的工业体系主要是指树脂基复合材料（纤维增强塑料）、陶瓷基复合材料（纤维增强陶瓷）、金属基复合材料（纤维增强金属）和碳/碳复合材料。其中以树脂基复合材料产量最大、用途最广，是复合材料的主流品种；陶瓷基复合材料、金属基复合材料和碳/碳复合材料产量较小，目前主要用于航空航天等高技术领域。随着新技术、新材料的不断涌现，复合材料的研究内容也在不断拓展，特别是随着纳米技术的发展而问世的纳米复合材料就是其中最典型的例子。

2. 举足轻重的复合材料

采用先进的复合技术，可以将无机材料和高分子材料复合制成复合材料，如玻璃纤维增强塑料，其综合性能，特别是轻质高强特性大大优于所用的原料——玻璃纤维和塑料；可以将无机材料和金属材料复合制成复合材料，如碳纤维或陶瓷纤维增强钛合金，是一种高性能的航空航天材料；可以将高分子材料与金属复合制成复合材料，如芳纶纤维增强铝合金，是一种性能优良的未来飞机材料。

由于复合材料具有轻质高强、可设计性好、介电性能好、耐腐蚀性能好、绝热性能好等诸多优异性能，使其在航空航天、汽车、船舶、火车、建筑、化工防腐、电机、电子、机械、体育等领域得到了越来越广泛的应用。

复合材料的诞生，使材料技术进入了一个可设计的新时代，一种可设计的材料，在材料的生产和使用过程中，可以大幅度地节约材料和节约能源，从而达到节约资源的目的。复合材料是材料领域中的后起之秀，从航空航天到电子计算机等高技术领域，复合材料的应用已成为传统单一材料不可替代的关键技术材料。如航天器上使用的耐烧蚀复合材料、制造导弹发动机壳体用的复合材料、制造大型飞机用的复合材料（在超大型飞机上，复合材料的用量已经超过50%）、制造卫星用的复合材料（复合材料在卫星制造中的用量已经超过90%），都是航空航天部门不可或缺的高性能材料。

世界上各先进国家都将复合材料列为国家发展关键技术，我国“863”计划、“973”计划、国防科技发展战略都把复合材料列为重中之重。我国复合材料工业产量从20世纪80年代初至今的平均年增长率为28%，近几年发展速度更快，2010年我国树脂基复合材料的年产量为325万吨左右，仅次于美国，位列世界第二。到目前为止，复合材料的研究和生产单位有3 500多家，且每年在不断增长，在今后相当长的一段时期内，复合材料仍将是我国工业体系中最有发展前途的增长点。

复合材料发展至今已经形成了一个比较完整的工业体系，由主要用于航空航天、兵器等军工部门，逐渐发展到在民用部门得到广泛应用，但是与传统材料相比，复合材料的使用量还是比较小的，影响其大量使用的主要障碍是成本太高。因此，降低复合材料的成本是今后的一个发展方向；另外，先进复合材料、功能复合材料、智能复合材料、仿生复合材料和环保型复合材料受到世界各国的普遍重视，预计它们在今后的应用中所占份额越来越大。

复合材料性能独特、制造容易、适用面广，是航空航天技术、电子技术等尖端技术的基础和先导，也与我们的生活密切相关。随着纳米材料、石墨烯等新材料新技术的发展，纳米复合材料、生物复合材料等新型复合材料不断涌现。复合材料发展前景光明、发展潜力巨大，在许多领域都有待我们创新性地去开发、应用。

9.2 复合材料专业技术与研究内容

9.2.1 复合材料的种类

按照复合材料的定义,复合材料的种类繁多,钢筋混凝土和我们人类自身都属于复合材料。但是现代复合材料的科研和工业体系主要以纤维增强的树脂基复合材料、陶瓷基复合材料、金属基复合材料和碳/碳复合材料为主,典型的例子如图 9-3 所示。

(a) 树脂基复合材料雷达罩　(b) 陶瓷基复合材料轴承　(c) 金属基复合材料发动机

图 9-3 几种复合材料的例子

1. 树脂基复合材料

树脂基复合材料是以热固性或热塑性树脂为基体,以无机纤维或有机纤维为增强材料,通过缠绕成型工艺、拉挤成型工艺、模压成型工艺等工艺方法制造得到的。树脂基复合材料按基体种类分为热固性树脂基复合材料和热塑性树脂基复合材料,如图 9-4 所示。

- 树脂基复合材料
  - 热固性树脂基复合材料
    - 不饱和聚酯树脂基复合材料
    - 环氧树脂基复合材料
    - 酚醛树脂基复合材料
    - 有机硅树脂基复合材料
    - 热固性丁苯树脂基复合材料
    - 烯丙基树脂基复合材料
    - 聚氨酯树脂基复合材料
    - 脲醛树脂基复合材料
    - 三聚氰胺树脂基复合材料
    - 聚酰亚胺树脂基复合材料
    - 硅炔树脂基复合材料
  - 热塑性树脂基复合材料
    - 聚丙烯树脂基复合材料
    - 聚氯乙烯树脂基复合材料
    - 聚酰胺树脂基复合材料
    - 聚甲醛树脂基复合材料
    - 聚碳酸酯树脂基复合材料
    - 聚醚醚酮树脂基复合材料
    - 聚苯硫醚树脂基复合材料
    - 聚砜树脂基复合材料
    - 热塑性聚酰亚胺基复合材料
    - 聚醚酰亚胺树脂基复合材料
    - 聚苯并咪唑树脂基复合材料

图 9-4 树脂基复合材料的分类

树脂基复合材料的特点是材料与结构的同一性。传统材料的制品是通过对材料的再加工制得的，在加工过程中材料不发生组分变化和化学变化，而复合材料的制品和材料是同时形成的，即制得材料的同时得到制品。复合材料的这个特点可以提高制品的整体性，大大减少零部件和连接件数量，从而可以降低加工成本、提高制品的可靠性。树脂基复合材料还包括以下几个优点。

(1) 轻质高强

普通碳钢的密度为 7.8 g/cm^3，玻璃纤维增强树脂基复合材料的密度为 1.5～2.0 g/cm^3，只有普通碳钢的 1/5～1/4，比铝合金还要轻 1/3 左右。而机械强度却能超过普通碳钢的水平。航空航天部门常用比强度来衡量一种材料轻质高强的程度，比强度是指强度与密度的比值，若按比强度计算，玻璃纤维增强树脂基复合材料不仅远远超过碳钢，而且可超过某些特殊合金钢。碳纤维复合材料、有机纤维复合材料具有比玻璃纤维复合材料更低的密度和更高的强度，因此具有更高的比强度，碳纤维复合材料的比强度可以达到 1.0×10^7 cm，比特殊合金钢(比强度为 1.6×10^6 cm)高一个数量级。几种材料的密度、拉伸强度和比强度见表 9-1。

表 9-1 几种材料的密度、拉伸强度和比强度

材料种类	密度/(g/cm^3)	拉伸强度/MPa	比强度/cm
高级合金钢	8.0	1 280	1.6×10^6
LY_{12}铝合金	2.8	420	1.5×10^6
玻璃纤维增强环氧树脂	1.73	500	2.9×10^6
玻璃纤维增强聚酯树脂	1.80	290	1.6×10^6
玻璃纤维增强酚醛树脂	1.80	290	1.6×10^6
玻璃纤维增强 DAP 树脂	1.65	360	2.2×10^6
Kevlar 纤维增强环氧树脂	1.28	1 420	1.1×10^7
碳纤维增强环氧树脂	1.55	1 550	1.0×10^7

(2) 可设计性好

复合材料可以根据产品不同的结构、受力情况和性能要求，灵活地进行材料设计、结构设计和产品设计，具有很好的可设计性。对于结构件来说，可以根据受力情况合理排布增强材料，以达到节约材料、减轻质量的目的。对于有耐腐蚀性能要求的产品，设计时可以选用耐腐蚀性能好的基体树脂和增强材料，对于其他一些性能要求，如介电性能、耐热性能等，都可以方便地通过选择合适的原材料来满足要求。

(3) 介电性能好

复合材料具有优良的介电性能，例如玻璃纤维增强树脂基复合材料具有优良的电绝缘性能，因此可用作为高性能的电机、电器的绝缘材料；这种复合材料还具有良好的透波性能，被广泛地用于制造机载、舰载和地面雷达罩。

(4) 耐腐蚀性能好

聚合物基复合材料具有优异的耐酸性能、耐海水性能，也能耐碱、盐和有机溶剂，因此，这是一种优良的耐腐蚀材料，用其制造的化工管道、贮罐、塔器等具有较长的使用寿命、极低的维修费用。

(5) 绝热性能好

玻璃纤维增强聚合物基复合材料具有较低的导热系数，一般在室温下为 0.3～0.4 kcal/(m·h·K)，只有金属的 1/1 000～1/100，是一种优良的绝热材料。选择适当的基体材料和增强材料可以制成耐烧蚀材料和热防护材料，能有效地保护火箭、导弹和宇宙飞行器在 2 000℃以上承受高温、高速气流的冲刷作用。

(6) 工艺性能优良

纤维增强聚合物基复合材料具有优良的工艺性能，可以通过缠绕成型、拉挤成型、喷射成型、树脂传递模塑等复合材料特有的工艺方法制造制品，也能用模压成型、层压成型、离心浇铸等常用的材料成型方法制备复合材料制品，能满足各种类型复合材料制品的制造需要，特别适合于大型、形状复杂、数量少的制品的制造。

2. 陶瓷基复合材料

陶瓷基复合材料是以碳化物(如 SiC)、氧化物(如 Al_2O_3 和 ZrO_2)、氮化物(如 Si_3N_4)和硼化物陶瓷为基体，以氧化铝纤维、碳化硅纤维、氮化硅纤维和抗氧化碳纤维为增强材料，采用热压烧结法或反应烧结法制得的。按基体材料不同，陶瓷基复合材料的分类如图 9－5 成示。

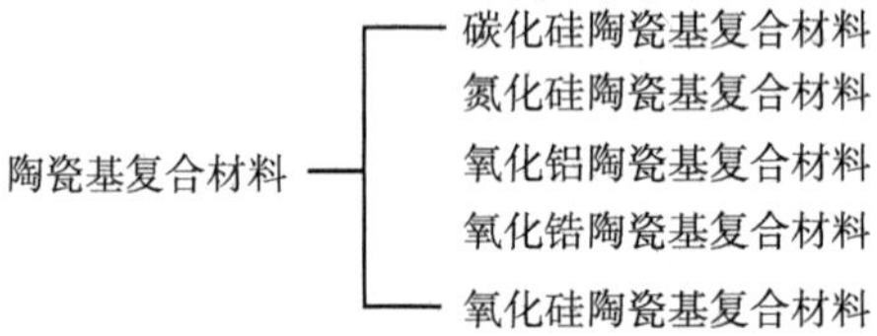

图 9－5 陶瓷基复合材料的分类

陶瓷材料具有高强度、高硬度、耐高温、抗氧化、耐化学腐蚀、耐磨和热膨胀系数小等优点，但是陶瓷材料的脆性限制了其作为高温结构材料的应用。数十年来，材料科学家针对陶瓷材料的增韧进行了大量的研究，研究结果表明，通过控制晶粒、相变和引入第二相材料可以增加陶瓷材料的韧性，如 ZrO_2 陶瓷用相变增韧具有较好的效果，但它在 900℃时就失去了相变增韧的作用，所以不能用于 900℃以上的高温结构中。用连续纤维增强的陶瓷材料可以大幅度提高韧性，而且在高温下仍能保持较高的韧性，能较好地满足高温结构材料的应用要求。

陶瓷基复合材料成型的关键技术是增强材料在成型过程中不受损伤，并均匀地分散在基体中。常用的成型方法有热压烧结法和反应烧结法，也可采用化学气相浸渗法，这种工艺成型温度低，对增强材料损伤小，可以制备形状复杂的制品。采用有机先驱体裂解法和溶胶-凝胶法制备陶瓷基复合材料，有点类似于树脂基复合材料的成型工艺方法，其工艺过程是用有机聚合物浸渍增强材料，然后在一定条件下将聚合物裂解，转化成陶瓷结构。用这种方法制备的陶瓷基体有 SiC、Si_3N_4、Al_2O_3 等。

陶瓷基复合材料的应用领域主要是高温结构，美国和欧洲各国侧重于将陶瓷基复合材料应用于航空和国防工业，如航空涡轮发动机的涡轮叶片、涡轮盘、燃烧室，大功率内燃机增压涡轮，固体火箭发动机燃烧室、喷管等结构。

3. 金属基复合材料

金属基复合材料是以铝、镁、钛等金属为基体材料，以陶瓷纤维、碳纤维、芳纶纤维等为增强材料制备得到的。金属基复合材料具有使用温度高、剪切强度高、不吸湿、耐磨损、导电、导热等金属特性，在外层空间结构材料和先进工业制造领域具有广泛的应用前景。按基体材料的不同，金属基复合材料的分类如图 9－6 所示。

金属基复合材料
- 铝基复合材料
- 镁基复合材料
- 镍基复合材料
- 铜基复合材料
- 钛基复合材料
- 锌基复合材料

图 9－6　金属基复合材料的分类

金属基复合材料于 20 世纪 50 年代末 60 年代初问世，当时研制了用硼纤维增强铝、钛等基体，制造了哥伦比亚号航天飞机的主骨架、肋条、桁架支柱、制动器支撑架等构件 243 件，使用金属基复合材料后比原铝合金构件的质量轻 44%左右，从而奠定了金属基复合材料的开发应用基础。到了 20 世纪 70 年代末，科学家采用石墨纤维和碳化硅纤维作为增强材料，代替价格昂贵的硼纤维，并研究晶须、短纤维、颗粒增强的金属基复合材料，虽然晶须等增强效果不如连续纤维，但是可采用金属材料的成型加工方法，加工费用低，在性能上又能弥补单一金属材料的不足，使材料的刚度、耐热性、抗蠕变性、耐磨性有较大提高，因而发展较快。到了 20 世纪 80 年代，开发了新型高性能增强材料，如化学气相沉积法 SiC 纤维、纺丝 SiC 纤维和表面带有 TiB、TiC、SiC 等涂层的系列石墨纤维，进一步推动了金属基复合材料的发展。金属基复合材料的技术进步，推动了其在航空航天、国防军工领域、汽车和电子仪表等行业的应用。

金属基复合材料的制造方法有如下三种：

(1) 固态成型法

固态成型法是将固体状态下的金属基体与增强材料混合制造复合材料的方法，常用的固态成型法有：粉末冶金法、热等静压法、热压法、挤压法和轧制法等。

(2) 液态成型法

液态成型法是将熔融状态的金属与增强材料混合制造复合材料的方法，常用的液态成型法有：液态金属浸渍法、真空压力浸渍法、搅拌铸造法、挤压铸造法、原位反应生成法、共喷沉积法等。

(3) 表面复合法

表面复合法是将金属材料涂覆在增强材料的表面形成复合材料，常用的表面复合法有：热喷涂法、电镀法、化学镀法、复合镀法、化学气相沉积法、物理气相沉积法等。

金属基体与增强材料之间的接触面称为金属基复合材料的界面，纤维、晶须、颗粒等增强材料在成型过程中会与金属基体发生相互作用和界面反应，形成各种结构的界面，金属基复合材料的界面结构对其性能有直接影响。因此，研究金属基复合材料界面的形成过程、界面层性质、界面黏合、应力传递行为对宏观力学性能的影响规律，从而有效地进行控制，是获取高性能金属基复合材料的关键。

4. 碳/碳复合材料

用碳纤维增强碳基制得的碳/碳复合材料，具有比强度、比模量高，高温力学性能好，和优良的耐烧蚀性能、抗热震性能和摩擦性能等优点。碳/碳复合材料自 1958 年问世以来，经历了四个发展阶段，第一阶段(20 世纪 60 年代)，工艺研究阶段，完成了化学气相沉积工艺(CVD)和气相渗浸工艺(CVI)的技术基础研究；第二阶段(20 世纪 70 年代)，应用开发阶段，用碳/碳复合材料制造导弹头锥和飞机刹车片；第三阶段(20 世纪 80 年代)，热结构应用开发阶段，用碳/碳复合材料制造航天飞机耐高温鼻锥、机翼前缘构件；第四阶段(20 世纪 90 年代)，碳/碳复合材料的研究转向降低成本、开发新工艺、开发在民用工业中的应用。碳/碳复合材料的应用研究水平仅次于树脂基复合材料，美国、英国、法国等工业发达国家研究开发了两向、三向、四向、七向、十三向等三维多向编织和正交细编、细编穿刺等多种碳/碳复合材料。

碳/碳复合材料主要用于洲际导弹的端头、火箭发动机喷管、高温热结构部件和飞机刹车片。如美国的 MK－12 导弹端头采用细编穿刺碳/碳复合材料制造；美国 MX 导弹、法国 M4 潜地导弹采用了碳/碳喷管喉衬。用碳/碳复合材料制造飞机刹车片的研究于 20 世纪 70 年代初开始，1971 年在英国、法国、意大利联合研制的协和号飞机上首次用碳/碳复合材料制作刹车片，至 1989 年波音 757 飞机等使用了碳/碳复合材料刹车盘，此后，所有飞机都采用碳/碳复合材料制造刹车盘。

9.2.2 复合材料的应用

与传统材料(如金属材料、无机非金属材料和高分子材料等)相比，复合材料是一种新型材料。如上所述，复合材料具有许多优良的性能，并且其成本在不断地下降，成型工艺的机械化、自动化程度在不断提高，因此，复合材料与其他工业部门的关系越来越密切，其应用领域日益广泛。

1. 复合材料在航空航天领域的应用

由于复合材料的轻质高强特性，使其在航空航天领域得到广泛应用。在航空方面，主要用作战斗机的机翼蒙皮、机身、垂尾、副翼、水平尾翼、雷达罩、侧壁板、隔框、翼肋和加强筋等主承力构件，见图 9－7。美国在各种型号的战斗机上使用复合材料的比例如表 9－2 所示，表 9－2 表明，在 F117、B－2 这些隐形飞机上使用复合材料的比例较高，达到 40%左右。

表 9－2 美国在各种型号的战斗机上使用复合材料的比例

飞机型号	F16	F18	AV－8b	F117	B－2	ATF
复材比例/%	2.5	10	26	42	38	59

在战斗机上大量使用复合材料的结果是大幅度降低了飞机的质量，并且改善了飞机的总体结构。特别是由于复合材料构件的整体性好，极大地减少了构件的数量，减少连接，有效地提高了安全可靠性。飞机使用复合材料垂尾后减轻的结构质量见表 9－3。

表 9－3 飞机使用复合材料垂尾后减轻的结构质量

构件名称	铝合金设计质量/kg	复合材料设计质量/kg	质量变化/kg
翼梁	220	157.5	－62.5
肋	67.9	58.4	－9.5
蒙皮	87.5	61.7	－25.8
口盖	18.5	16.6	－1.9
其他	28.7	15.4	－13.3
合计	422.6	309.6	－113

在各种型号的民用飞机(如波音737～787、空中客车A310～A380等)上,复合材料也有较多的使用,主要用作雷达罩、发动机罩、副翼、襟翼、垂直尾翼和水平尾翼的舵面、翼根整流罩以及内部的通风管道、行李架、地板、压力容器、卫生间等。在空中客车A350和波音787这两种大型客机上,复合材料的用量已经达到50%左右。预计在国内的大飞机项目中,也会大量使用复合材料。

复合材料在宇航方面的应用主要有火箭发动机壳体、航天飞机的构件、空间站构件、卫星构件等。用复合材料构件制造的空间站见图9-7。

(a)战斗机

(b)国际空间站

(c)战略导弹

图9-7 复合材料在航空航天领域的应用

碳/碳复合材料是载人宇宙飞船和多次往返太空飞行器的理想材料,用于制造宇宙飞行器的鼻锥部、机翼、尾翼前缘等承受高温载荷的部件。固体火箭发动机喷管的工作温度高达3 000～3 500℃,为了提高发动机效率,还要在推进剂中掺入固体粒子,因此固体火箭发动机喷管工作在高温、化学腐蚀、固体粒子高速冲刷的环境下,目前只有碳/碳复合材料能承受这种工作环境。

人造地球卫星的质量减轻1 kg,运载它的火箭可减轻1 000 kg,因此用轻质高强的复合材料来制造人造卫星有很大的优势。用复合材料制造的卫星部件有:仪器舱本体、框、梁、桁、蒙皮、支架、太阳能电池的基板、天线反射面等。

2. 复合材料在交通运输领域的应用

复合材料在交通运输方面的应用已有几十年的历史,发达国家复合材料产量的30%以上用于交通工具的制造。由于复合材料制造汽车可以大大减轻其质量,在相同条件下,全复合材料汽车的耗油量只有钢制汽车的1/4。而且在受到撞击时复合材料能大幅度吸收冲击能量,保护人员的安全。

用复合材料制造的汽车部件较多,如车体、驾驶室、挡泥板、保险杠、引擎罩、仪表盘、驱动轴、板簧等(图9-8)。

随着列车速度的不断提高,火车部件用复合材料来制造是最好的选择。复合材料常被用于制造高速列车的车厢外壳、内装饰材料、整体卫生间、车门窗、水箱等(图9-8)。用复合材料制备火车部件,具有轻质高强、美观、防锈、容易清洁等优点。因此,复合材料在火车、地铁、磁悬浮列车等轨道交通车辆上的应用越来越多。

用复合材料造船具有美观、耐腐蚀、维护费用低、节省燃料等优点,已经用于制造扫雷艇、快艇、游艇、救生艇、渔船等,其中快艇和游艇产业发展速度较快。用复合材料制造的游艇见图

9－8。

（a）复合材料汽车部件　（b）复合材料游艇　（c）复合材料高铁构件

图 9－8　复合材料在交通运输领域的应用

3. 复合材料在化学工业中的应用

在化学工业方面，复合材料主要被用于制造防腐蚀制品。聚合物基复合材料具有优异的耐腐蚀性能、力学性能和成型加工性能等，在酸性介质中，聚合物基复合材料的耐腐蚀性能比不锈钢优异得多。

用复合材料制造的化工耐腐蚀设备有大型贮罐、各种管道、通风管道、烟囱、风机、地坪、泵、阀和格栅等。采用缠绕成型工艺可以制造各种规格的化工耐腐蚀贮罐，用缠绕成型工艺制造贮罐有耐腐蚀性能好、整体性好、抗渗漏、使用寿命长等优点，目前，最大容积已经可以做到 1 000 立方米。化工耐腐蚀管道见图 9－9。

图 9－9　化工耐腐蚀管道

4. 复合材料在电气工业中的应用

大型发电机是能源工程的重要设备，不管是火力发电、水力发电，还是核能发电都要使用。通常大型发电机有 30 万千瓦、60 万千瓦和 100 万千瓦等规格，像上海这样的大城市需要 20～30 台 100 万千瓦的发电机组才能满足其用电需要。制造大型发电机的材料主要有金属材料和绝缘材料，发电机的机座和转轴用优质钢材，定子线圈和转子线圈采用高纯度铜；绝缘材料则有几十种，主要有高性能塑料，如聚四氟乙烯、聚酰亚胺等，以及玻璃纤维或聚酯纤维增强环氧树脂复合材料。其中以复合材料的用量最大，每台电机要用到 3～6 吨，例如，大型发电机端部固定线圈用的大锥环，是以玻璃纤维作为增强材料，以环氧树脂作为基体，通过缠绕成型工艺制备的复合材料，见图 9－10，在 60 万千瓦和 95 万千瓦发电机中的单件质量分别达到 1.2

吨和2.6吨，这种结构复杂的大型复合材料部件的制备需要很高的技术水平。很多复合材料是在制造发电机时现场制造的，如发电机线棒的绝缘层，就是通过在线棒上缠绕玻璃纤维云母胶带，然后加热、加压制备得到的，或者通过在线棒上缠绕玻璃纤维云母少胶带，然后真空浸渍树脂，加热固化制备得到。聚合物基复合材料是一种综合性能优异的电绝缘材料，广泛地用于电机制造、电工器材和电子材料。例如，绝缘板、绝缘管、印刷线路板、电机护环、大锥环、槽楔、高压绝缘子、带电操作工具等。绝缘材料已经形成了一定规模的产业。

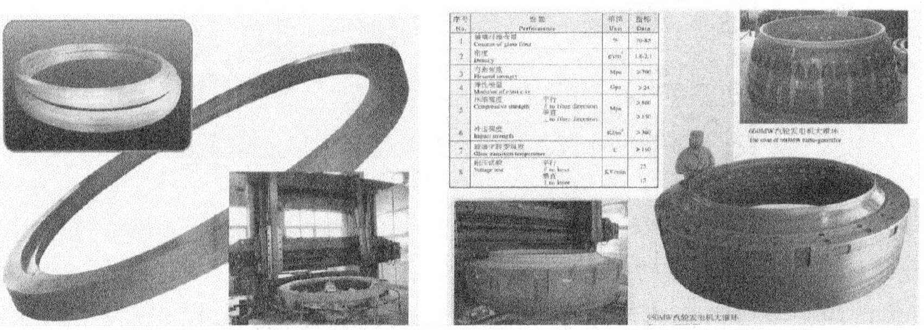

(a) 大型发电机端箍　　(b) 发电机大锥环

图9-10　复合材料在电气工业中的应用

5. 复合材料在建筑工业中的应用

玻璃纤维增强的聚合物基复合材料具有优异的力学性能，良好的隔热、隔音性能，吸水率低，耐腐蚀性能好和很好的装饰性。因此，这是一种理想的建筑材料。在建筑上，复合材料被用作承重结构、围护结构、冷却塔、水箱、卫生洁具、门窗等。

用复合材料制备的“钢筋”代替金属钢筋制造的混凝土建筑具有极好的耐海水性能，并能极大地减少金属钢筋对电磁波的屏蔽作用，因此这种混凝土适合于制造码头、海防构件等，也适合于制造电信大楼等建筑。

复合材料在建筑工业方面的另一个应用是建筑物的修补，当建筑物、桥梁等因损坏而需要修补时，用复合材料作为修补材料是理想的选择，因为用复合材料对建筑物进行修补后，能恢复其原有的强度，并有很长的使用寿命。用于建筑物修补的复合材料通常是碳纤维或芳纶纤维增强的环氧树脂基复合材料。

6. 复合材料在机械工业中的应用

复合材料在机械制造工业中，用于制造叶片、风机、机械部件、齿轮、皮带轮和防护罩等。

用复合材料制造叶片具有制造容易、质量轻、强度高、耐腐蚀等优点，各种风力发电机叶片都是由复合材料制造的，2 MW的风力发电机叶片单片长度达到40.2米，从制造工艺、力学性能、质量等综合考虑，其他材料无法与复合材料竞争。用复合材料叶片制造的风力发电机见图9-11，复合材料风力发电机叶片是以玻璃纤维和碳纤维为增强材料、以环氧树脂为基体，用树脂传递模塑成型(RTM)工艺制造得到的。每台2MW的风力发电机有三个叶片，一个机舱罩，复合材料的总用量达到10吨以上。

用复合材料制造齿轮同样具有制造简单的优点，并且在使用时具有较低的噪音，特别适用于纺织机械。

图 9 - 11　风力发电机

7. 复合材料在体育用品中的应用

复合材料可用于制造各种体育用品，例如，赛车、赛艇、皮艇、划桨、撑杆、球拍、弓箭、雪橇和头盔等。由于复合材料轻质、高强，用其制造的体育用品，使比赛成绩大幅度提高。图 9 - 12 是用复合材料制造的赛车头盔，用复合材料制造的头盔在受到冲击时能吸收大量的能量，从而保护头部免受伤害。

(a) 赛车头盔　(b) 撑杆　(c) 赛艇

图 9 - 12　复合材料在体育用品中的应用

以上是复合材料应用的部分例子，由于复合材料的应用领域非常广泛，实际应用远不止这些。

9.2.3　复合材料专业研究内容

复合材料是一门综合化学、物理、力学、材料等基础学科而发展起来的边缘学科。多学科交叉使复合材料的研究内容非常广泛，有些基础理论的研究内容具有多学科的共性，有些则是复合材料学科特有的，如复合材料的界面、损伤破坏、微区结构等研究内容一直是复合材料专业研究的重点。以下几方面是复合材料专业的主要研究内容。

1. 复合材料基体的性能研究

在复合材料结构中，基体材料将增强材料黏合形成一个整体，起到传递应力和均衡应力的作用，从而使增强材料的性能得到充分发挥。因此基体材料的性能对复合材料的性能具有很大的影响。复合材料的基体主要有树脂基体、陶瓷基体和金属基体。

树脂基体分热固性树脂和热塑性树脂两种，主要研究内容有树脂基体的分子结构与性能的关系，涉及的性能有力学性能、耐热性能、介电性能、耐候性能、耐腐蚀性能和加工性能等。固化行为的研究是热固性树脂的一个重要研究内容，在复合材料的制造过程中，树脂的固化程度直接影响其性能，固化机理和固化动力学的研究是树脂固化行为研究的两个主要内容。

复合材料基体的性能研究方向是高强度、耐高温、高韧性和优异的成型加工性能。

2. 增强材料的性能研究

增强材料是复合材料的主要承力组分，复合材料的力学性能（如拉伸强度）主要是由增强材料贡献的。常用的增强材料有玻璃纤维、碳纤维、芳纶纤维、陶瓷纤维和超高相对分子质量聚乙烯纤维等。

主要研究内容有增强材料的组分、分子结构、尺度、形态等对其力学性能、耐热性能、介电性能、密度和耐酸、碱、盐等性能的影响。

增强材料的性能研究方向是高强度、高耐热、高韧性和低密度。

3. 复合材料界面的研究

增强材料的直径通常是 5～18 微米，在复合材料中增强材料占 50%～70%（质量百分数），所以复合材料界面面积巨大。增强材料与基体材料性质差异极大，如玻璃纤维增强的树脂基复合材料，基体是有机材料，增强材料是无机材料，两种不同性质的材料很难形成牢固粘接。因此，复合材料的界面对其性能具有非常大的影响。

复合材料界面的研究内容有：界面形态的表征、界面微结构对复合材料性能的影响、界面应力分析计算、界面处理方法、界面反应机理、界面结构的设计控制等。

复合材料界面的研究成果已经为复合材料的性能提高作出了重要贡献，通过复合材料界面研究建立的"偶联理论"、"浸润理论"等已经在复合材料工业部门得到广泛使用。

4. 复合材料力学性能的研究

复合材料是一种轻质高强的各向异性材料，其力学行为与传统材料有很大差异，通过对复合材料力学性能的基础性研究，可以提高复合材料结构设计的水平。

复合材料力学的研究内容主要是复合材料结构对其性能的影响。复合材料的结构分三个层次，宏观结构、细观结构（纤维、基体、界面）和微观结构（分子结构、化学键）。涉及的复合材料性能有：强度、刚度、冲击、疲劳、断裂、黏弹性、振动、分层损伤等。

复合材料力学的研究方向是利用计算机技术，通过数值模拟建立力学模型，以获得复合材料在结构破坏过程中的规律性和判据。

5. 复合材料结构设计

复合材料是一种可设计的材料，其力学性能的可设计性可以通过复合材料结构设计来实现。与传统材料不同，复合材料的材料设计与结构设计往往是同时进行的。

复合材料结构设计的内容很多，其中一个重要的内容是可靠性设计与优化设计，如层合板壳的优化设计、夹层板壳的优化设计。计算机数字模拟优化设计是一个重要的研究方向。

6. 复合材料成型工艺的研究

复合材料成型工艺的特点是材料与制品一次加工成型，即在制得材料的同时制得制品。

传统材料是二次加工，即先制得材料，再加工成制品，而且加工过程中少有化学变化。复合材料则不同，成型加工过程中往往发生复杂的化学和物理变化，因此，对成型工艺过程的精确控制直接影响制品的质量。有关成型工艺的研究较多地属于技术范畴。

复合材料成型工艺的主要研究内容有，低压快速模压成型工艺；电脑控制、机器人辅助的全自动缠绕机；快速拉挤成型技术；大型制件树脂传递模塑成型(RTM)技术；自动铺层成型工艺；高性能热塑性复合材料成型加工技术；多种成型工艺的组合技术，如：拉挤-缠绕组合、缠绕-模压组合、缠绕- RTM 组合等。

成型工艺研究的方向是提高成型加工效率以降低成本；提高自动化程度以提高制品质量的稳定性和降低人工成本。

9.3 复合材料专业的发展状况与发展趋势

9.3.1 复合材料的发展概况

1. 国外发展概况

1932 年树脂基复合材料在美国诞生；

1940—1945 年(第二次世界大战期间)美国首次用玻璃纤维增强聚酯树脂，制造了机载雷达罩和远航飞机的油箱；

1944 年美国空军第一次用复合材料制造飞机机身、机翼；

1950 年试制成功直升机螺旋桨(真空袋法、压力袋法)；

1960 年美国成功研制了“北极星 A”导弹发动机壳体(缠绕成型工艺)；

1961 年德国成功研制了片状模塑料(SMC)，使模压成型工艺达到新水平(中压、中温、大台面)，这种材料在汽车制造、电工电气制造业被大量采用；

1970 年拉挤成型技术有了重大突破，近年来发展更快(始于 20 世纪 50 年代，60 年代中期实现了连续化生产)；

1972 年美国 PPG 公司，成功研制了热塑性片状模塑料，1975 年投产，其最大的特点是成型周期短、废料可回收利用，被广泛用于汽车部件的制造；

1980 年以后复合材料的产量快速增长，机械化、自动化程度迅速提高。

2. 国内发展概况

1958 年开始研制玻璃纤维增强塑料(玻璃钢)，成功研制了玻璃钢船(扫雷艇)、火箭筒(卷制)；

1960 年在北京、上海、哈尔滨成立了研究机构，分别为北京玻璃钢研究所、上海玻璃钢结构研究所、哈尔滨玻璃钢研究所；

1961 年成功研制了玻璃钢耐烧蚀端头(导弹部件)；

1962 年从英国 Scott 公司引进不饱和聚酯树脂生产线，生产了一批氧气瓶等压力容器(缠绕成型工艺)；

1970 年制造了直径为 44 米的大型玻璃钢雷达罩；

20 世纪 70 年代以后复合材料由原来主要用于国防工业，逐渐转向民用，产量不断增长；

90 年代以后产量快速增长，机械化、自动化程度越来越高。根据中国复合材料工业协会的统计结果，1993—2008 年复合材料的年产量见表 9－4。复合材料年产量的统计结果表明，复合材料年产量的增长速度远高于传统材料的增长速度。

表 9－4 1993—2008 年复合材料的年产量

年份/年	纤维增强热固性树脂/万吨	纤维增强热塑性树脂/万吨	印刷电路板/万吨	合计/万吨
1993	14.5	1.5	2.0	18
1996	17.0	2.5	4.0	23.5
1999	30.0	8.0	12.0	50
2002	54.0	17.0	9.0	80
2005	120.0	40.0	25.0	185
2008	170.0	60.0	65.0	295

部分国家复合材料的生产量见表 9－5。经过多年的快速增长，至 2008 年中国的复合材料生产量已经超过日本与西欧的总和，仅次于美国。

表 9－5 2008 年部分国家复合材料的生产量

国家	美国	中国	西欧	日本
复合材料生产量/万吨	320	295	120	60

注：2010 年中国的复合材料生产量为 325 万吨。

9.3.2 复合材料的发展趋势

材料是人类用来制造工具等有用器件的一类物质，在人类征服自然、创造文明的过程中，其衣、食、住、行都离不开材料，随着人类的不断进步，材料的发展经历了从石器到合成材料的各个阶段。历史学家以人类使用材料的变化来划分历史时代，如石器时代、青铜器时代、铁器时代。人类发展到今天，已经开发利用了种类繁多的材料，但是单一材料的性能已经不能满足人类进一步发展的需要，因此将多种材料用适当的方法组合起来，得到一种性能优于单一材料的复合材料，是历史发展的必然。

人类使用复合材料已经有几千年的历史，但是以合成材料作为基体、以纤维作为增强材料制成的复合材料是 20 世纪 40 年代发展起来的一种新材料，经过半个多世纪的发展，复合材料从开发、制造到应用已经发展成一个较为完整的工业体系。复合材料今后如何发展，一直是本行业关注的问题。根据复合材料的发展现状、存在问题以及应用需求，推测以下几个方面是复合材料今后的发展方向。

1. 降低成本

与传统材料（金属材料、无机非金属材料、高分子材料等）相比，使用复合材料的绝对量是非常小的，阻碍复合材料发展的主要障碍是其成本远高于传统材料。由于复合材料的性能优于传统材料，若能降低复合材料的成本，其应用前景将非常广阔、产量会快速增长。

降低复合材料的成本可以从以下几方面着手：

(1) 原材料 原材料成本高是复合材料价格高的主要原因。因此今后的发展方向是在满足复合材料性能要求的前提下，尽量降低现有原材料的成本，以及开发新的低成本的原材料。

(2) 成型工艺　复合材料的成型工艺还存在着生产周期长、生产效率低、有些成型工艺还需要较多的劳动力等问题，从而提高了复合材料的成本。因此，为了降低复合材料的生产成本，提高复合材料的机械化、自动化程度，开发高效率的成型工艺是发展方向。

(3) 复合材料设计　复合材料具有较好的可设计性，复合材料的设计包括材料设计、结构设计和成型工艺设计，通过对复合材料合理的设计可以最大限度地节约材料，从而降低其成本。

2. 高性能复合材料的研制

高性能复合材料是指具有高强度、高模量、耐高温等特性的复合材料。随着人类向太空发展，航空航天工业对高性能复合材料的需求量越来越大，而且也会提出更高的性能要求，如更高的强度要求、更高的耐温要求等，因此高性能复合材料的进一步研究和开发是复合材料今后的发展方向之一。

3. 功能复合材料

功能复合材料是指具有导电、微波、摩擦、吸声、阻尼、烧蚀等功能的复合材料。功能复合材料具有非常广泛的应用领域，这些应用领域对功能复合材料不断提出新的性能要求，而且许多功能复合材料的性能是其他材料难以达到的，如透波材料、烧蚀材料等。随着纳米技术的发展，特别是碳纳米管、石墨烯等新材料的技术进步，大幅度提高了用纳米材料制造的功能复合材料的性能，从而大大拓宽了功能复合材料的应用领域。功能复合材料是复合材料的一个重要发展方向。

4. 智能复合材料

智能复合材料是指具有感知、识别及处理能力的复合材料。在技术上是通过传感器、驱动器、控制器来实现复合材料的上述能力的，传感器感受复合材料结构的变化信息，如材料受损伤的信息，并将这些信息传递给控制器，控制器根据所获得的信息产生决策，然后发出控制驱动器动作的信号。例如，当用智能复合材料制造的飞机部件发生损伤时，可由埋入的传感器(如光导纤维)在线检测到该损伤，通过控制器决策后，确定损伤的位置、损伤的程度，控制埋入的形状记忆合金动作，在损伤周围产生压应力，从而防止损伤的继续发展，大大提高了飞机的安全性能。

5. 仿生复合材料

仿生复合材料是参考生命系统的结构规律而设计制造的复合材料。由于复合材料结构的多样性和复杂性，因此，复合材料的结构设计在实践上十分困难。然而自然界的生物材料经过亿万年的自然选择与进化，形成了大量天然合理的复合结构，这些复合结构都可作为仿生设计的参考。

复合材料仿生可分为三个步骤：仿生分析、仿生设计和仿生制备。已有的复合材料仿生设计实例有：仿竹复合材料的优化设计；仿动物骨骼的哑铃型增强材料；复合材料内部损伤的愈合等。

复合材料仿生的发展方向是要向更深的层次发展，即从宏观观测到微观分析，然后再回到宏观的设计、制造，而且复合材料的仿生除了结构仿生外，还应进行功能仿生、智能仿生和环境适应仿生的研究和开发。

6. 环保型复合材料

从环境保护的角度考虑，要求废弃的复合材料可以回收利用，以节约资源和减少污染，但是目前的复合材料大多注重材料性能和加工工艺性能，而在回收利用上存在与环境不相协调的问题。因此，开发、使用与环境相协调的复合材料，是复合材料今后的发展方向之一。最近报道的以改性植物蛋白为基体、以天然纤维为增强材料制成的可完全降解的复合材料，是环保型复合材料的典型例子。

9.4 复合材料与工程专业培养方案

9.4.1 复合材料与工程专业的历史沿革与现状

复合材料与工程专业于1972年创办，初期名称为玻璃钢专业，招生院校有华东理工大学（原华东化工学院）、哈尔滨工业大学（原哈尔滨建工学院）和武汉理工大学（原武汉建材学院）三所。为了教学需要，这三所学校联合编写了“合成树脂”、“玻璃钢工艺学”、“玻璃钢结构设计”和“玻璃钢机械与设备”四本专业教材，自1979年起先后在中国建筑工业出版社出版。1979年玻璃钢专业更名为复合材料专业，北京航空航天大学、国防科技大学、南京航空航天大学等学校先后开办了复合材料专业或专业方向。1984年复合材料专业作为试办专业正式列入教育部高等学校本科专业目录。1994年教育部将复合材料与工程专业正式列入本科专业目录。1998年在教育部专业调整时，复合材料与工程专业被调整，本校随即停招复合材料与工程专业的学生，但保留了复合材料专业方向，专业教学没有停止，以高分子材料专业复合材料方向继续培养复合材料专业人才，为本专业的重新申办奠定了基础。在多个学校和教授的联合努力下，教育部高教司于1999年同意恢复复合材料与工程专业。2002年本校重新申办复合材料与工程专业获教育部批准，于2003年正式招生。目前全国设有复合材料与工程本科专业的学校已经增加到约15所，如果包括培养复合材料硕士研究生和博士研究生的学校和研究单位，大约有30多所。

9.4.2 复合材料与工程专业人才培养目标

培养德、智、体全面发展的，掌握复合材料与工程研究、开发设计与应用的理论基础和实验技能，适应21世纪我国社会主义现代化建设的宽口径、复合型高等工程技术人才。复合材料与工程专业人才的培养要求包括以下几个方面。

1. 热爱祖国，坚持四项基本原则，具有为国家富强和民族振兴而奋斗的理想，具有为国家现代化建设服务的事业心和社会责任感。

2. 具有勤奋求实、协作创新的精神，“知识、能力、素质”综合发展。

3. 本专业重视学生素质教育和综合能力提高，培养学生具有社会主义精神文明要求的思想道德、良好的文化素养、健康的心理素质以及强烈的创新意识。

4. 掌握复合材料的组成、结构、性能间的相互关系；具有对复合材料进行材料设计、结构设计、工艺设计、性能测试以及开发先进复合材料及制品的初步能力；掌握复合材料的成型加工技术和设备原理；具有对复合材料及制品加工过程进行技术经济分析和管理的初步能力；了解复合材料学科前沿发展信息。

5. 较好地掌握一门外国语,能检索和查阅外文文献,较熟练地阅读专业外文书刊,具有听、说、写的基础。

6. 掌握计算机理论知识和应用技能,通过学校计算机二级考试。

7. 锻炼身体,增强体质,达到大学生体育锻炼合格标准。

9.4.3 复合材料与工程专业教学内容与课程体系

1. 本专业以“教育要面向现代化,面向世界,面向未来”为指导思想,把提高人才培养质量放在首位,为21世纪培养高质量的工程技术人才。

2. 课程设置分类包括:(1)公共平台课程(53学分),其中公共基础课要求修满39学分;公共选修课要求修满14学分(其中必须在法学基础、美学基础和经济管理课程组中各修满1~2学分)。(2)大类平台课程(45.5学分),其中大类必修课要求修满37.5学分;大类选修课要求在材料大类选修课非本专业模块中(包括学科前沿系列讲座)修满8学分。(3)专业平台课程(43.5学分),其中专业必修课要求修满35.5学分,主要课程有:机械工程基础、化工原理、材料表界面、材料研究方法、高分子科学基础、复合材料科学与工程实验、树脂基复合材料、复合材料结构设计等;专业选修课要求修满8学分,主要课程有:陶瓷基复合材料、金属基复合材料、复合材料成型设备、先进高分子材料、材料力学等。

3. 教学计划总学时数在2 600以下。进一步调动学生学习的主动性和积极性,培养学生独立获取知识的能力,注重创新能力的培养。鼓励学生充分利用课余时间和双休日,根据自身条件与定位寻求发展,优秀生可为毕业后继续深造,攻读硕士、博士研究生做好准备;大部分学有余力的学生可选读第二专业。

4. 拓宽专业面,增强学生对社会的适应性,本专业课程体系中构建了面向大材料的课程平台,设置了材料学科公共课,如材料概论、材料物理化学、材料研究方法,以材料组成、结构、性质与表征为主线,为学生的终身学习和继续发展奠定基础。

5. 在实验、实习等实践性教学环节中,增强学生的动手能力,注重学生创新能力的培养。在实验中增加设计性研究实验,专业实习实践环节安排如下:面向大材料认识实习(结合材料概论讲座)──→校内实习基地(进行材料制备和性能测试)──→毕业实习──→毕业设计──→毕业环节。

6. 贯彻因材施教的原则,组建优秀生班,增加自学内容与交流讨论,对社会活动、科技制作、实验、上机、竞赛等进行精心安排,给予更多的实践机会。为优秀生配备高学历、高职称的教师担任指导教师,提前进教科组或研究室,对其加强成才指导。

7. 师生通过双向选择、确定毕业论文或设计课题,学生在导师指导下,结合自身发展需要,选修精心设计的具有实用性和针对性的专业选修课。

8. 加强人文社科和经济知识教育,强化工、理、文、商渗透,拓宽知识面,增加10学分人文素质、社科、生物、环保等课程。

9. 加强素质教育,使学生在思想品德、文化知识、身心素质等方面得到全面发展。通过各种讲座、第二课堂、思想学术节、文化艺术节、体育节、社会实践以及学生社团活动等多种途径拓宽知识面,完善知识结构和思维方法,营造良好的校园氛围,为学生个性发展创造条件,以适应社会主义市场经济体制的需求。

9.4.4 华东理工大学复合材料与工程专业培养方案

1. 专业特色

复合材料与工程专业隶属本校材料科学与工程学院。学院拥有我国首批博士和硕士学位授予点，现有材料科学与工程一级学科博士点、材料科学与工程博士后科研流动站和材料学、材料加工工程、材料物理与化学、高分子化学与物理四个硕士点。材料学科是上海市重点学科。学院设有材料科学研究所、无机材料研究所、国防材料研究所、生物材料研究所，建立了教育部军工复合材料科研生产基地、教育部超细材料制备与应用重点实验室、教育部医用生物材料工程中心、国家宝石检测中心、中国运动场地合成材料测试中心和上海市汽车非金属材料工程研究中心等研究机构。本专业实行应用基础研究和工程开发研究相结合，以经济建设为主战场，努力实现产学研相结合，力争将其办成一流重点专业。

本校复合材料与工程专业创建于1972年，树脂基复合材料的研究与开发具有较强的实力。现专业面从树脂基复合材料拓宽到陶瓷基复合材料和金属基复合材料，培养复合材料与工程研究开发、设计、管理等方面的高级工程技术人才。主要课程设置是为了培养学生具有宽厚和扎实的基础理论和工程技术基础。

2. 培养目标及要求

(1) 培养目标

本专业培养德、智、体全面发展的，掌握复合材料制备与工程研究、开发设计与应用的理论基础和实验技能，具有对复合材料进行材料设计、结构设计、工艺设计以及开发先进复合材料及制品的能力；掌握复合材料的成型加工技术和设备原理；了解复合材料学科前沿发展信息，适应21世纪我国社会主义现代化建设的复合型高级工程技术人才。

(2) 基本要求

① 热爱祖国，坚持四项基本原则，具有为国家富强和民族振兴而奋斗的理想，具有为社会主义现代化建设服务的事业心和社会责任感。

② 具有社会主义精神文明要求的思想道德素质和科学文化素质。

③ 具有较扎实的自然科学基础，较好的人文社会科学基础。

④ 掌握复合材料的组成、结构、性能间的相互关系；具有对复合材料进行材料设计、结构设计、工艺设计、性能测试以及开发先进复合材料及制品的初步能力；掌握复合材料的成型加工技术和设备原理；具有对复合材料及制品加工过程进行技术经济分析和管理的初步能力。了解复合材料学科前沿发展信息。

⑤ 较好地掌握一门外国语，能检索和查阅外文文献，较熟练地阅读专业外文书刊，具有听、说、写的基础，通过学校大学英语学位考试。

⑥ 掌握计算机理论知识和应用技能，通过学校计算机二级考试。

⑦ 锻炼身体，增强体质，达到大学生体育锻炼合格标准。

3. 学位及学分要求

本专业学生在学期间必须修满专业培养方案规定的184.5学分，达到《大学生体质健康标准》方可获得毕业证书，其中公共课程53学分、大类课程45.5学分、专业课程43.5学分、讲座平台课程 3 学分、实践性教学环节 39.5 学分。修满规定学分，准予毕业，并达到如下要求者可授予工学学士学位：①无记过以上违纪处分；②通过华东理工大学大学英语学位考试。

9.5 复合材料专业人才面临的机遇与挑战

9.5.1 复合材料专业人才面临的机遇

我国复合材料行业经过半个世纪的发展，产量从 1978 年的 6 000 多吨，发展到 2008 年的 295 万吨，2010 年达到 325 万吨，很多领域都开创了复合材料应用从无到有的先例。随着国民经济的不断发展，各工业领域对复合材料的需求量越来越大，例如，随着我国航天事业的发展，复合材料用于制造宇宙飞船、卫星和导弹等航天器的用量快速增长；随着我国大飞机项目的实施，用于制造飞机部件的复合材料用量也会快速增长；随着我国新能源战略的实施，特别是风力发电产业的快速发展，预计在今后几年，用于制造风力发电机叶片的复合材料用量也会快速增长；随着我国汽车工业的发展，用于制造汽车部件的复合材料用量也会越来越大，用复合材料制造节能、安全的汽车部件，是汽车发展的主要方向；随着我国快速铁路及轨道交通的快速发展，复合材料用于火车车厢制造和轨道交通车辆制造方面的用量也会快速增长；而且随着我国经济的发展，在建筑工业、化工防腐蚀和市政工程等方面越来越用得起复合材料，复合材料在这些领域的用量也会进入快速增长期。JEC 根据 2010 年度复合材料市场调查结果，预测到 2013 年，中国将占据全球复合材料市场增长份额的 43%，预计到 2015 年，亚洲复合材料产量将翻一番以上，达到 1 000 万吨。

上述几个方面复合材料的应用预期只占复合材料应用的一部分，因此，可以预期复合材料的应用在今后相当长的一个时期内都会快速增长，与复合材料有关的行业都会对复合材料与工程专业的高级专门人才有不断增长的需求，这对复合材料与工程专业人才是一个千载难逢的机遇。我校培养的复合材料与工程专业人才主要面向以下几方面的单位：①复合材料基体制造的科研单位和生产企业，如制造不饱和聚酯树脂、环氧树脂、酚醛树脂和高性能树脂等的科研单位和生产企业，虽然随着自动化程度的不断提高，操作工人越来越少，但对高级专门人才的需求越来越大，新产品开发、售后服务、生产管理都需要专业人才。②增强材料制造的科研单位和生产企业，如制造玻璃纤维、碳纤维、芳纶纤维等的科研单位和生产企业，2007 年我国就已经成为全球最大的玻璃纤维生产国；对于具有巨大需求的碳纤维生产我国处于起步阶段，发展潜力巨大，同样需要大量复合材料与工程专业人才。③复合材料制造的科研单位和生产企业，如飞机部件生产单位、航天器和卫星等生产单位、大型风力发电机叶片生产单位、豪华游艇生产单位、高速列车和轨道交通车辆生产单位、汽车部件生产单位、高档体育用品生产单位和化工防腐蚀材料生产单位等，都需要大量的复合材料与工程专业人才。

9.5.2 复合材料与工程专业人才面临的挑战

随着复合材料在各个领域用量的快速增长，复合材料与工程专业人才所面临的挑战是前所未有的。复合材料与工程专业人才面临的挑战之一是必须增强创新意识，开发出更多具有自主知识产权的复合材料制品，并不断地开辟新的应用领域，为我国复合材料行业的可持续发展打下基础。复合材料与工程专业人才面临的挑战之二是环保型复合材料的开发,特别是要开发出在生产和回收利用等方面环保的低能耗的复合材料制品。复合材料与工程专业人才面临的挑战之三是知识的更新速度越来越快,随着应用领域的不断扩展,要求的知识面也越来越广,因此,要求复合材料与工程专业人才在实践中持续学习,使知识不断更新,以满足各种应用需要。

10 材料物理

10.1 材料物理在人类社会发展中的地位和作用

材料是由一定配比的若干相互作用的元素组成的，具有一定的结构层次和确定性质，并能用于制造器件、设备、工具和建筑物等。

在人类社会的发展过程中，材料的发展水平始终是时代进步和社会文明的标志，人类文明的发展史，就是一部如何更好地利用材料和创造材料的历史。材料的不断发展与进步一直是人类社会前进的重要基础之一。它是人类赖以生存和发展、征服自然的物质基础，同时又是人类社会发展的先导，是人类进步的里程碑。从人类的发展史看，当社会发展向材料提出更新更高的要求时，可以促进新材料的发展；每一种重要的新材料的发现与应用，能使人类支配自然的能力向前跨一大步。

材料从另一个角度来说是指制造有用物件的物质。对于材料的性质、表现、功能都有不同的定义："性质"是指材料的功能及性能；"表现"是指材料对外部刺激的反应或抵抗，表现又被称为"行为"；"功能"是指物质对应于某种输入信号时，所发生质或量的变化，或其中有某些变化会产生一定的输出，即能感生出另一种效应。材料物理就是对材料的性质与功能的再创新与再体现。

因此，材料物理是研发新材料的基础，更是材料科学发展的关键知识点，其内容以研究材料结构与性能为主线，兼顾近代应用物理、现代分析手段以及无机、有机、高分子材料的最新进展，并根据材料科学与工程的发展需求填补必要的物理内容，突破材料与物理之间的学科壁垒。现代材料科学发展已经由过去的宏观研究进入微观分析和研究，注重多学科之间的交叉与联系，用电子、原子、分子的尺度来研究改变物质的性质，发展新兴的材料。

新材料或先进材料，主要是指最近发展起来或正在发展之中的、具有特殊功能和效用的材料。高技术新材料是指当今高技术时代发展起来的、具有传统材料无法比拟的完全新的性能，或具有明显优异性能的新材料。现代社会对开发研制新一代材料提出了以下的要求：结构与功能相结合、智能化、减少污染、可再生性、节省能源、长寿命。

材料物理正是给这些新材料的研究提供了一个知识的平台，运用各个方面的信息，开发新材料，给材料的未来提供更广阔的空间。

总结材料科学数十年来的发展历程，国务院学位委员会于 1998 年修订研究生专业目录时，特别设立了材料物理和化学专业。其中材料化学部分，比较成熟，有一定基础，但材料物理创立不久，其专业含义和内容亟需不断探索和完善。由于当今以服务于高科技、现代工业和国防为主的现代材料或新材料的需求量越来越大，新材料的研制与开发速度也越来越快，因而涌出的新概念、新理论、新技术、新方法、新工艺、新产品和新问题越来越需要材料学家和物理学家等共同努力来归纳、整理、总结及创新。由此产生的材料物理专业无疑是多学科知识交叉、渗透的结果。它给现代材料的研究、开发和应用以及相关科学的发展带来了新的空间，为新材料的可持续发展提供完善而系统的理论指导和技术保障。

材料物理专业是材料科学与工程不可或缺的重要组成部分。它犹如支撑万丈高楼的基石，支撑着材料科学的发展。很多人觉得新世纪是“信息技术”的世界，不过任何技术赖以实现的物质基础还是材料，这一重要地位在人类社会发展到任何阶段都无法改变，而且必将越来越重要。随着科学技术的发展，材料正朝着微型化、功能化、智能化的方向发展。现在颇为流行的纳米材料、环境材料、电子材料、信息材料，大部分都是材料的物理性能在各个特殊领域的应用。比如纳米材料，可以说就是纳米尺度下的材料物理学。材料物理专业所研究的磁学及光学性质在信息材料领域有着巨大的应用空间，是现代半导体、微电子、光电子产业发展的理论及应用基础。因此，随着材料产业以及信息产业在新世纪的飞速发展，材料物理专业也必将迎来自己的辉煌。

由名称就可以清楚地看出本专业的内容以材料学、物理学两方面为重点。物理学中的力、热、光、声均在此专业有广泛应用，当然侧重点还与将来个人的研究方向有关。例如对于研究信息材料磁存储技术的人，铁磁学是核心课程，但是力学、电学、热学也要有所涉及。原子物理、固体物理、晶体学、X 光技术、电子显微分析等课程也是比较重要的课程。所以本专业主要偏重高中课程对应的物理，比较适合那些对微观结构和理论物理感兴趣的同学。在测量微观结构的时候，X 光技术、电子显微技术(高倍电子显微镜)可能会涉及一些辐射问题。材料物理专业将是一个越来越热门的专业，其中的一些方向，如纳米材料、高倍电子显微技术、电子材料已有相当大的社会需求，它会渐渐地在人们生活中成为必不可少的一部分，也将给我们的生活带来更多的变化。

10.2 材料物理的技术与研究内容

10.2.1 晶体学基础及材料性能

1. 晶体特征

(1) 空间点阵

空间点阵的定义：组成晶体的粒子(原子、离子或分子)在三维空间中形成有规律的某种对称排列，如果我们用点来代表组成晶体的粒子，这些点的总体就称为空间点阵。点阵中的各个点，称为阵点。空间点阵是一种数学抽象。

空间点阵的基本特征是它的排列具有周期性。即从点阵中的任一阵点出发，无论向哪个方向延伸，经过一定距离后遇到一个阵点，那么再经过相同的距离，必然遇到第三个阵点，如此等等。这种距离称为平移周期。在不同方向上，有不同的平移周期。取一个阵点作顶点，以不同方向上的平移周期 a、b、c 为棱长，作一个平行六面体。这样的平行六面体叫做晶胞，如图 10－1 所示。如果只要求反映空间点阵的周期性，就可以取体积最小的晶胞，叫做原胞。原胞的重复排列，可以形成整个点阵。

(2) 对称性

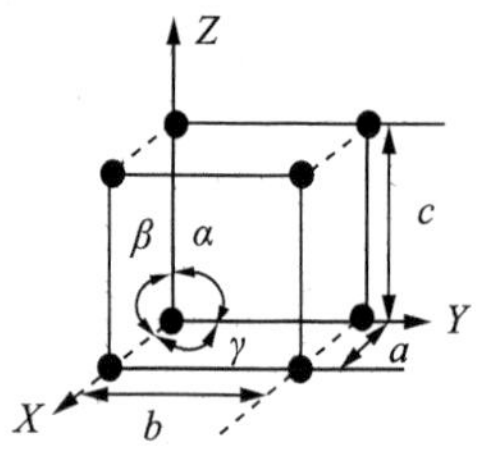

图 10-1 晶胞图

晶体具有一定的对称性,晶体的对称性是指晶体经过某些对称操作后仍然能恢复原状的特性。基本的对称操作为旋转与反映,对称操作所依赖的几何要素,如点、线、面,为对称元素。

2. 化学键与晶体

(1) 离子键与离子晶体

离子键(Ionic Bond)是由电子转移(失去电子者为阳离子,获得电子者为阴离子)形成的,即正离子和负离子之间由于静电作用所形成的化学键。活泼金属如钾、钠、钙等与活泼非金属如氯、溴等化合时,都能形成离子键。

离子既可以是单离子也可以由原子团形成,如硫酸根离子、硝酸根离子等。离子键的作用力强,无饱和性,无方向性。离子化合物在室温下是以晶体形式存在的。离子间通过离子键结合而成的晶体叫做离子晶体。

(2) 共价键与原子晶体

共价键(Covalent Bond)是化学键的一种,两个或多个原子共同使用它们的外层电子,在理想情况下达到电子饱和的状态,由此组成比较稳定的化学结构叫做共价键。其本质是原子轨道重叠后,高概率地出现在两个原子核之间的电子与两个原子核之间的电性作用。共价键的两个基本特征:饱和性和方向性。

需要指出:氢键虽然存在轨道重叠,但通常不算作共价键,而属于分子间力。共价键与离子键之间没有严格的界限,通常认为,两元素电负性差值远大于 1.7 时,成离子键;远小于 1.7 时,成共价键;在 1.7 附近时,它们的成键具有离子键和共价键的双重特性,离子极化理论可以很好地解释这种现象。

(3) 金属键与金属晶体

金属键(Metallic Bond)也是化学键的一种,主要在金属中存在,是由自由电子及排列成晶格状的金属离子之间的静电吸引力组合而成的。由于电子的自由运动,金属键没有固定的方向,因而是非极性键。金属键带有金属的很多特性,例如一般金属的熔点、沸点随金属键的强度而升高。其强弱通常与金属离子半径成逆相关,与金属内部自由电子密度成正相关(可粗略看成与原子外围电子数成正相关)。

由于金属只有少数价电子能用于成键,金属在形成晶体时,倾向于构成极为紧密的结构,使每个原子都有尽可能多的相邻原子(金属晶体一般都具有高配位数和紧密堆积结构),这样,电子能级可以得到尽可能多的重叠,从而形成金属键。

(4) 范德瓦尔斯力与分子晶体

分子晶体的结合依靠分子之间的作用力,这种作用力称为范德瓦尔斯力,其作用范围为 0.2~0.5 nm,一般不具有方向性和饱和性。

惰性元素在低温下形成典型的非极性分子晶体。Ne、Ar、Kr、Xe 的晶体是面心立方结构。它们是透明的绝缘体,熔点特低,分别为 24 K、84 K、117 K 和 161 K,温度升高时,易升华。

3. 导体、半导体和绝缘体

(1) 能带填充与晶体导电性

当大量原子构成固体时,电子能级结构发生很大变化,能级会极端密集,从而形成能带。

对于 N 个原胞组成的晶体，简约布里渊区中可取 N 个不同的波失 k，标志单电子态，每个能带可容纳 $2N$ 个电子。k 态电子以速度 $v(k)=\nabla_k E/h$ 运动，并产生电流 $J=-ev(k)$。由于能带结构函数具有反演对称性，$E(k)=E(-k)$，$-k$ 态电子的速度与 k 态电子速度等值反号，$v(-k)=-v(k)$，所以 $-k$ 态电子产生的电流 $J(-k)=-ev(-k)=ev(k)$，恰好与 k 态电子产生的电流相抵消。

若一个能带被 $2N$ 个电子填满，则一切 k 与 $-k$ 态所产生的电流正好一一抵消，不会产生电流，并且电场并不改变满带中电子的分布。因此，可以得到满带中的电子不导电的结构。

若一个能带被电子部分填充，$T=0$ K，无外场时，电子填充至费密面，费密面内的态均有电子，这些态对 k 空间的原点是对称分布的。费米面内的 k 态与 $-k$ 态对电流的贡献一一相互抵消，不存在宏观电流。若存在外电场时，由于电场的作用，电子在布里渊区汇总的分布不再是对称的，总的电流不为零。若 $T>0$ K，情况大致与 $T=0$ K 时相似，只是比费密能 E_F 高约 k_BT 的态有一定的概率成为空态。因此，可以得到部分填充能带中的电子可以导电的结论。

(2) 导体、半导体和绝缘体

利用上述的能带模型，可将固体划分为导体、半导体和绝缘体。善于传导电流的物质称为导体。常见的导体有金属、电解质水溶液、电离气体等。对金属来说，内层电子能量较低，充满能带，故不参与导电。金属多数是一价的，每个原子的外层轨道有一个价电子，故晶体中 N 个价电子不能填满一个能带而形成导带，在外电场作用下导带中的自由电子可从外电场吸收能量，跃迁到自身导带中未被占据的较高能级上，形成电流。

10.2.2 高聚物材料

1. 高聚物的分类和命名

1) 高聚物的分类

高聚物种类繁多，分类方法也有几种，如从单体来源、合成方法、用途、加热形式、聚合物结构等角度进行分类。下面我们将介绍几种常用的分类方法。

(1) 按高分子化合物的性能和用途分类

按照性能和用途可以将高分子材料分为塑料、橡胶、纤维三大合成材料，如图 10-2 所示。近年来，由于功能化高分子材料的不断开发和利用，功能高分子材料已成为新的一类高分子材料。

(a) 塑料　(b) 橡胶　(c) 纤维

图 10-2 三大合成材料

塑料　塑料是以高分子化合物为基础，加入某些助剂和填料混炼而成的，可制成各种制品。按照其热性能，塑料又分为热塑性塑料和热固性塑料，前者是线型和直链型聚合物，受热即软化或熔融，冷却即固化成型，这一过程可反复进行。聚乙烯、聚丙烯、聚氯乙烯等均属于这一类。后者是在加工过程中形成交联结构,再加热不会软化和熔融。酚醛树脂、环氧树脂、不饱和聚酯均属于此类。按使用性能,塑料又可分为通用塑料和工程塑料。

橡胶　橡胶是具有高弹性的聚合物,按其来源可分为天然橡胶和合成橡胶。

纤维　纤维又可分为天然纤维(包括棉、毛、丝、麻)和化学纤维两大类。而化学纤维又可分为人造纤维和合成纤维。人造纤维是将天然高分子化合物经过化学处理再加工纺制而得到的纤维,如黏胶、醋酸纤维等。合成纤维是将合成高聚物经加工纺制而成的纤维,如涤纶、锦纶等。

功能高分子材料　带有特殊功能基团的聚合物叫做功能高分子材料。近年来,由于科学技术的发展,功能高分子材料的种类和数量大大增加,广泛应用的功能高分子材料有高分子试剂、高分子催化剂、高分子医用材料、高分子药物等。功能高分子材料的制法一般有两种,一种是将功能基团接到聚合物母体上去,另一种是将带有功能基团的单体进行聚合或共聚。

(2) 按照聚合物主链结构分类

按照聚合物主链结构可分为碳链、杂链、元素有机聚合物三大类。

碳链聚合物　在大分子主链上只有碳元素,如聚乙烯、聚丙烯、聚丙烯腈等。

杂链聚合物　在大分子主链上除含碳外,还含有氧、氮、硫、磷等元素,如聚酯、聚酰胺等。

元素有机聚合物　在大分子主链上含有钛、硅、铝、锡等天然有机物中不常见的元素,而在侧基上含有有机基团,如聚硅氧烷、聚钠氧烷等。

(3) 按照聚合物的来源分类

按照聚合物的来源可分为天然高聚物、合成高聚物、半合成高聚物。

天然高聚物　天然高聚物是指在自然界中自然形成的高聚物。天然高聚物又分为天然无机高聚物(如石棉、云母等)和天然有机高聚物(如纤维素、淀粉、蛋白质、天然橡胶等)。

合成高聚物　合成高聚物是指低分子物质,经化学反应制成的高聚物。合成高聚物又分为合成无机高聚物(如合成云母等)和合成有机高聚物(如聚乙烯、聚氯乙烯、聚酰胺等)。

半合成高聚物　半合成高聚物是以天然高聚物为原料,进行化学处理得到的聚合物。半合成高聚物包括半合成无机高聚物(如玻璃等)和半合成有机高聚物(如醋酸纤维素等)。

2) 高聚物的命名

高分子化合物的命名法有几种,因此,同一种聚合物往往有几个名称。最常用的是通俗命名法。所谓通俗命名法是在单体名称前冠以“聚”字,如由乙烯聚合得到的聚合物叫做“聚乙烯”、由氯乙烯聚合得到的聚合物叫做“聚氯乙烯”、由己二酰、乙二胺制得的聚合物称为“聚己二酰乙二胺”等。

由两种单体缩聚而成的聚合物,如果结构比较复杂或不太明确,则往往在单体名称后加上“树脂”来命名。如由苯酚和甲醛合成的聚合物叫做“酚醛树脂”。现在,树脂这个名词的应用范围扩大了,未加工成型的聚合物往往都叫树脂,如聚苯乙烯树脂、聚丙烯树脂等。

此外,还有一些聚合物习惯使用商品名称及简写代号。如聚氯乙烯叫做氯纶或 PVC、聚丙烯叫做丙纶或 PP、聚丙烯腈叫做腈纶或 PAN、聚甲基苯烯酸甲酯叫做聚苯乙烯树脂或 PMMA 等。

2. 高聚物材料的特性

(1) 高分子化合物与低分子化合物的区别

高分子化合物和低分子化合物的最大区别是高分子化合物的相对分子质量很大。另一个重要的区别是高分子化合物是多分散的。高聚物的多分散性包括结构的多分散性和相对分子质量的多分散性。结构多分散性是指高聚物内的大分子链中，各结构单元的连接方式不同，使得即使是在同一种高聚物中，大分子的化学结构及几何形状也不完全相同；而相对分子质量的多分散性是指形成高分子化合物的分子的相对分子质量并不完全相同。所以，即使是一种“纯粹”的高分子化合物，它也不过是由化学组成相同，而相对分子质量不同的分子所组成的同系物。

(2) 高聚物的相对分子质量及相对分子质量分布

高聚物的相对分子质量 M 等于其聚合度 DP 与重复单元的相对分子质量 M_o 之积，即 $M=DP\cdot M_o$。

但由于高聚物的多分散性，其相对分子质量或聚合度通常用平均相对分子质量或平均聚合度来表示。由于测定相对分子质量的方法和计算相对分子质量的统计方法不同，所得的相对分子质量数值也不同。根据统计方法的不同，平均相对分子质量的表示方法有三种：数均相对分子质量、重均相对分子质量、Z 均相对分子质量。

只要聚合物存在多分散性，则 $M_z>M_w>M_r>M_n$。M_r 介于 M_n 与 M_w 之间且接近 M_w。只有单分散的聚合物，才有 $M_z=M_r=M_n$。通常 M_w/M_n 称为多分散性指数，用来表示相对分子质量分布的宽度。多分散性指数越大，表示相对分子质量分布越窄，多分散性指数等于 1 是一种理想情况，表示聚合物所有大分子的相对分子质量都一样大，等于平均相对分子质量。

相对分子质量及相对分子质量分布是高聚物的重要物理性能指标，对材料的性能和应用有很大的影响。

(3) 高聚物的热性质和力学性质

由于高聚物相对分子质量很大，又具有相对分子质量和结构多分散性，表现在热性能、力学性能和溶液性能上也有其自己的特点。

一般地，交联型聚合物在受热时不熔融，当温度足够高时就会分解。线型聚合物加热到一定温度后就软化，进而熔融，还有些聚合物熔融时就会分解。低分子晶体具有敏锐的熔点，而高分子晶体没有，仅有一个熔融温度范围，这与晶区-非晶区共存的结构密切相关。

加热熔融成液体的聚合物逐步冷却时，可能会出现两种转变过程。对于结晶型聚合物，随着温度的逐渐降低，比容逐渐减少。到了某个温度，比容发生突变，这个温度就是聚合物的熔点 T_m，它有一个温度范围，是聚合物中结晶部分的熔融温度。比容发生突变的过程是分子做规则排列，形成结晶的过程。在此过程中，分子由液相的不规则排列变为晶相的规则排列，这就发生了相变，比容、比热、熵、内能等热力学函数都发生了突变。温度降至 T_m 以下，比容连续减少而不出现突变，直至另一个温度，聚合物转变为玻璃状固体，这个温度称为玻璃化转变温度(T_g)，该过程称为玻璃化转变。在玻璃化转变过程中，没有热力学函数的突变，所以不是相变过程。

玻璃化温度 T_g 是衡量聚合物性能的一个重要参数，对聚合物的力学行为有很大影响，线型非晶态聚合物，在玻璃化温度以下处于玻璃态。玻璃态聚合物受热一般先经过高弹态，再转变为黏流态。玻璃态、高弹态和黏流态是非晶态高聚物的三种力学状态，它是由力学性质的不同来区分的。

在玻璃态,整个大分子链和链段(由若干个结构单元构成的运动单元)都被冻结,在聚合物受力时,仅能发生主链上键长和键角的微小变化,宏观上表现为形变量很小,形变与受力成正比,服从胡克定律。当外力去除后,形变能立即恢复,这种形变为普弹形变。

随着温度的升高,分子热运动能量增加,当温度高于玻璃化温度时,虽然整个大分子链仍不能移动,但链段却可随着外力的作用而运动,由此产生很大的形变,外力解除后,形变能慢慢地恢复原状,这种形变称为高弹形变。

温度再继续升高,不仅链段,而且整个大分子链都能发生相对滑移,当外力去除后,形变不可恢复,这种形变称为黏流形变,聚合物的这种状态,称为黏流态。从高弹态转变为黏流态的温度称为黏流温度(T_f)。

(4) 高聚物的溶解过程及溶液性质

高分子聚合物的溶解过程和溶液性质要比低分子的复杂得多。交联型聚合物是不能被溶解的;线型聚合物能溶解于适当的溶剂中,支链型聚合物也可溶于适当的溶剂中。

对于低分子化合物,可以用溶解度表示某种溶质的溶解能力;但对于聚合物,溶解性随相对分子质量、支化度、结晶度的增加而减少,所以很难定量表示出溶解度这个参数。

聚合物在溶解之前总要经过"溶胀"阶段,这与低分子物也很不同。对于低分子物来说,溶质分子和溶剂分子尺寸相近,而且很小,扩散速度都较快。但对于聚合物来说,大分子比溶剂分子的体积大得多,扩散速度很慢,所以在溶解开始阶段,是溶剂分子扩散进入大分子链间,形成一种胀大的胶状物,这种现象叫做"溶胀"。随着溶胀过程的继续进行,进入大分子链间的溶剂分子越来越多,最终使整个大分子链分散到溶剂中,这就是溶解。线型聚合物能够发生溶解过程。交联型聚合物虽也能发生溶胀,但由于交联键的束缚,到了一定时候就达到"溶胀平衡",不能溶解。

溶解后形成的高聚物溶液,其黏度比相同浓度的低分子溶液高十几倍到几百倍。这也是高分子化合物相对分子质量大的具体标志之一。

10.2.3 超导材料

1. 超导现象及其主要特性

到目前为止,科学家已发现某些金属(包括合金)、有机材料、陶瓷材料在一定的温度 T_c 以下,会出现零电阻的现象,我们称这些材料为超导体。同时,科学家们还发现,强磁场能破坏超导状态。每一种超导材料除了有一定的临界温度 T_c 外,还有一个临界磁场强度 H_c,当外界磁场超过 H_c 时,即使用低于 T_c 的温度也不可能获得超导态。此外,在生物体中也发现有超导现象存在。

超导现象首先是由荷兰 Leiden 大学学者 Kamerlingh Onnes(卡末林·昂尼斯)在 1911 年发现的。早在 1908 年,Leiden 实验室就掌握了 He 的液化技术,He 在一个大气压下液化时,温度为 4.2 K,Onnes 将这一低温技术成果用来研究 Hg(水银)导线的电阻随温度变化的规律。他测得样品在温度为 4.2 K 时,电阻骤降为零。当时,所有的理论都无法圆满地解释金属导体这种非零温下的零电阻效应。几乎经历了半个世纪,这个谜才得到解答。

超导的主要特性:超导现象有许多特性,其中最主要的有五个,即零电阻效应、完全抗磁性效应(Meissner 效应)、二级相变效应、单电子隧道效应、约瑟夫森(Josephson)效应。

2. 高温超导体的发现

上面讨论了超导的特性，在超导的诸多特性中，人们最感兴趣的是超导的临界温度。提高超导临界转变温度 T_c，是科学家们努力追求的主要目标。自 1911 年出现第一个超导体水银到 1973 年出现合金超导体锗三铌，前后的时间长达 62 年，但临界温度 T_c 总共只提高了 20 K 左右，平均每年增长 1/3 K；1964 年开始在金属氧化物中寻找超导材料，到 1975 年，临界温度只达到 13 K，远不及锗三铌。后来美国 Bell(贝尔)实验室一个叫 William. L. Mcmilam(威廉 . L. 麦克米兰)的人提出：金属超导临界温度上限值为 30 K，这一断言使一部分科学家对金属材料失去信心。1980 年以后有人开始转向在有机材料中发现超导体，美国的霍普金斯(Hopkins)研究小组首先合成了一种有机材料 $(TMTSF)_2X$，X 则可以是 ReO_4、ClO_4、PF_4、TaF_6、AsF_6 等，它在 $T_c=1$ K 时成为超导体。此后，短短 5 年中，有机超导材料临界温度提高到 8 K。尽管有机超导体的临界温度还有待进一步大幅度地提高，但有机材料易加工成型，易于人工合成，价格便宜，质量轻，故仍然具有不可抗拒的诱惑力。

图 10-3 超导体

1986 年 4 月，正当提高金属、合金有机材料的临界温度都遇到困难的时候，瑞士学者缪勒和西德学者柏努兹发现多相氧化物(或称为陶瓷材料)超导，激起人们对新陶瓷材料的高度热情，不到一年，中国、日本、美国等竞相努力，使陶瓷超导体的临界温度提高到 300 K 以上。1987 年初，中国的赵忠贤获得 Sr-La-Cu-O 的超导临界温度为 48.6 K，短短数月内就又提高至近 300 K，平均每月增长 50 K。1987 年 9 月在日本召开的第 18 届国际低温物理会议上披露：日本的高温超导体 Y-Ba-Sr-Cu-O(钇钡锶铜氧)的 T_c 为 338 K；美国的高温超导体 Yb-Ba-Cu-O(钇钡铜氧)的 T_c 为 280 K。

不过，目前这些高温超导体材料的稳定性及可重复性尚不理想。与此同时，超导体材料的制造、应用及超导元件的开发也应运而生。

3. 超导的意义及应用

超导技术用于电力输送，可以节省大量能源；用于医疗上的核磁共振成像系统，可以在不接触人体的条件下，检查人体的种种疾病；用于分离技术，可以将小到病毒大到矿石的颗粒分离出来；用于电子计算机，可以大幅度地缩小体积，提高计算速度，降低成本；用于交通，可以制成磁悬浮车；用于测量，可以制成超导核磁共振断层摄像仪(MRI)和超导量子干涉仪。此外，在一些科学研究装置中，从小型磁体到同步加速器等大规模系统的磁体，都可用超导磁体。这样，既可以提高设备的效率，又可以节省能源，缩小体积。1984 年，美国费密国立加速器研究所制成了命名为“双质子”的超导质子同步加速器，以内径为 80 cm、长 6 m 的马鞍形磁体为主体的约 1 200 个超导磁体被安置在 7 km 长的圆周上，它能对质子进行加速，使之具有 800 GeV 的高能。

1. 零电阻的应用

零电阻效应一是用来制作超导电缆。它是一根内壁镀了一层超导薄膜的管子，管内流过温度为 77 K 的液氮，电流能无电阻损耗地沿超导薄膜流动。若用它来输电，造价与普通电缆相当。目前，超导薄膜的电流密度可达 $10^6\ A\cdot cm^{-2}$。二是，由于零电阻对应有一个临界磁场或临界温度，因此，可以利用零电阻出现时正常态到超导态的转变，制成转换元件，如速调管、磁通泵、红外线检测器和超低温反应器等。

2. 完全抗磁性的应用

利用超导体的完全抗磁性,可制成磁封闭系统、超导陀螺、磁轴承、超导重力仪等,它们的应用会使许多机械的面目为之一新。

3. 量子隧道效应的应用

利用超导的约瑟夫森效应可以制成精密测量元件、SQUID 及转换元件,可用它们来检测微小位移、微小磁场或者是作电压、电流的标准计测仪器。超导电子器件具有体积小、无热损耗的优点,超导计算机具有微型化和计算速度高的优点。如果用超导电子元件取代晶体管元件,将会给电子工业带来一次大的更新换代的革命。

10.2.4 磁性材料

磁性材料具有悠久的历史,且种类繁多,可从不同的角度将磁性材料分为很多类。从应用方面考虑,磁性材料可分为软磁材料、硬磁材料及一些特殊用途的磁性材料等。近年来,磁性材料又有了突飞猛进的发展,一些新型的磁性材料受到了重视,并正在走向实用。如稀土永磁材料、室温磁制冷材料、新型的多层膜磁记录材料、有机铁磁材料、准晶材料、非晶材料、铁氧体材料、铁电反铁磁材料等已成为近年来磁性功能材料领域研究的热点。

1. 软磁材料

当磁化发生在 H_c 不大于 1 000 A/m 时,这样的材料称为软磁材料。典型的软磁材料可以用最小的外磁场实现最大的磁化强度。

软磁材料的磁滞回线细长,磁导率高,矫顽力低,铁芯损耗低,容易磁化,也容易去磁;在通信技术与电力技术中应用广泛,可用来制造电感元件,如变压器、继电器、电磁铁、电机的铁心等。

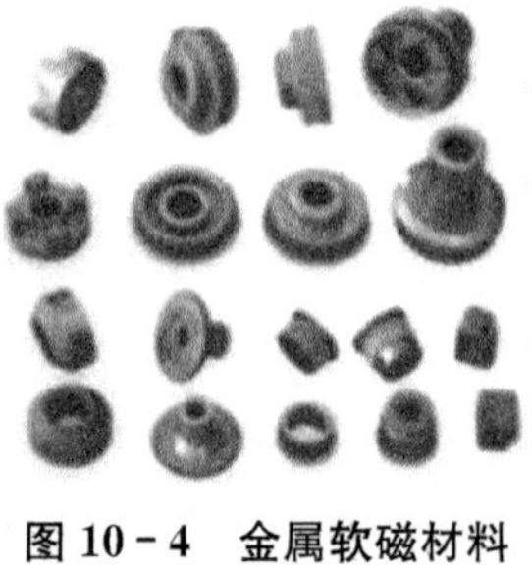

图 10-4 金属软磁材料

软磁材料的种类很多,大致可分为金属软磁材料及软磁铁氧体。金属软磁材料是磁性材料中用途最广泛、用量最大的一类材料,包括纯铁、电工钢、合金及非晶态合金,如图 10-4 所示。

2. 硬磁材料

硬磁材料是指磁化后不易退磁而能长期保留磁性的一种铁氧体材料,也称为永磁材料。这里的硬和软并不是指力学性能上的硬和软,而是指磁学性能上的硬和软。磁性硬是指磁性材料经过外加磁场磁化以后能长期保留其强磁性(简称磁性),其特征是矫顽力高。永磁材料是发现和使用都最早的一类磁性材料(图 10-5)。

图 10-5 永磁起重机

当前常用的重要永磁材料主要有:(1)稀土永磁材料,这是当前最大磁能积最高的一类永磁材料,是以稀土族元素和铁族元素为主要成分的金属互化物(又称金属间化合物)。(2)金属永磁材料,这是一类发展和应用都较早的以铁和铁族元素(如镍、钴等)为重要组元的合金型永磁材料,主要有铝镍钴(AlNiCo)系和铁铬钴(FeCrCo)系两大类永磁合金。铝镍钴系永磁合金的永磁性能和成本属于中等,发展较早,其性能随化学成分和制造工艺而变化的范围较宽,故应用范围也较广。铁铬钴系永磁合金的特点是永磁性能中等,但其力学性能可进行各种机械加工及冷或热的塑性变形，可以制成管状、片状或线状永磁材料而供多种特殊应用。(3)铁氧体永磁材料，这是以 Fe_2O_3 为主要组元的复合氧化物强磁材料(狭义)和磁有序材料如反铁磁材料(广义)。其特点是电阻率高，特别有利于在高频和微波中应用。除上述 3 类永磁材料外，还有一些在制造、磁性和应用上各有特点的永磁材料，如微粉永磁材料、纳米永磁材料、胶塑永磁材料(可应用于电冰箱门的封闭)、可加工永磁材料等。

10.2.5 半导体材料

导电能力介于导体与绝缘体之间的物质称为半导体。半导体材料是一类具有半导体性能、可用来制作半导体器件和集成电路的电子材料(图 10-6)。半导体材料的电学性质对光、热、电、磁等外界因素的变化十分敏感，在半导体材料中掺入少量杂质可以控制这类材料的电导率。正是利用半导体材料的这些性质，才制造出功能多样的半导体器件。半导体材料是半导体工业的基础，它的发展对半导体技术的发展有极大的影响。半导体材料按化学成分和内部结构，大致可分为以下几类：①元素半导体，有锗、硅、硒、硼、碲、锑等。20 世纪 50 年代，锗在半导体中占主导地位，但锗半导体器件的耐高温和抗辐射性能较差，到 60 年代后期逐渐被硅材料取代。用硅制造的半导体器件，耐高温和抗辐射性能较好，特别适宜制作大功率器件。因此，硅已成为应用最多的一种半导体材料，目前的集成电路大多数是用硅材料制造的。②化合物半导体，它是由两种或两种以上的元素化合而成的半导体材料。它的种类很多，重要的有砷化镓、磷化铟、锑化铟、碳化硅、硫化镉及镓砷硅等。其中砷化镓是制造微波器件和集成电路的重要材料。碳化硅由于其抗辐射能力强、耐高温和化学稳定性好，在航天技术领域有着广泛的应用。③无定形半导体材料，用作半导体的玻璃是一种非晶体无定形半导体材料，分为氧化物玻璃和非氧化物玻璃两种。这类材料具有良好的开关和记忆特性，以及很强的抗辐射能力，主要用来制造阈值开关、记忆开关和固体显示器件。④有机半导体材料，已知的有机半导体材料有几十种，包括萘、蒽、聚丙烯腈、酞菁和一些芳香族化合物等，目前尚未得到应用。

图 10-6 晶体管

1. 半导体微观结构材料

半导体异质结、超晶格和量子阱材料统称为半导体微结构材料。由两种不同的半导体材料所组成的结，称为异质结，它们背对背接起来，构成一个量子阱。

1) 异质薄层材料

p-n 结是在一块半导体单晶中用掺杂的办法做成的两个导电类型不同的部分。一般 p-n 结的两边是用同一种材料做成(如 Si、Ge、GaAs)的，称为同质结。若把两种不同的半导体材料做成一块单晶，称为异质结。

两种材料禁带宽度的不同以及其他特性的差异，使异质结具有一系列同质结所没有的特性，在器件设计上将得到某些同质结不能实现的功能，如在异质晶体管中用宽带一侧作发射极会得到很高的注入比，获得较高的放大倍数。

异质外延生长是指不同材料相互之间的外延生长，$Al_xGa_{1-x}As/GaAs$ 表示外延薄膜/衬底；x、$(1-x)$分别代表 Al、Ga 的相对含量。

2) 超晶格种类

自超晶格诞生以来，随着理论和制备技术的发展，到目前为止，已提出和制备了很多种超晶格。

(1) 组分超晶格

在超晶格结构中，如果超晶格的重复单元是由不同的半导体材料的薄膜堆垛而成的，则称为组分超晶格。在组分超晶格中，由于构成超晶格的材料具有不同的禁带宽度，在异质界面处将发生能带的不连续。

(2) 掺杂超晶格

掺杂超晶格是在同一种半导体中，用交替地改变掺杂类型的方法做成的新型人造周期性半导体结构的材料。在 n 型掺杂层，施主原子提供电子，在 p 型掺杂层，受主原子束缚电子，这种电子电荷分布的结果，产生系列的抛物线型阱。

掺杂超晶格的一个优点是，只要很好地控制掺杂类型任何一种半导体材料都可以做成超晶格。第二个优点是，多层结构的完整性非常好，由于掺杂量一般较小，所以杂质引起的晶格畸变也较小。因此，掺杂超晶格中没有像组分超晶格那样明显的异质界面。第三个优点是，掺杂超晶格的有效能量隙可以具有从零到未调制的基体材料能量隙之间的任何值，它的大小取决于对各分层厚度和掺杂浓度的选择。

(3) 多维超晶格

一维超晶格与体单晶相比，具有许多不同的性质，这些特点来源于它把电子和空穴限制在二维平面内而产生的量子力学效应，进一步发展这种思想，把载流子再限制在低位空间中，可能会出现更多的新的光电特性。

用 MBE 法生长多量子阱结构或单量子阱结构，通过光刻技术和化学腐蚀制成量子线、量子点。

(4) 应变超晶格

在弹性形变限度之内的超薄膜中，晶格本身发生应变而阻止缺陷的产生。巧妙地利用这种性质，制备出晶格常数相差较大的两种材料所形成的是应变超晶格。

SiGe/Si 是典型IV_A族元素半导体应变超晶格材料，随着能带结构的变化，载流子的有效质量可能变小，可提高载流子的迁移率，可做出比一般 Si 器件更高速工作的电子器件。

2. 非晶态半导体

晶体的特征是晶格具有周期对称性，即长程有序。不具有长程有序的物质(包括液体)称为非晶体。对非晶态半导体的研究始于 1950 年，先后在硫半导体的应用研究中取得进展，并在非晶态半导体系玻璃、Ge、Si 等元素非晶态半导体应用研究中取得进展，并对非晶态半导体电子理论进行了深入研究。

1) 非晶态半导体的电学和光学性质

(1) 直流电导

晶态半导体的导电主要是靠导带中的电子或价带中的空穴产生的，而在非晶态半导体中存在有扩展态、尾部定域态、禁带中的缺陷定域态等，这些状态中的电子(或空穴)都可对电导有贡献。

(2) 光吸收

晶态半导体中最主要的光吸收过程是激发电子自价带到导带之间的跃迁，称为半导体的本征吸收。由于价带与导带之间存在禁带，光子的能量 $h\nu$ 须符合下述条件：$h\nu \geq Eg$，Eg 为禁带宽度。晶态半导体的本征吸收边分为两种情况：一类是价带顶和导带底在 k 空间中的相同点，称为竖直跃迁；另一类是价带顶和导带底不在 k 空间的相同点，跃迁的过程必须有电子参加，给电子提供 k 的变化，称为非竖直跃迁。

非晶态半导体与晶态半导体的近程有序是相同的，两者的基本能带结构相似，因而本征吸收谱没有大的变化，差别在于本征吸收边的位置有些移动，同时由于非晶态中不存在长程的周期性，因而不再有竖直跃迁与非竖直跃迁之分。光吸收曲线可分为三个区域：高吸收区，吸收系数 $\alpha > 10^4\ \text{cm}^{-1}$；指数区，吸收系数 α 变化为 4～5 个数量级；弱吸收区，α 变化为 $10^{-2} \sim 10^{-1}$。

(3) 光电导

光电导效应是非晶态半导体的一个基本性质，特别是非晶硅，它的光电导效应密切依赖于制备的工艺方法和工艺条件。其光电导效应是衡量非晶硅材料性质的基本参数。

光照可以产生非平衡载流子，其浓度用 Δn 表示，它们引起电导率的改变为 $\Delta\sigma = \Delta nq\mu$，这个现象称为光电导，光电导的大小与光照强度有关。

非晶态半导体是高阻材料，存在大量的缺陷定域态，具有显著的陷阱效应，即在光照产生非平衡载流子的同时，缺陷态上的电子浓度也要发生变化。

2) 非晶硅(α-Si:H)

非晶态半导体的掺杂效应和 p-n 结制备首先是在 α-Si:H 中实现的。α-Si:H 薄膜不仅成功地用于制造太阳能电池，而且在多方面展现了新的应用前景。

制备非晶硅的方法有多种，常用的有等离子辉光放电法、溅射法、真空蒸发法、化学气相淀积法等。用辉光放电法制备的 α-Si:H 的性能比用其他方法制备的 α-Si:H 的性能要好得多，它具有很低的隙态密度和很大的光电导性等。利用辉光放电法制备的 α-Si:H 首先实现了非晶态半导体的掺杂效应，并制造出了太阳能电池等电子器件。

若在放电的气体 SiH_4 中加入 PH_5 和 B_2H_6，则可使非晶硅薄膜变成 p 型或 n 型的半导体材料。若在 SiH_4 中加入适量的甲烷(CH_4)、氨(NH_3)或锗烷(GeH_4)等还可得到非晶碳化硅(α-SiC)、非晶氮化硅(α-SiN)和非晶锗硅合金(α-SiGe)等，它们具有一些独特的性质，在非晶硅器件制作中具有特殊应用。

非晶硅的特性：(1)在可见光谱区域内具有高的光吸收系数和光电导特性；(2)非晶硅薄膜的沉积生长温度低(180～250℃)，能耗低，成本少；(3)非晶硅可形成禁带宽度各不相同的多种非晶合金，还可用调节成分的方法，在一定范围内进行调节，以满足各种器件的需要；(4)非晶硅及其合金可用掺杂的方法使之成为 n 型或 p 型，有利于器件的制造。

非晶态硅薄膜的主要用途是作太阳能电池，即直接将太阳能转换为电能的器件。以往的太阳能电池主要用 Si、CdTe 和 GaAs 单晶材料，但是单晶工艺复杂、材料损耗大、价格昂贵。另外非晶态硅薄膜还可以制成场效应晶体管、场效应集成电路、图像传感器、电荷耦合器件、光信息贮存器等。

3. 半导体陶瓷

半导体陶瓷是指导电性能介于导电陶瓷和绝缘介质陶瓷之间的一类材料，其电阻率介于 $10^{-4} \sim 10^{-7}$ 之间。它一般是由一种或数种金属氧化物，采用陶瓷制备工艺制成的多晶半导体

材料。这种半导体的特性与普通单晶(如硅、锗)半导体相比有很大差别,因而研究方法及理论也不尽相同。主要有以下几点:

(1) 半导体陶瓷的化学性质比较复杂,易产生化学计量比的偏移,在晶格中形成固有点缺陷,这种点缺陷浓度不仅与温度及环境氧分压有关,而且与外来杂质浓度紧密相连。

(2) 构成半导体陶瓷的氧化物分子多数是离子键,这类材料中载流子的迁移机理比锗、硅等半导体更为复杂。

(3) 半导体陶瓷材料是多晶材料,存在晶界是其重要特征。由于晶界的化学、物理特性十分复杂,许多物理效应都是由晶界引起的。

半导体陶瓷的种类很多,可以制成各种敏感器件。

(1) PTC 半导体陶瓷

PTC 热敏半导体陶瓷,是指具有正温度系数的半导体陶瓷材料。典型的 PTC 半导体陶瓷材料系列有 $BaTiO_3$ 或以 $BaTiO_3$ 为基的(Ba,Sr,Pb)TiO_3 固溶半导体陶瓷材料,氧化钒等材料及以氧化镍为基的多元半导体陶瓷材料等。其中 $BaTiO_3$ 半导体陶瓷具有代表性,也是当前研究得最成熟、实用范围最宽的 PTC 热敏半导体陶瓷材料(图 10-7)。

图 10-7 PTC 陶瓷半导体保温器

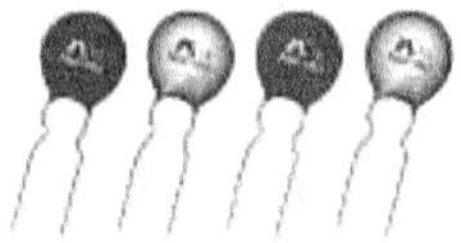

图 10-8 NTC 热敏电阻器

图 10-9 CTR 温度热敏电阻

(2) NTC 半导体陶瓷

负温度系数(Negative Temperature Coefficient,NTC)热敏半导体陶瓷是研究最早、生产最成熟、应用最广泛的半导体陶瓷之一。这类热敏半导体陶瓷材料大都是用锰、钴、镍、铁等过渡金属氧化物按一定比例混合,采用陶瓷工艺制备而成的,温度系数通常在 −6%～−1% 左右。按使用温区可分为低温(−60～300℃)、中温(300～600℃)及高温(大于 600℃)三种类型。

NTC 半导体陶瓷一般为尖晶石结构,其通式为 AB_2O_4,式中,A 一般为二价正离子,B 为三价正离子,O 为氧离子。实际上尖晶石结构的单位晶胞中共有 8 个 A 离子、16 个 B 离子和 32 个氧离子,由于氧离子的半径较大,故由氧离子堆积而成,金属离子则位于氧离子的间隙中。氧离子间隙有两种:一种是正四面体间隙,A 离子处于此间隙中;另一种是正八面体间隙,由 B 离子占据,这种正常结构状态称为正尖晶石结构,即 $A^{2+}B_2^{3+}O_4^{2-}$。

当全部 A 位被 B 离子占据,而 B 位则由 A、B 离子各占据一半时,称为反尖晶石结构。只有全反尖晶石结构及半反尖晶石结构的氧化物才是半导体(图 10-8)。

(3) CTR 半导体陶瓷

负温度系数临界电阻(Critial Temperature Resister,CTR)是利用材料从半导体相转变到金属状态时电阻的急剧变化而制成的，故称为急变温度热敏电阻。这类半导体陶瓷材料主要以 V_2O_5 为基础。这类材料常掺杂 MgO、CaO、SrO、BaO 等稀土氧化物来改善其性能（图 10－9）。

（4）压敏半导体陶瓷

压敏半导体陶瓷是指材料所具有的电阻值，在一定电流范围内具有非线性可变特性的陶瓷，用这类陶瓷制成的元器件又称为非线性电阻器，它在某一临界电压下电阻值非常高，几乎无电流流过，当超过临界电压时，电阻急剧变低，随着电压的少许增加，电流会迅速增大。具有这种特殊非线性特性的材料包括硅、锗等单晶半导体及 SiC、TiO_2、$BaTiO_3$、$SrTiO_3$、ZnO 等半导体陶瓷，其中以 ZnO 半导体陶瓷的特性最佳（图 10－10）。

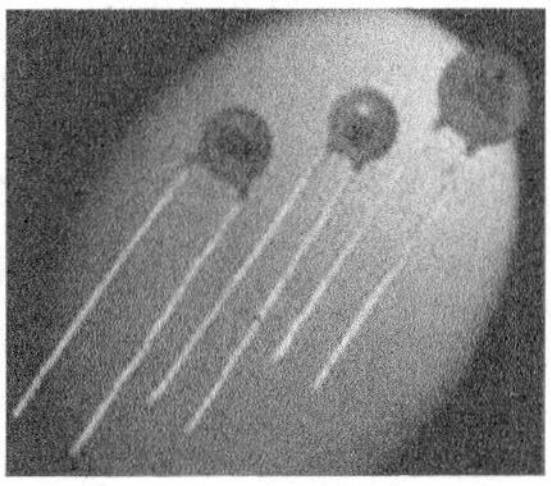

图 10－10 压敏电阻

10.2.6 光学材料

光学材料主要是光介质材料，是传输光线的材料，这些材料以折射、反射和透射的方式，改变光线的方向、强度和位相，使光线按照预定的要求传输，也可以吸收或透过一定波长范围的光线而改变光线的光谱成分。近代光学的发展，特别是激光的出现，使另一类光学材料，即光功能材料得到了发展。这种材料在外场（力、声、热、电、磁和光）的作用下，其光学性质会发生变化，因此可作为探测和能量转换的材料，成为光学材料中一个新的大家族。

1. 固体激光器材料

激光材料应具有良好的物理化学性能，即要求热膨胀系数小、弹性模量大、热导率高、光照稳定性和化学稳定性要好。

（1）激活离子

晶体激光工作物质要在基质晶体中掺入适量的激活离子。激活离子的作用在于在固体中提供亚稳态能级，由光泵作用激发振荡出一定波长的激光。对激活离子的要求总是希望是四能级的，即被光泵激发到高能级上的粒子，由感应激发跃迁到低能级发生激光振荡时，不直接降到基态，而是降到中间的能级，这比直接降到基态的三能级工作的激活离子效率高，振荡的阈值也低。目前激活离子来自三价和二价的铁系、镧系和锕系元素。激光的波长是由激活离子的种类决定的。

（2）基质晶体

基质晶体须有良好的机械强度、良好的导热性和较小的光弹性。为降低热损耗和输入，基质对产生激光的吸收应接近零。用作基质的晶体应能制成较大尺寸，且光学性能均匀。基质晶体基本上包括以下三类。

氟化物晶体　这类晶体熔点较低，易于生长单晶，是早期研究的激光晶体材料，如 CaF_2、BaF_2、SrF_2、LaF_3、MgF_2 等。但是，它们大多要在低温下才能工作，所以现在较少应用。

含氧金属酸化物晶体　这类材料是较早研究的激光晶体材料之一，均以三价稀土离子为激活离子，掺杂时需要电荷补偿，是一种四能级结构的工作物质。

金属氧化物晶体　这类晶体掺入三价过渡族金属离子或三价稀土离子构成激光晶体，应用较广，研制最多。掺杂时不需电荷补偿，但它们的熔点均高，制取优质单晶都较困难。

(3) 红宝石晶体

红宝石是世界上第一台固体激光器的工作物质，它是由刚玉单晶为基质、掺入 Cr^{3+} 激活离子组成的。刚玉为六方晶系，铬原子的外层电子为 $3d^5 4s^1$。将铬原子掺杂到刚玉晶格中后铬原子失去 $3d^2 4s^1$ 三个电子，只剩下三个外层电子，成为 Cr^{3+}。从激光器对工作物质的物化性能和光谱性能的要求来看，红宝石堪称为一种较为理想的材料。

红宝石晶体的主要优点是：晶体物化性能很好，材料坚硬、稳定、导热性好、抗破坏能力强，对泵浦光的吸收特性好，可在室温条件下获得 694.3 nm 的可见光振荡。主要缺点是属三能级结构，产生激光的阈值较高。

红宝石的激光发射波长为可见光到红光的波长，这一波长的光，不但为人眼可见，而且对于绝大多数的各种光敏材料和光电探测元件来说，都是易于进行探测和定量测量的。因此红宝石激光器在激光器基础研究、非线性光学研究、激光光谱学研究、激光照相和全息技术、激光雷达与激光测距技术等方面都有广泛的应用(图 10-11)。

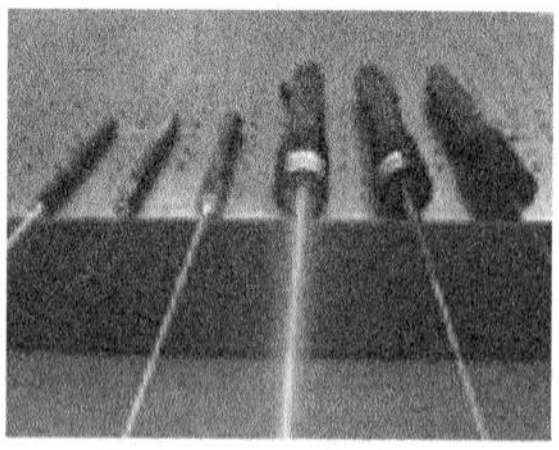

图 10-11 激光笔

(4) 钕钇铝石榴石激光晶体(YAG：Nd^{3+})

激光工作物质以 $Y_3Al_5O_{12}$ 作为基质，以 Nd^{3+} 作为激光离子。钕钇铝石榴石(YAG)属立方晶系，YAG：Nd^{3+} 激光跃迁能级属于四能级系统，具有良好的力学、热学和光学性能。

与红宝石相比，YAG：Nd^{3+} 晶体的荧光寿命较短，荧光谱线较窄，工作粒子在激光跃迁高能级上不易得到大量积累，激光储能较低，以脉冲方式运转时，输出激光脉冲的能量和峰值功率都受到限制，鉴于上述原因，YAG：Nd^{3+} 器件一般不用来作单次脉冲运转。但由于其阈值比红宝石低，增益系数比红宝石大，适合于作重复脉冲输出运转。重复率可高达每秒几百次，单次输出功率达百兆瓦以上。

军用激光测距仪和制导用激光照明器都采用钕钇铝石榴石激光器。这种激光器也是唯一能在常温下连续工作，且有较大输出功率的固体激光器。

(5) 半导体激光材料

半导体激光器是固体激光器中重要的一类。这类激光器的特点是体积小、效率高、运行简单、便宜。

半导体激光器的基本结构极为简单。半导体激光器是半导体器件 p-n 结二极管，在电流正向流动时会引起激光振荡。

目前，制作半导体激光器的材料很多，有短波也有长波激发，它的激发方式可以是电注入式，也可以是电子束激励及光激励等方式。

2. 光纤材料

1) 光纤的特点与分类

光纤是光导纤维(Optical Fiber，OF)的简称。光纤实际是指由透明材料做成的纤芯和在它周围采用比纤芯的折射率稍低的材料做成的包层所被覆，并将射入纤芯的光信号，经包层界面反射，使光信号在纤芯中传播前进的媒体。光纤的种类很多，根据用途不同，所需要的功能和性能也有所差异。光纤主要分为以下两大类。

(1) 传输点模数类

传输点模数类分为单模光纤(Single Mode Fiber)和多模光纤(Multi Mode Fiber)。单模光纤的纤芯直径很小,在给定的工作波长上只能以单一模式传输,传输频带宽,传输容量大。多模光纤是在给定的工作波长上,能以多个模式同时传输的光纤。与单模光纤相比,多模光纤的传输性能较差。

(2) 折射率分布类

折射率分布类光纤可分为跳变式光纤和渐变式光纤。跳变式光纤纤芯的折射率和保护层的折射率都是一个常数。在纤芯和保护层的交界面,折射率呈阶梯形变化。渐变式光纤纤芯的折射率随着半径的增加按一定规律减小,在纤芯与保护层交界处减小为保护层的折射率。纤芯的折射率的变化近似于抛物线。

此外,光纤传输有许多突出的优点:频带宽、损耗低、质量轻、抗干扰能力强、保真度高、工作性能可靠。

2) 光纤结构原理

光导纤维是由两层折射率不同的玻璃组成的。内层为光内芯,直径在几微米至几十微米,外层的直径在 0.1~0.2 mm。一般内芯玻璃的折射率比外层玻璃大 1%。根据光的折射和全反射原理,当光线射到内芯和外层界面的角度大于产生全反射的临界角时,光线透不过界面,全部反射。这时光线在界面经过无数次的全反射,以锯齿状路线在内芯向前传播,最后传至纤维的另一端。这种光导纤维属皮芯型结构。若内芯玻璃折射率是均匀的,在界面突然变化降低至外层玻璃的折射率,称为阶跃型结构。若内芯玻璃断面折射率从中心向外变化到低折射率的外层玻璃,称为梯度型结构。外层玻璃具有光绝缘性和防止内芯玻璃受污染。另一类光导纤维称自聚焦型结构,它好似由许多微双凸透镜组合而成,迫使入射光线逐渐自动地向中心方向会聚,这类纤维中心的折射率最高,向四周连续均匀地减少,至边缘为最低。

3. 红外材料

在红外线应用技术中,要使用能够透过红外线的材料,这些材料应具有对不同波长红外线的透过率、折射率和色散以及一定的机械强度及物理、化学稳定性。

在红外技术中作为光学材料使用的晶体主要有碱卤化合物晶体、碱土-卤族化合物晶体、氧化物晶体、无机盐化合物单晶体、金属铊的卤化合物晶体及半导体晶体。

碱卤化合物晶体是一类离子晶体,如氟化锂(LiF)、氟化钠(NaF)、氯化钠(NaCl)、氯化钾(KCl)、溴化钾(KBr)等。这类晶体熔点不高,易生成大单晶,具有较高的透过率和较宽的透过波段。但碱卤化合物晶体易受潮、硬度低、机械强度差、应用范围受限。

碱土-卤族化合物晶体是另一类重要的离子晶体,如氟化钙(CaF_2)、氟化钡(BaF_2)、氟化锶(SrF_2)、氟化镁(MgF_2)等。这类晶体具有较高的机械强度和硬度,几乎不溶于水,适于窗口、滤光片、基板等方面的应用。

氧化物晶体中的蓝宝石(Al_2O_3)、石英(SiO_2)、氧化镁(MgO)和金红石(TiO_2)具有优良的物理性质和化学性质。它们的熔点高、硬度大、化学稳定性好,作为优良的红外材料在火箭、导弹、人造卫星、通信、遥测等使用的红外装置中被广泛地用作窗口和整流罩等。

在无机盐化合物单晶体中,可作为红外投射光学材料使用的主要有 $SrTiO_2$、$Ba_5Ta_4O_{15}$、$Bi_4Ti_3O_2$ 等。$SrTiO_2$ 单晶在红外装置中主要作浸没透镜使用,$Ba_5Ta_4O_{15}$ 单晶是一种耐高温的近红外透光材料。

金属铊的卤化合物晶体，如溴化铊(TlBr)、氯化铊(TlCl)、溴化铊-碘化铊(KRS－5)和溴化铊-氯化铊(KRS－6)等也是一类常用的红外光学材料。这类晶体具有很宽的透过波段且只微溶于水，所以是一种适于在较低温度下使用的良好的红外窗口与透镜材料。

在半导体材料中，有些晶体液具有良好的红外透过特性，如硫化铅(PbS)、硒化铅(PbSe)、硒化镉(CdSe)、碲化镉(CdTe)、碲镉汞(HgCdTe)等。其中 HgCdTe 材料是目前最重要的红外探测器材料，探测器可覆盖 1～25 μm 的红外波段，是目前国外制备光伏列阵器件、焦平面器件的主要材料。

4. 液晶材料

1) 液晶的分类

1922 年，法国人弗里德(G. Friedel)仔细分析当时已知的液晶，把它们分为三类：向列型(Nematic)、层列型(Smectic)、胆固醇型(Cholesteric)。关于名字的来源，前两者分别取自希腊文线状和清洁剂(肥皂)；胆固醇型的名字有历史意义，若以近代分类法分类，它们属于手性向列型。其实弗里德对液晶一词不赞同，他认为“中间相”才是最合适的表达。20 世纪 70 年代才发现的碟型(Discotic)液晶，是由具有高对称性原状分子重叠组成的向列型或柱行系统。除了型态分类外，液晶因产生的条件不同而被分为热致液晶(Thermotropic LC)和溶致液晶(Lypotropic LC)，分别由加热、加入溶剂形成液晶相两种情形。

2) 液晶的用途

液晶分子的排列，后果之一是呈现有选择性的光散射。因排列可以受外力影响，液晶材料制造器件潜力很大。范围于两片玻璃板之间的手性向列型液晶，经过一定处理，就可形成不同的纹理。

类固醇型液晶，因螺旋结构而对光有选择性反射，利用白光中的圆偏光，最简单的是根据变色原理制成的温度计(鱼缸中常看到的温度计)。在医疗上，皮肤癌和乳癌的侦测也可在可疑部位涂上类固醇液晶，然后与正常皮肤显色比对(因为癌细胞代谢速度比一般细胞快，所以温度会比一般细胞高些)。

电场与磁场对液晶有巨大的影响，向列型液晶相的介电性行为是各类光电应用的基础。用液晶材料制造以外加电场操作的显示器，在 20 世纪 70 年代以后发展很快，因为它们有小容积、微量耗电、低操作电压、易设计多色面板等多项优点。但是它们不是发光型显示器，在暗处的清晰度、视角和环境温度限制方面，尚不够理想。无论如何，电视和电脑的屏幕以液晶材质制造，已成为主流。其实，彩色投影电视系统亦可利用手性向列型液晶去制造偏光面版、滤片、光电调整器(图 10－12)。

图 10－12 液晶电视

10.2.7 感光及导电性高分子

1. 感光性高分子材料

1) 概述

高分子的感光性是指高分子或与其共存的感光性化合物吸收了光能之后，导致体系的分子内或分子间产生的化学或物理变化。感光性高分子(又称作感光性树脂)并不仅仅是针对高分子而言的，它常常泛指含有聚合物、预聚物、单体、或其混合物的各种感光性体系。而且，其中真正起感光作用的往往是体系里含有的其他物质。

2) 各种感光性高分子材料的介绍

(1) 光交联型高分子材料

在光照下大分子链间能发生交联聚合的感光性树脂称为光交联型高分子，典型代表是聚乙烯醇肉桂酸酯。聚乙烯醇肉桂酸酯可由聚乙烯醇与肉桂酰氯在吡啶中发生缩合反应而制得。

这一类型的感光树脂在国内外已广泛用作光致抗蚀剂(光刻胶)。由于光照部分发生交联反应变成不溶性产物，当用适当的溶剂冲洗时因不能溶解而保留下来，而未感光部分则溶于显影液中洗去，结果得到与底片(掩膜)相反的图像。所以它是一种负性抗蚀剂。目前最好的光刻胶 KPR、TPR 均属这种类型，已大量用于半导体集成电路的研制。

由于聚乙烯醇肉桂酸酯只对紫外光敏感，而对可见光不敏感，即可见光很难引起它的光化学交联反应。为了适用于可见光源，可加入适当的光敏剂(也称为增感剂)。

(2) 光分解型高分子材料

在光照下能发生光化学分解反应的感光性树脂称为光分解型高分子。邻重氮醌类化合物就是这种类型高分子的典型代表。

邻重氯醌类化合物受光照后将发生分解反应，放出 N_2，同时经分子重排形成五元环的烯酮化合物，遇到水可发生水解反应，生成能溶于烯碱液的羧酸。与光交联型高分子刚好相反，光分解型高分子属于正性感光树脂。自 20 世纪 60 年代以来，光分解型高分子已大量用于印刷工业及电子工业。若用电子束曝光，分辨率可达 0.01～0.05 μm。

(3) 光致变色高分子材料

在高分子的侧链上引入可逆的变色基团，当受到光照时，基团的化学结构发生变化，使其对可见光的吸收波长不同，因而产生颜色的变化，在停止光照后又能恢复原来的颜色，或者用不同波长的光照射能呈现不同的颜色等。光致变色高分子材料分为有机和无机两种，其中有机光致变色高分子体系主要包括螺吡喃类和螺噁嗪光致变色体系、俘精酸酐光致变色体系和偶氮苯类化合物等系列。其中研究最深、最广泛的体系是螺吡喃类光致变色体系(图 10-13)。

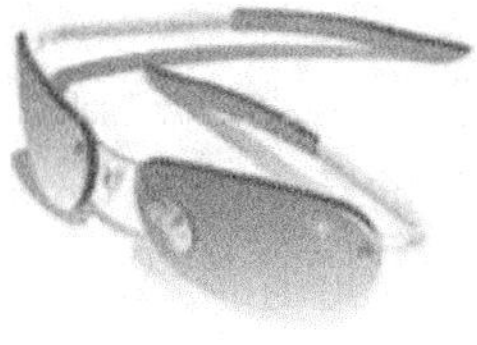

图 10-13 变色眼镜

(4) 光收缩型高分子材料

将丙烯酸乙酯与双甲基丙烯(DIPS)酯在苯溶液中以过氧化二碳酸二异丙酯引发聚合，所得的聚合物在恒定压力与温度下，随着光照，样品的长度有明显的收缩(约 2%～5%)，停止光照，则长度恢复，经过数次光与暗的循环，长度的收缩与伸长是完全可逆的。

这种光收缩现象是由于这种高分子内僵硬性链的闭环母体在光照下变为具有较高柔顺性链的化合物，因而使聚合物链的熵值增加所致，此时光能可转变为机械能。

(5) 光裂构高分子材料

光裂构高分子多属于光氧化分解型高分子，在阳光照射下，它能迅速氧化离解，如乙烯与一氧化碳的共聚物、苯乙烯与丙烯醛的共聚物等。总之作为光裂构高分子，其链节结构中一般含有 π 电子或未共用电子对等易被光激发的电子。光裂构高分子的研制将为处理高分子垃圾开辟新途径。

2. 导电性高分子材料

(1) 高分子导体

一些高分子具有导电结构，若在主键中为共轭体系，或在侧键中具有电活性基，它们就具有导电功能。在共轭系材料中掺入氟化砷(AsF_5)等杂质制成离子基盐，其导电能力接近金属，并出现超导现象，有的材料如聚乙炔还具有像金属一样的光泽，另外还有一些是具有离子导电性的高分子电解质。

现在高分子导体主要用作一些新型的电子元器件的材料，如电极、电解质或固体半导体层等。

(2) 光导电聚合物

光导电体是指在暗的条件下是绝缘体，光照时导电性可能增加几个数量级的材料。从实用角度来看，增加的数量要大于 10^3。无机化合物 Se 就是这类重要的光导电体。

对高分子光导电体而言，其结构上一般具有如下特征：一是高分子主链中有较高程度的共轭双键；二是高分子的侧基是多环的芳香基；三是高分子链的侧基是带有各种取代基的芳香胺基，其中主要的是咔唑基。

光导电高分子目前主要应用在太阳能电池、静电复印、全息照相、信息记录等方面(图 10－14)。

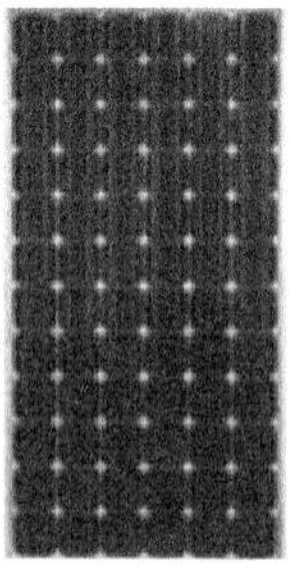

图 10－14 太阳能电池板

10.2.8 精细陶瓷

精细陶瓷又称高性能陶瓷、高技术陶瓷。按其用途可分为工程陶瓷和功能陶瓷两大类。前者主要利用它们的高硬度、高熔点、耐磨损、耐腐蚀性能，又称为结构陶瓷；后者主要利用它们的光、声、电、热、磁等物理特性，又称为电子陶瓷。

精细陶瓷与传统陶瓷的根本区别在于可以对原料的选择制备、后续的制造工艺方法实施严格控制，从而制造得到实际中需要的具有不同性能要求的陶瓷材料。

1. 导电陶瓷

某些氧化物陶瓷加热时，处于原子外层的电子可以获得足够的能量，以便克服原子核对它的吸引力，而成为可以自由运动的自由电子，这种陶瓷就变成导电陶瓷。

现在已经研制出多种可在高温环境下应用的高温电子导电陶瓷材料：碳化硅陶瓷的最高使用温度为 1 450℃，二硅化钼陶瓷的最高使用温度为 1 650℃，氧化锆陶瓷的最高使用温度为 2 000℃，氧化钍陶瓷的最高使用温度高达 2 500℃。此外，还有离子导电陶瓷和半导体陶瓷，它们各有千秋，各具不同的功能。但作为实用材料，要求在较宽的温度和湿度范围内具有稳定的物理和化学性能、电导率高、适于高温工作及成本低等。

(1) 电子导电陶瓷

氧化锆陶瓷、氧化钍陶瓷及由复合氧化物制成的铬酸镧陶瓷，都是新型的高温电子导电材料，可作为高温设备的电热材料。它们与金属电热体相比，最大的优点就是更耐高温和有良好的抗氧化能力。

氧化锆陶瓷有优异的耐高温性能，最高使用温度为 2 000℃，作为感应加热管、耐火材料、发热元件使用，且具有敏感的电性能参数，主要应用于氧传感器、固体氧化物燃料电池和高温发热体等领域。ZrO_2 具有较高的折射率，在超细的氧化锆粉末中添加一定的着色元素（V_2O_5、MoO_3、Fe_2O_3 等），可将它制成多彩的半透明多晶 ZrO_2 材料，像天然宝石一样闪烁着绚丽多彩的光芒，可制成各种装饰品。另外，氧化锆在热障涂层、催化剂载体、医疗、保健、耐火材料、纺织等领域正得到广泛应用。

氧化钍陶瓷电热体的最高使用温度可达到 2 500℃，它与稳定氧化锆陶瓷电热体一样，低温时的导电性能还有待改进。

以复合氧化物制成的铬酸镧为主要成分的导电陶瓷，制品导电性能优良，具有电子导电特性，电阻系数常温时为 1 Ω·cm。使用温度可达 1 800℃，在空气中的寿命在 1 700 小时以上。对钾的抗蚀性也好，且能有效地降低电阻和高温挥发性。烧成温度为 1 550℃。主要用于制作高温电热元件、磁流体发电装置的电极和代铂材料等。

(2) 离子导电陶瓷

离子导电陶瓷是指以离子为主要载流子的导电陶瓷。具有高电导率的离子导电陶瓷，常被称做快离子导电陶瓷。快离子导体的主要电阻特征是：电导率一般大于 10^{-2}(S/cm)；活化能小于 0.5 eV。掺杂 ZrO_2 是典型的阴离子导电陶瓷，它的主要特点是：具有萤石型(CaF_2)结构，在单位晶胞的中心部分有很大的空隙；掺杂物质主要是二价碱土金属离子或三价稀土金属离子，掺杂后为保持电中性而形成的固溶体结构中存在大量的氧离子空位；在电场作用下氧离子可通过氧空位扩散迁移，从而成为氧离子导体。在具有萤石型结构的氟化物中进行异价离子取代，可形成含大量缺陷结构的固溶体，这类陶瓷材料具有很高的氟离子导电性。

离子导电陶瓷作为固体电解质材料，可用于制作各种离子器件（如离子选择性电极、离子浓度测量仪、气敏传感器等）；作为电极材料，可用于物质的提纯及制备等。

2. 介电铁电陶瓷

陶瓷材料在电场作用下，带电粒子被束缚在固定位置上，仅发生微小位移，即形成电极化而不产生电流者为绝缘体。带电粒子在电场作用下做微小位移的性质称为介电性。介电性材料主要是通过控制其介电性质，使之呈现不同的比介电系数、低介质损耗和适当的介电常数、温度系数等性能，以适应各种用途的要求。

1) 陶瓷的介电和铁电特性及极化

一般介电陶瓷材料在电场作用下产生的极化可分为四种：电子极化、离子极化、偶极子趋向极化和空间电荷极化。电子极化是在电场作用下，使原来处于平衡状态的原子正、负电荷重心改变位置，即原子核周围的电子云发生变形而引起电荷重心偏离，形成电极化。离子极化是处在电场中的多晶陶瓷体内的正、负离子分别沿电场方向位移，形成电极化。偶极子趋向极化是非对称结构的偶极子在电场作用下，沿电场方向趋向于外电场一致的方向而产生电极化。空间电荷极化是陶瓷多晶体在电场中，空间电荷在晶粒内和电畴中移动，聚集于边界和表面而产生的极化。通常极化是由以上四种极化叠加引起的。

2) 介电陶瓷材料

介电陶瓷材料主要应用在陶瓷电容器和微波介质元件方面。第二次世界大战后，由于收录机、电视机，以及通信技术的飞速发展和近年来计算机技术、摄影技术、汽车及钟表技术的进步，促使陶瓷电容器的制作技术有了巨大的发展，微波技术的发展对微波介质陶瓷元件的扩大应用起了推动作用。主要应用的陶瓷种类有:温度补偿电容器用介电陶瓷、微波介质陶瓷、高介电容器陶瓷、高压电容器陶瓷。

3) 铁电陶瓷材料

(1) 压电陶瓷

压电陶瓷是经极化处理的铁电陶瓷,性质上类似具有单一晶轴的压电晶体,因而具有压电特性。利用压电陶瓷的电与力之间的耦合作用,可以实现电能和机械能的相互转换,因而压电陶瓷是一种十分重要的功能材料。压电陶瓷具有比压电单晶大得多的机电耦合系数,在垂直于极化轴的方向上各向同性,并且容易制成任意形状。通过成分与工艺选择,便于调节性能参数,性价比高。

压电陶瓷材料早期以 $BaTiO_3$ 为主,随着对二元系压电陶瓷 PZT 的组成与性能越来越深入的研究,性能更为优异的 PZT 材料已成为压电陶瓷的主流材料。通过对 PZT 材料进行同价元素、高价或低价元素离子取代改性,可以达到调节压电陶瓷性能参数的目的,以满足不同的应用要求。

压电陶瓷的应用涉及许多先进技术和军事技术,主要完成换能、传感、驱动及频率控制功能,按基本性质可分为三大类:①压电陶瓷外施机械应力产生的形变转化为电测信号输出;②外加激励电场使压电陶瓷产生机械形变的响应;③在输入端加上激励电场后通过逆压电效应产生机械振动,在输出端通过正压电效应可检测到特定的电信号。

(2) 热释电陶瓷

热释电陶瓷是经过直流电场极化处理后具有宏观剩余极化的铁电陶瓷,由于其剩余极化随温度而变化,从而释放表面电荷,故能呈现热释电效应。

典型的热释电陶瓷有钛酸钡、钛酸铅、锆钛酸铅(PZT)、铌酸锶钡(SBN)、钛酸铅镧(PLT)、钽钪酸铅(PST)等。

热释电陶瓷的主要应用是作为热释电探测器来探测红外辐射,其特点是响应快、灵敏度高,可以感受到 10^{-6}℃的温度变化,广泛用于辐射计、红外报警、夜视仪等。

(3) 电光陶瓷

电光陶瓷是一种材料致密度极高的透明陶瓷,主要材料有含镧的锆钛酸铅陶瓷(PLZT)以及偏铌酸铅钡镧陶瓷(PBLN)。利用铁电陶瓷的极化状态具有受外电场控制的性质,可以通过外电场控制与极化状态直接相关的光学性质,使它在电光应用方面有很大的实用价值,因而称为电光陶瓷。

透明铁电陶瓷的重要特点是它的透明性。普通陶瓷由于存在较多气孔,而每个气孔都是光散射中心,加之结构的不均匀性也要增加散射,因而材料不具备透明性。透明铁电陶瓷采用先进的材料制备技术,尤其是高致密化成型及烧结技术,可以取得对可见光和近红外光几乎是透明的效果。透明铁电陶瓷的电光效应最主要的是电控可变双折射及电控可变光散射效应。

3. 气敏陶瓷和湿敏陶瓷

(1) 气敏陶瓷

气敏陶瓷的电阻值将随其所处环境的气氛发生变化,不同类型的气敏陶瓷,将对某一种或某几种气体特别敏感,其电阻值将随该种气体的浓度做有规则的变化。

气敏陶瓷一般都是某种类型的金属氧化物,通过掺杂或非化学计量比的改变而使其半导化。其气敏特性，大多通过待测气体在陶瓷表面附着，产生某种化学反应、与表面产生电子的交换等作用来实现的，这种气敏现象称为表面过程。气敏半导体陶瓷的工作类型大多基于表面控制型原理，因吸附气体的种类不同而具有不同的表面能级（吸附能级），该能级与半导体费密能级不一致，从而引起两者间的电子转移。当吸附能级较费密能级低时，电子从半导体移向表面，从而使吸附分子带负电；反之则带正电。这样在前一种情形的表面双电层形成以后，由于导电电子在空间电荷层区域的减少而导致电导率的减小。同样地，当表面吸附带正电时，将使空间电荷层的导电电子增加，从而使电导率增加。气敏陶瓷的检测灵敏度与材料中催化剂的添加量以及检测时的工作温度有关。另外，即使是同一温度的气体，气敏陶瓷的检测灵敏度也会因气体种类的不同而不同，因而提供了气体检测的选择性。

表面控制型半导体陶瓷气敏传感器主要用来检测可燃气体，也可检测吸附力强的非可燃性气体。其主要特点是：结构简单、检测灵敏度高、响应速度较快（检出信号值达到 90％的响应时间在 10 s 内）（图 10－15）。

图 10－15　气敏传感器

(2) 湿敏陶瓷

湿度的测量、控制与调节，对于工农业生产、气象环卫、医疗健康、生物食品、货物储运、科技国防等领域均具有十分重要的意义。

陶瓷湿度传感器（图 10－16）测试范围宽、响应速度快、工作温度高、耐污染能力强。因此湿敏陶瓷成为人们主要研制、开发的湿敏材料。

图 10－16　湿敏传感器

与气敏陶瓷的敏感机理相比，湿敏陶瓷有其相似之处，但也存在明显的差别。首先，两者都属于表面作用过程，这是相同的；其次，气敏要研究多种气体的作用，而湿敏则着重于水分子的附着，似乎比较简单，其实不然。因为气敏大多是表面反应过程，属于化学吸附，只用电子电导便足以说明问题。但在感湿过程中，既有化学吸附，又有物理吸附；既要考虑电子过程，也不能忽视离子电导，在某些场合下，离子电导还可能起主导作用。

湿敏陶瓷目前主要有氧化物涂覆模型、多孔烧结体型、厚模型、薄膜型等；按测湿范围有高湿型（大于 70％RH）、中湿型（30％～80％RH）、低湿型（小于 30％RH）、全湿型（0％～100％RH）。

4. 生物陶瓷

生物硬组织代用材料有体骨、动物骨，后来发展到采用不锈钢和塑料，但这些生物材料在生物体中使用时，不锈钢存在溶析、腐蚀和疲劳问题，塑料存在稳定性差和强度低的问题。目前世界各国相继发展了生物陶瓷材料，它不仅具有不锈钢和塑料所具有的特性，而且具有亲水性，能与细胞等生物组织表现出良好的亲和性。因此生物陶瓷具有广阔的发展前景。生物陶瓷除用于测量、诊断治疗等外，主要用作生物硬组织的代用材料。

1) 生物材料的必要条件

生物学条件：①生物相容性好，对机体无免疫排异反应，种植体不致引起周围组织产生局部或全身性反应，最好能与骨形成化学结合，具有生物活性；②对人体无毒、无刺激、无致畸、无致敏、无致突变和无致癌作用;③无溶血、凝血反应。

化学条件:①在体内长期稳定,不分解、不变质;②耐侵蚀,不产生有害降解产物;③不产生吸水膨润、软化变质等变化。

力学条件:①具有足够的静态强度,如抗弯、抗压、拉伸、剪切等;②具有适当的弹性模量和硬度;③耐疲劳、摩擦、磨损,有润滑性能。

其他:①具有良好的孔隙度、体液及软硬组织易于长入;②易加工成型,使用操作方便;③热稳定好,高温消毒不变质。

(2) 生物陶瓷的特点

陶瓷结构中包含着键强很大的离子键和共价键,所以它不仅具有良好的机械强度、硬度,而且在体内难溶解,不易腐蚀变质,热稳定性好,便于加热消毒,耐磨性能好,不易产生疲劳现象,满足种植学的要求。其次,陶瓷的组成范围比较宽,可以根据实际应用的要求设计组成,控制性能变化。第三,陶瓷成型容易,可以根据使用要求,制成各种形态和尺寸。

(3) 生物陶瓷材料的用途

植入材料中的氧化铝是一种一直使用得很满意的实用生物材料。视制造方法的不同,有单晶氧化铝、多晶氧化铝和多孔质氧化铝三种产物。氧化铝生物相容性良好,在人体内稳定性高,机械强度较大,单晶氧化铝在 c 轴方向具有相当高的抗弯强度,因而临床上用来制作人工骨、人工牙根、人工关节和固定骨折用的螺栓;或可用于生物活体陶瓷材料、手术现场的陶瓷、人工骨药理功能陶瓷材料、癌症治疗陶瓷材料(图 10-17)。

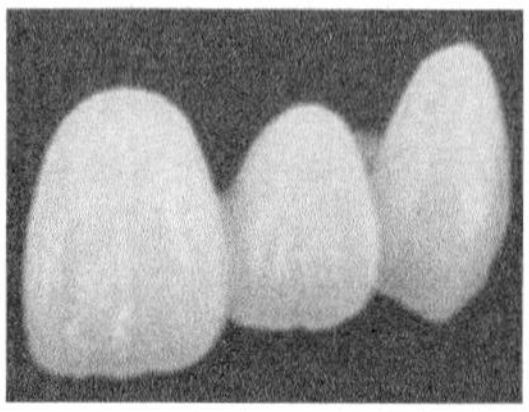

图 10-17　人工牙齿

10.2.9　生物医用高分子材料

科技关爱健康,医用高分子材料的应运而生是医疗技术发展史上的一次飞跃。高分子材料充分体现了人类智慧,是 20 世纪人类科学技术的重要科技进步成果之一,在第二次世界大战前后得到了迅速发展。到 20 世纪末,光是塑料在体积用量上就明显超过了钢铁。医用高分子材料是一种特殊的功能高分子材料,通常用于对生物体进行诊断、治疗,以及替换或修复、合成或再生损伤组织和器官。简单地说,医用高分子材料学,是介于现代医学和高分子科学之间,并且涉及物理、化学、生物学、医学等的一门交叉学科。目前,医用高分子材料的发展可谓异军突起,它的应用如雨后春笋遍及整个医学领域,其用量也在持续稳定地增长。

生物医用高分子材料指用于生理系统疾病的诊断、治疗、修复或替换生物体组织或器官,增进或恢复其功能的高分子材料。研究领域涉及材料学、化学、医学、生命科学。虽已有 40 多年的研究历史,但其蓬勃发展始于 20 世纪 70 年代,随着高分子化学工业的发展,出现了大量的医用新材料和人工装置,如人工心脏瓣膜、人工血管、人工肾用透析膜、心脏起搏器以及骨生长诱导剂等。近十年来,由于生物医学工程、材料科学和生物技术的发展,医用高分子材料及其制品正以其特有的生物相容性、无毒性等优异性能而获得越来越多的医学临床应用。

1. 生物医用高分子材料分类

生物医用高分子材料主要有天然生物材料和合成高分子材料。

(1) 天然生物材料

天然生物材料是指从自然界现有的动、植物体中提取的天然活性高分子，如从各种甲壳类、昆虫类动物体中提取的甲壳质壳聚糖纤维等。这些纤维都具有很高的生物功能和很好的生物适应性，在保护伤口、加速创面愈合方面具有强大的优势，已引起国内外医务界广泛的关注。甲壳质主要存在于甲壳类、昆虫类的外壳和霉菌类细胞壁中，是甲壳素和壳聚糖的统称（壳聚糖是甲索壳脱酰后的产物），兼有高等动物中的胶原质和高等植物中纤维素两者的生物功能，不溶于水、稀酸、稀碱及一般的有机溶剂，可溶于浓无机酸和一些特殊的有机溶剂，其化学结构为 N-乙酰基-D-葡胺糖通过 β-(1,4)甙键联结的直链状多糖。据日本、美国的多项专利介绍，由壳聚糖纤维制得的手术缝合线既能满足手术操作时对强度和柔软性的要求，同时还具有消炎止痛、促进伤口愈合、能被人体吸收的功效，是最为理想的手术缝合线。

(2) 合成高分子材料

合成高分子材料因与人体器官组织的天然高分子有着极其相似的化学结构和物理性能，因而可以植入人体，部分或全部取代有关器官。因此，它在现代医学领域得到了最为广泛的应用，成为现代医学的重要支柱材料。与天然生物材料相比，合成高分子材料具有优异的生物相容性，不会因与体液接触而产生排斥和致癌作用，在人体环境中的老化不明显。通过选用不同成分聚合物和添加剂，改变表面活性状态等方法可进一步改善其抗血栓性和耐久性，从而获得高度可靠和适当有机物功能响应的生物合成高分子材料。目前，使用于人体植入产品的高分子合成材料包括聚酰胺、环氧树脂、聚乙烯、聚乙烯醇等。应用场合涉及组织黏合、手术缝线、眼科材料（人工玻璃体、人工角膜和人工晶状体等）、软组织植入物（人工心脏、人工肾、人工肝等）、人工管形器（人工器官、食道）等（图10-18）。

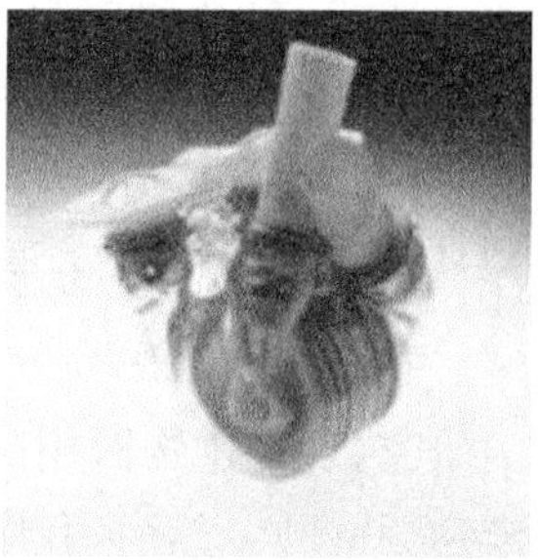

图 10-18　人工心脏

2. 生物医用高分子材料特性

人们常用的医用高分子材料有：有机硅聚合物、有机玻璃、尼龙、聚酯、聚四氟乙烯等。医用高分子材料必须具备高纯度、化学惰性、稳定性和耐生物老化等优点。对于非永久植入体内的材料，要求在一定时间内能被生物降解，降解产物对身体无毒害，容易排出；而对于永久性植入体内的材料，要求能耐长时间的生物老化，如能经受血液、体液和各种酶的作用，还必须无毒、无致癌、无致炎、无排异反应、无凝血现象，还要有相应的生物力学性能、良好的加工成型性和一定的耐热性，便于消毒等。医用高分子材料及其降解产物必须具有良好的生物相容性。材料的生物相容性主要包括组织相容性和血液相容性。

3. 纳米技术在生物医用材料中的应用

纳米技术是20世纪80年代末期产生并正在崛起的新技术，它的基本含义是在纳米尺寸（$10^{-10}\sim10^{-7}$ m）范围内认识和改造自然，通过直接操作和安排原子、分子创新新物质。现在生物体的骨骼、牙齿、筋、腿等中都发现有纳米微粒形成的具有纳米结构的材料，从仿生的观点看纳米生物材料是重要发展方向。纳米微粒的尺寸一般比生物体内的细胞、红细胞小得多，这就为生物学研究提供了一个新的研究途径，即利用纳米微粒进行细胞分离、细胞染色及利用纳米微粒制成特殊药物或新型抗体进行局部定向治疗等。

4. 生物医用高分子材料的国内外研究进展

近年来，美国、欧洲和日本对生物医用高分子材料的研究与开发突飞猛进，从人工器官到高效缓释高分子药物都取得了很多成果和巨大效益。据美国健康工业制造者协会资料报道，1995年世界市场达1 200亿美元，美国为510亿美元，预计在21世纪将成为国民经济的支柱产业。目前，除人脑外的大部分人体器官都可用高分子材料来制作，有保健作用的功能高分子也在开发之中。目前植入的人工器官市场已达30亿美元，人工心脏导管市场的年增长率为10%，1999年达到6亿美元。预计药物释放系统的营业额将从1993年的50亿美元增长到2000年的70亿美元。目前，生物材料制品的总产值已达40亿美元，其中生物高分子及制品的产值为25亿美元。据统计：截至1990年，美国、日本和西欧等国家发表的有关生物医用高分子材料的学术论文和专利已超过3万篇。我国生物医用高分子材料的研究起步较晚。自20世纪70年代末起，北京大学和南开大学从事这一领域的研究。“九五”期间由何炳林与卓仁禧主持的国家自然科学基金重大项目组织大批科研力量进行研究，在此领域取得了显著成绩。1998年“生物医学高分子”项目获教育部科技进步一等奖。例如，冯新德等设计合成的链段化聚醚氨酯以及由铈离子引发的接枝聚合物，具有良好的抗凝血性能；通过丙交酯与己内酯的开环共聚合反应制备了恒速降解的生物降解高分子，可用作药物缓释材料。

5. 生物医用高分子材料的发展及展望

我国生物医用高分子材料的研究起步较早、发展较快。目前约有50多个单位从事这方面的研究，现有生物医用高分子材料60多种，制品达400余种，用于医疗的聚甲基丙烯酸甲酯每年达300吨。然而，我国生物医用高分子材料的研究目前仍然处于经验和半经验阶段，还没有能够建立在分子设计的基础上。因此，应该以材料的结构与性能关系，材料的化学组成、表面性质和生命体组织的相容性之间的关系为依据来研究开发新材料。生物医用高分子材料要应用于生物体必须同时要满足生物功能性、生物相容性、化学稳定性和可加工性等严格的要求。生物医用材料的研究和发展方向主要包括以下几方面。

(1) 组织工程材料

组织工程是应用生命科学与工程的原理和方法构建一个生物装置，来维护、增进人体细胞和组织的生长，以恢复受损组织或器官的功能。它的主要任务是实现受损组织和器官的修复或再建，延长寿命和提高健康水平。其方法是：将特定组织细胞“种植”于一种生物相容性良好、可被人体逐步降解吸收的生物材料上，形成细胞-生物材料复合物；生物材料为细胞的增长繁殖提供三维空间和营养代谢环境；随着材料的降解和细胞的繁殖，形成新的与自身功能和形态相适应的组织或器官。这种具有生命力的活体组织或器官能对病损组织或器官进行结构、形态和功能的重建，并达到永久替代。

(2) 生物医用纳米材料——药物控释材料及基因治疗载体材料

高分子药物控制释放体系不仅能提高药效，简化给药方式，大大降低药物的毒副作用，而且纳米靶向控制释放体系使药物在预定的部位，按设计的剂量，在需要的时间范围内，以一定的速度在体内缓慢释放，从而达到治疗某种疾病或调节生育的目的。一次性注射或口服的高分子疫苗制剂的开发，将克服普通疫苗需多次注射方能奏效的缺点，而深受人们的重视。高分子避孕疫苗的研制又将为人类的生育调节提供一个简便、无毒副作用、十分安全的新方法，并有可能成为未来控制人口增长的重要措施。基因治疗是导入正常基因于特定的细胞(癌细胞)中，对缺损或致病的基因进行修复，或者导入能够表达出具有治疗癌症功能的蛋白质基因，或导入能阻止体内致病基因合成蛋白质的基因片段来阻止致病基因发生作用，从而达到治疗的目的。基因疗法的关键是导入基因的载体，只有借助载体，正常基因才能进入细胞核内。目前，高分子纳米材料和脂质体是基因治疗的理想载体，它具有承载容量大、安全性能高的特点。近来新合成的树枝状高分子材料作为基因导入的载体值得关注。

(3) 复合生物材料

作为硬组织修复材料的主体，复合生物材料受到广泛重视，它具有强度高、韧性好的特点，目前已广泛用于临床。通过具有不同性能材料的复合，可以达到“取长补短”的效果，可以有效地解决材料的强度、韧性及生物相容性问题，是生物材料新品种开发的有效手段。提高复合材料界面之间的相容性是复合材料研究的主要课题。根据使用方式不同，研究较多的是合金、碳纤维(高分子材料)、无机材料(生物陶瓷、生物活性玻璃)、高分子材料的复合研究。

(4) 生物材料表面改性是永久性课题

除了设计、制备性能优异的新材料外，还可通过对传统材料进行表面化学处理、表面物理改性和生物改性提高材料性能。材料表面改性是生物材料研究的永久性课题。如在选用合成高分子材料制造人造器官时，可以用共聚的方法，将两种以上的高分子合成在一起，使材料分子中的亲水基团稀稀落落分布于各处，呈微观体均匀结构状态，这样可以大大提高抗血栓功能。展望未来，高新技术的注入将极大地增强医用高分子材料产业的活力。常规医学材料的应用中所面临的人工关节失效的磨损碎屑问题，心血管器件的抗凝血问题，材料的降解机制问题，评价材料和植入体长期安全性、可靠性的可靠方法和模型等问题有望得到改善。但同发达国家相比，我国的医用高分子相关产业的规模以及研究开发的水平都还有较大的差距。我国加入 WTO 后医用材料产业将面临重大挑战和机遇，所以应在国家的大力支持下，跨部门、跨学科通力合作，通过走自力更生与技术引进相结合之路，在生物材料、分子设计、仿生模拟、智能化药物控施等方面重点投入。医用高分子材料必将为造福人类作出更大的贡献。

10.2.10　新型功能材料

1. 智能材料

智能材料就是指具有感知环境(包括内环境和外环境)刺激，对之进行分析、处理、判断，并采取一定的措施进行适度响应的智能特征的材料。

智能材料的构想来源于仿生，它的目标就是想研制出一种材料，使它成为具有类似于生物的各种功能的“活”材料。因此智能材料必须具备感知、驱动和控制这三个基本要素。但是现有的材料一般比较单一，难以满足智能材料的要求，所以智能材料一般由两种或两种以上的材料复合构成一个智能材料系统。这就使得智能材料的设计、制造、加工和性能结构特征均涉及材料学的最前沿领域，使智能材料代表了材料科学的最活跃方面和最先进的发展方向。

智能材料根据结构可分为两大类：

(1) 嵌入式智能材料是在基体材料中，嵌入具有传感、动作和处理功能的三种原始材料。传感元件采集和检测外界环境给予的信息，控制处理器指挥和激励驱动元件，执行相应的动作。

(2) 有些材料微观结构本身就具有智能功能，能够随着环境和时间的变化改变自己的性能，如自滤玻璃、受辐射时性能自衰减的 InP 半导体等。

根据材料的来源又可以分为三类：金属智能材料、无机非金属系智能材料及高分子系智能材料。

2. 梯度功能材料

(1) 梯度功能材料的概念

随着现代科学技术的发展,金属和陶瓷的组合材料受到了极为广泛的重视,这是由于金属具有强度高、韧性好等优点,但在高温和腐蚀环境下却难以胜任。而陶瓷具有耐高温、抗腐蚀等特点,但却具有难以克服的脆性。金属和陶瓷的组合使用,则可以充分发挥两者的长处,克服其弱点。然而用现有技术使金属和陶瓷黏合时,由于两者界面的膨胀系数不同,往往会产生很大的热应力,引起剥离、脱落或导致耐热性能降低,造成材料的破坏。

梯度功能材料是指一类组成结构和性能在材料厚度或长度方向连续或准连续变化的非均质复合材料。梯度功能材料具有独特的性能,因而备受人们的青睐。

(2) 梯度功能材料的应用

最先提出梯度功能材料是为了航天飞机使用的全新的、可在严酷环境下长久使用的缓和热应力的超耐热材料,而且被认为在自然界中是不存在的。随着研究的深入,人们发现在人体上就存在梯度功能材料,如牙齿就是一种天然的梯度功能材料,不仅设计精巧,而且可以在低温下合成。梯度功能材料性能优良,它的应用范围也相对广泛,如核工程、光学工程等。

3. 功能复合材料

复合材料是一种多相复合体系,它可以通过不同物质的组成、不同相的结合、不同含量及不同方式的复合而制备出来,以满足各种用途的需要。目前复合材料的复合技术已能使聚合物材料、金属材料、陶瓷材料、玻璃、碳质材料等之间进行复合,相互改性,使材料的生产和应用得到综合发展。

(1) 聚合物功能复合材料

聚合物基复合材料由于其质地软、强度高、耐腐蚀、隔热吸音、设计和成型自由度大而被广泛用于航天航空、船舶与车辆制造、建筑工程、电气设备、化学工程以及体育、医学等各个领域(图 10－19)。

(a) 树脂基复合材料层压板　(b) 车辆增强部件　(c) 碳纤维增强SiC陶瓷基复合材料

图 10－19　聚合物复合材料

(2) 金属基功能复合材料

金属基复合材料以金属或合金为基体,并以纤维、晶须、颗粒等为增强体的复合材料。按所用的基体金属的不同,使用温度范围为 120～350℃。其特点在力学方面为横向及剪切强度较高,韧性及疲劳等综合力学性能较好,同时还具有导热、导电、耐磨、热膨胀系数小、阻尼性好、不吸湿、不老化和无污染等优点。例如碳纤维增强铝复合材料其比强度为$(3\sim4)\times10^7$ mm,比模量为$(6\sim8)\times10^9$ mm;又如石墨纤维增强镁不仅比模量可达 1.5×10^{10} mm,而且其热膨胀系数几乎接近零。

金属基复合材料由于是以金属或合金为基体，与各种增强材料复合而制得的复合材料。增强材料可为纤维状、颗粒状和晶须状的碳化硅、硼、氧化铝及碳纤维。金属基体除金属铝、镁外，还发展有色金属钛、铜、锌、铅、铍超合金和金属间化合物，及黑色金属作为金属基体。金属基复合材料除了和聚合物基复合材料同样具有高强度、高模量外，它能耐高温，同时不燃、不吸潮、导热导电性好、抗辐射，是令人注目的航空航天用高温材料，可用作飞机涡轮发动机和火箭发动机热区和超音速飞机的表面材料。目前不断发展和完善的金属基复合材料以碳化硅颗粒铝合金发展最快。这种金属基复合材料的相对密度只有钢的 1/3、钛合金的 2/3，与铝合金相近。它的强度比中碳钢好，与钛合金相近而又比铝合金略高。其耐磨性也比钛合金、铝合金好。目前已小批量应用于汽车工业和机械工业。在 5～15 年内有商业应用前景的是汽车活塞、制动机部件、连杆、机器人部件、计算机部件、运动器材等。金属基复合材料存在的主要问题是其制造工艺复杂、造价昂贵，尚未在工业规模生产中应用。

(3) 陶瓷基功能复合材料

陶瓷基复合材料是以陶瓷为基体，与各种纤维复合的一类复合材料。陶瓷基体可为氮化硅、碳化硅等高温结构陶瓷。这些先进陶瓷具有耐高温、高强度和刚度、相对质量较轻、抗腐蚀等优异性能，而其致命的弱点是具有脆性，处于应力状态时，会产生裂纹，甚至断裂导致材料失效。而采用高强度、高弹性的纤维与基体复合，则是提高陶瓷韧性和可靠性的一种有效的方法。纤维能阻止裂纹的扩展，从而得到有优良韧性的纤维增强陶瓷基复合材料。

陶瓷基复合材料具有优异的耐高温性能，主要用作高温及耐磨制品。其最高使用温度主要取决于基体特征。陶瓷基复合材料已实用化或即将实用化的领域有刀具、滑动构件、发动机制件、能源构件等。法国已将长纤维增强碳化硅复合材料应用于制造高速列车的制动件，显示出优异的摩擦磨损特性，取得满意的使用效果。陶瓷基复合材料的优异功能特性越来越受到人们的关注。

10.3 材料物理的发展状况与发展趋势

材料物理是研究新材料的基础，是材料科学发展的关键知识点。故各种新材料的发展和材料物理的发展必定紧密联系，下面我们就从新材料的发展中去透析材料物理的发展及趋势。

1. 信息功能材料将得到更高的重视

人类已进入信息时代，为了实现装置的小型化、低功耗、多功能化和智能化，信息功能材料将受到更高的重视。所谓信息功能材料，就是指信息的产生、获取、存储、传输、转换、处理、显示所需的材料，主要用于计算机、通信和控制，成为 3C(Computer，Communication 及 Control)所需的材料。

2. 先进结构材料的研究与开发是永恒的主题

结构材料一般数量大，资源与能源消耗高，污染严重，对可持续发展有决定性作用。结构材料性能的提高，无疑会减缓上述压力，因其性能的提高、使用寿命的延长，可减少材料的用量。特别对运载机械来说，工作温度愈高，效率也愈高，所以，高温材料的研究与开发当务之急。高比强度、高比刚度，对提高机械性能十分重要；耐磨、耐蚀、抗疲劳、抗老化是延长使用寿命的关键，因此，在材料的发展中，必须给予高度重视。从材料类型来说，金属材料在21世纪上半叶仍占主要地位。先进陶瓷材料要进一步提高韧性，降低成本。有机材料以其再生资源的优势和优异性能，而且可实现分子设计而进一步得到发展。先进复合材料类型很多，有些已得到广泛应用，如碳纤维增强树脂基复合材料；有的因价格高，制作难度大而需进一步发展新工艺，如金属基复合材料。有些超高温材料，如碳/碳复合材料，必须解决抗氧化问题才能得到更大范围的应用。

3. 能源材料的开发有广阔的前景

能源的利用是人类进步的标志之一。目前化石燃料储量有限，而且污染严重，必须大力开发无污染的可再生能源。因此，开发光-电转换效率高而又廉价长寿命的材料是当务之急。海水中氢的同位素氘可谓取之不尽，用之不竭，被认为是人类的最终能源。科学家已采用多种方法(如等离子、激光)点火，实现可控热核聚变，用聚变能发电，预测21世纪内可实现商业化，其中抗辐射、耐高温、耐氦脆材料是关键之一，必须得到解决。除开发新能源以外，节能也十分重要，如超导的利用。低温超导以金属(NbTi合金、Nb_3Sn等)为主，但必须用液氦冷却(4K)，成本太高而难以普及。20世纪80年代发现可在液氮温度下出现超导现象的氧化物超导体，称为高温超导，但制成符合工业应用的线材和块体还存在差距，不能普遍应用。利用超导输电，可以减少线路损失；超导储电，效率可提高；超导电机及超导电池功率大、体积小、损耗低。目前正在探索室温超导，一旦有所突破，前途将更是无量。

超导材料是目前研究的热点之一。自1911年发现超导现象，一直到1986年，氧化物超导体实现液氮工作温度(77K～123K)后，开始迈向了实用化。作为薄膜材料已经实用化，制成了量子干涉仪，而线材、块体实用化问题颇多。人们更关心的是它的无电阻、高磁场强度，用它作长距离输电，或代替常规电磁体，具有巨大的节能效益。目前要解决的关键问题有：① 提高工作温度；② 解决材料的脆性问题；③提高块体、线材的电流密度；④ 解决陶瓷的超导理论。

此外，高分子超导体近年来的研究颇有起色。$(TMTSF)_2PF_6$，$(BEDT—TTF)_2Cu(SCN)_2$，C_{60}及烯球家族的发现给有机导体、超导体带来了生机，经掺杂的C_{60}的超导温度大大提高。如K_3C_{60}的T_c为33 K，还有报道C_{60}掺I后T_c达57 K，烯球掺杂还可用作催化剂，同样有节能效用。聚合物超导体给超导材料带来了希望，但需提高T_c温度和增大导流密度。

4. 生物材料将受到更大的重视

随着生物技术的发展及人类寿命的延长与生活质量的提高，生物医用材料已成为人们非常关注的领域，人的器官更换、药物缓释及组织工程的发展将逐步深入。生物模拟是另一正在兴起的学科，使材料的功能进一步提高，并能达到自恢复、自修复或智能化。生物材料的更长远目标是使生物技术原理用于工业化生产，改变高温、高压及耗能高的生产方式，催化剂已迈出第一步。光合作用使水和CO_2合成碳水化合物，人类正在寻求利用生物技术，通过像催化剂的效应一样以工厂方式合成粮食，如此除了可以解决世界粮食问题，CO_2过剩问题也可得到解决。

5. 纳米材料及制备技术的研究与开发迫在眉睫

纳米结构的重要发展方向是纳米组装体和纳米器件。单电子晶体管和红、绿、蓝三基色可调谐的发光二极管等量子器件已在实验室问世。以量子效应为基础的纳米器件就用了纳米组装体系，包括纳米有序(无序)阵列体系、纳米微粒与微孔固体组装体系、金属/半导体/铁电体、铁磁体/半导体、纳米超结构组装体系。利用具有半导体性质的纳米管与具有金属性质的纳米管可组装成具有隧道结构的纳米碳管，很可能发展成为新型的纳米器件，在机械、电子、光学、磁学、化学和生物学上有着广泛的应用前景，可用于电子记忆、数据接收、存储和传输等方面。纳米材料目前需集中解决几个问题：①超微粉体系，包括粉体的制备、金属粉体的防氧化和粉体的团聚等；②超微粉体的巨大表面积，意味着烧结驱动力的表面能剧增、扩散速率增加，路径变短，活化能下降而致烧结温度和时间下降，由此亦可导致晶粒长大和重结晶加速；③由于熔点下降、晶界比例大增，界面无序键性不饱和引起一系列物理现象的变异，需认真研究；④纳米材料的显微结构及其检测与表征方法。

总之新材料的发展趋势为：结构材料的复合化和功能化；功能材料的多功能化、集成化、智能化、材料和器件一体化；按特定的应用目标开发新材料；依靠新的合成制备技术开发新材料；依靠计算机材料科学设计材料。这些都是我们材料物理专业今后的发展方向。

10.4 材料物理培养方案

1. 培养目标

本专业以“教育要面向现代化，面向世界，面向未来”为指导思想，把提高人才培养质量放在首位，培养从事材料设计、制造与应用研究，具有扎实理论基础，初步掌握材料组成、结构与性能、制备工艺、改性关系和近代测试技术与分析方法，德、智、体全面发展的面向21世纪的高级人才。

2. 培养要求

(1) 热爱祖国，坚持四项基本原则，具有为国家富强和民族振兴而奋斗的理想，具有为社会主义现代化建设服务的事业心和社会责任感。

(2) 具有社会主义精神文明要求的思想道德素质和科学文化素质。

(3) 具有较扎实的自然科学基础，较好的人文社会科学基础。

(4) 系统掌握材料科学与工程的基础知识、基本理论和基本技能及企业生产与经济管理知识，了解材料学科前沿信息与发展趋势。

(5) 强调理论知识的应用和实践动手能力的培养。

(6) 较好地掌握一门外国语，能检索和查阅外文文献，较熟练地阅读专业外文书刊，具有听、说、写的基础，通过学校大学英语学位考试。

(7) 熟练掌握计算机理论知识和应用技能及计算机技术在材料科学领域的应用，通过学校计算机二级考试。

(8) 锻炼身体，增强体质，达到大学生体育锻炼的合格标准。

3. 学位及学分要求

本专业学生在学习期间必须修满专业培养方案规定的186.5学分，达到《大学生体质健康标准》方可获得毕业证书，其中通识基础课程51学分，学科基础课程37.5学分，专业课程56.5学分，讲座平台课程3学分，实践性教学环节38.5学分(包括创新实践活动3学分)。修满规定学分，准予毕业，并达到如下要求者可授予理学学士学位：①无记过以上违纪处分；②通过华东理工大学大学英语学位考试。

10.5 材料物理面临的机遇与挑战

20 世纪以来，随着以相对论和量子论为支柱的现代物理学的建立，在物理学，特别是凝聚态物理学与材料科学的交叉领域，重大的科学研究成果层出不穷。一方面物理学的新成就大大推动了材料和材料科学的发展，另一方面，材料和材料科学中难题的挑战又吸引着物理学家。这样一种互动的过程，使得材料物理这一交叉领域一直生机勃勃。

激光的发现，最初完全是出于科学上的好奇心而不是出于技术上的刻意创新。激光的发明是基于对量子物理的深刻理解。如今激光技术已在许多领域，例如测量学、制造业、医学和光学通信中得到广泛应用。激光技术之所以能得到如此迅速的发展，完全依赖于物理学家与材料科学家之间紧密的合作，从初期，制备出均匀掺杂的红宝石单晶，直到现在发展新型半导体激光材料和结构。反过来激光可以作为探测新材料光学性能的有力手段，其实验结果将有利于促进材料物理学的进一步发展。

20 世纪 70 年代，重整化群理论应用到临界现象，对材料物理的研究产生了深远的影响。例如，当铁磁体加热到居里点附近，或者液体加热和加压到气相和液相无法区分的临界点时，体系序参量产生巨大涨落。临界点在相变理论中起着独特的作用。当体系从高温趋近其临界点时，它开始在微观水平上调整，产生巨大的涨落。到临界点时，出现序参量，某些热力学量变成无限大。临界点在种类繁多的系统中出现，例如铁磁体中的居里点、超导体的临界温度、合金中的有序-无序转变温度，以及反铁磁体的 Neel 温度等。在趋近临界点时，这些不同体系的行为显示出巨大的相似性。因此在材料物理学中形成了致力于临界现象的研究领域，取得重要成果。材料物理学家开始系统地探讨在多元系中相平衡的复杂形式，包括解释合金相图中的多临界点，以及仅利用合金组元的原子性质进行数值计算以预言上述相图。与此相关，上述研究成果有助于对材料中相变动力学过程(例如脱溶沉淀过程和凝固过程)更深入的理解。

总之，物理学研究的进展促进了材料科学的发展，同时材料科学中的问题也向物理学家提出意义深远的挑战，它们是紧密结合的，从最基础的科学研究到最直接的技术应用没有截然的界限，特别是随着科学技术的高速发展，这种联系更加明显。从 1901 年至 2000 年的诺贝尔物理学获奖项目中，据统计，与材料科学有直接或间接联系的约有 70 项，其中材料科学基础理论方面的约有 6 项，与材料的性能、结构、机理研究有关的约 29 项，与材料的测试技术、仪器、器件应用有关的约 35 项。其中不少项目对材料物理学的研究都有重大意义，如第一届获奖项目伦琴的 X 射线的发现，既是拉开现代物理学革命序幕的第一项重大成就，又为 X 射线学以及材料的一系列 X 射线研究、表征和测试方法开辟了道路；中子的发现既是核物理学的重大发现，又为材料物理中探索物质成分、结构的研究，提供了中子活化分析、中子散射技术等研究方法；穆斯堡尔效应的发现，既是凝聚态物理学的理论研究，也发展了材料的研究方法。因此，这些诺贝尔物理奖项也是对物理学和材料科学交叉学科发展的支持。2001 年 10 月，21 世纪第一年的诺贝尔物理奖项目是因发现一种新的物质状态、并可用于精确测量和纳米技术而被选中的，无疑这是一个好的预兆，21 世纪材料物理学的发展将有一个更加美好的未来。